从政之基

Congzheng Zhi Ji

主　编/李小三

副主编/吴黎宏　甘乐平　颜清阳

江西出版集团·江西人民出版社

目 录

基本常识要坚守（代序）

　　为官从政，是一项崇高的事业，是一种高难的职业，也是一门内涵丰富的科学。为官从政是有规律可循的。要成为一个成功的为官从政者，必须具备基本的素质，必须掌握基本的规则，必须坚守基本的原则，必须掌握基本的技能和本领。如果这些基本的东西不具备，就不可能做好领导工作，就不可能成为一名合格的领导干部，甚至可能犯错误、办错事，履行不了自己的职责。

　　"领导干部"是职务，是责任，更是行为标准。身为领导干部，都想有所作为，做到上不愧国家，下不愧百姓，前不愧先人，后不愧来者。而要做到这些，自然要拥有良好的素质和能力。也就是说，政治信念要坚定、宗旨意识要牢固、综合能力要过硬、工作作风要务实、人格品行要端正；也就是说，开展工作要有激情、谋划工作要有思路、推进工作要有魄力、落实工作要有力度；也就是说，要具有坚强的意志，要有极目远眺的眼力，能够设定崇高目标，富有人情味，充分相信自己，拥有更多的智慧，具有容人之雅量，善于明责授权，既是思想家又是实干家。要做到这些，自然还要有激情、有担当和能创新。

　　与此同时，还应清醒地看到从政为官，难处多多，一是"暗箭难防"；二是"吉言难衷"；三是"挚友难交"；四是"圈套难破"；五是"情感难纯"；六是"假戏难做"；七是"庸官难当"；八是"欲望难挡"；九是"情面难碍"；十是"糖弹难躲"。更何况领导工作有其自身的特点和规律，需要领导干部真正了解和切实把握。

　　因此，为官从政，需要认真坚守常识，坚持基本原则，切实掌握基本方法，努力提高领导水平。

　　常识是什么？《现代汉语词典》中的解释很简单，是指普通知识。实际上，"常识"这个词就像"知识"这个词一样，不是指那些称为错误的东西。我们普遍而长期相信的事情，有些是错误的，可一旦知道其为错误，就不能称之为"常识"了。不同的领域有不同的常识，领导工作也有其基本的常识。

　　为官从政，说穿了还是做人与做事。做人有做人的常识，做事有做事的常

1

识。做人应当坦诚守信、容忍谦让、可方可圆、控制情绪、取舍有度、换位思考、雪中送炭、自我反省、欣赏对手、追求双赢；做事应当积极主动、充满热情、敢想敢干、珍惜时间、关注细节、借用外脑、方法为王、合作沟通、从容自信、释放潜能。领导工作，既有理论问题，更是实践问题。一个时期有一个时期的情况，一个时期有一个时期的常识。

　　本书的目的就在于，解读领导工作的常识，探讨总结做好领导工作应具备的基本素养、基本操守、基本能力，应掌握的基本领导方法和领导艺术，给那些从政不久的领导干部、给那些即将走向领导岗位或走上更高领导岗位的领导干部以启示。

李小三

2008 年 6 月

准确把握领导的内涵

　　什么是领导,什么是领导者? 领导者应当具备什么样的素质和能力,承担什么样的责任? 领导者应当具备什么样的领导理念和权力观? 弄清这些基本概念和要素,树立正确的领导观,对于我们做好领导工作,推动事业成功,加快个人进步具有重要意义。

1 什么是领导

在日常生活中,人们经常将"领导"和"领导者"两个概念通用或混淆。这两个概念的内涵与外延是不同的。作为一名领导者,应该要弄清其中的含义,了解自己的角色与职责。

领导的含义

什么是领导?《现代汉语词典》中的解释为:"①率领并引导朝一定方向前进;②担任领导的人;领导者。"《牛津英语字典》所注:"领导者(leader)一词最早是在 1300 年出现;而领导(leadership)一词到1834 年才产生,其意义是指领导者的领导能力(ability to lead)。"《韦氏大辞典》则将领导解释为"获得他人信仰、尊重、忠诚及合作的行为"。

由于领导是一种复杂的社会现象,人们对它的界定也是五花八门,莫衷一是。一位外国管理学家说,有多少管理学家为领导下定义,就有多少个领导的定义。在总结西方领导学各种学派观点的基础上,对领导的定义给出了 11 种概念:

● 领导意味着群体过程的中心;

● 领导意味着人格及其影响;

● 领导意味着劝导服从的艺术;

● 领导意味着影响力的运用;

● 领导意味着一种影响人们去完成某一目标的行动或行为;

● 领导意味着一种说服的形式;

● 领导意味着一种权力关系;

● 领导意味着一种互动中逐渐形成的效果;

● 领导意味着一种分化出来的角色；

● 领导意味着结构的创始；

● 领导意味着一种实现目标的手段。

我国领导科学界给领导的定义也有许多,比如,有人说领导就是高层管理,也有人说领导就是决策和用人,还有人说领导是一个社会组织系统,而更多的人则认为,领导是影响、率领和引导。凡此种种,不一而足。

根据当前我国各级各类领导活动的实际情况,我们认为,**所谓领导,是指领导者充分运用各种影响力,在获得被领导者的自觉追随和服从的前提下,引导、率领或鼓励被领导者实现共同目标的行为过程。**

从领导的定义上,我们可以看到领导至少包含两层含义：

其一,领导是领导者对被领导者施加影响的过程。领导者要有影响追随者的能力。领导的本质就是影响力,这种影响力包括权力影响力和非权力影响力,其中,非权力影响力的作用更大。一个高明的领导者,不仅要靠权力影响力,还要靠非权力影响力,必须把二者有机地统一起来,否则就难以做好领导工作。

其二,领导是被领导者自觉追随领导者的过程。领导者必须有追随者才能达到组织的目标。被领导者感觉到你代表着他们的愿望和利益,值得他们信赖和尊重,他们就会自觉地接受你的领导。

领导不同于管理

领导是从管理中分化出来的。在生产力低下的情况下,社会活动比较简单,领导与管理二位一体。随着生产力,尤其是现代社会大生产的发展,社会活动日趋复杂,领导与管理发生了分化,领导成了一项相对独立的活动。

那么,领导和管理究竟有哪些区别呢？我们来看一下西方政要和学者们是怎么说的：

美国前总统尼克松是这样区别领导和管理的：

◆领导者做正确的事,管理者把事情做正确；

◆领导者必须想到后天,管理者只想到今天和明天；

◆领导者代表历史的方向,管理者只代表一种过程；

◆领导者即便下了台仍然有他的追随者,管理者没有了管理对象就什么都不是。

美国加州大学教授华伦·本尼斯认为,领导和管理有以下区别：

◆管理者注重的是制度与组织,而领导者注重的是人;

◆管理者喜欢守成,而领导者则喜欢创新;

◆管理者常依赖控制,而领导者则常激发信任;

◆管理者只顾眼前,而领导者会有创见;

◆更精确地说,管理是"怎么去做"的问题,而领导则是"做什么"以及"为什么这么做"的问题;

◆管理关系到制度、控制、过程、政策以及结构,而领导则是远眺地平线,而不是只看见眼前的底线。

哈佛大学商学院著名教授约翰·科特认为:"领导和管理它们各自的主要功用不同,前者能带来有用变革,后者则是为了维持秩序,使事情高效运转。"约翰·科特还指出,领导能带来变革,并不意味着领导行为与秩序毫不相干,相反,有效的领导与高效的管理相结合,将有助于产生必要的变革,同时使混乱的局面得到控制。

概括起来说,领导与管理的区别在于:

目标不同。领导是管理的灵魂,是一种高层次的管理。领导目标主要是人类社会活动的宏观目标,在某些方面表现出一种战略性;而管理目标主要是经济目标,如产量、产值、利润等,在某些方面体现出一种战术性。领导的意义,首先在于对路线、方针、政策的引导和确定;而管理是在方针、政策已经确定的前提下,通过采取各种有效措施,使领导确定的大政方针得以实现。

职能不同。领导职能与管理职能是不同的。领导的职能主要是制定决策和推动决策的执行,实现最大的社会效益。重点是以人为中心,处理好人与人之间的关系,特别是处理好上下级领导之间的关系,充分发挥人的积极性、创造性。管理的职能相对于领导而言,要宽泛得多,主要是管理人、财、物、信息、时间等,要处理好人与物、物与物的关系,使各种资源得到合理配置,充分发挥,提高管理效能。有人认为领导主要是决策,管理主要是执行;领导是将"将"的,管理是将"兵"的,这种观点是有一定道理的。

方式不同。领导是超前性管理,是软的管理,其目的是为了更好地利用各种人力资源,调动人的积极性。领导方式体现出非规范化、非程序化、非模式化的特点。管理具有现实性、可操作性,是硬的道理。管理方式体现一种规范性、程序性和模式化的特点,往往运用经济的、技术的手段来挖掘利用物质资源的潜力。其技术性、可操作性强,体现着科学的理性精神。

正如华伦·本尼斯所说:"管理者寻求稳定,领导者探讨革新;管理者循规蹈矩,领导者另辟蹊径;管理者维持原状,领导者提高发展;管理者注重组织结构,领导者注重人力资源;管理者依赖控制,领导者激发信任;管理者目光短浅,领导者目光远大;管理者重视原因和方式,领导者重视事情和原因;管理者盯着结果,领导者看到希望。"

当然领导与管理的区别也是相对的,两者的关系是密切的,领导是管理的灵魂,管理是领导的基础;领导指导管理,管理保证领导。因此,领导者要正确处理好领导与管理的关系。

第一,需要兼顾领导和管理的矛盾关系。管理的许多方面和领导是强烈对比乃至矛盾的,如"做正确的事情"和"正确地做事"、稳定和革新、循规蹈矩和独辟蹊径、维持原状和提高发展、注重目前和目光远大、依赖控制和激发信任等等。可见,领导注重长远和宏观、运动和发展、冒险和创新、信任和鼓舞,管理注意近期和微观、稳定和维持、安全和规矩、控制和约束。领导者和管理者需要注意这两方面的辩证关系,使之保持平衡。

第二,要注意领导和管理的互补性。有时管理和领导强调的方面不同,如管理强调组织结构,领导强调人力资源;管理关注原则和纪律,领导关注原因和革新;管理关注结果,领导关注希望。这时,领导和管理又是互补的,两方面均不可忽视。有效的管理者和优秀的领导者基本相同。现代社会要求管理者和领导者不仅要善于管理,而且要善于领导。

第三,领导和管理虽然是各自独立、自成系统,但是成功而且有效的行为方式要求二者在具体运行过程中结合。只有同时实现"强管理"和"强领导"的组织,才能在激烈的竞争中获得生存和发展,二者缺一不可。"领导过度,管理不足"和"管理过度、领导不足"都是不可取的。

领导者的含义

什么是领导者? 对于领导者的认识,西方学者比较权威的定义有:

1.领导者的唯一定义是身后有追随者。这是世界著名管理大师德鲁克的观点。他认为,领导者是与追随者相对应的,没有追随者也就没有领导者。

2.领导者是设计师、仆人和教师。这是管理学家彼德·圣吉在《第五项修炼》一书中提出的。他认为,领导者是组织系统的设计师;是实现大家共同愿景的仆人;是下属学习的辅导者。

3.领导者是鼓舞者、文化创造者和变革者。这是组织心理学创始人之一斯克因的看法。他认为,领导的核心是激励人,通过创造组织文化和领导变革,提升人的信心和能力。

4.领导者是"雁群领导"典范,他们既是带头人,又是跟随者。这是美国著名领导学专家史蒂芬·柯维的主张。他认为,领导应当该像雁群飞行那样,领头雁是由大家轮换担任的,领导者要学会什么时候在前面,什么时候退到后面。

5.领导者有不同的角色。这是管理学家亨利·明茨伯格的观点。他认为,领导者在不同的权力和地位情况下,扮演着人际关系、信息和决策三大类10种角色,这种角色是随着时间和环境的变化而变化的。

6.英国剑桥大学商学院著名教授安德鲁·D.布朗在他所著的《六维领导人》一书中提出,现代领导者应该是令人信服的英雄、技艺高超的演员、充满自信的不朽者、明智的经纪人、作用显著的外交家、自愿的牺牲者。

我们通过以上定义的分析,可以得出以下结论:

第一,领导者是一个角色集。他们是由战略规划的设计者、崭新观念的传播者、群体利益的代表者、团队协作的组织者、用人成事的教育者、善于激励的鼓舞者、领导潮流的变革者等组成的角色集合体。

第二,领导者是随着时间和环境的变化而变化的。在不同的时间和环境条件下,领导者要扮演不同的角色。

综上所述,我们不妨这样给领导者下定义:**领导者是指拥有相应的职位,负有相应的责任和较强的影响力,善于引导和激励下属实现共同目标的人。**

领导者是领导活动中的重要因素,是社会组织顺利展开组织运作的重要条件。首先,领导者是领导活动的主体,在领导活动中起主导作用,居中心地位。领导者在一定的环境条件制约下,由其职权和素质共同形成对所辖组织和人员活动的影响力,这种影响力的大小与领导者的职权和素质成正比。领导者以其高尚的品德、渊博的知识和高超的艺术,对被领导者产生巨大的吸引力和凝聚力,为实现领导价值观和目标创造条件。其次,领导者在领导活动中起发动作用。他根据特定社会群体的价值追求和利益需求,与被领导者一起整合价值,共启愿景,制订目标规划,并组织实施,使领导活动处于动态状态。再次,领导者在领导活动中起统帅作用。他根据目标任务的需要,设置组织机构,合理选人用人,安排计划实施,并在领导活动过程中,视情况的变化,协调各种关系,不断修正、完善决策。

领导者是领导活动的主体,并不意味着总要位居行动中心,更不意味着领导者应大权独揽,事必躬亲。恰恰相反,有的时候,领导者应当退到边缘,甚至退到幕后去,从而腾出空间,放出权力,让被领导者成为主角,让制度发挥作用,这才是高明的领导者。

摆正角色

角色,原指戏剧中扮演的特定人物。剧本怎么写,演员就要怎样演,主角和配角是不能随便颠倒的。

领导角色,就是指领导者在领导活动中,按照所处的领导地位、身份相一致的权利规范和行为模式要求,扮演的特定人物。这就是说,领导角色要求领导者应该成为一个什么样的人。基中包含三层含义:

第一,领导角色是领导者社会地位、身份的外在表现。领导者所处的地位、身份不同,他们所扮演的领导角色是不一样的。这是一个职位要求。

第二,领导角色是领导者权利、义务的规范和行为模式。不论处于哪一层次的领导者,党和组织都对他的权利、义务和行为规范有着特殊的规定。这是一种组织要求。

第三,领导角色是人们对处于特定地位的领导者的期待。就是说,人们期待领导者应该成为一个什么样的人。从古到今,对清官的向往一直是中国人的永恒情结。人们希望当官的就应该像包拯那样清正廉洁,为民服务。这种清官情结,就是一种期待。这是一种社会要求。

领导者要认清角色定位,目的就在于更好地摆正角色,实施正确的领导方式,提高领导成效。

1. 由"运动员"向"教练员"转变

领导职责的变化,要求领导者由"运动员"向"教练员"转变。因为,领导的责任主要是出主意、用干部。但是,有许多领导干部往往是事必躬亲,什么事情都是自己亲自干,对谁也不放心,这是典型的"运动员"式的领导方式。现代领导观认为,领导应该是一名"教练员",需要退居边缘,实施具体指导,让下属自己去行动。

什么是具体指导?具体指导就是指方向、点路子、教方法,点到为止。评价一个球队教练员的好坏,不是看他自己球打得如何,而是看他领导的球队打得怎样。

运动员与教练员的区别在于:运动员是靠自己成事;教练员是靠用人成事。所以,高明的领导干部都懂得,领导是一门用人成事的艺术,即善于通过组织指导好下属来实施领导。美国管理学家彼德·圣吉提出,21世纪领导新角色是教师。基辛格就说过:"一个伟大的领导人必须是一个教育家,使远见与人们熟悉

的现实之间得到沟通。"

教师和教练员的职能是相通的。那么,领导者要扮演好教师或教练员的角色,应该教会下属什么呢？一要培养下属的责任心;二要教会下属行动;三要鼓励下属创新。所以,作为领导者,我们不要忘记自己是一个教育者,要学会由"运动员"的角色方式向"教练员"的角色方式的转变。

2. 由"领头羊"向"牧羊人"转变

领导拉动方式的变化,要求领导者由"领头羊"向"牧羊人"转变。因为,领导拉动的方式有两种:个人拉动和组织拉动。个人拉动,主要是靠领导者的个人业绩或精神来带动他人前进,我们把这种领导者比喻为"领头羊"。组织拉动,主要是靠组织形成的合力或惯力来带动他人前进,我们将这种领导者比喻为"牧羊人"。

"领头羊"与"牧羊人"的区别在于:领头羊只能在前面起带头作用,至于后面的羊愿意不愿意跟它走,它也无能为力;如果领导者只充当"领头羊"的角色,充其量当一个劳动模范,只能发挥劳模的作用,其力量是有限的。而"牧羊人",身处羊群之外,能有效地控制整个队伍的行动,能担当起领导的重任,其作用是巨大的。

历代伟人都懂得组织的威力。明代政治家张居正认为,领导者要成就大事,一要善用自才;二要善用人才;三要善用组织。毛泽东就非常懂得组织的力量,他把支部建在连上壮大了革命队伍;把全国人民组织起来,最终建立了新中国。领导不是"领头羊"——体力劳动者。领导要大踏步往后退,退至后面的视野开阔的高地,去指明方向。这样,高明的领导者是组织家,他们懂得通过经营一个组织来实现领导,而不是靠个人单打独斗。

3. 由"船长"向"设计师"转变

领导控制方式的变化,要求领导者由"船长"向"设计师"转变。因为,领导控制的方式一般有两种:一种是直接控制,一种是间接控制。船长是一船之长,他只能在船上就事论事解决问题,所实施的控制方式是直接控制,其影响力是有限的;而设计师是在陆地上设计好可能出现的问题的解决方案,所实施的控制方式是间接控制,其影响力是巨大的。船长与设计师的根本区别就在于:船长是解决问题;设计师是避免问题。直接控制解决问题与间接控制避免问题,在领导效果上是完全不一样的。

邓小平之所以被世人称颂为"总设计师",就是因为他科学地设计了中国特色社会主义的宏伟蓝图,清晰地勾画了中国"三步走"战略,为中国的现代化建设及和平崛起铺平了道路。21 世纪的领导者首先应该是组织系统的设计师,其道理也正在这里。

领导者如何才能成为一个高明的"设计师"呢? 首先要树立避免问题的领导理念。领导者的主要任务是指引方向、规划未来、掌控全局。作为一名领导者,能够在事后解决问题固然可喜,但能够在事前避免问题出现才是领导者追求的最高境界。

4. 由"裁判员"向"鼓舞者"转变

领导自我评价方式的变化,要求领导者由"裁判员"向"鼓舞者"转变。因为,领导者自我评价的方式一般有两种:一种是宣传领导者个人的业绩,把什么功劳都归于自己;一种是宣传下属的业绩,把功劳都归于下属和群众。

这两种评价方式带来的结果是不一样的:领导者越是宣传自己,和下属争业绩,越让人瞧不起。因为,他比下属占有更多的资源优势。有位名人就说过:"凡是把功劳都归于自己的人,常常得到不幸的结局。"而领导者越是宣传下属的功绩,人们越是感到他领导有方,这实际上也是在宣传自己。玛丽·凯说:"帮助部下如愿以偿,你自己也会如愿以偿。""裁判员"和"鼓舞者"的区别就在于:裁判员只是在评价人;而"鼓舞者"是在激励人。两者的效果是显然不同的。

2 领导者的主要职责

领导者的主要职责和任务是什么,这是每一个新任领导者应该首先弄明白的事情。否则,就可能枣熟打枣、杏熟打杏,工作只会跟着惯性走,踩到哪里算哪里,工作抓不到重点,方法不得要领,难以很好地履行职责。

领导者是不可或缺的领路人

大到一个民族、国家,小到一个行业、单位,都需要一些能担当重任的人,号召和团结其他人为一个共同的目标而奋斗。他们就是领导者。一个没有领导者的团队或组织是不可想象的。群龙无首,必然乱作一团。

领导之所以叫领导,一手要抓"领"路,一手要抓指"导",如果领导不能带领团队朝正确的方向走,这个领导是不称职的。领导者在领导活动中的一大作用就是"领路"和"引航"。

领导者之所以能成为"领路人",是因为他具有与众不同的能力,在社会上

具有不同于其他社会成员的身份特征。

一是拥有领导职务。领导职务是领导者行使领导权力、履行领导职责的身份。无论什么社会，领导者要实现领导目标都不能没有职务，通过职务可以显示领导者的地位、权威和身份，才能调动被领导者。可见，职务在不同的领导层次和领域具有不同的级别和业务性质。从级别和层次上，分为上层、中层和基层；从领域和业务上，不同的领域和业务，职务的名称也不一样。不同的职务代表着不同的权力，职务的高低反映着权力的大小，人们追逐权力主要是通过对职务的争夺表现出来的，有的人不择手段。但更多的人还是靠与众不同的才能，对后者来说，职务不是谋取私利的工具，而是为民服务的手段。前联合国秘书长丹格·哈马舍尔德就说过："你的职位从未授权你发号施令。它只是使你承担一种任务，即能以恰当的方式使其他人能够没有屈辱感地接受你的安排。"

二是负有领导责任。这也是任何社会领导者共同具有的，所以，领导者又叫负责人。这里的"负"是指领导者要担负一定的职能，如决策、用人等；"责"指领导者要对履行的职能承担后果，即履行职能不好，更被追究责任。艾德尔指出："成就伟大的第一步是承担责任的持续愿望。"丘吉尔也指出，"伟大的代价是责任"，职位实际上是第二位的。由于领导者关系到追随者的前途和组织的命运，因而决策必须谨慎，而一旦失误就必须承担责任，只当"负责人"而"不负责任"则是失职。

三是拥有领导权力。领导权力是一种有目的地影响和改变他人思想和行为的能力和力量。领导者的职务、责任都要通过权力的行使才能体现，而领导者的作为也只有在行使权力过程中才能实现。

马克思指出："一切规模较大的直接的社会劳动或共同劳动，都或多或少地需要指挥，以协调人个人的行动，并执行生产总体的运动——不同于这一总体独立器官的运动——所产生的一般职能。一个单独的提琴手是自己指挥自己，一个乐队就需要一个乐队指挥。"

所以说，领导者是一个"引路人"，他走在队伍前面，为大家指明前进的方向；他把大家组织起来并团结在一起；他通过榜样的力量和激情的话语来激励队伍中的每一个人，不管旅途上有多少艰难险阻，都义无返顾，勇往直前。

领导的主要职能

领导者应该干什么？这就涉及领导职能问题。领导职能是指领导者运用组织赋予的权力，组织、指挥、功调和监督下属人员，完成领导任务的职责和功能。它主要包括决策、用人、指挥、协调、激励和政治思想工作等。也就是领导者的主要职责与任务,说白了,就是领导者最主要的工作,最需要做好的事。

1. 决策

领导者职能很多,决策是众多职能中最基本的职能。从横向看,它涵盖领导活动的诸方面,无论是组织管理、选才用人,还是指挥激励、沟通协调,都需要领导者制定正确的决策来实现既定的目标。从纵向看,决策贯穿于领导活动的全过程,从发现问题,确立目标开始,到组织实施结束,都需要领导者自始至终围绕决策进行。毛泽东指出,领导者的责任,归结起来,主要是出主意、用干部两件事。"出主意"指的就是决策;"用干部"指的是选人用人,这里也包含决策。

领导决策是决定领导活动成败的关键因素,决策正确与否对领导活动的成败关系极大。古今中外领导活动的历史表明,决策正确,可以事半功倍,顺利达到预期目标,事业兴旺发达;决策失误,事倍功半,事业蒙受重大损失。尤其是那些事关全局的决策,一旦失误,更是一失足成千古恨,后果不堪设想。

作为领导者,不仅要敢于决策,更要善于决策。尽管对不同层次的领导者的决策水平要求是不一样的,但是任何领导者都必须努力提高自己的决策水平,做一个称职的现代领导者。

2. 用人

领导用人,主要是指领导者或领导集团在实施领导活动的过程中,凭借自身的职权,按照一定的隶属关系和干部管理权限,对下属加以选拔、使用和培养等一系列组织行为过程。

领导者的基本职能不仅是制定决策,更要知人善任,发挥每一个人的聪明才智。因为领导活动的最大特点就是领导者指挥别人来实现目标的。美国前总统尼克松说过:"单个领域内干得好就可以人才出众,不需要领导别人,但政界领导人必须鼓舞拥护者。"领导者不一定样样都比别人高明,只要决策的目标正确,并通过科学地使用人才来保证组织目标的实现,就称得上是好领导。

领导实践证明,领导者在领导活动中用什么样的人,以及如何用人,往往关系到领导活动的成败。邓小平曾指出:"善于发现人才,团结人才,使用人才,是领导者成熟的主要标志之一。"这说明,一个合格的领导者必须善于选才用人。

3. 协调

协调,是指领导者为实现领导目标,采取一定的措施和办法,使其所领导的组织同环境、组织内外人员等协同一致,朴素配合,高效率地完成工作任务的行

为过程。简单地说,领导协调是实现领导活动中的人与人、人与事、事与事之间协调配合,发挥最佳整体效能的活动过程。

领导协调的目的,就在于解决各方面的矛盾,使整个组织和谐一致,使每一个部门、单位和组织成员的工作同既定的领导目标保持一致。领导协调是减少内耗、增加效益的重要手段,是实现组织巩固、人员团结的有效途径,是调动下属和群众积极性的重要方法,能充分发挥出每个人的聪明才智,使领导工作充满生机和活力。

4. 激 励

激励是指领导者通过科学的方法激发人的动机,开发人的能力,充分调动人的积极性和创造性,使被领导者焕发出旺盛的工作热情的行为过程。领导活动的过程就是领导者通过不同的方式调动下属积极性和创造性从而实现目标的过程,激励贯穿于领导活动的始终。

领导者要正确而有效地运用激励手段,把下属中蕴藏的巨大积极性和创造性发挥出来,必须遵循一定的原则。一是满足需要原则。领导者必须从体察人心入手,摸准下属的优势需要,通过刺激和满足下属的需要,调动他们的工作积极性。二是公平合理原则。一个人工作积极性的高低,不仅取决于他所得到的报酬和评价与所作的贡献是否成正比,而且取决于与同行、同事相比是否感到合理。领导者在运用激励手段时,必须注意奖得公平、罚得合理,才能使大家感到心情舒畅。三是讲求时效原则。激励是人的心理满足过程。领导者只有把握住激励的最佳时机,及时地雪中送炭,而不是雨后送伞,才能调动大家的积极性。四是奖惩结合原则。激励包括奖励和惩罚。奖励是对人的行为的正强化,惩罚是对人的行为的负强化,其目的都是为了引导人的行为向正确的方向发展。因此,要把奖惩结合起来,以奖励为主,以惩罚为辅。

5. 政治思想工作

政治思想工作与领导激励既有联系又有区别。从广义上说,政治思想工作就是通过解决人们的思想问题,激发和调动人们的积极性、主动性和创造性,也是一种领导激励形式。所以说,政治思想工作是以马克思主义为指导,解决人们的思想、观点和立场问题,提高人们认识世界和改进世界的能力,激励和凝聚人心,为实现领导目标而奋斗的组织行为过程。政治思想工作是一切工作的生命线,是领导者的基本职能,是领导活动取得成功的根本保证。

领导者做政治思想工作,应注意把握以下几条基本原则:一是以人为本、民主平等的原则。政治思想工作要以人为本,必须尊重人,尊重人的脸面,尊重人的需求,尊重人的愿望;坚持平等对待被教育者,通过疏通引导的方式,以平等态度讨论和解决问题,反对以势压人。二是正面激励的原则。政治思想工作要以表扬为主、批评为辅,善于发现和抓住人的优点和成绩,及时加以肯定和发扬,增强人们的自信心,激发他们工作的积极性。三是言传身教的原则。思想政治工作要坚持言教与身教相结合、身教重于言教的原则,靠领导者的榜样作用教育和带动群众。四是解决思想问题与解决实际问题相结合的原则。人们的思想问题,往往是人们在日常的生产、工作和生活中所遇到的各种矛盾得不到解决时的必然反映,领导者只有及时发现和解决群众的思想和实际问题,才能有针对性地做好思想政治工作。

3 树立正确的"官念"

所谓"官念",指当官的念头,指对"为何当官、如何当官"的认识,说白了就是一个领导干部的权力观、利益观和地位观。领导干部树立正确的"官念",就应当"好好想一想参加工作是为什么? 现在当官应该做什么? 将来身后应该留点什么?"这些问题想清楚了,处理好了,就能"不畏浮云遮望眼",放下官的架子,以身作则地干出样子,真正肩负起"为官一任、造福一方"的重任,真正成为人民群众满意的领导者。

当官图什么

当官到底图什么? 不同的人可能有不同的回答:

有人为名,做官可以光宗耀主,衣锦还乡;

有人为利,做官可以以权谋私,中饱私囊;

有人为生,做官可以养家糊口,吃穿不愁;

有人为民,做官可以为民请命,造福于民。

当官图什么,可以反映一个官员的思想境界和人格品德的高低,可以反映其世界观、人生观、价值观、权力观、利益观、地位观的正确与否。

第一种人,认为当官才能有地位,走到哪里都前呼后拥,派头十足,这样才算实现了自己的人生价值,才可以自己扬名,才可光宗耀祖,荫及子孙,所谓"千里做官图个名"是也。如此以官为贵,一切服从于做官和升官,就会把仕途升迁作为自己事业的唯一取向,把做官看做人生最高的价值追求。带着这样的人生观、价值观为官掌权,干工作就会拈轻怕重,重眼前而轻长远,重争彩头而轻打基础,只干那些能出名挂号、能产生轰动效应的形象工程,导致很多工作落实不到位,留下许多死角和问题,最终会给党的事业造成损失,自己也会失去组织和群众的信任。

第二种人,认为做官是为了发财,把"升官"与"发财"联系在一起。抱着"升官不发财,请我都不来;当官不收钱,退了没本钱"的官财心理,一门心思为自己和亲友谋取私利,甚至不择手段,铤而走险,贪污受贿,买官卖官,损公肥私,疯狂敛财,损害国家、集体和人民的利益,最终堕入犯罪深渊。近些年,一些贪官案件一再警示为官者,可仍有前"腐"后继的现象出现,就是因为这些人一开始就存在着"当官发财"的念头,经受不住权、钱、色的诱惑,抱着侥幸心理,一步步走向自我毁灭之路。

第三种人,认为做官收入稳定,衣食住行等均有相关待遇,可以养家糊口,吃穿不愁,可以"贵妻富子,殷实家庭";认为吃饭可以签单,旅游可以报销,公车可以代步,集体的资源可以享用,于是挥霍公款也就不当回事了;陶醉于出则前呼后拥、住则宾馆酒楼、事有人办、常有人求的曼妙状态。如果做官仅仅是一门职业或谋生的手段,那么它肯定要追求利益的最大化。这种人的理想志趣低下,只注重一家之利和感官享受,是一种"猪栏"的理想。这种人既使不走向腐败堕落,也会因心无大志、庸俗低下而行之不远。

前三种做官的目的,都不是今天领导干部应有的做官目的。抱着这些目的做官的人,就算能身居高位,享受着花天酒地、纸醉金迷、豪华奢侈的生活,但他们把党性原则、道德法律和自己肩负的责任使命抛之脑后,大多数时间为别人而活、为金钱和名利而活,活得很累、很悲哀。这些人,既使不因贪赃枉法、作恶多端,最终遭到法律的严惩、人民的唾弃,也会因为爱占便宜,贪图享受,得过且过,无所作为,而自毁形象,自断前程。

作为人民公仆的领导干部,应该明白"当官为什么"。还是那句老话说得好:为人民服务!刘少奇在接见掏粪工人时说:"你当掏粪工人是为人民服务,我当国家主席也是为人民服务;我们只有分工不同,没有高低贵贱之分。"岗位虽然不同,但"为人民服务"的本质不变。

"当官图什么"这个问题,要害在于为谁掌权,为谁用权,如何行使人民赋予的权力,这是领导干部世界观、人生观和价值观的集中体现。领导干部应当树立正确的权力观,时刻提醒自己手中的权力是人民赋予的,认清"官"是为人民服务的岗位,"权"是为人民服务的工具,自觉做到立党为公、执政为民、勤政廉洁、严格自律,以满腔热情和高度负责的精神对待人民群众,诚心诚意地为群众办好事、办实事。

正确认识和解决好"当官图什么"的问题,是一个长期的艰苦奋斗和思想修养过程。古人云:"今日居官受禄,当思昔日秀才时,又思日后解官时。思前则知足,思后则知慎。"领导干部应该树立正确的世界观、人生观、价值观,在权力的考验面前保持头脑清醒,严格自律,切实为人民掌好权、用好权,把为官的心思放在为老百姓谋利益上。这样,才可能政途平稳、持久。

领导就是服务

领导就是服务。这是邓小平对中国共产党领导干部的本质属性的高度概括。1985 年 5 月邓小平在全国教育工作会议上的讲话中指出:"什么叫领导?领导就是服务。"①

领导就是服务,阐明了社会主义领导关系是人类历史上一种新型的领导关系,揭示了社会主义领导的本质属性。今天的领导既是领导者和指挥员,又是公仆和勤务员。今天的领导是社会主义的领导,代表了绝大多数人的利益,以为人民服务为宗旨。在工作态度上,领导要与过去那种"统治"思想彻底决裂,防止和克服站在群众之上做官当老爷的恶习,制定和执行方针政策时,都要以合乎广大人民的利益为出发点和归宿;在工作作风上,就要改变过去那种"只靠发指示、说空话过日子的坏作风",多干实事,多做好事,实实在在地为群众排忧解难,解决各种实际问题。

领导就是服务,不仅是中国共产党人的宗旨和认识,也是一种国际共识。

美国前总统克林顿,访问中国的第一站是西安,他同夫人从飞机上下来的时候,一个 10 岁左右的中国小女孩手捧鲜花,迎了上去。克林顿接过鲜花,问小女孩:"你知道我是谁吗?"小女孩说:"知道,是美国的总统。"克林顿继续问道:"你知道美国总统是干什么的吗?"小女孩天真可爱地说:"是美国最大的官。"克林顿笑了,他说:"错了,我是全美国公民的一个服务员。"

最近有一本叫《服务者》的美国畅销书,提出了"服务型领导"的新理念:"做领导,首先要服务他人。"

可以说,为人民服务,它涵盖了人类最正义的感情和人生最崇高的价值。早在延安时期,毛泽东就告诫说:"我们一切工作,不论高低,都是人民的勤务

---

① 《邓小平文选》第 3 卷,人民出版社 1993 年版,第 121 页。

员,我们所做的一切,都是为人民服务。"①长期以来,人们对为人民服务的理解和实践就是从这个角度出发的。在很多人的观念中,只要是共产党的干部,无论从事什么工作,都是在为人民服务。

服务人民,应当成为现代领导干部的一种信仰,一种胸襟,一种责任。"意莫高于爱民,行莫厚于乐民。"邓小平说过:我是中国人民的儿子,我深情地爱着我的祖国和人民。服务人民,首先要建立在对人民有深厚感情的基础上,只有深爱祖国和人民,才能牢固树立人民利益高于一切的思想。一个淡忘了党的群众观点、淡忘了党的宗旨,甚至严重脱离了人民群众的人,失去人民群众的信赖,是不可能感恩于人民、回报于社会的。在任何时候任何情况下,领导干部都应坚持党的群众路线,坚持全心全意为人民服务的宗旨,把实现人民群众的利益作为一切工作的出发点和归宿,才能成为一名合格的领导干部,承担起自己的历史使命。

一切为民者,则民向往之。服务人民、忠于人民,是一名领导干部的立身之本,更是衡量一名领导干部是否合格的重要标准。党来自于人民,根植于人民,服务于人民,坚持人民的利益高于一切,这是义不容辞的责任。而要做到服务人民,就要始终保持共产党人的高尚情操,要始终做到勤政廉政,始终心系人民。只有时刻把为人民服务的宗旨,转化为内心的需要和肩头的责任,才能做到与人民群众的脉搏一起跳动,跟上时代前进的步伐。

领导干部应当树立这样的观念:服务得越自觉,服务得越好,领导作用也就发挥得越好。有位哲人说过:一个人的价值,不应当看他得到了什么,而应当看他贡献了什么。只有将个人的利益与最广大人民的利益紧密联系在一起,才能体现其人生价值,才活得有意义。服务人民,要体现在自己的职业活动中,敬业爱岗,无私奉献,关爱他人,奋发进取,开拓创新。

对于领导干部来说,光有为民服务的愿望和热情是不够的,还应当不断提高为民服务的素质和能力,要会办事、办成事、办好事。一句话,就是要提高为民服务的本领。而要提高服务本领,就是要坚持学习学习再学习,实践实践再实践,在学习中提高素质,在实践中增长才干。

不端"官架子"

架子者,本指器物的支架,多用以比喻显示于外的气派、排场等。"官架

---

① 《一九四五年的任务》,延安《解放日报》1944 年 12 月 16 日。

子"，就是做官的威势和派头。

按理而论，在社会主义新中国，各级领导干部都是人民的公仆、勤务员，摆"官架子"这种旧社会的坏习气，不应再有市场。但总有那么一些官员，因受封建"官本位"的影响太深，仍以人民的"父母官"自居。真是台上拿腔作调、哼哼唧唧地讲"官话"，而台下则扭捏作态地摆架子：有的办公条件讲究奢华舒适，旧车、前任坐过的车子不坐；有的人未到电话先行，每到一地兴师动众，让下级恭候迎接，前呼后拥，煞是热闹；有的与群众说话昂头挺胸、官腔官调，不管走到哪，总摆出一副盛气凌人、高高在上的"官老爷"姿态，似乎不如此，就显不出身份，突不出派头。

为什么一些官员对摆架子乐此不疲呢？一是宗旨观念不强。这些人当了官以后，便认为自己已经是人民的"主人"了，在"仆人"面前，不拿出点架子来行吗？他们忘了自己代表的是谁的利益，谁才是真正的主人。二是心虚。这些人也知道自己的能力有限，但又很想抖一抖当官的威风，怕别人不服，于是便祭起了"架子"这副法宝。喜欢摆"官架子"的人，常常德不副位，才不副职，内心空虚，底气不足。因此，当了官以后唯恐旁人不把他放在眼里，才借"架子"以壮声势，端起"架子"吓人。

事实上，"官架子"与"人品位"的乘积是一个常数。"官架子"越小，"人品位"越高；反之，"官架子"越大，"人品位"越低。"官架子"大的人，官瘾也大。这是因为这种人本身素质不高，思想不纯，好不容易"十年媳妇熬成婆"，一朝把官做，就把威风耍，得意忘形找不到北，以为不美美地把"官瘾"，不摆摆"官架子"，简直太亏！殊不知，当他过官瘾的时候，老百姓正在背后骂他是小人得志呢。谁都知道，"铁打的衙门流水的官"，谁能终身为官？再大的"官架子"，官服一脱，不又成了老百姓吗？"官帽子"都不在了，还有什么架子可摆。

摆"官架子"不算多大的罪过，不能说明这些人就是学识浅薄。但一个明智的领导干部是不屑于这样做的。因为摆"官架子"，自高自大，拿腔作势，颐指气使，不仅对加强权威、树立形象毫无帮助，而且会损害干群关系，影响自己的人气指数。由于架子难看，令人生厌，因它失去的人心，可能比因能力不足、水平不高失去的人心还多。

摆架子实在是没有多少好处的，美国著名社会学家米奇·阿尔博姆说的这段话值得好摆架子的人记取："如果你想对社会的上层炫耀自己，那就请打消这个念头，他们照样看不起你；如果你想对社会的底层炫耀自己，也请打消这个念头，他们只会嫉妒你。身份和地位往往使你感到无所适从。唯有一颗坦诚的心方能使你悠悠地面对整个社会。"

历史的车轮承载着几千年封建文化的重负,进入了人民当家做主的新时代。尽管由于传统积淀造成的心理障碍,还不能使所有的干部摆正主仆关系。毕竟干部的公仆意识、人民群众的主人翁观念,正在不断地深化。可以断言,那些自命不凡、盛气凌人、脱离群众的"官",终将无地自容。一个聪明睿智、品性仁厚的领导者是不会摆"官架子"的,因为摆"官架子"实在没有什么好处。因此,凡是喜欢摆"官架子"的人理当好自为之。

一是摆正位置,始终把个人看做是老百姓中的普遍一员。当年,朱德的扁担,彭德怀的"有盐同咸",周恩来的纺车,毛泽东在延安窑洞与农民细语交谈等,老一辈无产阶级革命家在人民心目中留下了不可磨灭的公仆形象。

二是对官的身份要有个正确的估价。如春秋时楚国孙叔敖官令尹之后,对狐丘大人说的:"吾爵益高而志益下,吾官益大而心益小。"

三是当知"架子"之无用。"架子"除说明自己是个官僚之外,什么也说明不了;除惹人鄙夷之外,真怕的并不多。

当然,作为领导干部,要有自己的权威,不能听任下属的摆布,要与下属保持一定的距离,不能把自己混同于普通群众,更不能不讲原则,事事迁就,放弃公正廉明的"架子"。在不正之风面前,该端"架子"时就要端起"架子",保持一尘不染的浩然正气。把握好这个度,才不失为一名优秀的领导者。

4 领导其实是责任

人立身于社会,在享有正当权利的同时,也要承担应尽的义务。什么是责任? 责任就是自身所充当的社会角色应承担的义务和遵循的规则。任何一个人,只要充当了某种社会角色,就逃不脱责任的约束。而领导的责任,顾名思义是指领导应当对自己的行为负责,它包含了政治责任、经济责任、法律责任、社会责任、谋略责任和管理责任等。在其位、谋其政、负其责,这是对领导者最基本的要求。

权力大就责任大

权力就是责任,两者是相互依存的统一整体,从来没有无权力的责任,也没有无责任的权力。权力越大,责任越重,为人民服务的机会越多,作贡献的潜能越大。党和人民赋予领导干部权力，目的是要求领导干部正确行使权力，忠实地履行职责，保证人民群众的根本利益。

职务就意味着责任，权力就意味着压力。有职务没有责任，有权力没有压力的好事应该找不到。所以，敢于承担责任既是对一个领导者的起码要求，也是一个合格的领导干部必须具备的政治品格。而且职位越高、权力越大，肩上的责任就越重。

责任和权利是对应的统一的。没有无责任的权利，也没有无权利的责任。一个人的权利，往往是他人的责任；一个人的责任，往往是他人的权利。享受一定的权利，必须尽到相应的责任；尽到一定的责任，才能享有相应的权利。

树立"责任意识"，拥有责任感，是一切领导者的灵魂，它折射出每一个领导干部道德水平的高低和人格的高下。一个领导干部，有了责任心、责任感，就能经常地进行自我检查、自我监督、自我评价。做了有利于人民的事，就会感到满足和欣慰；若为官一任，政绩不佳，就深感内疚、惭愧和悔恨。有了责任心和责任感，办事情，作决策，特别是在作出关系到人民根本利益的重大决策时，总是格外谨慎，如履薄冰，唯恐有负于历史和人民。

能否主动负责，是检验一名领导者是否称职的标尺。作为领导干部，应有主动负责的意识。有了这种意识，工作才不是差事，负责才不是负担；有了这种意识，工作才能有热情，负责才能有主动；有了这种意识，工作才能有创新，负责才能有精彩；有了这种意识，工作才能有乐趣，负责才能有业绩；有了这种意识，工作才能用生命去追求，负责才能用崇高去超越。

常言道："责任重于泰山。"一个地方、一个部门的领导干部或分管某一方面工作的领导干部，守土有责，富民有责，兴业有责，肩上的责任重大。只有强化责任心，才会有事业心，才会有使命感和紧迫感，才会有工作的动力和激情。领导干部应当有强烈的责任意识和敬业精神，不论做什么工作，不论职务大小，都能立足本职工作，严肃认真，兢兢业业，脚踏实地，一丝不苟，坚守岗位责任，干一行爱一行。各级领导干部只有切实增强了责任意识，牢固树立为民服务的思想，才能在工作中积极主动，奋力进取，精诚协作，高度负责，无怨无悔，创造性地做好本职工作。

领导干部应做敢于负责的表率。责任意识是领导干部必须具备的基本素质，责任意识也是执政意识，提高执政能力必须增强责任意识。领导干部要求真务实，狠抓落实，以强烈的事业心和高度的责任感对待自己的工作。要勇于任事，敢于担当，不能在其位不谋其政，在岗位不在状态；要各负其责，守土有责,不能敷衍塞责,逃避责任;要责权统一,尽职尽责,不能遇到权力往里揽,遇到责任往外推;要在岗一日,尽责一天,不能在位时不尽责,离任后乱指责。这样做了,才称得上是立党为公、执政为民。

责重于山岳,能者方可当之。只有具备了一定的素质和能力,才能胜任一定的岗位和职责;担负的责任越大,就越需要提高履责能力。这就要求领导干部自觉地充实自己,不断地提高自己,求知于书本,问计于群众,创新于实践,不断提高综合素质、执政能力和领导水平。

领导干部要做到勇于负责,担当责任,必须强化三种意识:一要有对国家和人民利益高度负责的政治意识。"为官不可一事苟且",自觉做到恪尽职守,守土有责。二要有为事业寝食不安、居安思危的忧患意识。唐代李绛所云"生于忧患,故能无忧",就是这个道理。所以,无论做什么,都应当未雨绸缪,防患于未然,才能将事情办好。三要有雷厉风行、脚踏实地、勤政为民的服务意识。这些意识真正有了,领导的责任心、责任感就会增强,就会努力工作,恪尽职守,不负历史赋予的使命,不负党和人民的重托。

当官不为民做主　不如回家卖红薯

"全心全意为人民服务"是中国共产党人的根本宗旨,对人民负责,为人民服务,深刻地表达了中国共产党人责任观的出发点和归宿,极大地拓展了责任的精神疆域。党员干部对工作的极端负责,来自于对人民的极端热忱;对人民的极端热忱,体现为对工作的极端负责。

古人有"当官不为民做主,不如回家卖红薯"的说法,现在的人也爱说"在其位、谋其政、做其事、尽其责"。忠于职守、勤勉尽责是一名干部起码的职业操守和道德品质。

不可否认,在现实生活中,确有些领导干部责任心不强、不尽责,作风飘浮,喜好空谈,爱摆花架子,不是把心思和精力放在工作上;干工作避实就虚,敷衍塞责;当一件工作出了问题时,就上推下卸。有些人,一事当前,出名得利、露脸面、得人情的,争先而上;而操心费力、担责任、得罪人的,则畏首畏尾,唯恐避之不及。

还有一些干部,是想负责却负不好责。一些人很想负责,但是一遇到工作却无从着手,不知道用什么招法能让工作开展起来,不知道采取什么措施能让工作开展下去,特别是对一些难度大的工作更是束手无策。组织交给的工作,让干却干不好,这是能力差的表现。能力差就负不了责、尽不了责。

不负责就是不称职。每个党员干部都有一定的职责,肩负着一定的责任,这就需要认真负责地做好本职工作,认真负责地维护好群众和干部职工的利益,认真负责地为上级、为下级、为群众服好务,认真负责地为发展、振兴而不遗余力。不负责,何谈改变面貌、发展经济,不负责何谈为民办实事、办好事。进一步说,不负责就是辜负了组织的委托,就是辜负了人民的信任,也是对自己不负责。

不负责就是渎职。领导干部的负责指的是对党、对人民、对事业的负责,不负责就等于不干事、不管事,当领导不干事、不管事的实质就是渎职。如今,不作为,或者渎职,是要被追究责任的,甚至可能构成犯罪。

责任是一种客观需要,也是一种主观追求;是自律,也是他律。一切追求文明和进步的人们,应该基于自己的良知、信念、觉悟,自觉自愿地履行责任,为国家、为社会、为他人作出自己的奉献。无论是道德责任,还是法定责任,都不以个人意志为转移。不履行道德责任,会受到道德的谴责和良心的拷问;不履行法定责任,会受到法律的追究和制度的惩处。不负责,群众就会向你告别,组织就会向你告别。

领导干部要尽责,就要有居安思危的忧患意识和勤政为民的服务意识。对党和人民的事业要有寝食不安的负责态度,无论做什么,都应当未雨绸缪,防患于未然,尽力把事情办好。

如果是一个地方、一个部门、一个单位的主要领导者,就要承担起这个地方、这个部门的改革之责、发展之责、稳定之责;如果是分管领导,就得勇敢地承担起分管的那一块责任,不过多地牵扯主要领导的精力,与相关部门一道把分管的工作做好,出色完成组织交给的任务。

领导干部要尽责,需要有雷厉风行、脚踏实地、勤政为民的服务意识。群众利益无小事。要时刻把群众的冷暖放在心上,切实转变工作作风,作风要亲民务实、扎实细致,对关系群众切身利益的事要快办、办好。这些意识真正有了,领导的责任心、责任感就会增强,就会努力工作,恪尽职守,不负历史赋予的使命,不负党和人民的重托。

领导干部要尽责,就要时刻牢记自己所肩负的职责、应尽的义务,而不应计较自己权力的大小,职位的高低。要热爱工作、勤政敬业,乐于奉献;要敢为天下先,勇于创新,敢于探索。要有解放思想,与时俱进的品质;要有脚踏实地,实事求是的作风。有多大权办多大事,有多少力出多少力,不越权,不越位,拾遗补缺,尽职尽责,鞠躬尽瘁,死而后已。

领导干部要尽责,做到不失职、不渎职,就要明白自己的职权所支配的范围,也就是所应尽的义务,在这个范围内要用好权,用足权,就是要尽其所能,集中民智,凝聚民力,为民谋利。同时,要不断加强学习,提高自身素质,使自己的利益与国家和人民群众的利益相一致,在实现和维护好国家和人民利益的过程中去体现自己的价值,并主动接受群众的监督。只有群众高兴了、答应了、拥护了、赞成了,才算是行使了权力,承担了责任,履行了义务。

对上对下都要负责

每一位领导者都拥有双重身份,他既是某一方面的领导者,又是另一方面的被领导者,无可避免地存在如何处理对上负责与对下负责相互关系的问题。树立"对上负责"与"对下负责"相统一的观点,既是一个理论问题,也是一个实践问题。作为一个有责任心的领导者,对上对下都应负责。

"怎样处理对上负责与对下负责的关系",不少领导干部似乎对此很伤脑筋,认为这是工作中最棘手、最难处理的问题之一:"按领导的指示办吧,有时干部群众不太理解;依基层想法干吧,上级机关又不一定满意……自己夹在中间,两头为难,到最后很可能是'上''下'都落不着好。"

对上负责与对下负责果真是一个两难选择吗?回答当然是否定的。从理论上讲,党的根本宗旨是全心全意为人民服务,同时,党又代表着最广大人民的根本利益;从实践上看,党的理想和意志就是人民理想和意志的体现,人民的愿望和要求又正是党的希望和要求。因此,对各级党政领导干部来说,对上负责与对下负责从来都是统一的,不可分割的。对下负责就是对上负责,对上负责必须做到对下负责。作为一名执政党的干部,不论是高层的、中层的或基层的,只有在工作中始终坚持对上负责与对下负责的一致性,才能真正尽到职、负到责。

所谓对上负责,就是对上级领导机关负责;所谓对下负责,就是对人民群众负责。领导干部当然必须对上级负责,坚决贯彻执行中央的决策和上级的指示,但同时也必须对下负责。坚持对上负责与坚持对下负责,实际上是一致的。这是因为,中央的决策和上级的指示都是以实现好、维护好、发展好最广大人民的根本利益为出发点和落脚点的,二者一致就一致在全心全意为人民服务上,一致在权为民所用、情为民所系、利为民所谋上。坚持对上负责,不能忘记对下负责;坚持对下负责,就是最好的对上负责。

将对上负责与对下负责割裂开来、对立起来,不仅是认识问题,也关系到能力和素质问题。在少数人头脑里根深蒂固的观念是"不怕群众不满意,就怕领导不注意",对上负责积极主动,对下负责的意识则淡薄得多。上级的指示是"令箭",群众的呼声却被当成"鸡毛",重上轻下,厚此薄彼……不对下负责,反而错误地认为自己是在"丢卒保车",顾全大局。在实际工作中,他们的"负责"表现为:对上,机械地、教条地照搬照抄;对下,"通不通,三分钟;再不通,龙卷风"。若这般"负责法",后果就是:下面怨声载道,上级也因此难以放心,可能因此而陷入被动。事实证明,没有做到对下负责,对上负责就是表面功、花架子,就是一句冠冕堂皇、华而不实的空话,就是逃避和推卸责任的"挡箭牌"。

更为重要的是,只有首先做到、做好对下负责,才能真正做到对上负责。实际上,从中央到地方,强调得更多的还是对下的责任,即对人民群众的责任。如果凡事从对下负责,从实现和维护人民的根本利益的角度出发,在贯彻、执行上级指示的工作中,就不会照本宣科、生搬硬套,而会在领会精神实质的前提下,结合实际并创造性地开展工作;就不会整天围着会议、文件转,以会议贯彻会议,以文件落实文件,而会深入实际调查研究,找出服本地"水土"的富民之策;就不会心浮气躁、急功近利,一拍胸脯就承诺,一拍脑袋就决策,而会脚踏实地,追求造福于百姓的实绩;就不会因领导的个人好恶而随意变更政策,更不会搞"一朝天子一朝臣"、"一个将军一个令"那一套,而会切实珍惜民力和地方财力,坚持政策的一贯性、连续性。如果凡事从对下负责的角度出发,就一定能得到基层干部和群众的理解和支持,凝聚人心,积聚大家的智慧和力量,从而更好地贯彻上级指示,更好地实现上级制定的目标,更好地实现对上负责。

作为领导干部,固然要对上负责。对上负责,无疑是必要的,这是正确的政令得以贯彻施行的必然要求。"对上负责",就要求领导者在工作中要积极贯彻上级领导的方针政策、正确的意图指示,坚决贯彻、落实、执行上级的决议,紧密结合本地区、本部门的实际,创造性地开展工作,努力完成上级交给的各项任务。自觉维护上级的威信,真实地反映工作中存在的问题和群众的意见和要求。尤为重要的是,要在思想上、政治上、行动上同党中央保持一致,毫不动摇地坚持党的基本路线,树立政治意识、大局意识、责任意识,增强政治敏锐性和政治鉴别力,保证中央政令畅通。在具体工作中,在所管辖的范围内就应该大胆决策、放手工作,要自己破解难题、自己化解矛盾,问题不上交、矛盾不乱推、困难不下转,不做老好人,更不能拿你的领导当"挡箭牌"。

5 不是人人都能当领导

领导者并不是什么"稀有动物",每个人在生活和工作中几乎随时、随处都可以见到。况且,从理论上说,每个人都有成为领导者的可能性。

但是,也必须清醒地看到,"领导职位"永远是一种稀缺资源——相对于全体人员来说,领导者的数量永远是少数,而且也只能是少数。

当我们放眼各类组织机构乃至整个社会时,就会发现其中大量充斥的一定都是被领导者,而绝不可能是领导者。这是人类社会的一种必然现象,也是一条客观规律。

社会现实就是这样:不是人人都能成为领导;而且,在有幸成为领导者的少数人中,能够有效胜任领导工作、不断获得可持续发展的更是少之又少,不少则是昙花一现。

那么,是什么原因在决定着人们的命运,使有的人成为领导者,有的却只能屈居被领导者的地位;有的人能够成为卓越的领导者,有的则是失败的领导者呢?

这样看起来,当领导是需要一定"资本"的,用领导学的话来说,是要具备较好的领导者素质。所谓领导者素质,指的是领导者从事领导工作应该具备的内在基本条件,是领导在先天禀赋的基础上,通过后天的学习培养和实践锻炼逐渐形成的,在领导工作中经常起作用的那些基本的素质和所应达到的水平。领导者素质,是领导者做好工作的主观基础条件,是衡量领导者素质和水平的重要标志和尺度。现代领导者的基本素质,主要有政治素质、道德素质、知识素质、能力素质、作风素质、身体素质、心理素质等。

也就是说,要想成为领导者,并做好一个领导者,就得有"领导资本",就得有成为领导者、做好领导工作的资格和本领,要有借以走上领导岗位、演好领导角色、维护领导地位并且不断得以升迁的素质和能力。

所谓"领导资本",其中包含着十分丰富的内涵。比如:品德、胆量、勇气、见识、魄力、意志、眼界、才干、知识、智谋、肚量、经验、亲和力、牵引力,以及个人的处世技巧、办事能力、交际方法、组织能力等等,都属于领导资本的范畴。

正是这些方面的有机统一,相辅相成,才共同构成了"领导资本"的统一整体,缺哪一项都不能成为优秀的领导者。因此,一个人若想登上领导岗位,并履行好领导职责,必须注意学习、领悟、锻炼和总结,切实夯实自己做领导的基础。

没有理所当然的事

有些人的心里常常会产生这样一种错觉："下一次人事调整，一定该轮到我了吧！毕竟，我在这里辛辛苦苦干了那么多年，就算是只论资历也该轮到我了。"

特别是那些比较自负、清高的人，更容易产生这种错觉。

然而，当领导岗位的安排决定水落石出之后，他们才发现等来的却是非常令自己失望的结果，并没有"等得久、自然有"的好事。"年年望年年失望，处处寻处处难寻"的辛酸苦楚，在很多人身上都发生过。

之所以会发生这种不尽如人意的事情，尽管原因可能是多方面的，但其中一个主要的方面，就是很多人都没有认清一个非常现实的问题——在任何一个组织机构中，都不是人人都能当领导。

对于"不是人人都能当领导"这句话的含义，应该从两方面来理解：一是指"不是人人都有机会当上领导"——从客观上说，领导位子有限，不可能提供给每一个人；二是指"不是人人都有能力当好领导"——从主观上说，每个人的素质和能力是不一样的，所以未必人人都适合于做领导工作、能够把领导角色扮演好。

正是由于以上两点，每一个想成为杰出领导者的人都必须树立起力争上游的紧迫感和危机感，积极培养、提高自己当领导的"资本"。

现实中，的确有一些人常常抱着消极等待的态度，他们总是坚信"皇帝轮流做，明年到我家"的陈旧观点，错误地认为领导者是任何人都能担当的角色，自己当然也不例外。

在这种思想的左右下，他们觉得自己根本用不着去费力争取领导的位子，只要待在那里"守株待兔"，总有一天领导的桂冠也会落在自己的头上——按照他们的想法，这种结果不仅是天经地义的，而且是自然而然就会发生的事情。

但是，事实绝对不是这样的，因为不是人人都能当上领导、当好领导的。在残酷的现实面前，"失望"对于抱持这种想法的人来说就是不可避免的了。

正确的态度和做法应该是：一定要以主动进取的精神、认真负责的态度、力争上游的行动，切实搞清楚究竟怎样才能成为领导者，而不要坐等别人把领导的位子给自己送上门来。

既然领导的位子是有限的，如果自己真的很想占有这个位子，就应该努力使自己具备过人的领导资本，争取早日"杀入重围"，而不要总是站在圈子外面

当一个"旁观者"的角色;既然未必人人都能够把领导角色扮演好,那么,一个人要想成为领导者,就应该努力提高自己的领导素质和领导才能,而不要故步自封,停滞不前。

必须明白一个道理:在这个世界上,根本就没有理所当然的事情。

因此,如果有人认为靠比别人多上了几年学、多读了几本书,或者多熬了几个年头,就一定能够获得领导的位子,而对如何培养和提高自己的做领导的资本却置之不理,那就永远别想成为领导者。

什么人容易成为领导者

也许有人认为,只要埋头苦干,或者只要自己的资历足够老,就必然会鸿运当头,一定能够成为领导者。

虽然不能一概断定这种说法是完全错误的,但事实证明,这种想法是十分值得怀疑的,甚至是幼稚的。

最关键的问题,是你必须问自己:"我是否参与了本组织的核心业务?"而不是问:"我是不是已经非常努力地投入工作了?""我是不是已经在这儿呆得足够长久?"

要想得到较高的位置,就必须尽量参与本组织的核心业务——只有这样的人才最容易成为领导者。

比如说,一个机关的勤杂工即使把自己的全部身心投入到工作之中,就是在这个岗位上辛辛苦苦地再干上数十年,最后也难以坐上领导者的宝座。因为勤杂工并没有参与组织中的核心业务,而且他所在的工作是人人都可以做的。这种人,仅只是无足轻重的小角色。

因此,如果一个人准备向领导岗位发起冲锋的话,就不要继续在那些并不重要的位子上白白浪费时间和精力了。

需要牢记一点:占据组织中的关键职位,参与组织中的核心工作,才是促使你尽快走向领导岗位的一条捷径。

当然,对于很多人而言,他们无法成为领导者的主要原因,往往不是因为自己不愿意参与本组织的核心业务,而是因为不了解所在组织的核心业务和关键岗位是什么。

对此,需要根据不同情况分别予以说明:

拿企业组织来说,绝大多数有经验的企业负责人都相信:任何企业里有工作成就的人都不会超出下面三类人:开发人、督导人和协调人。

不仅企业组织如此,而且政府机构中的情况与此也是基本相同的。

不管是在哪一级政府机构中,人们都应该努力研究、制定各种政策的部门工作;或者是做其他宏观性工作,而不是做那些过于具体、繁琐、专业性太强的事务性工作。

总之,应切记一点:在任何组织机构中,那些什么都不是的人,就只能小心谨慎地过日子,别指望自己有朝一日会成为领导者。

好人不一定是好领导

一般意义上的"好人",多是从人的性情、品格、为人处世的方法等方面去评定的,说某人是个"好人",很大程度上是说这人心地善良、品德高尚、待人和善等等。而"好领导"除首先必须是一个"好人"外,还必须具备诸如较高的政治思想素质、科学决策能力、综合协调能力等。显而易见,"好人"只是"好领导"的一个必要条件,而不是充分条件。并非所有"好人"都能当"好领导",这是最通俗不过的事实。

好人未必能当得好领导,但好领导必须是好人;好人、好领导的"底线"都在道德操守,但好领导则要比好人多出一样"才能"来。所以,"德才兼备"历来是好领导的标志。

要做一个好领导,首先要做个好人,要有高尚的人格。假使那些卑鄙猥琐之徒当了领导,他第一想到的,绝对不是老百姓的利益,而是要骑在老百姓身上,作威作福,称王称霸。他要巧取豪夺,聚敛钱财;贪赃枉法,草菅人命;颠倒是非,混淆黑白。这样的领导,只能是昏官、贪官、赃官、恶官。只有让好人掌权,才能有老百姓的活路。作为一个好领导,首先得做一个好人。他需要为人方正,持论公允;从政廉洁,奉公守法;爱民如子,体贴众生。总之,要一切从老百姓的利益出发,为官一任,造福一方。

做个好领导,光有好人品还远远不够,关键是还要有丰富的学识、过人的胆魄、老道的治民手段和富民方略。对地方上的全面情况都要掌握第一手资料,包括政治、经济、文化状况以及风土人情都要摸得一清二楚;看问题要理智、客观,有深度,有新意,具有一定的前瞻性;工作中要有超前意识、开拓意识,勇于做第一个吃螃蟹的人;要站在全局的高度,来谋求本地的发展,增强本地的经济实力。不但要抚民、安民,更重要的是富民;处理问题要公平公正,以法律为准绳,要对不法行为有相应的制约措施,保证老百姓的利益不受侵犯。总之,要使自己所领导的地方有一个大的发展,让老百姓过上富庶安定的太平日子。而这

一切,仅凭是个好人是绝对做不到的。

要做个好领导,就要有个"硬肩膀",敢当责任,不怕得罪人。因为当领导,本身就是一种责任。履行职责就得办事,可一旦办起事来,就没有不得罪人的。办好事要得罪坏人,办坏事要得罪好人,只有那些无所事事的人,才会什么人也不得罪。像寺庙里的菩萨,好人坏人都要烧香,为什么?因为人们想升官发财,希望菩萨保佑;而菩萨呢,则是啥事也不做,所以不会得罪任何人。要是菩萨真能提拔某人当领导,或帮某人发财,那些没有升官发财的人,没准也会写菩萨的告状信。所以菩萨能得万人景仰,众生朝拜,玄妙在于他从不办具体的事。执政党的干部,总不能当菩萨吧?假如要维护公平的竞争环境,要打击假冒伪劣,那么那些制假贩假的,就会有人对你恨之入骨,恨不得半夜里去扒你家的祖坟。倘若你办了坏事,如损公肥私,好人又饶不了你。因此要做"好领导",就要做好事,不得罪好人,但同时要敢于得罪坏人,得罪的坏人越多,说明你当领导就越称职。

要做个好领导,就要有"硬手腕",要有较强驾驭能力,善于管理。如果一个单位纪律涣散,上班来去自由,工作想干就干不想干就不干,人们思想近乎麻木,这其中没有领导的责任问题吗?如果一个单位工作没有大的起色,干工作者少,混事者多,干好干坏一个样,一个好的领导能允许这种现象存在吗?如此一个单位的景况,绝对不能说领导是一个好领导,要说好,其只不过一个好人而已。

好人,就是一个人自身好,是个别。而好领导,当然首先是一个好人。但更重要的,好领导应该是火车头,不但自己能干好,还要能够带动一个单位向前发展;应该是一面旗帜,要人们能够跟着旗帜走,奋发向上,勇往直前,让单位一片红;应该懂得管理,要能营造出一个地方、一个单位良好的工作、学习和纪律环境,学会用制度管人,调动大家的积极性。

可见,好人是一种品质,好领导则是一种能力。没有好的品质,难以成为一个好人,但只有好的品质,缺少能力也不能成为一名好的领导。因此,要做一名好领导,在做个好人的同时,还必须把领导当做一门艺术,认真学习好,不断提高自己的综合素质与能力。

6 领导并不好当

清末的总理大臣李鸿章有一句不无感叹的名言:"世上最容易的事莫过于做官,一个人如果连官也不会做,那就太不中用了。"很多人没有听出李鸿章的弦外之音,还真认为当官是件容易的事。其实领导并不好当,当过领导的人想必都会有此感受。俗话说:"只看到贼吃肉,没看到贼挨打。"人们只看到领导者在人前风光热闹的一面,却很少知道领导者辛勤的付出与承受的压力。领导不是人人可当的,否则就没有选拔的必要了。

领导是最难的职业之一

随着生产力的发展、社会的进步,职业分工越来越细,这是一种趋势。如果把领导工作看成是一种职业,那么,应该是最难的一种职业。客观地说,领导工作是艰巨的、复杂的而又微妙的。

一是工作紧张而繁重。领导任何一个组织的工作都是非常艰巨的,领导工作具有无休无止的性质。仅就领导者"分内"的"规定动作"而言,他在一天里需要做的职务性工作的数量就是十分庞大的。再加上领导者额外要做的"自选性"工作,任务就更加繁重,步调也极为紧张。因此,领导者的空闲时间很少,难得有休息的机会。他们总是被迫以紧张的、始终不懈的步调去完成大量的工作。即使在组织之外的场合,领导者似乎仍然不能摆脱承认他们权力和身份的环境,也不能摆脱自己对于领导工作的种种思虑——他们的头脑已经受过良好的训练,所以总是在不断搜索新的信息,思考和解决新的问题。特别是高层领导者,通常下班以后也不能从自己的职位中摆脱出来。他们需要带着一些工作回家,因而在多数的"空闲"时间里脑子里还惦记着工作。

二是工作无规律性、无计划、无连续性。与大部分非领导人员所做的工作相比,领导者的活动具有简短、多样和不可预料等特性。绝大多数领导者的活动都是简短的:简短性的特点,在高层领导一级虽已较为显著,但到中层领导则更为突出,而在基层领导这一级简短性更是令人惊讶。领导者需要完成的许多工作都缺乏典型性,常常小事与大事交叉在一起。因此,领导工作是极其多样化的,这就需要领导者随时并频繁地改变自己的心境。领导者的工作也十分琐碎,即受到干扰是极其寻常的现象。一个领导者一天看二三十个材料,接十几个电话,与十几个人口头联系,几乎每一个接触都涉及不同的事。

三是大量不可推却的应酬。领导者处于他所在组织和外界接触的网络之间,并以这种方式把它们联系起来。领导者必须经常与组织以外的多方面人士维持一个复杂的关系网。领导者与人联系的性质是极其多样化的,特别是与外界的联系。与外界的联系,通常我们所说的应酬就是一种外界的联系。作为一个领导者,要维护本组织或地方的利益,必须与方方面面相关的人发生联系,上

级来人要接待、横向来人要联谊,下面来人要安抚,要让不同利益诉求的人都尽可能得到满足。对一个组织的主要领导来说,应酬恐怕要消耗领导者工作时间的1/3至1/2。社会上人们常说领导者爱迎来送往,忙于应酬,其实很多是必不可少,本身就是一种工作。再说,接待工作无小事。应酬多了也是挺烦心的。

四是领导工作是权力和责任的统一体。其实权力向来都是一种压力。手握重权的人往往得不到世俗所谓的幸福。西方有句谚语:"权力与幸福不可兼得。"权力究竟是拿来做什么的?耳熟能详的回答是为民服务,维护国家的根本职能——社会公共管理。原苏联部长会议主席尼·雷日科夫曾经说:"权力应当成为一种负担。当它是负担时社会就会稳如泰山,而权力变成为一种乐趣时,那么一切也就完了……"这是对权力与幸福关系的最好的诠释。领导干部的职责就像是清道夫,做再多的工作也不算多,但哪怕有一件事情没有尽力去做而出现了问题,就可能会成为有目共睹的缺点,就可能会被公开批评指责,甚至被追究责任。

五是高处不胜寒,领导位置是非多。几乎每一个组织机构都像一座金字塔。当你向塔顶越爬越高时,最重要的空位子也就变得越来越少。与此同时,身为领导者所面临的各种危险也在逐步增大。常言道:"高处不胜寒。"身居领导之位的人既不比被领导者更轻松,也不如被领导者更安全。只有那些具有较多领导经验的人,才会明白"领导位子是非多"这句话的真切含义。

被清廷誉为"中兴重臣"的曾国藩,有感于历史上无数经验教训,在为人处世上显得极为小心谨慎。他总是反复叮嘱儿子曾纪泽要谨慎立身治事,甚至在大门外不要悬挂"相府"、"侯府"之类的匾额。他说:"余尝谓享名太盛,必多缺憾,我实近之;聪明太过,常鲜福泽,尔颇近之;顺境太久,必生波折,尔毋近之。""惟圣眷太隆,责任太重,深以为危,知交有识者亦皆代我危之。只好刻刻谨慎,存一临深履薄之想而已。"

从曾国藩的这些话中,可以看出他心里的确有种"高处不胜寒"的感觉,深恐位高权重而给自己和家人招来祸患。虽然时代不同了,但曾国藩的话对于今天的领导者仍然具有一定的启迪和借鉴意义。

因此,一个新被提升的领导者尤其要特别小心谨慎,警惕各种有形无形的危险:一是要提防其他同事的嫉妒、仇视心理;二是要警惕"时位移人"、"官升脾气长"等不良意识的作用和影响,避免自我误导;三是无论是上司还是下属,对你的要求都会变得越来越高;四是要防范上层领导者的猜疑和掣肘;五是晋升到新的位子以后,必然会面对各种各样的新形势、新情况、新问题。这些都是他以前所不熟悉、不了解、不擅长的,有的可能是了从来都没有碰到过的。

领导工作,严格地说,它是一项特殊的职业。领导工作并非种庄稼,种瓜得瓜、种豆得豆;也不是做数学题,一加一得二,二加二得四。它是一个充满变数的领域,是一个遍布不确定因素的过程。因此,领导工作没有天衣无缝,没有万无一失,没有百分之百的"保险"。从某种意义上来说,做官确实是一种高风险的职业。当一个人成为领导者之后就会发现,他不过只是走完了"万里长征的第一步";以后,还真有更多、更难、更有挑战性的事情需要你去认真思考和解决呢!

所以说,一个人光有出人头地、领袖群伦的愿望是不够的,志大才疏是不行的。在订立使自己走向领导岗位的人生目标和奋斗计划之前,要切实检讨自身的领导能力,看看自己有没有足够的领导资本。俗话说:"没有金刚钻,不揽瓷器活。"如果没有做领导的素质和才干,就不要勉为其难,除非拼命提高自己的综合实力和领导本领。

变革时代领导者面临的挑战

两千五百多年前,古希腊的学者就指出,"唯一千古不变的事物就是变化"。宇宙在变,地球在变,国家在变,社会在变,人在变,而组织作为人的活动的舞台,更是处于不断的变革之中。

人类已经进入信息化时代,经济全球化和世界一体化趋势加快,我国加入世贸组织已有数年,已经开始与国际接轨。随着我国改革开放的继续深入,我国的经济体制、经济运行方式、社会组织形式以及群众生产生活方式等正在发生深刻的变化,对各级领导班子和领导干部提出了新的更高要求,提出了新的挑战。

一是对领导干部的思想观念、思维方式提出了新的挑战。要求领导干部有战略思维、国际眼光和驾驭复杂局面能力,及时对事物的本质和发展趋势作出科学的预见和判断,在共存中求双赢。

二是对领导干部的学习能力、知识结构提出了新的挑战。要求领导干部要懂得市场经济基本理论、国际贸易与国际金融、世贸组织规则知识,熟知国际经济运行规则和促进对外经贸发展,善于利用国内和国际两种资源,能够开拓国内和国际两个市场。

三是对领导干部的领导方式提出了新的挑战。我国正逐步形成全面开放、有序竞争的市场经济环境,政府行为将由"行政审批向行政服务"转变,这对党的各级领导干部的工作方式提出了更高的要求。在新的形势下,各级党的领导工作必须建立健全符合时代要求的工作机制,充分借助科技手段,建立符合信息化社会要求的政务工作机制,以及实行政务公开、推行阳光政务,必须充分掌握和运用各种信息,深入研究新情况,制定科学决策程序,时时处处依法行政,按规则办事,公正公平。

时下,党对各级官员的要求越来越具体,考核指标越来越细,标准越来越严,使官员有很多"规定动作";另一方面,执政党和人民不断严格地要求,各种监督越来越健全:舆论监督、群众监督、领导监督、民主党派监督等,即制度严了,监督多了,使不符合规定的动作难有藏身之地;再一方面,社会的发展越来越快,对官员的素质与能力要求越来越高,如处理突发事件的能力、重大项目的科学决策能力等,使官员自我适应难度加大。

而且随着党的干部人事制度的不断完善,党对官员选拔的门槛是越来越高了,未来官员的选拔和任命至少会对三种人员说"不":一是无"德"者难入。这里的"德"指的是品德。随着改革的推进,对官员的监督力度不断加大。财务状况公示、配偶子女从业公示、身边人员升迁公示……没有一颗为民服务的"红心"、仅仅想以"当官"来为自己捞取资本的人,恐怕会仕途坎坷。二是无"能"者难入。无论是选拔普通公务员还是选拔决策者,越来越受到重视的是解决实际问题的能力。两耳不闻窗外事的"书呆子",恐怕难以胜任一位合格官员的角色。三是无"定力"者难入。现代社会的官员一旦决策失误,需要有担起错误后果的魄力和勇气。差额选举、公示制度、末位淘汰、引咎辞职以及事故问责等制度的形成,使今天的官员远非过去"上面一动嘴,下面跑断腿"那样简单。因此,凡事不经过缜密思考和论证便随意决策的官员将被淘汰。

在这场变化中,形形色色的众多领导者可以说是首当其冲的焦点人物。他们不仅要了解变化、理解变化、把握变化,更重要的是他们还必须认清变化的方向,引领变化的趋势。

这就要求领导者们无论从观念形态还是行为方式上都必须做出相应的变革。变革在当前乃至以后的年代,时时刻刻存在于我们周围,作为在变革中起决定性作用的领导者,就应把握好时机,在困境中发现机遇,表现出大家的活力和改变现状的勇气,同时挑战自我,做一个勇于变革、善于变革的领导者。

在时代发展的滚滚浪潮面前,笨拙的人永远落后于潮流,平庸的人紧紧追赶潮流,愚蠢的人则宁愿逆潮流而动——只有那些真正聪明睿智的杰出人物,才能够走在前面把握时代发展的脉搏,并引导潮流的前进。

对于领导者来说,不管是政府官员还是企业领导者,或者是其他社会组织的头头脑脑们,或者是初入仕途的年轻干部,最重要的是必须首先认清变革时代对领导者提出的要求,同时主动按照这些要求来努力培养提高自己的领导能力和领导水平。

"官"不聊生

毋庸讳言,现在的官是越来越不好当了。尤其是地方官员更不好当。现在政府行为已经实行行政问责制,并制定出台了《生产安全事故报告和处理条例》,要对辖区内的安全生产事故负责,防范火灾、洪水、群体冲突等突发性事件的发生,不仅要富一方百姓,更要保一方平安。责任不能说不重,压力不能说不大,以至于有些领导干部大发感叹:"现在的领导,真是'官不聊生'啊!"

如今,越来越多的领导干部感到有"压力"。"高处不胜累"是不少领导干部的切身感受,"累"形象地反映出领导干部的身心压力。当前,领导干部的压力大致表现在以下几个方面:

一是领导干部肩上肩负着"发展与责任"双重担子的压力。各地区、各系统、各行业、各单位间,你追我赶政绩的竞拼,社会效益、经济效益及GDP的评比排名次,干部个人发展与实际绩效相挂钩等,这是"发展"担子的压力。"领导责任问责制"、"一票否决制"、"绩效评比考核制"以及对客观上存在的如"火灾"、"洪水"等,一些"人命关天"的具有不可控性的突发恶性事件的提防与担忧等,这是"责任"担子的压力。

二是领导干部的"本领恐慌"和"能力危机"。新形势、新任务对领导干部提出了更高的要求,他们不得不考虑自身的素质、能力、品质能否与新形势、新任务相适应的问题。面对新形势新任务,一些领导干部存在比较严重的"本领恐慌"和"能力危机",在重大原则面前失去警觉,在复杂问题面前手足无措,在巨大优势面前错失良机,在改革发展面前无所作为。有些领导干部工作思路不宽,工作方法不多,工作步子不大,工作效果不好,与过去比,进步缓慢,与同行比,位次靠后,压力之大,显而易见。这样的干部,当然"诚惶诚恐"、"如履薄冰",这样的压力,当然如影随形。

三是领导干部所面临的社会压力比一般人更大。中国社会目前正处在改革过程中,由于体制不成熟、不健全性,现存体制的漏洞、缺陷,让领导干部工作上受到严重困扰。有时候,严格执行制度、按规则办事行不通;突破制度限制,违规操作有风险,面临两难选择,让其无所适从。目前处在中国社会任何位置上的干部,都必须重视、平衡、沟通、构建与上下左右的复杂的社会人际关系,要分出相当大的一部分时间与精力,来应对"颇具中国特色"的种种复杂社会关系的处理。另外,还要抵挡来自各个方面的种种社会舆论、社会反响、社会评价的无形压力。在一定范围内,领导干部属于公众人物,承载着许多道义上的责任,在公开场合,他的一言一行、一举一动,都是社会瞩目的,他不得不更加注意自己的形象,更加自律,即使是受到不公正的待遇,也可能强颜欢笑,委曲求全。

四是领导干部要抵御着比一般人大得多的诱惑压力。干部所具有的掌握一定人、财、物支配权的特殊性,使得干部在现实中面临着更多的金钱、情色的诱惑。所有腐败的干部无一例外地都是因为心理上最终没能抵御住这种诱惑力而所致的。干部在工作中、在与种种社会人际关系的交往中,要不断地绷紧神经,克服与抵御由种种利欲诱惑而产生的心理重负,这是来自诱惑的压力。要做到清正廉洁,就必须经常保持拒绝这些诱惑的心理压力。

五是领导干部要比一般人承载着更大的家庭压力。干部作为"人",也有家庭妻子儿女。由于特殊的社会角色和工作环境,必须把大量的时间精力投入到工作谋划和工作应酬中,领导干部无暇顾及家属、子女,甚至个人的正常生活秩序也受到影响,爱情亲情不稳定,对子女缺少关爱教育,家庭关系不和谐,其压力可想而知。对父母缺乏孝敬等而导致家庭"后院失火",结果自己上火,产生不安感与愧疚感,这是来自家庭的压力。

领导干部有压力,并不是坏事。因为有压力,才会有动力,才会有警觉,才会出效益。但如果领导干部心理压力过大,超出了心理所能承受的能力时,不能及时排解和调适,就很容易产生身心疾病,就会影响干部的思想情绪和工作状态。

为此,领导者要加强自我修养和磨炼,提高抗压能力。保持良好的心理状态,领导干部应当加强自身的学习和修养,自觉锤炼意志品质,不断提高新形势下驾驭全局、推进工作的能力,不断提高在各种压力、困难和考验面前自我调适的能力。要牢固树立正确的世界观、人生观、价值观,坚持立党为公、执政为民,着力解决好权力观、地位观、利益观问题,管得住小节、耐得住寂寞、抵得住诱惑、守得住清贫、经得起考验,不为名所累、不为利所缚、不为欲所惑,"淡泊以明志,宁静以致远",始终保持高尚的情操。

第二章

领导者应有的政治品格

领导者的政治品格是领导者的素质之一。政治品格是指领导者应有的基本政治态度、政治立场、政治观点、政治纪律和政治品德。领导干部的人格力量比权力影响更大、更有效，也更持久，因为它来源于理论上的清醒、政治上的坚定、道德上的高尚。因此，领导者培养优秀的政治品格，至关重要。

1 坚定的理想信念

理想信念就是在把握社会发展客观规律的基础上,对于一种代表群体前途、体现群体根本利益的价值目标的自觉确认,它是规律性与目的性的统一。它是人生的精神支柱和动力源泉,是人们政治信仰和世界观在奋斗目标上的集中反映和具体体现。坚定的共产主义理想信念是广大领导干部的精神支柱、动力源泉和前进坐标,理想信念的动摇是最危险的动摇。

从政需要立志

志者,人生奋斗的方向和目标也,也可以理解为理想或抱负。立志就是为自己确定一个宏伟目标,也就是树立一个理想,认定自己终身奋斗的方向目标。

有志者,事竟成。俗话也说,有志登山顶,无志站山脚。人生匆匆,想在人生之中有所建树,首先要确定一个志向,并且要坚定不移地去执行,为实现志向不懈努力。志不立,天下无可成之事。纵观古今中外,概莫能外。志不立,犹如在重雾迷茫的大海上航行,尽管历经艰辛,却在原地绕圈,劳而无功。欲想少走弯路,达成夙愿,必先立志。

壮志与毅力是事业的双翼。坚持大的志向,难免会遇到各种各样的困难。心中有理想,有希望,才能集中意志去克服那些困难。古之立大事者,不唯有超世之才,亦必有坚忍不拔之志。三军可夺帅也,匹夫不可夺志也。生活就像海洋,只有一心向着灯塔,历尽艰难险阻,经受住大风大浪,才能驶进理想的港湾。

器大者声必洪,志高者意必远。人要立大志,才能激发自己的潜力,激生强大的动力。丈夫志不大,何以佐乾坤? 远大的志向可以造就伟大的人物。自古至今,许多名人、伟人之所以成功,流芳百世,为人类文明作出有益的贡献,就是因为他们志向远大。

古往今来,无数志士仁人,无不具有博大的志向。陆游的"一身报国有万死",文天祥的"留取丹心照汗青",范仲淹的"先天下之忧而忧,后天下之乐而乐",孙中山的"天下为公",鲁迅的"我以我血荐轩辕",周恩来的"面壁十年图破壁"……他们壮美、豪迈的志向,鼓舞激励着人们积极地进取,顽强地奋斗。

成功在于立志和勤奋。无志之人常立志,有志之人立志长。立志要专,志在坚持。一旦确定一个志愿,就要专一,不能朝三暮四,见异思迁;就要坚持为了这个目标而奋斗。不可今天一个志,明天又一个志,最终只会一事无成。立志还贵在坚定、坚持,"生死以之","造次必于是,颠沛必于是"。无论来自内部或外部的困难、干扰,都要靠意志去克服并战胜它。只有百折不回,不怕反复挫折,才能成就大业。

立志就应矢志不移。孟老夫子曾表述:"天将降大任于斯人也,必先苦其心志,劳其筋骨,饿其体肤。"屈原的实践是"路漫漫其修远兮,吾将上下而求索,乃志九死未悔"。王勃也张扬:"穷且益坚,不坠青云之志。"这是一种意旨明确,坚定不移,矢志不渝,百折不挠的进取境界。

有了生活的理想,才会有理想的生活,才能对人类进步,对社会发展,作出自己的贡献,实现自己的人生价值。立志要从对人类、对社会是否有益为出发点。否则,有大志也成不了什么大事。

志贵有恒。有了志向,要有充分的信心去实现志向。要有恒心,有耐心。路漫漫其修远兮,吾将上下而求索。即使最后没有实现理想,但也拥有了奋斗的过程,有了为理想坚持的执著。经过了风雨的洗礼,收获了一路的成长。最终会突然发现,自己已经有了质变,有了成熟,有了无愧于心的探索征程。

理想信念动摇不得

所谓信念,是指人们在一定认识基础上确立的对某种理论主张或思想见解及理想坚信不疑,并努力身体力行的精神状态。英国哲学家罗素认为,"信念是由一观念或意象加上一种感到对的情感所构成的"。人们只有确信自己所认同的社会理想是正确无误的,确信自己所向往和追求的理想是能够实现的,并在行动上加以维护和贯彻,即形成坚定的信念,才能获得不懈的奋斗动力。

信念,是一个人、一个政党、一个民族、一个国家的重要精神支柱。毛泽东说过，人总是要有点精神的。没有革命精神的人，胸无大志、萎靡不振。没有自强精神的民族和国家，软弱无能，任人宰割。缺乏信念的人，无法使正确的理想转化为有力的行动，还往往容易对已经确立的思想发生动摇。

理想信念是人们的政治信仰和世界观在奋斗目标上的具体体现，共产主义理想信念是人类历史上最为崇高的信仰和目标。共产主义理想和社会主义信念，是建立在马克思主义揭示的人类社会发展规律的基础之上的，是科学的理想信念。中国特色社会主义，符合中国国情，符合全国各族人民的利益，是中国发展、走向富强的正确道路。

理想信念就是人生的精神支柱和动力源泉，领导干部牢固树立共产主义的理想信念，就能前仆后继、舍生取义，就能抵制诱惑，拒腐防变。领导干部有了这样的理想信念，才有了立身之本，才站得更高，眼界更宽，才能更自觉地为党和人民的事业努力工作。如果背弃共产主义理想信念，面临生死考验，则可能贪生怕死，当叛徒；面临执政和改革开放的考验，则可能滥用权力，腐败变质。

崇高的理想信念是领导干部拒腐防变的思想根基。在改革开放和发展社会主义市场经济的新形势下，绝大多数党员经受住了考验，保持了先进性，但也有极少数的领导干部，经不住考验，走上了邪路，走向了毁灭。每当有腐败分子落马，便会有人总结说，大案要案频发是制度缺失造成的。其实，很多腐败分子落马便是从理想信念的丧失开始的。

理想信念的动摇是最危险的动摇。古人说"物必自腐而虫生"，腐败现象表现上看来是经济问题、道德问题，但深层次的原因却是理想信念出了问题。江西省原副省长胡长清为什么会走到这一步？他就是理想信念动摇的结果。他打电话给在美国读书的儿子说："你在美国要好好读书，将来我也好有一条退路，共产党到底能干多久，我也说不清楚。""总有一天，中国会不行的，有两个国籍，将来就有余地了。"河北省国税局原局长李真认为："与其等到将来江山易手，万事皆空，不如权力在握时早作经济准备……"他在忏悔材料中反思自己犯罪根源时说："人可以没有金钱，但不能没有信念，丧失信念，就要毁灭一生。"他们的忏悔，却也道出了导致自身毁灭的真谛。

可见，理想信念是思想和行动的"总开关"、"总阀门"，理想信念的滑坡是最致命的滑坡，理想信念的动摇是最根本的动摇，也是最危险的动摇；理想信念的背叛，是最可怕的背叛。一个领导干部如果没有理想信念，就等于没有灵魂，迷失方向，迟早会发生问题。他们的毁灭，证实了一些领导干部的"信仰危机"已经成为党的建设面临的一个严峻挑战。

坚守理想信念

坚定理想信念,无论过去、现在和将来,对于每一个领导干部来说,都是首要的问题。这个问题不解决,或者解决得不牢靠,不仅难以兢兢业业地干成事业、干大事业,而且很可能在不知不觉中一步一步地滑向腐化堕落的深渊。

正如江泽民指出的那样:"我们共产党人的根本政治信仰是社会主义和共产主义,世界观是马克思主义的辩证唯物主义和历史唯物主义,这是任何时候都丝毫不能动摇的。一个党员特别是领导干部,如果在思想上动摇了这些根本的东西,也就动摇了共产党人的根本政治立场,就必然会偏离正确的政治方向。"

作为领导干部,在任何时候都必须具有远大的理想和坚定的信念,坚信社会发展的必然规律,对党的事业充满必胜的信念。只有坚持用马克思主义的世界观、人生观、价值观武装头脑,坚持社会主义、共产主义信仰,任何力量就动摇不了你。在改革开放的新时期,不管形势和任务有什么变化,不管政策、体制有什么变化,不管国际形势多么错综复杂,共产党员和党的干部都应当不改革命的初衷,不丧失必胜的信心,坚定不移地坚持走中国特色社会主义道路,高扬共产主义理想风帆勇往直前。这是领导干部的精神支柱和最高信仰,是最崇高的人生追求,是最重要的思想基础,是立党立国立身之本。

坚定理想信念,就是要真学、真懂、真信、真用马克思主义。这"四真"是对"四假"而言的。如果你是真学真懂真信真用了,就不会出现理想信念动摇的问题。凡是出现理想信念动摇问题的,都是假学、假懂、假信、假用的结果。

坚定理想信念,就是要坚持用马克思主义的立场、观点、方法来认识世界,认识人类社会发展的客观规律,自觉改造自己的世界观、人生观和价值观。对领导干部来说,牢固树立共产主义理想信念的关键就是要树立正确的世界观、人生观、价值观,重视学习,加强学习,不断提高理论修养和知识水平。只有理想信念不动摇,才能立得稳、站得高、行得远。

坚定理想和信念并不是一蹴而就的,而是一项长期的、艰苦的任务,是一辈子的事情。要经常地审视和自省自己的理想信念的坚定性,在长期实践中不断学习,不断提高,矫正人生的坐标。无论共产主义目标离我们有多远,征途中遇到多少艰难,我们都要始终不渝地为共产主义的理想和信念奋斗终生。

2 不可缺少的大局意识

领导干部不仅要练就敏锐的政治头脑和高水平的领导技能,更要增强大局意识和全局意识,顾大局,识大体,善于在复杂的条件下从政治高度正确判断形势和把握大局,循序渐进地开展工作。

胸无全局者,不足以谋一域

古人云:"不谋万世者不足谋一时,不谋全局者不足谋一域。"意思是胸无全局的将领,即使争得一域一地,最终也难免全军覆灭;胸无全局的棋手,纵然一时得势,最终也难免满盘皆输。同样,胸无全局的干部,由于目光短浅、"盲人摸象",工作没有章法,不得要领,最终难免贻误工作大局,影响工作全局。

胸怀全局,立足于全局,以全局意识统筹各项工作,就要坚持全面看问题即统筹兼顾的思想方法。唯物辩证法认为,任何事物都不是孤立存在的,都与周围的其他事物、现象、过程这样或那样地联系着,事物联系的普遍性和多样性要求我们在认识事物时,要尽可能从各个方面来把握事物的联系,坚持全面看问题的思想方法,反对形而上学和片面性。由于实施决策所涉及的复杂因素是个有机的系统,是由若干相互作用和相互联系的要素所构成的,具有一定结构和功能的整体。因而,我们在工作时要从整体出发,进行系统分析、准确定位,注意全局和局部的有机联系,系统内部和外部相互关联、相互影响和相互制约的关系,统筹兼顾,合理安排,使局部工作与全局工作相协调,为系统的全面效益服务。

但在实际工作中,存在大局观念的淡化现象,造成本位主义、分散主义、地方主义的滋长蔓延,促使个人利益观、小团体利益观的抬头。有的领导干部不知大局、不识大体、不懂大势,看问题跳不出小圈子,总是把本部门、本地区的利益置于突出位置;有的目光短浅,急功逐利,只顾眼前,不顾长远;有的只看到自己利益受损的一面,看不到全局利益受损的状况;还有的醉心于局部和眼前的利益,干扰甚至阻挠全局重点工作的开展。这些现象的本质,还是在于一些领导干部没有正确对待和处理大局与局部、当前与长远、个人与整体的利益关系。

毛泽东在《整顿党的作风》中指出:"一部分,只看见局部利益,不看见全体利益,他们总是不适当地强调他们自己所分管的局部工作,总是希望使全体利益去服从他们的局部利益。""他们忘记了少数服从多数,下级服从上级,局部服从全体,全党服从中央的民主集中制。"过分强调局部利益的背后,常常是个人第一主义在作怪。

提高解决事关全局重大问题的能力,是马克思主义领导科学的基本要求,是党抓干部队伍建设的一条成功经验。毛泽东曾经说过:"任何一级的首长,应当把自己注意的重心,放在那些对于他所指挥的全局来说最重要、最有决定意义的问题或动作上,而不应当放在其他问题或动作上。"

江泽民反复强调:"胸无全局者,不足以谋一域。无论负责哪一级、哪一个部门的领导工作,都要时刻胸怀全党全国工作的大局,坚持以大局为重。""讲政治,很重要的一条,就是要讲全局、懂全局、谋全局。这对于各级党政'一把手'来说极为重要。没有全局就没有方向。"

只有抓住主要矛盾、突出工作重点、解决重大问题,才能重点突破、带动全局、开拓创新。所以说,提高解决事关全局重大问题的能力,是领导干部能力、素质建设的重点。

领导干部努力提高解决事关全局问题的能力,做到胸怀全局,主要应从以下几个方面入手:

首先,要胸怀全局,就必须坚持用马克思主义的理论作为行动指南。马克思主义、毛泽东思想、邓小平理论以及"三个代表"重要思想是科学的理论体系,是我们的行动指南。领导干部必须系统认真地学习和研究马克思主义的基本理论,全面贯彻和落实科学发展观,用马克思主义的立场、观点和方法去分析、解决现实问题、指导我们的实际工作。只有这样,我们在处理纷繁复杂的问题时才有主心骨;也只有这样,我们的社会主义方向才能够更加明确,走中国特色社会主义道路的信心才能更加坚定。

其次,要胸怀全局,就必须善于从政治角度驾驭全局。毛泽东曾以"一着不慎,满盘皆输"为喻,说明统筹全局的重要意义,指出"没有全局在胸,是不会真地投下一着好棋子的"。要提高统筹全局的能力,就要学会统筹兼顾,全面安排,也即毛泽东要求我们的"要学会弹钢琴"。面对日益复杂的国内外环境,领导干部只有深入实际,扎实工作,认真实践"三个代表"重要思想,努力提高从政治上驾驭全局的能力,才能为党的事业的顺利发展不断作出自己的新贡献。

再次,要胸怀全局,就必须更好地贯彻执行民主集中制原则,保证全党思想上、政治上、组织上、行动上的高度一致。民主集中制是党和国家的根本制度,个人服从组织,少数服从多数,下级服从上级,全党服从中央,是民主集中制的重要原则,也是最重要的组织纪律。坚持全局观念,要始终在政治上与党中央保持高度一致。

最后,胸怀全局,就要反对和克服本位主义。因为本位主义在实质上就是一种放大了的个人主义,其害处就在于过分强调本位,以致干扰全局。要进一步克服本位主义,增强全局观念,就必须坚决克服"上有政策,下有对策"的本位主义倾向,跳出部门看部门,跳出单位看单位,树立"全国一盘棋"的概念,将自己的工作放在更大的范围来观察,自觉地维护党中央、国务院的权威,维护党和国家的团结和统一,保持政令的畅通。

领导干部只有胸怀全局,以宽广的眼界观察世界,不断提高总揽全局的能力,才能做到认识、分析、研究问题见微知著,抓住问题的核心与本质,才能做到"乱云飞渡仍从容",赢得工作的主动权。

识大体方能做大事

领导干部办事情要识大体、顾大体,不识大体、不顾大体,事情就会办糟,工作就会失误,就会给党、国家和人民带来损害,最后还要自食恶果。只有识大体、顾大局的干部才能成就大事。

战国时赵国舍人蔺相如多谋善辩,胆略过人。他以国家利益为重,善于人和,不畏强暴,出使秦国,留下了流芳千古"完璧归赵"的故事。又陪同赵王赴秦王设下的渑池会,使赵王免受暗算。为奖励蔺相如的汗马之功,赵王封蔺相如为丞相。老将廉颇居功自傲,对此不服,而屡次故意挑衅,蔺相如以国家大事为重,始终忍让,忍辱负重。后廉颇终于醒悟,向蔺相如负荆请罪,留下了"将相和"的千古佳话。

北宋著名宰相吕端自幼身历五代后期国家由分裂走向统一的过程,又从年轻时开始从政,勤政廉明,识大体、顾大局,每每在遇到事关国家安定危亡的大事面前,不惜牺牲个人利益和局部利益,保全国家和朝廷的政治安定。时人称之"识大体,以清简为务"。

周恩来、叶剑英、邓小平等老一辈党和国家领导人,在无产阶级革命和国家现代化建设的征程中,虽曾多次遇到个人坎坷,甚至冤屈,但他们无不识大体、顾大局,高风亮节,忍辱负重,淡然处之;而面对党和国家生死存亡的紧要历史关头,在大是大非面前,却从不退缩,毫不含糊,始终旗帜鲜明,立场坚定地站在正确路线一边,竭心尽力维护党和人民的根本利益。如叶剑英在长征途中获悉张国焘要陈昌浩南下的电报,及时报告毛泽东,保证了中央和中央红军按原定计划北上。因此,1954 年 10 月,毛泽东曾送叶剑英一句话"诸葛一生惟谨慎,吕端大事不糊涂",以表扬叶剑英识大体、顾大局,在政治上的坚定性。

识大体就是要认清当前的政治形势、把握党的大政方针、坚定正确的前进方向。那么,在新形势下,什么是"大体"呢? 我认为当前的"大体"就是大道理;就是社会主义;就是国家和人民的根本利益、长远利益;就是改革开放。

"大体"就是大道理。对于党的干部来说,大体就是马克思主义、中国特色社会主义理论体系的基本原理,党的基本路线、方针和政策。不识大体,不顾大体,就是违背马克思主义、中国特色社会主义理论体系的基本原理,违背党的基本路线、方针、政策。毛泽东曾经说过:小道理要服从大道理。这话是非常有道理的。不这样做,不识大体,不顾大体,就会走到邪路上去。

"大体"就是国家和人民的根本利益、长远利益。在我国社会主义制度下,国家和人民群众的根本利益是一致的。但一个地方、一个行业、一部分人的局部利益、眼前利益同国家和人民的全局利益、长远利益有时也不一致,甚至有矛盾和对立。这就要求我们充分认识到党的一切工作的出发点都是以满足人民群众的根本利益为前提的,在思想上与党同心同德,自觉接受和服从党的领导,拥护党的主张。要正确认识和处理各种利益关系,把个人利益与集体利益、局部利益与整体利益、当前利益与长远利益正确地统一和结合起来。这样,我们的事业才会兴旺发达,国家才会稳定发展。

"大体"就是改革开放。经过近 30 年的实践,改革和开放得到了全国人民的拥护,"改革开放是强国之路"已经成为人们的共识。胡锦涛 2007 年 6 月 25 日在中央党校省部级干部进修班发表重要讲话时强调:改革开放,是党在新的时代条件下带领人民进行的一次新的伟大革命。新时期 29 年来,我国改革开放和社会主义现代化建设的成就举世瞩目。事实雄辩地证明,改革开放是发展中国特色社会主义、实现中华民族伟大复兴的必由之路。面对新形势新任务,我们要继续解放思想,坚持改革开放。

因此,作为新时期的领导干部,识大体就是要坚持以中国特色社会主义理论为指导,深入贯彻落实科学发展观,继续解放思想,坚持改革开放,推动科学发展,促进社会和谐,为夺取全面建设小康社会新胜利而奋斗。唯有如此,才能成就大事业。

牢固树立大局观念

大局,是指总的局面或形势。大局观念,也就是全局意识,是指人们通过感觉、思维等各种心理过程对整个局面或形势的综合认识和反映。

大局观念是一种把握整体和关键的战略思想。其基本内涵是:从大局着眼观察和思考问题,正确处理大局和小局、全局和局部、大道理和小道理的关系,自觉服从和服务于大局。一切事业、一切工作都有一个大局观问题,领导干部应该有大局意识,牢固树立一切从大局出发,一切服从和服务于大局的观念。

唯物辩证法认为:在大局和局部这对矛盾中,大局居于主导地位,对局部起着决定、支配、制约和协调的作用;局部处于从属地位,对大局具有很强的依赖性,同时局部也具有相对的独立性,能够反过来影响大局。大局与局部是辩证的统一。大局高于局部、统率局部,对局部的发展变化起着主要的决定的作用。大局与局部密不可分,相辅相成。有了大局才有局部,没有大局就没有局部,离开了大局,任何局部都不可能得到充分发展。同样,大局是由局部构成的,离开了局部,大局也不可能得到真正的发展。

正因为如此,党历来强调,局部必须服从和服务大局,大局必须考虑和照顾局部。毛泽东早就告诫全党:"一定要顾全大局,当局部利益和全局利益发生矛盾时,要自觉服从大局,以维护党的整体利益。"邓小平指出:"要提倡顾全大局。有些事从局部看可行,从大局看不可行;有些事从局部看不可行,从大局看可行。归根到底要顾全大局。"他在《坚持四项基本原则》一文中说:"在社会主义制度下,个人利益要服从集体利益,局部利益要服从整体利益,暂时利益要服从长远利益,或者叫做小局服从大局,小道理服从大道理。"

讲大局,顾大局是历代杰出政治家必备的基本素质之一。邓小平在长达70多年的革命和建设实践中,总是以无产阶级革命家、政治家的远见卓识高屋建瓴地提出问题、分析问题、解决问题,为全党树立了洞悉大局、驾驭大局的光辉典范。早在20世纪50年代,毛泽东就盛赞他办事公道,比较顾全大局。江泽民对此也深有感触:"他目光远大,胸襟开阔,善于从全局观察和处理问题,并且总要求党的高级干部着眼大局、顾全大局,一切从大局出发。"1989年,邓小平向第三代领导集体作政治交代时,反复告诫说:"考虑任何问题都要着眼于长远,着眼于大局。许多小局必须服从大局,关键是这个问题。""领导这么一个国家不容易呀!责任不同啊!最重要的问题是要胸襟开阔。要从大局看问题,放眼世界,放眼未来,也放眼当前,放眼一切方面。"邓小平善于从政治上考虑问题,对一些事关全局的大问题,看得远、想得深、抓得准,并能够作出及时而明智的决断,显示出一代战略家的恢宏气魄。

需要注意的是,我们通常所说的"大局观"有两层含义。第一层含义,指的是对形势、任务、中心工作的认识,这种大局观的实质是政治观,蕴含的基本内容都是我国现阶段最重要的政治问题,关系到整个国家、民族和人民的根本的、长远的、最大的利益。在某一个特定时期,党着眼于对形势的分析,对大局作出科学的概括,这时候的大局观,就有了比较明确的定义。第二层含义,指的是一种思维模式、认识方法。这种认识方式的理论来源和哲学基础是辩证唯物主义的世界观和方法论。作为一种认识问题的方法,大局观是唯物辩证法关于以全面的、联系的方法分析问题,关于抓主要矛盾以及矛盾的主要方面等观点的具体化。

着眼大局,把握大局,服从大局,服务大局,这是党的光荣传统和优良作风,也是中国特色社会主义事业取得胜利的重要条件和可靠保证。

那么,应该如何树立大局观念呢?

一是要加强理论学习,不断提升自己的政治品质。某些领导平庸琐碎不得要领,鼠目寸光不识大体,胸无远谋手无良策,一个重要原因是不懂理论。理论学习是提高认识,形成大局观念的前提。一个领导干部想要识大体、知大局、懂大势,就不能不借重理论上的帮助。掌握了科学理论,才可能更深刻地意识自己所肩负的政治责任和社会责任;才可能目光犀利,把握全局,识别各种思潮,判明是非界限;才可能有坚定的政治信念和高尚的精神境界。有了理论上的清醒坚定,才可能有政治上的清醒和坚定,成为出色的领导者。

二是要掌握政策,深入实际,加强调查研究。党的正确的路线、方针、政策,是建立在分析大局基础上的,是理论联系实际的产物,是反映大局、指导大局的。所以,领导干部应通过学习和贯彻执行党的路线、方针、政策,去了解大局、认识大局、理解大局。大局观念的树立,还建立在对所在国家、所处历史方位、所处地方和部门的实际情况了解的基础上。因此,还应深入实际,注重调查研究,着重摸清本地区、本部门的情况,形成自己的发展战略,做到大局在胸、全局在握、思路清晰、方向明确。

三是要正确认识和处理全局利益和局部利益的关系。大局意识首先是政治意识。在党和国家的利益与地区利益面前,要以党和国家的利益为重;在全局利益和部门、行业利益面前,要以全局利益为重;在社会利益与集体利益面前,要以社会利益为重;在集体利益和个人利益面前,要以集体利益为重;在根本利益与眼前利益面前,要以根本利益为重;在全民利益和团体利益面前,要以全民利益为重。这不仅仅是一个观念标准,更是一个政治标准。每位党员领导干部应当牢固树立大局观念,与党中央保持一致,正确处理好地方利益与国家利益、暂时利益与长远利益、个人利益与集体利益的关系,自觉主动地服从大局、照顾大局。

3 谦虚谨慎的品质

谦虚谨慎是一种良好的道德品质。谦虚指虚心、不自满、能接受别人的意见和批评;谨慎则是指细致严谨、小心慎重、有严密的科学态度和很强的责任心。谦虚谨慎自古就被认为是美德。《尚书》有云,"满招损,谦受益"。领导干部应当保持谦虚谨慎、不骄不躁、低调务实的作风。

谨防官越大真理越少

真理是人们对客观事物的正确认识,是人们在实践的基础上,不断改造客观世界和主观世界以达到主客观的动态统一的过程。马克思主义认为:实践是检验真理的唯一标准。

真理与权力二者之间本没有直接的、必然的联系。权力是属于政治范畴,而真理是属于认识论的范畴。真理不是来源于权力,而是来源于实践。

真理与权力二者之间虽不属于同一的范畴,但也不是完全不相关的。它们既有相统一的一面,又有矛盾的一面。统一的一面即是掌权者的意志和行为正确地反映了客观实际,与客观相符合,这就使权力与真理相统一起来了,在这种情况下,官越大,权力越大,认识事物就会越全面、越正确,就越能较多地反映真理和维护真理、发展真理,就会为人民办好事情;矛盾的一面即是权力有时与真理完全背离,甚至发生尖锐的对立,在这种情况下,官越大,权力越大,对人民的危害也就越大。所以,有时权力与真理不是成正比例的,甚至会出现官越大真理越少的现象。

为什么会出现这种现象呢? 因为在现实生活中,有些领导干部一旦官做大了,就开始飘飘然了,以为官越大,就所有的真理全在手中。有些领导干部官升了就脾气长。过去不显山不露水时,见人三分笑,和蔼可亲。一旦挂个什么长,那感觉一个美,立马气粗了,腰板直了,肚子挺了,派头有了,眼里也不大能瞧见人了。颐指气使,在他的一亩三分地,他就是"土皇上"。有些领导干部官升就自以为学问大了,一当上领导,好像立马换了一个人,成了上通天文、下晓地理、无所不知的"全才"。过去不了解的专业,一夜之间俨然成了行家;原先未曾涉足的领域,现在也指手画脚讲话、发指示、作决策。既然一当官就"天然"有了这等本事,何用再劳神费力向书本、向实践、向群众学习?苏联的赫鲁晓夫在一次参观美术作品展览时,就曾对讽刺他不懂艺术的雕塑家涅伊兹维斯内说过这样的话:"我当矿工时不懂,我做基层干部时也不懂,在我逐步升迁的每个台阶上我都不懂,可我现在是部长会议主席和党的领袖,难道我还不懂?"有些领导干部官升了就离群众远了。去哪里都夹道欢迎,天天有颂歌盈耳,过去的好作风也渐渐被刚愎自用、独断专行所取代,再不愿和老百姓沾边,唯恐跌了自己的身份。在自我感觉高人一等、耻于混同于普通群众时,与人民的隔心墙越来越厚,原本和谐的干群关系也变得越来越尖锐。

这些人普遍犯了一个毛病,就是以为当了官,就有了权,就有了真理,而且似乎官越大,真理就越多。他们犯错误的根源在于脱离了实际、脱离了群众、脱离了调查研究,从而导致世界观、人生观、价值观发生了错位,最终落得个众叛亲离的下场。

1964 年 9 月 30 日,刘少奇给时任江苏省委第一书记的江渭清写信,严肃地批评了江苏一些领导干部脱离实际、脱离群众的缺点,要求他们下决心长期下去蹲点,听听群众呼声,指出:"如果我们不是这样做,则官越大,真理越少;官做得越久,真理也越少。"毛泽东在对刘少奇给江渭清复信的批语中这样写道:"下决心长期下去蹲点,就能听到群众的呼声,就能从实践中逐步地认识客观真理,变为主观真理,然后再回到实践中去,看是不是行得通。如果行不通,则必须重新向群众的实践请教。这样就可以解决框框问题,即教条主义问题了,就可以不信迷信了。如果不是这样做,则官越大,真理越少。大官如此,小官也是如此。"

领导干部要防止官越大真理越少的现象,就必须做到:

一是坚持实事求是的思想路线。它是追求真理、维护真理、发展真理的重要途径。深居简出,不亲身作调查研究,就难能实事求是,那不仅谈不上什么真理,而且要走向事物的反面,导致唯心主义。只有自觉地坚持实事求是的思想路线,才能自觉地实现权力与真理的统一。

二是牢固树立马克思主义的群众观,坚持群众利益高于一切的原则。要放下"官架子",打掉官气,以人民公仆的形象,深入基层、深入群众,进行调查研究,直接听取群众的意见,而不能满足于听口头汇报和书面汇报,特别是不能受假报告的骗。

三是认真地执行民主集中制原则。因为真理来自群众实践,广泛听取群众意见,才能真正集中群众的智慧,从而发现真理、掌握真理。由于历史的原因,特别要注意克服封建迷信思想,决不能以为位高权重真理就多,似乎"金口"里必定出"玉言",而不是胡言乱语。作为一个领导者,不管阅历多深,知识多广,总有一定的局限性,总不可能什么都懂,什么都对。所以,一定要多听听群众的呼声,多听听不同意见。这样才可以使自己想得、做得更周到一些,更正确一些。

满招损,谦受益

"满招损,谦受益"出自《尚书·大禹谟》,意思是说,自满的人会招来损害,谦虚的人会受到益处。它告诉人们骄傲自满有害,谦虚谨慎有益的道理。

古代圣贤、今朝从政者都把"骄"、"躁"视作为人、为官之大忌,皆崇尚谦虚谨慎、不骄不躁的处世、为政之道。

被奉为万世师表的孔圣人,对谦虚就有独到的见解。有一次,孔子和学生到鲁桓公庙里,看到座位上摆着欹器。孔子向守庙的人问道:"这是什么器具?""这是放在座位右边的器具。"守庙的人回答。孔子端详了一会儿,若有所思地说:"我所知放在右边的器具,当它空着的时候是倾斜的,装了一半水就变正了,盛满了水就会倾覆。"说完,他要学生们弄点水来,倒进去试试。果然,欹器里装了一半水时就正了,水一满就倾覆。孔子看后,很有感慨地说:"哪有盛满了水而不倾覆的呢!"孔子的学生子路问:"盛满后有没有办法使它不倾覆呢?"孔子看了子路一眼,然后对学生说:"绝顶聪明的人,用持重来保持他的聪明;功满天下的人,用谦逊来保持他的功劳;勇力盖世的人,用谨慎来保持他的本领。这就是所说的用退让的办法来减少自满。"后来,子贡又问孔子道:"我想做到对人谦虚,但不知如何做才好。"孔子说:"对人谦虚吗? 那就要像土地一样,深深地挖掘,就可以得到甘泉;种植,就可以五谷繁茂;草木繁殖了,禽鸟和野兽就在这里繁育。土地的功劳很大,但它不自认为有德行。对人谦虚就该像土地一样。"

然而,有些领导干部,官升之后,就俨然成了通才,喜欢自吹自擂,大话连篇。走到哪个领域,哪怕一窍不通,也必一番指手画脚,发一通号令,全无一点谦虚的态度。有些领导地位高了、权力大了,趋炎附势、讨好巴结的人也自然会多起来,听到别人恭维的话多了,往往容易产生骄傲自满情绪,自我意识也容易膨胀,开始盲目自大,喜欢听顺耳的"谀言",而听不进逆耳的"忠言";真假不辨,是非不分,甚至搞"一言堂"。这样一来,自然会迷失方向。

"月盈则亏,水满则溢","器虚则受,实则不受"。领导干部如果骄傲情绪盛行,享乐思想弥漫,那么,就会失去前进的精神动力。领导者应多一点谦虚,少一点骄横。"谦以持身,恕以接物。谦则和,和则不意;恕则平,平则寡怨。"只有谦虚才能赢得平和,才不会引起争端。谦虚,就能听得进别人的意见、摆正自己的位置。相反,就容易居高临下,目中无人。所以,应做到时时谦虚,处处谨慎,在谦虚中和大家团结共事,融为一体。

"谦虚使人进步,骄傲使人落后。"要保持谦虚谨慎的作风,就必须做到:

一要树立正确的学习观。学然后知不足。骄傲自满是无知幼稚、缺乏修养的表现。要用马克思主义理论和现代科学知识武装自己,丰富自己,牢固树立正确的世界观、人生观、价值观。学会用马克思主义的立场、观点去看待事物,分析事物,处理问题。

二要树立正确的权力观。要时刻保持冷静头脑,做到慎言、慎行、慎独,不骄傲,不浮躁,真心实意当好人民公仆,做到鞠躬尽瘁,死而后已。

三要树立正确的事业观。要把自己放在历史发展的大潮中来审视,坚决反对鼠目寸光、眼界狭隘、小富即安、不思进取、心浮气躁、急于求成的思想。要有宽广胸怀,宽广眼界,牢记远大目标,不忘历史使命,自强不息,奋斗不止。

四要树立正确的功利观。必须克服居功自傲的缺点,始终保持清醒头脑。自觉加强党性修养和道德修养,积累经验,开阔眼界,增加才干,努力为党和人民的事业建功立业。

绝不可自以为是

自以为是,其意是总以为自己是对的,形容主观,不虚心。"自以为是"出自于《荀子·荣辱》:"凡斗者必自以为是,而以人为非也。"

自以为是的人主要有以下几种表现:一是刚愎自用。他们在对事情的分析和决策上,往往过多地相信自己的判断,凭借自己的经验,认为自己的本领比别人强,自己的见解比别人高明,很少能听进别人的建议和意见。二是自作聪明。他们往往事先不请示、不商量、不通气,想到哪里就做到哪里,工作缺乏计划性,"脚踩西瓜皮,滑到哪里算哪里"。三是故步自封。有的干部满足于自己已有的学历和已有的工作经验,自我感觉良好,总觉得身边的人都不如自己。不主动学习,提高自身的思想修养和政治素质,自以为是,骄傲自满。四是恃才傲物。有些干部虽才华横溢,但有时骄横跋扈,唯我独尊,目中无人,认为老子天下第一,崇尚家长制作风,不走群众路线。五是居功自傲。有些领导干部,随着职务的升迁,狂妄自大,自以为是,居功自傲,无视纪律,拒绝监督,最后陷入犯罪的迷途不能自拔。

毛泽东在《反对本本主义》一文中曾经对党内存在的自以为是的思想作了深刻的批判:有些人下去调查,盛气凌人,"下车伊始",就哇啦哇啦地发议论,一开口就是官腔,自以为是,这也批评,那也指责,群众只会望而生畏,根本不愿理睬。只有眼睛向下,平等待人,才能知道许多"闻所未闻"的东西。他在《改造我们的学习》一文中更尖锐地指出:"自以为是,老子天下第一,'钦差大臣'满天飞。这就是我们队伍中若干领导的作风。这种作风……是共产党的大敌,是工人阶级的大敌,是人民的大敌,是民族的大敌,是党性不纯的一种表现。"

18世纪美国的大科学家、实业家、思想家、社会活动家富兰克林,一生有无数发明,但他死后的墓碑上仅仅刻上他生前为自己撰写的几个非常简单的文字:"印刷工富兰克林之墓。""知识使人谦虚,无知使人骄傲",因为只有谦虚,才会让你保持冷静平和,正确地认识你自己,也才能进一步地充实和丰富你自己。因此,大话说得越大的人,往往就是懂得越少的人。

"傲不可长,欲不可纵,志不可满,乐不可极。"作为领导干部就是要忌满足于现状,不求进取,缺乏闯劲;忌满足成绩,沾沾自喜,飘飘然;忌满足于自己,忘乎所以,自以为是。其实,"君子最大的过人之处,只是虚心而已"。

自以为是的态度既不利于工作,也妨碍了个人发展。要改变这种状况,最为重要的是必须充分认识到这种心理的危害,下决心予以改正。要认识到学无止境,要学会谦虚谨慎,"知之为知之,不知为不知",自信做事,谦虚做人。要善于广泛听取和征求各方面的意见,倾听不同层次的呼声,避免决策失误。只有虚怀若谷、积极进取,才能心情愉快,才能不断进步。

场面上的话不要当真

为官从政,自然要出席各种场合,经历各种正规的或非正规的场面。这本是很正常的事情,问题是不知从何时起,场面上出现一套特殊的话语,叫做"场面上的话"。

场面上的话,有的是礼貌,有的是寒暄,有的是客套,有的是夸奖,有的是奉承,有的是感谢,有的是发自内心的真话,有的是言不由衷的假话。

场面话听听就是了,千万别当真。场面上的话就像口香糖,可以咀嚼但不能下咽。千万不要因为仅仅几句既没有根据又无须承担任何责任的应酬话和场面话,就乐得找不着北。

对场面话,大多数领导干部是能正确对待的,不但自己要讲好场面上的话,对别人的场面话,也懂得怎么去听。

但也有少数领导干部,特别是一些从政不久或缺乏自知之明的领导干部,爱听场面上的话,爱听奉承话,爱听恭维的话,甚至有些乐此不疲,有些陶陶然、飘飘然。

很显然,一个领导干部如果陶醉于场面上的话,一旦失去了对自己的正确评价,就会一叶障目,丧失对自己的正确认识与评价,片面地看待自己,只看到自己优势或长处的一面,而看不到缺点和问题所在;就很难再接受别人的意见,而自以为别人是同意自己的说法;就总认为自己想的、说的、做的是完全正确的,便听不得不同意见,更听不得批评;就会喜欢下属依附他,阿谀奉承他,绝对服从他,他永远生活在没有批评和建议的自我陶醉之中,逐渐地,他就从一个聪明人变成一个狂人,由狂人变成盲人、聋者,最后变成一个愚人。

领导者一定要清楚,人们为什么冲我们讲场面上的好话,那是因为我们在这个领导位子上,许多人不得不说一些奉承话、恭维话,这些奉承话、恭维话是属于那个位子的。换了一任领导,大家会说同样的恭维的话。因此,一定要有自知之明,切不可当局者迷,总以为自己真赢得了大家的爱戴,其实说白了大家尊敬的只是那个位子,和领导者本人无关。

不可否认,现实生活中,有不少人出于各种各样的目的,在领导面前,总会有据无据地多说些好听的话,想方设法恭维领导,奉承领导,讨领导欢心。反正无须承担任何责任,又能让领导高兴,还营造和谐快乐气氛,何乐而不为呢。实际上,这些话却全无意义也全非真心。说的人就自然地说了,听的人也自然不必当真,听完了也就忘了。场面上的话是不可当真的,下属对领导的恭维话更不应该当真,姑妄说之,姑妄听之。

作为一名领导者,千万不可把场面上的话当真,千万别相信"场面上的话"。对于称赞或恭维的"场面上的话",你要保持你的冷静和客观,千万别两句话就乐昏了头,因为那会影响你的自我评价。冷静下来,反而可看出对方的用心如何。

领导者应当成为被学习的榜样,而不是被赞扬的对象。因此,领导者对场面上的话,最好的态度是听听而已,转过身后,赶快忘记。

4 忠诚笃实的品德

忠诚笃实,是我国传统文化所推崇的基本道德范畴,是人们安身立命的基本准则,也是衡量人品的基本标准之一。人偏离了忠诚笃实,就没有资格谈道德、情操、气节、教养。领导干部要高度重视并不断强化忠诚和诚信的意识,做忠诚和诚信的表率。

要别人忠诚先得自己忠诚

何谓忠诚?忠诚,是信用与真诚,是对自身所向往的事业和信仰坚信不疑、奋斗不息的历程,是人格的再现,是我国传统文化所推崇的基本道德范畴,也是衡量人品的基本标准之一。在百姓眼里,人偏离了忠诚,就没有资格谈道德、情操、气节、教养。所以,忠诚历来是人们安身立命的基本准则。

东汉许慎《说文解字》释"忠",这样说:"忠,敬也,从心。"忠,就是对世间万物怀有崇敬之心和审慎虔诚的态度,表现为一以贯之的行为。诚的本义是"信",《说文解字》对"诚"的解释是:"诚,信也,从言。"所谓忠诚,就是指道德主体对道德客体理性选择的基础上形成的、对归属对象稳定的情感态度和持久的责任行为,是人与人之间、人与社会之间的基本伦理规范。

在千百年文化演进中,忠诚已经演变成一种象征意志、信念、行为规范和精神面貌的文化符号。只要具有了这种忠诚文化的力量,不论权势多么有吸引力和诱惑力,都"可以托六尺之孤",如"一饭三吐哺,一沐三握发"的周公辅成王,刘备白帝城托孤诸葛亮;不论任务有多艰巨,历程有多艰辛,使命有多艰难,都"可以寄百里之命",如枕戈待旦的祖逖,饮马黄河的岳飞;不论环境有多恶劣,处境有多险恶,情势多么难以逆料,都"临大节而不可夺也",如出使西域的张骞,牧羊怀志的苏武,等等。靠着忠诚的伟大力量,塑造了一代又一代英雄豪杰,矗立起一座又一座精神丰碑。

忠诚是立身做人的道德品质,矢志追求的自我要求。待人接物、经世应务、立身处世,都必须遵循忠诚的道德格律。在任何时候、任何事情中保持一颗"忠诚之心",忠于祖国、忠于人民、忠于朋友、忠于真理、忠于事业、忠于法纪,我们就会心安理得,神定气壮,近荣远辱。相反,一个心术不端、朝三暮四、诡谲多变、趋利忘义的人,终究会自取其咎自取其辱。所以,古人说:"忠诚之心,人之大德。"

只有那些把"忠诚"注入了生命血液和生活细节中的人,才能肩负起对事业和信仰的忠诚。我们所说的"忠诚",不仅仅是下级对上级的忠诚,上级对下级和平级之间同样也要忠诚。作为一名领导干部,忠诚应体现在忠诚于党,忠诚于人民,忠诚于信仰,忠诚于事业,忠诚于妻子,忠诚于家庭,忠诚于岗位,忠诚于上级,忠诚于同事,忠诚于下级。

在现实生活中,还存在一种离开正确的思想和政治原则而将对某个人的忠诚凌驾于对党对人民的忠诚之上的所谓"忠诚"。有些领导干部一说起忠诚,把忠诚看成单方面的要求,只是一味地要求下级对自己无限忠诚,而自己却既不忠诚于上级,又不忠诚于下级;有的干部为了寻求"靠山"、保护伞、攀附权势、俯首听命于某个领导干部个人;有的领导干部用人也看"忠诚",但主要是看其对"我"忠诚与否,顺"我"者为忠、不顺"我"者为不忠,这样就形成对个人忠诚的怪圈。这样的忠诚往往演化为物欲交易,一旦无法从中获益,就轻易地违背当初宣誓的誓言,这样的忠诚不是那种发自内心的、为之奉献个人才智的忠诚。这种忠诚谓之为"假忠诚"。

忠诚的核心是真,是一种非凡的自信,是力量的象征,是把握了正义和真理的一种大度和坦诚。欺骗的核心是假忠诚,那种昨天还信誓旦旦、愿为犬马、肝脑涂地、誓死效忠,今天就乘人之危、落井下石、背信弃义、反戈一击的人,他昨天的尽心尽力,只不过是面具、是阴谋而已,与忠诚相去远矣。

忠诚是一种良好的品格,是一种人生的义务,是一种工作的能力,也是一个人对外的品牌。领导干部都应当修炼这种品格,尽好这种义务,提升这种能力,树好自己的品牌。

做到忠诚,还必须为人坦荡。俗话说:"君子坦荡荡,小人常戚戚。"要做到坦荡,必须把握三条:一是无私。如果一个人私心太重,遇事总想到自己,斤斤计较自己的得失,那就永远达不到坦荡,忠诚也就会成为一种交易。二是表里如一。能袒露自己的观点,不表面一套背后一套,会上一套会后一套,领导在时一套领导不在时一套。三是大度。能原谅别人的过错,包容别人的不足。只有做一名坦荡的人,才能成为一名大度的人,成为一名大器的人。

忠诚胜于能力

忠诚,乃做人之本,立事之根。忠诚不但是重要的社会伦理,更是重要的从政伦理。作为一个领导者来说,能力固然重要,但忠诚是领导者一个首要的品质。对领导者来说,忠诚胜于能力。

"忠诚"原本是道德、伦理上的概念。孔子推崇"言而有信",把说话算数、求真务实看成人们立身行事的根本和最基本的道德规范。在儒家经典《论语》中,忠诚有三层含义:其一是对领导者与被领导者的关系规范。"君使臣以礼,臣事君以忠。"君待臣以礼遇,则臣对君尽忠心。其二是对具有普遍性的人的行为规范。"居之无倦,行之以忠。""居之无倦"是指岗位职责意识,"行之以忠"是指忠于职守、勤勉敬业的态度和行为。其三是对行为主体与社会环境的规范。"居处恭,执事敬,与人忠。虽之夷狄,不可弃也。"就是说要热爱自己的岗位,用高尚的道德约束自己的行为,勤奋敬业,对人忠诚,在任何地方、任何岗位都能保持做人的本色。

忠诚自古以来就是政治或行政组织对其成员的根本道德要求。现代行政伦理虽然不像古代那样把"忠"绝对化,忠诚的对象也已经不同,但仍然把忠诚作为行政伦理的基本规范和行政主体重要的品德之一。现在不少国家的政府官员在任职时,都必须进行忠诚宣誓,就是明证。

作为一种行政伦理,忠诚行为的出发点是服从,服从上级和组织的意志和政令,按上级及组织的要求和方针办事,不违抗、不推诿。同时,这种服从不是消极的,而是真心实意地去执行上级和组织的指令,尽责尽力实现上级和组织目标,全心全意地去维护上级和组织的权威。忠诚也不仅仅是行为上的服从与尽责,更是精神情感上对上级和组织的一种尊重、崇敬乃至信念。应该说,这种尊崇的道德情感是忠诚的灵魂,是作为忠诚表现的服从和尽责行为的内在动力和内在依据。

领导干部首先要具备一定的能力,这是作为一个领导者必备的基本素质。但相对于忠诚来说,忠诚胜于能力。忠诚作为一种品质,是其他所有能力的统帅和核心。然而,在现实生活以及工作中,忠诚经常被忽视,人们总是片面地强调能力。的确,具备超强的领导才能,可以为组织创造可观的经济效益和社会效益。可能正是因为这一点,导致很多领导者重能力轻忠诚。但是,单纯强调能力的倾向是非常可怕的。在我们这个社会里,不乏具备超强个人能力的社会渣滓,由于没有忠诚于党、忠诚于人民、忠诚于事业的品质,凭着个人的能力,他们可以为一己私利而危害组织的整体利益,危害党和人民的利益。

只有忠诚与能力共有的人,才是组织所需要的。一个领导者如果缺乏了忠诚,其他所有能力,诸如计划能力、组织能力、控制能力、协调能力、沟通能力、解决问题的能力等等,都将失去用武之地。领导者的各种能力,必须要靠忠诚这个重要的媒介来实现。只有依靠忠诚,领导者的能力才能更好地为党、为国家、为人民作贡献。

当然,忠诚胜于能力,并不是对能力的否定。一个只有忠诚而无能力的人,是无用之人。忠诚是一种品质更是一种能力的表现,忠诚不是愚忠,忠诚,是要用业绩来证明的,而不是口头上的效忠,而业绩又是要靠能力去创造的。一个只有忠诚而没有能力的领导者将是一个终日无所事事、碌碌无为、"当一天和尚撞一天钟"的混混而已。

作为领导干部的忠诚，它主要应包含以下三个层次：首先，应该忠诚于党。忠诚于党，就是要坚信党的最高理想和最终目标，任何时候任何情况下都确保理想信念不动摇，坚定不移地为实现党在社会主义初级阶段的基本路线、基本纲领而奋斗。忠诚于党的基本路线和方针政策，忠于党所领导下的人民群众。牢固树立马克思主义世界观、人生观、价值观和正确的权力观、利益观、地位观。其次，应该忠诚于国家。忠诚于国家的法律制度、国家的安全、国家的荣誉和利益。再次，应该忠于职守。勤勉尽责、依法办事、清正廉洁、公道正派。

为官要诚信

诚的本义是"信"。《说文解字》对诚的解释是：诚，信也，从言。信和诚是互解的，可以连成词，后世就有"诚信"的词汇。诚信就是真心实意，说话算数，言行一致。

孔子推崇"言而有信"，把说话算数、求真务实看成人们立身行事的根本和最基本的道德规范。孔子把"诚信"同"人性"密切联系起来，指出："人而无信，不知其可也。"在儒家经典《论语》中"诚"，有三层含义：其一是就个人的言行而言，要做到"言必信，行必果"，如果不是这样，轻易放言，而又做不到，这是做人的耻辱。自古以来，人们都把说话算数当成做人的基本道德。其二是指人与人的关系，首先是交朋友，"与朋友交，言而有信"；其次是做官，"道千乘之国，敬事而信，节用而爱人，使民以时"。这两层意思可以连起来讲，一个没有诚信的人，连做人的资格都没有，怎么可以谈得上交朋友，甚至是做官管事呢？其三，构建上下和谐的社会，关键在于当政者，只要他们倡导并力行诚信，那么，老百姓就没有不遵礼守法、忠于朝廷的了。"上好信，则民莫敢不用情"，这样就可以孕育并建立社会的善序良俗了。无独有偶，杂家经典《吕氏春秋》有"贵信"篇，从反面强调了诚信道德的重要价值，认为没有诚信，就没有社会祥和："君臣不信，则百姓毁谤，社稷不守；处官不信，则少不畏长，贵贱相轻；赏罚不信，则民易犯法，不可使令；交友不信，则离散郁怨，不能相亲；百工不信，则器械苦伪，丹漆染色不贞。"总之，诚信是立身之本、处世之基，人生幸福、社会和谐之要。对此，北宋哲学家程颐、程颢切中其要："修学不以诚，则学杂；为事不以诚，则事败；自谋不以诚，则是欺其心而自弃其忠；与人不以诚，则是丧其德而增人之怨。"

世无诚信不宁，国无诚信不稳，业无诚信不旺，家无诚信不和，民无诚信不立,官无诚信不忠。诚信,是中华民族的传统美德,是最重要的道德规范之一。诚信,为政之枢要,立国之根本。中国自古就有"民为邦本,本固邦宁"、"得民心者得天下,失民心者失天下"的明训,这些话至今仍然是至理名言。领导者靠什么去团结人民?靠的是明智的政策和精神信念。诚信便是这样的取信于民、团结人民的人文精神和道德信念。所以,诚信对任何一个领导者来说都至关重要。这是因为领导者不仅要决策,而且也要领导社会潮流,影响社会风气,其言谈举止,历来在社会诸多领域起支配和导向作用。老百姓不诚信,只是损害一己;为官者不诚信,则无法取信于民,损害的是党和政府的形象及其所领导的事业。无论从哪种意义上讲,诚信都是领导干部安身立命之本。

《商君列传》中记载,商鞅为了在秦国推行变法,唯恐百姓不相信,以三丈之木立于南门,告知能搬至北门者,赏十金。当时围观的百姓怀疑,没有人去搬,后又告知赏五十金。果然重赏之下,有一人把木杆搬到了北门,商鞅则当场兑现五十金。在取信于民的基础上,商鞅开始在秦国变法,使秦国迅速强大起来,成为战国七雄之一,并最终统一了中国。

历史和现实都表明,一个政权也好,一个政党也好,其前途与命运最终取决于人心向背。执政者只有取信于民,民众才会接受其理想教化,服从其指挥领导,才能团结一心,具有凝聚力和战斗力。否则,诚信这一维系民族生存和发展的道德底线一旦崩溃,其后果将是灾难性的。在新的时代背景下,随着民主意识的逐步普及和不断增强,民不可欺、无信不立的规则更加真切地成为执政之基、为官之本。因此,加强领导干部的诚信建设,已成为我国道德建设的当务之急。扭转当前诚信危机,当从领导者做起,诚信为官。

诚信,不是天生下来的道德品质,需要后天的养成。使之养成的途径无外乎三条:一条是加强管理,通过规章制度制约那些有悖于诚信原则的言行,惩治那些因虚妄、失信给社会造成损失的人,以儆效尤,决不手软;二是加强监督,通过建立健全领导干部思想道德状况的监督制约机制,把重点放在对领导干部诚信的监督上;三是加强教育,通过领导干部自身提高自我修养,从我做起,从现在做起,从小事做起,切实提高自身的诚信道德修养。诚信为官,应是每一位领导干部最基本的道德修养,每一位领导干部应做诚实守信的模范。

5 公正无私的品格

正义是人类认识史上一个永恒的价值理念。正义主要是指个人公正无私、公平正直的道德品质。正义感就是正义观念在社会成员身上的现实体现,就是社会成员渴望正义、认同正义并主持正义的道德情感反应。作为领导干部,首先心中要存正义感,要公平公正,正直无私,要认同正义并主持正义。只有领导干部首先树立了正义感,才能引导整个社会树立起公平正义的良好风气。只有整个社会充满强大的正义感,我们才能克服正义局面的脆弱性,进一步解决社会道德生活领域中的无序、失范、冷漠等问题,从而维护社会的正常秩序,实现社会公正,促进社会稳定有序的发展。

公正存心中

公正是一种价值理念或观念,是调整人与人关系的一种行为准则和规范,是社会安全运行和健康发展的准则,是实现社会有效整合和有机团结的基础,也是人类社会发展的基本理念。公正,就是按事物本来的面目去认识事物,实事求是地判断是非,公正合理地处理问题。柏拉图曾说过:"公正的社会必定是和谐的社会。"

公正,表达的是一种合理性的价值追求。古希腊哲学家亚里士多德说:"公正就是比例,不公正就是违反比例,出现多和少。"孔子说:"政者正也,子帅以正,孰敢不正。"孟子说:"正即顺其天命。"韩非子认为:"公就是背私为公。"荀子说:"公正达而私门塞矣,公义明而私事息矣。"西汉太傅萧望之说:"公正立,奸邪塞,私权废。"显然,他们都把无私公正作为为人做事之本、从政之基。在今天,公正是指为人处世的态度和精神、准则与规范。

历史告诉我们,什么时候奸邪兴、私权盛,公正必然废,事业必受损。领导干部能否做到公正,关系着党的形象,关系着党的团结,关系着党的事业的发展。领导干部不能公正地用人和处事,必然要脱离群众,挫伤群众的积极性,不仅会影响党在群众中的形象,甚至有失信于民的危险。如果领导干部是公正的,能够做到好不废过、恶不去善;不因喜以谬赏,不因怒而滥刑;不因爱而溢其美、饰其非,不因憎而增其恶、没其是,那么,党的原则就能得到维护,人们的心情就会舒畅,就有利于调动干部群众的积极性,促进安定团结。

公正越来越成为人们关注的话题。社会公平、公正是社会和谐的基本条件。建设社会主义和谐社会需要公正。"公正即和谐"这是一句古训。公正应是多方位、多领域的,不仅对各领域、各行业要公正,对物对人都要公正。

公正是一种道德品质和人格情操,领导干部应始终把党的事业、国家的利益、人民的利益放在第一位,把大公无私、公正作为一项重要的党性原则,在工作、学习和社会生活中,时时处处做人民利益的坚定维护者。公正是一种思想境界和思想作风,领导干部应树立共产主义的远大理想,立党为公,光明磊落,扶正祛邪,培养和树立公正的思想作风,成为坚持公正的表率。正如毛泽东指出的那样:"在干部政策问题上坚持正派的公道的作风,反对不正派、不公道的作风,借以巩固党的统一团结,这是中央和各级领导者的重要责任。"

做到和坚持公正,就要有远大的抱负和坚定的信念。有了远大抱负和理想,才能做到"矜持不苟,舍己为公",为了国家和百姓利益不惜牺牲个人的一切;才能以党和人民的事业为重,自觉地把个人的利益同党的事业需要统一起来,始终以个人利益服从党和人民的整体利益。

做到和坚持公正,就要加强思想修养,树立高尚的道德情操。公正是对个人良好道德品质的基本要求。权力的行使是否公正、公平,是否指向公众利益,与领导干部的学识、能力、道德密切相关。而在这几个因素中,道德往往是第一位的和最关键的。人的德行的好坏,直接影响着权力运作的效果和结果。领导干部代表国家和人民行使权力,必须站在国家和人民的立场,坚持从严治政、依法办事,不能以个人的好恶来行使权力,反之就会违背权力道德,丧失公正原则,损害国家和人民的利益。因此,提高领导干部的道德能力和道德水平是保证权力运行公正的重要手段。

做到和坚持公正,就要坚持实事求是。坚持实事求是是公正的思想基础。坚持实事求是,就是认识问题、处理问题要坚持一切从实际出发,尊重事实,尊重客观规律。贯彻执行党的路线方针政策,要结合实际,切忌主观主义、教条主义和形式主义;碰到矛盾和棘手问题,要敢于亮出自己的观点、看法,言行一致,不能回避矛盾或口是心非;对于不正之风和错误行为,要敢于坚持真理、勇于批评和抵制;对待工作中的成绩和失误,要客观肯定别人,勇担责任,不揽功诿过。

做到和坚持公正,就要有决心和勇气。坚持公正,就是坚持正义,坚持原则,就是敢于得罪人,就是无私无畏。这些都需要"决心"和"勇气"。毛泽东当年提出坚持原则要做到"五不怕":不怕受处分,不怕被撤职,不怕老婆离婚,不怕开除党籍,不怕坐监牢。我们今天仍然需要提倡这种精神。

做到和坚持公正，就要加强学习和锻炼，不断提高政策水平和工作能力。不论做什么工作，要做到公正，就必须对自己所从事的工作内容和工作对象有相当的熟悉和较深刻的认识，否则很难做到坚持真理、修正错误。

正直为百行之基

行为端方为正，处事坦诚为直。正直，是中华民族的传统美德，是做人与处世最珍贵最基本的品格。一个正直的人，体现出巨大的人格魅力。人生在世，自己这个"人"字写正了，才会有服众的底气和被尊敬的资格，真正做到"不诱于誉、不恐于诽"。

唐代名相房玄龄曾对唐太宗说："理国要道，在于公平正直。"只要从政者"公平正直"，就能"囊括区宇，化成天下"。清人管缘荫说："正直为吾人最良之品性，且为处事之良法。"可见古人也把正直看成是关系到国家兴衰治乱和事业成败得失的大问题。

诚实正直，是做人处世、安身立命、追求真理、建立功业的基石，是人们精神生活中必具的品德，也是中华民族千百年来的优良传统。古往今来，有不少诚实正直的正人君子，他们在判断客观事物的是非曲直时，襟怀坦白，光明磊落，坚持真理，立足事实，临危不惧，临难不苟。这种高尚的情操，令人景仰。

正直的人腰板硬朗、脊梁坚挺，有不易的原则、分明的是非，敢于直面人生，敢于正视现实。正直的人喜欢向生活挑战，绝不苟且偷生、畏缩不前；正直的人具有超人的自信；正直的人为追求信念坚定不移，这使他更有机会获得成功；正直的人心地坦然，因而能正确地对待和化解生活的波折和事业的挫折。正直还可以带来友谊、信任和尊重。英国作家劳伦斯说："正直为百行之基。"

正直是人品的高境界，应当成为领导干部的不懈追求。领导干部不论说话做事，心怀道义，牢记责任，有明确的是非观、价值观。于己不谋私、不贪利、不饰非，于人不阳奉阴违；于事主持公道，维护正义。倘若心存私欲，何谈正直？

在人际关系越来越复杂的时代里，正直是易于逝去的东西，但正直是领导干部应该具备的宝贵品质。领导干部要有正气，为人要正直，对人要公正，交人要正派。人要正，欲必不可满，"壁立千仞，无欲则刚"。领导干部也有七情六欲，但私欲膨胀，大多要走歪门邪道，大多要落得身败名裂。因此，领导干部做人要坦坦荡荡，做事要清清白白。要坚持做老实人、讲老实话、办老实事。老实人看起来吃亏，但不老实的人更容易吃大亏。

要成为一个大写的人、一个称职的领导者，就应该以正直为人生的坐标，使它成为自己立身处世的一种内在信念和毕生追求。倘若能修炼到"表里俱澄澈,肝胆皆冰雪",一身正气,刚正不阿,那么,每个人就能活出人的尊严来;在权势面前的奴颜婢膝、在腐败面前的不敢抗争、在不正之风面前的畏缩退避等等"软骨病"都将一扫而空,社会的大环境也将变得更洁净、更纯正。

正直是一种原则、一种标准,或者称作标杆、标尺,以这个标杆衡量人的行为,品格的高下,为人的优劣顿时显现。所以,要成为正直的人就必须做一个有原则的人。正直的人荣誉感强,珍惜荣誉如鸟儿爱惜自己的羽毛。所以,要成为正直的人就必须做一个有荣誉感的人。正直的人是有良知的人。一个人只有具备了良知,才有可能列入正直的行列。正直的人往往拥有坚强的信念,为了维护心中的信念,能够不计功名与利禄,不畏威逼与利诱,心中只有真理,只有对信念的坚定执著。要成为正直的人就必须做一个有坚定信念的人。要成为一名正直的领导者,就应当诚实待人、公平处事,保持自己独立、高尚的人格,在自己的言行举止中体现出浩然正气。

为官讲原则

讲原则是对领导干部的基本要求,是衡量一名领导干部是否称职的重要标准,是领导干部应该具备的素质、应承担的责任。

党的原则是党和人民利益的集中体现,坚持讲原则是领导干部为官从政的基本准则,也是必备的素质和能力。只有坚持讲原则,才能正确对待和处理复杂的工作局面,推进经济社会更好更快地发展。

所谓讲原则,就是要求领导干部在处理各种关系,解决各种矛盾,讨论与工作有关的重要问题时,坚持党性立场,坚持真理,坚持实事求是。具体说来,就是要从党和人民的根本利益出发想问题,办事情;在原则问题和大是大非面前,不含糊,不苟同,立场坚定,旗帜鲜明。该肯定的就肯定,该否定的就否定,对的就拥护,错误的就反对,敢于批评,敢于表态。这是对一名领导干部的根本要求。

讲原则是领导干部履行党的宗旨的内在要求。毛泽东在概括集体决策和部门分工时说:"大权独揽,小权分散;党委决定,各方去办;办中有决,不离原则。"邓小平也强调:"不讲党性,不讲原则,说话做事看来头、看风向,满以为这样不会犯错误。其实随风倒本身就是一个违反共产党员党性的大错误。"讲原则是对领导干部的基本要求,是衡量一名领导干部是否称职的重要标准,是领导干部应该具备的素质、应承担的责任。

领导干部是以全心全意为人民服务为宗旨的人民公仆,一切行动的出发点和归宿,都以合乎广大人民群众的最大利益作为判断是非曲直的最高标准。即使有再大的压力,冒再大的风险,都应该坚持真理,坚持原则,实事求是。在这方面,许多老一辈无产阶级革命家给我们做出了光辉榜样。彭德怀在庐山会议上的仗义执言、实事求是、对人民负责精神,很值得今天的领导干部学习。"一个负责干部,在重大问题上,必须表明自己的真实观点,这才叫负责。"还有陈毅,一生襟怀坦白,光明磊落,他说:"你要我这个人风来随风,雨来随雨,我不干。""大雪压青松,青松挺且直。要知松高洁,待到雪化时。"这就是陈毅的自我真实写照。

诚然,讲原则难免得罪人。有的领导干部总想当个老好人,不讲原则,不问是非,这个不得罪,那个不愿惹,遇见矛盾绕道走,处理事情和稀泥。到头来,矛盾解决不了,问题堆积成山,事情越弄越糟。久而久之,群众终于明白了,老好人并不好,老好人私心重,老好人不是好领导。老好人的出发点是不得罪人以维护自己,结果把大多数都得罪了。这是不讲原则的必然结果。

原则也容不得双重标准,原则面前人人平等。有的领导干部似乎铁面无私,很讲原则,但实际上他所讲的原则只对他人,不对自己。这种双重标准的所谓讲原则,实际上是不讲原则。枉己者,焉能直人?群众对这样的领导自然也是不会赞成的。

还有的领导,总爱把原则挂在嘴上,动辄"原则上"如何如何,实际上对原则的态度是坚持不足,变通有余。在他们那里,"原则上"几乎成了可以不讲原则的同义语或暗示语,"原则上"的背后,是可以"变通",可以拿原则做交易。群众对这样的领导自然也是不会赞成的。

当然,讲原则也得讲方法、讲艺术,生硬地讲原则往往达不到效果,甚至适得其反。这就要求领导干部将原则的坚定性和策略的灵活性结合起来,用心思,下工夫,把握讲原则的艺术性。

一些领导干部之所以遇到矛盾绕道走,碰到困难就回头,甚至用"讲和谐"作为自己不讲原则的挡箭牌,究其原因,在于这些人"怕"字当头:怕得罪人,怕丢选票,怕损害个人利益;从思想根源上看,是缺乏鲜明的党性原则。殊不知,坚持原则、敢于较真、解决问题,才能实现真和谐;不讲原则、掩盖矛盾、敷衍塞责,只能得到假"和谐"。

"没有规矩,不成方圆。"领导干部必须从党的宗旨和历史使命出发,政治坚定,旗帜鲜明,顾全大局,大兴"讲原则"之风;迎难而上,无私无畏,雷厉风行,一以贯之,大行"讲原则"之事。只有这样,才能无愧于党和人民的重托,才能把建设事业不断推向前进。

6 求真务实的作风

求真务实,是辩证唯物主义和历史唯物主义一以贯之的科学精神,是共产党人最重要的政治品格,是党的思想路线的核心内容,也是党的优良传统和执政作风。大力弘扬求真务实的作风,是党长期革命和建设经验的实践总结,是加快发展中国特色社会主义事业的根本保证。求真务实,前提是"求真",就是要求我们要认识规律、把握规律、遵循和运用规律,这是坚持求真务实的根本要求。求真务实,关键是要做到"务实",就是要紧紧围绕落实党和国家的中心工作来进行,最重要的是付诸实践、见诸行动、取得成效。一句话,求真务实就是求真理、讲真话、用真心,就是务实效、办实事、重实绩。

力戒官僚主义

官僚主义,是指在一定历史时期产生的,执掌公共权力的行政人员背离职责要求,片面追求其特殊利益的行为模式、生活方式以及渗透于其中的思想观念的总和。它主要是指那种高高在上,脱离实际,脱离群众,办事拖拉,敷衍塞责,不负责任,满足于官样文章,搞形式主义,坐而论道,不干实事,只知发号施令而不进行调查研究的工作作风和领导作风。

官僚主义是寄生在人类社会政治制度上的一颗毒瘤,是剥削阶级长期统治的遗留物。在中国这个有着两千多年封建社会历史、一百多年半封建半殖民地社会历史的国度,官僚主义现象更是有着深远的影响。官僚主义是领导干部最容易沾染上的一种顽症,是与中国共产党的全心全意为人民服务的根本宗旨以及群众路线的优良传统完全对立的一种恶劣作风,是我们维护社会主义民主和法制,加强改进党和政府的作风建设,加快社会生产力发展的严重障碍。我们必须始终高度重视反对官僚主义的斗争,在领导工作当中力戒官僚主义。

在现实生活中,也确有一些领导干部程度不同地滋长了官僚主义的思想和作风,其表现主要有:一是饱食终日,无所用心,养尊处优,不思进取。对落后现状视而不见,对群众呼声听而不闻,对面临危机无动于衷;既不加强学习提高素质,也不了解情况研究问题,更不关心群众解决困难。二是墨守成规,思想僵化,职权在握,动辄训人,脾气不小,官气十足。三是好摆门面,好说空话,不负责任,不守信用。说话假大空,工作瞎糊弄;见责任就推,见困难就避,见功利就要。四是办事拖拉,不讲效率,繁文缛节,人浮于事。没有服务观念,缺乏竞争意识;办事不讲时效,喜欢公文旅行;责任意识淡漠,行政效能低下。五是独断专行。听不得不同意见,容不下半点异议。一切成绩归自己,所有过错在他人。这些官僚主义的作风,严重损害了党在人民群众中的威信,影响了党和政府同人民群众的鱼水关系,制约着改革开放和社会主义现代化建设的进程,引起了广大干部和群众的强烈不满,已经到了非清除不可的地步了。邓小平曾经严肃地指出:"官僚主义现象是党和国家生活中广泛存在的一个大问题……无论在我们的内部事务中,或是在国际交往中,都已达到令人无法容忍的地步。"

出现官僚主义现象的原因固然是多方面的。滋生官僚主义的思想根源是"官本位"意识。"官本位"是封建残余。所谓"官本位",就是以官为本、以官为尊、以官为准,一切为了做官,而不是以民为本、以民为尊、以人民群众的利益为最高利益。一些领导干部自觉不自觉地成了"官本位"意识的俘虏,信奉"以官为本",把做官、保官、升官作为人生最大追求,这就导致一系列背离党和人民利益的问题发生。另外,权力过分集中、缺少严格的法规约束和个人责任制;体制的僵化或不健全,机构臃肿,层次繁多,人浮于事等也都是产生和滋长官僚主义的因素。

在加快改革开放和社会主义现代化建设的新形势下,如果不坚决铲除"官本位"意识,反对官僚主义,而任其滋长泛滥,党的正确路线和方针政策就不能得到全面贯彻,党的工作就会受到干扰,党的形象就会受到严重的影响,甚至会影响到党的执政地位的巩固。列宁曾经尖锐地指出:"我们所有经济结构中的一切工作中最大的毛病就是官僚主义。共产党员成了官僚主义者。如果说有什么东西会把我们毁掉的话,那就是这个。"

要转变领导作风,反对官僚主义,一是强化理论武装,提高党性修养,树牢宗旨观念。作为领导干部,要努力学习辩证唯物主义和历史唯物主义,从认识根源上铲除滋生官僚主义的根子。要以高标准严格要求自己,在实践中努力改造主观世界,坚定共产主义的远大理想,坚定建设有中国特色社会主义的信念,树立正确的权力观、地位观、利益观,牢记全心全意为人民服务的宗旨,做人民的公仆。二是必须狠狠批判和坚决破除"官本位"意识。加强对各级领导干部的教育,增强党性,强化宗旨观,端正权力观,使全体党员、干部认清官僚主义的实质,消除封建思想残余,提高抵制剥削阶级思想腐蚀的能力,对官僚主义的倾向进行严肃的斗争。三是坚决克服机构臃肿、人浮于事的毛病,建立和完善各种规章制度和个人负责制,创新管理体制和改进工作方法。四是坚持密切联系群众的优良传统。密切联系群众也是克服官僚主义的重要法宝。领导干部必须想群众之所想,急群众之所急,谋群众之所求,切实加强同群众的联系。五是要惩治官僚主义作风。对一些官僚主义作风严重,或因患官僚主义给党和人民利益造成较大损失,或因患官僚主义损害党和政府形象、伤害人民群众感情的人和事,都必须抓住不放,彻查严办,该处分的处分,该撤职的撤职,该开除党籍的开除党籍。对已构成玩忽职守罪的,要提交司法部门依法惩处。

邓小平曾经说过:"执政党的地位,很容易使我们的干部沾染上官僚主义的习气。"克服和消除执政条件下的官僚主义,不是一件轻而易举的事情。但只要我们充分认识官僚主义的危害性,增强消除官僚主义的紧迫感,真正"认真"起来,行动起来,领导干部不仅从自己做起,而且放手发动群众监督,就一定能够使官僚主义市场越来越小,没有容身之地。

形式主义要不得

形式主义,顾名思义,就是片面地注重形式而不管实质;或是只看事物现象而不分析其实质的工作作风和思想作风。形式主义是官僚主义的一种表现,它是伴随着公权而滋生蔓延的。毛泽东曾一针见血地指出:"形式主义是一种幼稚的、低级的、庸俗的、不用脑筋的方法。"

唯物辩证法认为,任何事物都是形式和内容的统一。内容和形式有统一的一面,也有互相对立、互相排斥的一面。认识这一点有着重要意义:一是我们无论认识事物还是做工作,都要把内容和形式很好地统一起来,要根据内容的需要、实践的需要,选择恰当的形式;二是内容和形式有对立的一面,如果对二者的关系认识不清,处理不当,就有使形式脱离内容、产生形式主义的可能。

在一些地方、一些部门和一些人身上,形式主义问题仍然严重,已成为影响开展各项工作的一大顽症。其主要表现有:一是理论学习武装嘴巴而不是武装头脑。把学习作为应付上级检查的事情来对待,理论学习与思想素质的脱离完全脱节。群众将这种现象讽刺为"认认真真搞形式,扎扎实实走过场"。二是实际工作热衷于形式而不办实事,不求实效,做表面文章。三是处理关系取悦上级而不求人民群众满意。整天忙于迎来送往,根本没有多少时间和精力去抓工作。四是陷于文山会海。以文件落实文件,以会议落实会议,以讲话落实讲话,看起来轰轰烈烈、忙忙碌碌,实际上没有多少实际效果。五是热衷于哗众取宠。

不是把精力用在踏踏实实为人民谋利益上,而是热衷于搞"形象工程"、"政绩工程"、"路边工程",实际上是劳民伤财。六是搞重复建设,竞相攀比。追求表面轰轰烈烈,不讲实际效果,劳民伤财,贻害无穷。七是不愿深入实际、深入群众、作艰苦细致的调查研究,即使下去了,也是"葫芦掉在井里——好像深入了,其实还是浮在上面"。八是报喜不报忧,或多报喜少报忧,讲成绩添枝加叶、头头是道,讲问题轻描淡写、拐弯抹角。

热衷于搞形式主义的人,往往习惯于耍弄"花拳绣腿",搞的是表面上轰轰烈烈,实际上是空空洞洞的花架子。他们注意的是接二连三的汇报,面面俱到的总结,沉醉于虚夸成绩,编造经验,掩盖缺点,粉饰太平;他们追求的是"屏幕上有形,广播里有声,报纸上有名,领导心中挂号",而不问实际效益。其把戏尽管花样百出,手段翻新,原因繁杂,但归根到底无一不是"上有所好,下必甚焉",核心就是形式主义者考虑问题的出发点和落脚点不是对人民负责,而是"功夫在诗外",作秀者表象是个"秀"字,实质是个"假"字,失去的则是个"信"字。

形式主义是与党的全心全意为人民服务的宗旨和解放思想、实事求是、与时俱进的思想路线相悖离的。它挫伤了人民群众的积极性、主动性和创造性,败坏了党风、政风并毒化了社会风气,损害了党和政府在人民群众中的形象进而严重影响了党群关系和干群关系;它提供的各种虚假信息,严重地干扰了上级领导机关的科学决策,影响了党和政府正确路线方针政策的贯彻执行。形式主义已成为全面建设小康社会、加快推进社会主义现代化的大敌。反对形式主义,应采取如下对策:

第一,反对形式主义,最根本的是要端正思想路线。党的思想路线是实事求是,形式主义与实事求是是背道而驰的。正反两个方面的经验充分说明,实事求是的思想路线丝毫偏离不得,实事求是的优良传统万万丢不得。我们一定要把解放思想与实事求是统一起来,把高涨的工作热情与严格的科学态度结合起来,做到讲实话,鼓实劲,办实事,求实效。每一个领导干部都要加强党性修养,把维护党和人民利益,作为一切工作的出发点和落脚点,真正做到想群众之所想,急群众之所急,解群众之所难。这样,形式主义就失去了存在的基础。

第二,反对形式主义,关键在领导。反对形式主义,必须从领导干部做起,上级要为下级做出样子。一方面对自己所分管的工作,对下级布置任务,检查工作,都要考虑到切实可行,坚持摒弃华而不实的西。另一方面,对下面形式主义东西要有所警觉,千万不能光听汇报,看看典型。要到群众中去,一番艰苦的实际的调查和了解,获取真实的情况,从而不致为"形"所遮,为"表"所惑。

第三,反对形式主义,最有的办法是充分发扬民主,走群众路线。反对形式主义,必须依群众来进行。工作孰优孰劣,让群众来评判。要努力扩大干部工作中的民主,广泛听取群众意见,充分尊重群众意愿。

第四,反对形式主义,治本之策是深化干部制度改革。形式主义屡禁不绝,最深层的原因是干部体制不健全,或者说现行干部制度某些弊端必然产生和助长形式主义。如在干部选拔运用上存在着"官出数字、数字出官"的问题,有的地方热衷于做表面文章,制造所谓的"政绩工程"、"形象工程",就是因为这样的人不仅未受到指责,反而还得到提拔重用。要从根本上克服和杜绝形式主义,就必须深化改革,从干部制度上解决问题。对那些热衷于搞形式主义的人,不仅不能提拔重用,还要严厉批评,甚至做出组织处理和纪律处分;对那些认真贯彻党的路线方针政策、开拓进取、实绩突出、清正廉洁、群众拥护的干部,要大胆提拔、委以重任。只有如此,才能在全社会营造出"实干兴邦"的环境和氛围。

大兴求真务实之风

胡锦涛在党的十七大报告中指出:"以求真务实作风推进各项工作,多干打基础、利长远的事。加强调查研究,改进学风和文风,精简会议和文件,反对形式主义、官僚主义,反对弄虚作假。"

求真务实,是辩证唯物主义和历史唯物主义一以贯之的科学精神,是党的思想路线的核心内容,也是党的优良传统和共产党人应该具备的政治品格。求真务实,是党的活力之所在,也是党和人民事业兴旺发达的关键之所在。面对新形势新任务,进一步在全党大力弘扬求真务实精神、大兴求真务实之风,十分重要,也十分紧迫。

在实际工作当中,确实存在着不少与"求真务实"相背离的东西。比如说,热衷于做表面文章,搞形式主义;整天沉溺于文山会海;热衷于上电视、登报纸;脱离群众、脱离实际,以会议落实会议,以文件落实文件;不了解真实情况,不关心群众疾苦,特别是弄虚作假,欺上瞒下,谎报数字,虚构政绩,报喜不报忧;掩盖矛盾和问题,把造假当做往上爬的手段。这样的风气愈演愈烈,屡禁不止,严重败坏了党风和民风,对党和人民的事业造成巨大的危害。

求真务实,对于领导干部来说,就是要实事求是,追求真理,掌握规律;就是要严谨扎实,一丝不苟地干实事,求实效。从"真"的内容上来说,是要求我们认清中国社会主义初级阶段的基本国情,从实际出发,认真研究和掌握人类社会发展规律、社会主义建设规律和共产党执政规律,顺应潮流,把握趋势,始终走在历史发展的前头。从"实"的内容上来说,是要求我们紧紧抓住发展这个党执政兴国的第一要务,长期艰苦奋斗,真抓实干,实现好、维护好、发展好最广大人民的根本利益,以党的实际行动赢得人民的拥护和支持,巩固党的执政基础。这是最大的"实"。因此,我们在实际生活和工作中"求真"还是"弄假"、"务实"还是"弄虚",也绝不仅仅是无足轻重的小事,而是与人民的利益,党和国家的长治久安联系在一起的。

弘扬求真务实的精神,大举求真务实的作风,就要求领导干部一是要在思想上深刻认识坚持求真务实的极端积极性,打牢求真务实的思想基础,不断提高求真务实的自觉性;要坚持全心全意为人民服务的宗旨,摆正同人民群众的关系,这是坚持求真务实的根本准则;要正确认识国情,按照国情制定路线方针政策和开展工作,这是坚持求真务实的根本依据;要认识规律、把握规律、遵循和运用规律,这是坚持求真务实的根本要求。

二是要切实抓好工作落实,把求真务实体现到各项工作中去。求真务实,要紧紧围绕落实党和国家的各项工作来进行,最重要的是付诸实践、见诸行动、取得成效;要引导广大领导干部特别是各级领导干部,紧密联系全面建设小康社会的实践,坚持讲实话、出实招、办实事、务实效,把工作的着力点真正放到研究解决改革发展稳定中的重大问题上,放到研究解决群众生产生活中的紧迫问题上,放到研究解决党的建设中的突出问题上,坚持以求真务实精神去抓落实,并在抓落实的实践中不断提高坚持求真务实的自觉性和坚定性。

三是要切实建立健全制度,为坚持求真务实提供体制保证。要坚持和完善各项学习制度、调查研究制度、联系群众的制度、民主集中制的各项制度、民主决策制度、各项公开办事制度,特别是要认真执行并进一步完善干部选拔任用制度,以制度建设和创新来保证在全党大力弘扬求真务实精神、大兴求真务实之风。

7 必须廉字当头

领导干部廉洁自律的模范作用发挥得好不好,不仅直接关系到党和政府的形象,而且关系到人心向背和社会主义现代化事业的兴衰成败,关系到党的执政地位。领导干部应该清正廉明,切实搞好廉洁自律,做廉洁自律的表率。

贪心不足是自掘坟墓

古往今来,凡成大事者,必有强烈的欲望,有欲望并不可怕,关键在于不要被欲望牵着鼻子走。"贪"一般与"欲"联系在一起,由"欲"而起。"欲"本是人的七情六欲,属于正常现象,但"欲"有度,不把握度,就成了"贪"。作为掌握一定权力的领导干部,更应把握好"欲"的度,否则,贪心不足是自掘坟墓。

古今中外腐败的官吏和政息的阶级,莫不是与贪欲纵欲有关。清代乾隆年间权臣和坤,利用职权索贿受贿,财产不计其数。查抄和坤家产时,所列清单共109号,内有83号尚未估计,已估23号,就合白银二亿三千二百九十万两,这些就已超过清政府3年总收入;据全部估计,和坤家产相当于白银八亿两。可是,财产如山又有何用,嘉庆四年,他终因贪污被处以极刑,当时还不到50岁。

在现实中,只要为官,必然要经受是与非、义与利、得与失、恩与怨、生与死、权与钱、情与色的考验。面对这些考验,能否做到谨小慎微,大义凛然,关键的就是看为官者能否正确地把握住自己。毛泽东早就用古训告诫全党,要抵制灯红酒绿的影响,做到"富贵不能淫,贫贱不能移,威武不以屈"。在《纪念白求恩》一文中,毛泽东一再倡导要做"一个高尚的人,一个纯粹的人,一个有道德的人,一个脱离了低级趣味的人,一个有益于人民的人"。

作为一个领导干部,对待工作、对待事业当然应该与时俱进,不断进取,但对待生活、对待个人名利,应"平淡如水"。古人云,"祸莫大于知不足,咎莫大于不节欲",世间最荼毒身心的,莫过于名利二字。

"千里之堤,溃于蚁穴。"任何事物都有一个由量变到质变的演变过程,在小事上不注意,小节上不检点,久而久之就会出大格,甚至走上违纪违法的道路。一些领导干部在走上违纪违法道路时,大多存有"不会被发现"的侥幸心理。第一次面对不义之财时都是忐忑不安的,经过一番激烈的思想斗争,最终经不住诱惑,以"仅此一次,下不为例"为由自我宽慰;初次染指尝到"甜头"后,发现一切太平,又以"已有先例,没啥可怕"为由为自己壮胆,结果"胃口"越来越大,在罪恶的深渊里越陷越深。

综观一些领导干部的蜕变史,虽然职务各有高低、年龄差别较大、学历层次不等,走向犯罪道路的心路历程也不尽相同,但都有一个共同之处:并非一开始就是"狮子大张口",而往往是没有严格执行廉洁自律的有关规定,从接受吃吃喝喝、贪图蝇头小利开始,逐渐私欲膨胀,得寸进尺,发展到大肆收受贿赂,最终大节不保,堕入了犯罪的深渊。

贪官的主要特征是追逐金钱、权力、享受。大凡贪官都有这样的人生哲学：活着为捞钱，捞钱为升官，升官为掌权，掌权再捞钱，捞钱再挥霍。在权钱交易的循环往复中，满足自己的欲望享受。贪官们得到了金钱，得到了官位，得到了心满意足的享乐，尽情地享受了人间的"荣华富贵"，可谓是"不白活一回"了。可是他们的内心世界是空虚的，心理上长期紧张，精神上压抑不愉，失去了真正意义上的幸福，而且，其下场往往与初衷相反，他们不是走上了断头台，就是被扔进了监狱。正可谓是"机关算尽太聪明，反误了卿卿性命"。

官员贪污受贿的原因很多，诸如因付出大、报酬低而产生的"不能白苦心理"；因一些社会群体几乎一夜暴富而产生的严重失衡心理；因行贿受贿双方系"暗箱操作"而产生的侥幸心理；以及"有权不用、过期作废"和"59现象"等期权心理。但探询根本、究其实质，还是这些官员没有树立以廉为荣、以贪为耻的社会主义荣辱观。

贪官的人生轨迹大同小异，贪官的结局告诉我们一个真理："手莫伸，伸手必被捉。党和人民在监督，万目睽睽难逃脱。"（陈毅诗）

与"贪"相对的就是"廉"，就是清白高洁，就是节俭。这是为官从政的基础和根本。这就要求领导干部加强道德修养，养成和保持艰苦奋斗、勤俭淡泊的生活作风，克制私利物欲，俭以养廉。

作为领导干部，一定要当扬则扬、当止则止，不能心生贪念，放纵自己的欲望。古人云：储水万担，用水一瓢；广厦千间，夜卧六尺；家财万贯，日食三餐。这就是告诫人不可贪心不足。高飞之鸟死于贪，深翔之鱼亡于"饵"。不慎之初，悔之其后，量的积累，质的飞跃，最终必然滑向罪恶的深渊。

领导干部应当淡泊名利，宁静致远，耐得住寂寞，守得住清贫；要不忘宗旨，加强修养，"见贤思齐，见不贤而自省"；要廉洁自律，保持清醒，管得住小节，抗得住私欲，顶得住腐蚀。一定要切记贪婪乃人生之大忌，贪与不贪，往往一念之间，轻则痛失机会，丧失人格，重则引来杀身之祸，牢狱之灾。

"物必自腐，而后虫生"，作为一名领导干部，要防止自己把自己"培养"成贪官，就应该首先充分认识到，最可怕的敌人不是别人，正是自己。如果自己不节制、不节俭、不节欲，则最容易做了"贪"的俘虏。其次，一定要筑牢自己的思想防线，强化自律意识，常修为官之德，常怀律己之心，常除非份之想，常省自身之过。再次，要防微杜渐，"勿以恶小而为之"，尤其要做到"慎独"，时时处处严格要求自己，越是在没人管着、没人看见、没人知道的情况下，越是要严于律己。惟有如此，为官才能造福于人，对己才能善始善终。

治家要严格

管住自己,不贪、不受、不奢、不乱,这是对领导干部廉洁自律的基本要求。但是,在实际生活中,有些领导干部自己能遵纪守法,廉洁自律,其个别家庭成员却目无法纪,胡作非为;或是纵容家庭成员借权谋私,大肆收受贿赂,结果,东窗事发,一家人走上审判台,共受牢狱之灾。这是某些领导干部治家不严的恶果。

家庭是社会的细胞,家庭环境氛围最具感性力量,既可能成为廉政"港湾",也可能成为腐败漩涡。人的一生与家庭的关系最为密切,受家风熏陶和影响也非常深刻。领导干部廉洁与否,家庭成员的影响不可低估。治家严格是官德操守的重要保障。

中国自古以来就有"修身、齐家、治国、平天下"之道,有言曰:"一室不扫,何以扫天下"、"治家之理,同于治国"、"明内而齐外,故家道正而天下正"。故而,大凡清官廉吏,不仅自身清正,其治家也十分严谨。中国古代历史上曾出现了许许多多的治家严谨的清官廉吏,为我们留下了许多治家佳话。

家风关乎党风,家风是党风的一个重要内容,党风可以从家风上得到体现。清代贺长龄云:"身之不俭,断不能范家;家之不俭,必至于累身。"领导干部的修身廉政,一个很重要的方面在家庭。家风好不好,关键看领导者这个"主心骨"硬不硬。好家风是领导干部以身作则带出来的,而家风不正的始作俑者,往往也是领导干部本人。因此,领导干部正确处理从政与修身、修身与治家的辩证关系至关重要。

爱家有度,计之深远。关爱家人,都是人之常情,领导干部也不例外。但关爱什么,怎样关爱,却值得我们深思。在关爱家人的问题上存在两种截然不同的态度:一种是以德为先,对自己的配偶子女,经常进行政治、思想、道德教育。教育他们谦虚谨慎,不借权谋私,不追求特殊待遇。另一种是少数领导干部,纵容自己的配偶子女以权谋私,大肆捞钱。最终产生不同的后果,前一种是风正气清,浩气长存,后一种是腐化堕落,最终沦为阶下囚。不同的关爱方法,不同的治家风格,取得的效果也大不同。治家严是爱,松是害。古今中外,概莫能外。

避免关爱变成损害,毛泽东曾郑重地向全党推荐《战国策》中名篇《触龙说赵太后》,该文强调了两个道理:一是"父母之爱子,则为之计深远";二是子女如果"位尊而无功,奉厚而无劳,而挟重器多也",结果只能是"近者祸及身,远者及其子孙"。结果是"爱"不成,反成害。

"欲治其国,必先治其家。"对于领导干部来说,抓家风与抓工作,二者并不矛盾,是统一的。领导干部要学会治家的本领,注意掌握好以下几点:

一是重言传身教。古人云:"治人者必先自治,责人者必先自责,成人者必先自成。"在家庭中,领导干部自身就是家人的榜样,既要重言教,更要重身教,率先垂范,以身作则,模范带头,廉洁律己,树立良好家风。

二是常告诫教育。对自己的配偶子女,要经常进行政治、思想、道德教育。教育他们谦虚谨慎,不追求特殊待遇,防止他们利用自己的职权和影响胡作非为。要经常告诫和教育家人切莫倚"门第"而自骄,仗"势力"而妄为,借"优越"而自堕,更不可违法乱纪,败坏家风,遭人唾骂。

三是防微杜渐。增强管住、管严、管好家人的自觉性,要坚决纠正"出了事才管"的错误观念,坚持把管教工夫下在平时,注意从点滴小事入手,防微杜渐;要细心观察,通过对配偶子女的思想和感情交流,了解和掌握他们的言行,发现问题及时批评、帮助,并加以纠正和制止;要严肃家规,对家人严格教育,严格要求,严格监督,防微杜渐,及时发现和制止存在的苗头性问题、倾向性问题,不断提高家人的道德水准和法纪观念,自觉做到合理合法做事。

领导干部能否从严治家,能不能过好"亲属关",能不能抵御住"枕边风"、"膝下雨"的侵蚀,如何用好手中的权力,不走"夫人路线"、"公子路线",是一项很现实、很严肃、很严峻的考验。

管好身边的人

领导干部的"身边人"是一个特殊群体,主要指领导身边的秘书、司机、警卫、家属等。管理好"身边人"看似简单,实际上是领导政治生涯中的头等大事,他们在某种程度上左右着领导干部的政治命运。

秘书、警卫、司机、家属等作为领导的身边人员,职位不高但身份却十分特殊,其素质的高低、形象的好坏直接关系到领导干部的工作和形象。领导干部的身边人与领导干部交往甚密,是对领导干部的言行,工作和生活影响最大的人。我国是个礼仪之邦,在儒家思想的影响下,历来重视亲情、友情,因此,少数党性原则不坚定的领导干部往往碍于亲情、友情,从最初的开"绿灯",到后来为身边人行使特权,最终丢掉乌纱帽。

身边人是腐败的多发群体。在官场,领导干部的秘书、司机、警卫、家属都有一种优越感,以为自己也是"领导",甚至是领导的"领导"。此外,有的领导

干部身边人素质不高,不注重自身形象,怀有领导干部"职权有多大,自己的权力就有多大"的愚昧思想,动辄打着领导干部的旗号,利用权力来谋取个人私利。

从以往揭露出的大案要案来看,不少领导干部的腐败,与身边工作人员及其亲属有一定的关系。原河北省"一把手"程维高东窗事发,除了打击报复正派,就是重用、纵容身边小人干坏事,他前后两任秘书李真、吴庆五都成为违法犯罪分子,分别被依法判处死缓和死刑。

鉴于这种状况,中纪委多次强调要求,领导干部特别是主要领导干部,一定要严于律己,切实加强对身边人的教育和管理。

领导干部应该明确,廉洁自律的重要一条就是要管好身边工作人员。如果说"身边人"有什么"特殊"的话,只能是要求更严格,言行更检点。"严是爱,纵是害"这条经验对家属子女如此,对朝夕相处的"身边人"同样适用。

作为一名领导干部,如果身边人带不好、管不好,就不配当领导;如果对身边人都畏惧、听之任之、姑息迁就、不批评、不教育,说明其自身就有问题、有猫腻。

领导干部如何管好身边人?笔者以为:首先,要注重身教。俗话说,打铁还须自身硬,领导干部自己是非分明、廉洁奉公,他的身边人才会遵纪守法,即便作恶,也要有所顾忌、不敢肆意妄为。倘若手握重权者本身就不过硬,他的身边人才会有恃无恐。所以说,身边人的好与坏,根子还在"主人"身上。

其次,要严格要求。领导干部对身边工作人员的思想、学习、工作和廉政建设等都要提出明确的要求,并认真落到实处。要使他们充分认识到,在领导身边工作只有责任与奉献,没有特权和索取。

再次,要经常提醒。从关心爱护干部出发,领导干部要经常同身边的工作人员沟通思想、交换意见。该提醒的提醒,该批评的批评,该教育的教育。及时教育防范,做到未雨绸缪,防微杜渐。

最后,要加强监督。领导干部除了加强对"身边人"的思想教育,还得靠制度、靠机制,把监督权交给党内外群众。一句话,严格用制度选人、管人,按制度办事,才能治本。对他们的违法违纪问题,要依纪依法严肃处理,绝不能包庇袒护,甚至姑息纵容,养痈遗患。

领导爱好不是小事

爱好是人们在生活中形成的一种习惯,平民或领导干部皆有,这是再正常不过的事。然而,领导干部应该拥有怎样的爱好,领导干部应该怎样看待自己的爱好,领导干部应该如何把握自己的爱好,这确实值得每一位领导干部必须认真研究和慎重对待的事。领导爱好不是小事,把握不好,它有可能拖你下水,甚至成为自己人生路上的一口陷阱。

领导干部有自己的爱好本无可厚非,但领导干部的爱好又有与普通人不一样的地方。因为"上有所好,下必甚焉",领导干部的爱好容易产生示范、导向作用,影响部属、影响他人。领导干部的爱好容易被一些别有用心的人所利用,往往会有筲小之徒、无耻之辈,利用领导干部的生活爱好大做文章,投其所好,拉其下水,成为权与利交换的"突破口"。因此,领导干部的爱好绝非小事。

孔子曰:"为人君者,盂也;民,犹水也。盂方水方,盂圆水圆。"可见自从古以来,无论大"君"小"君","民"都喜欢看着你做,跟着你学。据史载,春秋时期,齐桓公一次无意中说了一句玩笑话:"寡人尝鸟兽虫鱼之味几遍矣,所以不知者,人肉味何如耳?"易牙听到后,回家就把自己三岁的儿子杀掉了,并亲手烹得味道鲜美送给齐桓公品尝,还面不改色心不跳地对齐桓公说:"忠臣者不有其家。"易牙终于如愿以偿,成为齐桓公的宠臣,被委以重任,掌握重权。只是,这样的人,能心中装着黎民百姓吗?能为官一任造福一方吗?

古人把个人爱好称为"祸媒",并以"好船者溺,好骑者堕,君子各以所好为祸"为至理名言。历史上,因沉湎所好、败事甚至亡国的教训不胜枚举。商纣王迷恋酒色而丧邦;楚王好细腰,宫中多饿死;齐王好紫色,国内多紫衣;梁武帝信佛,百官从之,以致亡国;卫懿公好鹤而国破……可见,这爱好之事,不小心怎么得了!

领导干部的爱好是别有用心者主攻的当然目标。从辩证的观点看,人的爱好其实就是人的一种弱点,而弱点最容易让人攻击,且屡屡奏效。厦门远华走私集团首犯赖昌星经过多年的投机钻营,总结出一句"至理名言":"不怕什么法律条文、规章制度,就怕领导干部没有兴趣爱好。"被他收入囊中的一大批官员中,哪一个不是有这样或那样的"嗜好"呢?你嗜吃,他就投之甘饴;你嗜酒,他就投之佳酿;你嗜色,他就投之粉黛;你嗜捧,他就投之谄言……就这样,他以票子、车子、房子、美色等为诱饵,可谓攻无不克,战无不胜,从原公安部副部长李纪周到厦门市副市长蓝甫到厦门海关关长杨前线、副关长接培勇到300余名各个级别的国家公职人员全部折戟沉沙,使一个个高官成为他谋私的工具。苍蝇不叮无缝的蛋,爱好就像完整的鸡蛋裂开的一条"缝",成为细菌侵入的"突破口"。如果领导干部没有这些爱好,不贪钱,不贪色,不贪名,不贪利,赖氏之流哪还能有"缝"可钻?

领导有爱好,别有用心者就会投其所好。在我们身边,总有那么一些喜欢打听领导干部的喜好,对领导干部喜欢什么、不喜欢什么摸得一清二楚,以备紧要关头投其所好,派上用场。领导爱好高尔夫,就有下属专练高尔夫,然后风雨无阻陪领导;领导喜欢打篮球,所辖各单位就纷纷组织篮球队;领导喜欢打牌,于是在他的势力范围内,学牌打牌之风盛行;领导喜欢喝酒,则该单位酒的消耗量肯定直线上升,手下群起而效之,个个都以能成为"绿林好汉,酒林高手"为荣;领导贪财的,那就趁逢年过节、领导住院、孩子留学等大好时机抓紧送;领导喜雅的,那就送名人字画、珍贵图书,既显得领导品位高雅,送礼的人也不落俗套;领导好色的,就给领导送"三陪"小姐等等。

那些违法乱纪的人,许多的时候就是由于放纵了自己所谓的"爱好"而成为阶下囚。成克杰喜欢唱歌,他所到之处,下面的人就高价为他请来当地的女演员;胡长清喜欢书法,于是很多单位或企业就趁机合理合法地出大价钱请他题字、写招牌;被称为"五毒书记"的张二江好色,就有人出钱送女人或为他包女人。这些高官最终都没有落得个好结果。从这个角度讲,爱好是领导干部为官的"护城河",谁死死地锁住了爱好,投其所好的人就难以"过河"。

爱好看似小事,但意义重大,领导干部千万要当心自己的爱好!我们的领导干部在对待爱好的问题上必须提高党性责任意识、加强法制观念,"练好内功",护住"命门",抵挡外力侵袭,保自己的一生清白;必须不断加强党性锻炼,强化道德修养,培养优秀的品德和人格,只有这样,才能抵御各种不良嗜好的诱惑;必须树立坚定的政治立场,纯洁交际圈,做到交往讲原则、讲品位、讲党性;把个人爱好当秘密,宁愿低估自己,锁住爱好,也不应高估自己抵御诱惑的能力;应"一日三省吾身",时刻严格自律,做到不该去的地方不去,不该干的事不干。如此,领导干部才能始终保持政治坚定、清正廉洁。

领导干部,一定要防微杜渐,时时警惕,当心陷阱,谨"爱"慎"好"。莫从"爱好"这一毫厘之差,走向千里之谬。慎之,慎之!

切实搞好廉洁自律

《管子·八观》中有这样一段话:"货财行于国,则法令毁于官;请谒得于上,则党与成于下;乡官毋法制,百姓群徒不从。"汉代桓宽在《盐铁论·疾贪》中曰:"欲影正者端其表,欲下廉者先之身。"清代王夫之在《读通鉴论》中又曰:"俭者,先自俭之;让者,先自让也。"从上述警句中可以看出,廉洁自律,系为政为官之本。

中华民族自古以来大凡为人传颂者，无不是廉洁自律的典范。古有孔子自廉作表率，并留下了"上恶贪则下耻争"的经典之句；范仲淹的公而忘私、先人后己，留下了"先天下之忧而忧，后天下之乐而乐"的千古名句；近有吉鸿昌将军的大仁大义气节，留下了"当官即不许发财"的治吏佳句；今有毛泽东、邓小平的生活节俭、衣着朴素，从不奢华的领袖风范，留下了"我们一切工作干部，不论职位高低，都是人民的勤务员，我们所做的一切，都是为人民服务"，"领导就是服务"和"我是人民的儿子"的淳朴美句。

在现实生活中有些领导干部，起初在工作中也是兢兢业业，廉洁奉公，但一不小心踩进"泥坑"后，便经不住诱惑，从此放弃了操守，一步步滑向犯罪的泥淖。这里有一个古代"踩进泥水坑"便"不复顾惜"的典故：据记载，嘉靖十四年进士张瀚在《松窗梦语》中有这样一段记录：张瀚初任御史，去参见都台长官王廷相，王廷相给张瀚讲了一个乘轿见闻，说他乘轿进城遇雨，一轿夫穿了双新鞋，开始时"择地而行"，小心翼翼地循着干净的路面走，后来轿夫一不小心，踩进泥水坑里，由此便"不复顾惜"了。王廷相说："居身之道，亦犹是耳，倘一失足，将无所不至矣！"张瀚听了这些话，"退而佩服公言，终身不敢忘"。这个历史故事告诉我们，人一旦"踩进泥水坑"，心里往往就放松了戒备。反正"鞋已经脏了"，一次是脏，两次也是脏，于是便有了惯性，从此便"不复顾惜"了。

许多教训告诉我们，一个人要想清正廉洁，永葆本色，就不能不把好第一关，守住第一道防线。我们应当将"把握住自己"牢记在心，自重、自省、自警、自励，始终保持政治上的坚定和思想上的清醒。

以身作则、廉洁自律是各级领导干部必须具备的品格，建立在党的党性基础上的严格自律，对领导干部的进步和提高起着决定性的作用。

要搞好廉洁自律，首先要加强理论学习，加强道德修养，牢固树立正确的世界观、人生观、价值观和权力观、地位观、利益观，切实解决"人生为什么，入党做什么，掌权干什么"的问题，始终牢记"两个务必"，带头遵守领导干部廉洁从政的各项制度规定。

其次要加强党纪法规教育，增强廉洁自律的自觉性。只有加强党纪法规教育，才能不断提高各级领导干部遵纪守法意识，增强"免疫"能力，逐渐培养良好的行为习惯，变他律为自律，进而转化为自身的道德要求，形成较强的自律能力。

第三要自觉接受党组织的监督。不受监督的权力，必然导致腐败。实践反复证明,自律和监督有效结合是保障领导干部不犯错误和少犯错误所必需的。领导干部不论职位多高,在党内都是普通一员,必须接受党组织的监督,自觉地把自己置于班子和广大领导干部的监督之下,积极开展批评与自我批评。带头执行民主集中制原则,虚心听取各方面意见,做到不独断专行,不搞"一言堂"。

第三章

领导者应有的基本素质

　　前面的章节我们说过，领导者不是人人都可以做的。因为做一个称职的领导者，必须具备一些基本素质。具体一点说，就是要有比常人更优的才干、胸怀、胆略、勇气、魄力、意志、见识、智谋、经验、亲和力等。只有具备了这些素质，才可能成为一个优秀的领导者。

1 出色的才干

才干是干事的能力，是领导者成就事业的基石。无论是什么时代，何种组织中的领导者，都必须取得一定的才干。这种才干，是领导者做好各项工作、取得巨大业绩的根本依靠，是领导者不可缺少的"看家本领"。

无才做官难

才干是一个人的知识素养和能力的综合体现。才干对领导干部而言，即是领导才能和工作能力。这种能力，应该包括软硬两个方面：既有抽象性较强的思维能力、推理能力、观察能力、处事能力、社会交往能力等等软的一方面，也有实践性较强的具体的指挥、运作、操作、驾驭能力等等硬的一方面。

人没有才不行，没才就是没本事。领导者缺乏应有的才能，能力不足，是什么事情也做不好的，道德再好，也没有用武之地。古有唯才是举，今有择优录取，也正是看中了才能。历史已经证明，有才无德的领导者，往往是成事不足、败事有余；有德无才的领导者，是庸官，大多碌碌无为，往往尸位素餐，一事无成。

作为领导者，应当德才兼备，才华出众。如果仅有为民服务的思想而没有为民服务的本领，是不可能真正为群众谋利益的。随着改革开放的深入和社会主义市场经济的发展，领导干部工作上面临的挑战和难度明显增加，要履行好职责就必须具备解决各种复杂矛盾、推动事业发展的本领。当领导就得有真本事，工作上没本事的人，用了会误事。"本事"的要求是多方面的。

一是辩证思维能力。领导者应有较强的政治意识与大局意识,善于站在时代的制高点上,站在改革、发展、稳定的大局上,坚持从政治的角度、用发展的眼光和长远的观点去观察和分析问题,不断提高思维层次;必须坚持对客观事物及其内部与外部各方面联系进行准确而深刻的分析,从中洞悉事物的本质,抓住事物的主要矛盾,选准解决问题的突破口和关节点,在实际工作中抓关键、打要害,牵一发而动全局;必须在错综复杂的形势面前,进行科学推理和科学预测,把握事物的发展趋势。

二是驾驭大局的能力。领导者要善于学习、领会、贯彻党和国家的路线、方针、政策,增强自己对事物发展趋势的敏锐性、预见性和前瞻性,能够立足当前,预见未来。对自己所从事的工作能按照事物发展的规律超前规划,超前安排,就能及时把握发展机遇,牢牢把握事业成功的主动权。领导干部要善于抓住主要矛盾和矛盾的主要方面,通过突破重点问题去推动工作全局。

三是综合协调的能力。现代社会讲究和谐、协调、合作。作为领导者必须善于协调上下关系,整合左右资源,统筹各方利益,为事业发展创造和谐、协调、宽松、稳定的发展环境。要深入研究和把握新形势下群众工作的特点和规律,针对新时期人民群众思想观念、利益需求、生活方式发生的新变化,综合运用说服教育、示范引导、提供服务等方法,有效协调利益、化解矛盾、排忧解难,不断增强组织群众、宣传群众、教育群众、服务群众,团结和激励群众共同前进的本领。

四是识人用人的能力。领导者应准确无误地识别人才,满怀真情地爱惜人才,客观公正地评价人才,公道正派地用好人才。看人,要坚持看本质、看大节、看主流、看发展,注重政治品德、注重工作实绩、注重群众公论,决不能让那些埋头苦干、任劳任怨,政绩突出而不事张扬的人吃亏,也决不能让那些追名逐利、投机取巧、弄虚作假的人得势。用人,既要德才兼备,又不求全责备;既要坚持标准,又要不拘一格;既要五湖四海,又要唯才是举,做到人尽其才、才尽其用,各展其长、各得其所。

领导者的才干,不仅包括理论素养和实际操作能力,更在于将两者有机结合起来。正如美国总统尼克松所说,领导人在思考和行动上保持适当平衡的时候,也就是领导艺术趋于炉火纯青的时候。否则,即使书读得再多、再熟也难以在实践中大展拳脚,勉强搬用则犹如花拳绣腿,在实践当中将不堪一击。

领导者的才干不是天生就有的,而是在长期的领导实践中不断磨炼和提高的。作为一名领导者,不管你水平有多高,不管你本事有多大,也不管你的阅历有多深,都有一个终身学习的问题,都有一个科学思考的问题,都有一个不断提

高的问题,都有一个增强本领的问题。因此,领导者必须乐于学习,勤于实践,善于总结,增强素质,提高水平,以才兴业,以才服人。

想干事更要能干事

能干事,是领导干部政策理论水平、文化专业知识、综合决策能力、组织指挥能力和协调配合能力的体现。作为一名领导干部,为官一任,就要尽全力完成人民赋予的使命,不辜负群众的期望。

虑事要高远。古语说:"为一身谋则愚,而为天下谋则智。"讲的就是一个起点的问题。干事的起点高不高,对于一个领导干部来讲至关重要。下棋讲究一个谋势,要通观全盘。干事也是一样,必须站在是否有利于全局形势发展的高度,从人民群众的根本利益出发,通盘谋划,全方位考虑。古今中外,凡成大事者,都有一个共同的特点,那就是一事当前,必先考虑全局之成败。在中国革命和建设史上,党造就了毛泽东、周恩来、邓小平等一大批杰出的伟人。他们之所以为历史所记取,是因为他们具有把握社会发展规律的远见卓识,具有领导亿万人民艰苦创业的非凡能力,具有热爱祖国、热爱人民的伟大情怀,说到底就是虑事站位高人一筹。领导干部做事站位的高低与否,与他的眼光有直接的联系。眼光的长短和宽窄是决策正确与否的前提,是一种高瞻远瞩的战略思维。一个具有远见卓识的领导干部,眼光一要长,二要广。所谓长,就是在科学分析、逻辑推理的基础上,对事态的发展及走向作出准确的预测和判断。能成就大事的人,不会被眼前的暂时利益所蒙蔽,能够清晰地辨识事情的轻重缓急,从而正确地进行取舍。

谋事要高明。一个人工作水平的高低,主要取决于其谋事的能力。"谋",在做事的所有环节中至关重要,对一件事的成败起着决定性的作用。有些人对待工作只是简单地执行,有的人则有所创新,这两种人处理事情的结果会完全不同。凡事按规矩去做,不会出问题,但是也不会出亮点。做事前谋与不谋,效果是截然不同的。谋事的水平取决于谋事者的素质。要通过经常不断的学习、思考,提高自己谋事的能力。当今的时代,是知识经济的时代;当今的社会,正逐步成为学习型社会。身处这样一个社会,要提高素质,就必须加强学习。不学习就要落伍,不思考就要被时代所抛弃。领导干部身负重担,就更应勤于学习,勤于思考。要通过学习思考,不断提升自己的理论素养,把握事物发展的规律,增强明辨是非的能力。

办事要高效。做事高效,在乎一个"勤"字,同时还要讲究方式方法。"勤"

体现在三个方面,即"手勤"、"脚勤"、"脑勤"。"手勤",就是要及时做好"上情下达、下情上达",确保上级政策传达、落实的时效性和有效性,保证本单位、本地区工作信息的及时上报、反馈。"脚勤",就是要多深入基层、多搞调查研究,及时了解和掌握工作动态,争取工作的主动性。"脑勤",就是要结合工作勤于思考,从领导的角度思考应该提供什么信息、做出什么部署;从群众的角度思考他们缺少什么服务、目前有什么要求;从下属的角度思考他们有什么困难、需要什么帮助。

作为一名领导者,切不可惰性缠身,否则就会误事、误民。要立志做策马奋蹄的先行者,万不可做得过且过的撞钟僧。其次,要做到事半功倍,工作方法很重要。凡事要化繁为简,要事急干,急事早办,动必量力,举必量技,切不可把简单的事情复杂化,更不可把复杂的事情离奇化。

干成事才是真本事

想干事、会干事,还必须干成事。一个人只有干成了事,才能证明他能干事,也才说明他真正想干事。干成事,是检验领导者领导能力和水平的标准,是评判领导者成败是非的主要依据。

作为一名领导者,干工作仅有一个良好的愿望和浓厚的热情是远远不够的,必须要牢固树立科学的发展观和正确的政绩观,掌握要领,把握技巧,善于筹划,能谋善断,勇于成事。

要干成事,除了要想干事、能干事外,还必须多干事。多干事,是一种奉献、一种执著,就是多担事、快成事,时时刻刻把智慧和汗水用在干事创业上。领导干部应有一种积极进取的态度和高度的事业心,有"公事未定,寝食不安"的精神和"问题不解决,决不肯罢休"的干劲。勤于工作,敢于负责,在错综复杂的矛盾面前不患得患失,在接踵而至的工作面前不挑肥拣瘦,在分内分外的任务面前不斤斤计较。要自觉摈弃"当太平官、坐安乐椅"的消极观念,树立"爱干就是德、善干就是能、多干就是勤、干好就是绩"的为政理念。要在攻坚克难上狠下工夫,在改革创新上狠下工夫,在抓好落实上狠下工夫。只有把嘴上说的、纸上写的、会上定的,变为具体的行动、实际的效果、人民的利益,我们的工作才算做到了位、做到了家。

要干成事,必须和谐共事。团结是领导班子的生命,是事业成功的保证,也是干部成长进步必不可少的条件。讲团结是一种大智慧,会团结是一种真本事。"一把手"要善于带班子、带队伍,坚持原则,敢抓敢管,做增进团结的模范。

领导班子成员要树立和谐的理念,增强政治意识、大局意识、团结意识,互相尊重、互相信任、互相支持、互相谅解,像爱护自己的眼睛一样备加珍惜班子的团结,摒弃搞"小团体"的不良思想和作风,在坚持原则的基础上合作共事,同心同德、团结进取,把智慧和力量凝聚到干事、创业、谋发展上来,齐心协力做好各项工作。

要干成事,还需有优良的作风。只有不断加强思想作风、学风、工作作风、领导作风和生活作风建设,才能真正把思想集中在想干事上,把本领体现在会干事上,把目标锁定在干成事上。因此,要大兴求真务实之风,坚决克服好大喜功、形式主义的浮躁心态,静下心来埋头苦干;要坚决改变抓工作满足于"会议开过、文件发过、检查搞过"的工作方法,扑下身子真抓实干;要对已经确定的各项目标任务,进一步分解细化,既定质定量,又定时间、定进度,把责任落实到人,以严谨的态度和科学的方法把工作落到实处。这其中,领导干部必须身先士卒、靠前指挥,经常到工作一线指导检查,及时协调和解决工作中遇到的具体问题,使各项工作都能取得实实在在的成效。

要干成事,就要办群众急需的事,办多数人受益的事,办起长远作用的事。干没干成事,必须由实践来检验,由人民群众说了算。领导者应扑下身子,深入群众,认真倾听群众呼声、体察群众疾苦,多干群众急需的事,多干群众受益的事。特别是要从解决群众最关心、最直接、最现实的利益问题入手,统筹兼顾、突出重点,力求在解决突出矛盾和关键问题上取得实效,以实际行动取信于民,不辜负党和人民的信任和重托。

2 广博的知识

广博的知识是做好领导工作的基本条件。领导者政治素质和业务能力的高低与知识水平的高低紧密相连。领导者应有强烈的求知欲望和持久的学习毅力,坚持不懈地学习新知。

知识就是力量

知识是领导干部成功的基础。"知识就是力量",一般情况下,知识越多的人,能力就越强,只有知识丰富了,思维才会敏捷,能力才会提高,遇到各类问题,才能触类旁通,处理各种事情,才会得心应手。

在新科技层出不穷、知识经济初现端倪的形势下,知识对人就显得更为重要,对领导者而言就尤为重要,恰如老子曰:"爱民治国,能无知乎?"

当今社会,是一个全民学习、终身学习的学习型社会,知识更新的速度越来越快,知识更新的周期越来越短。

据有关资料,人类知识翻一番的时间是:第一次,公元 1 年至 1500 年,为 1500 年;第二次,1500 年至 1800 年,为 300 年;第三次,1800 年至 1900 年,为 100 年;第四次,1900 年至 1945 年,为 45 年;第五次,1945 年至 1960 年,为 15 年;第六次,1960 年至 1968 年,为 8 年;到今天,基本在 3 年左右。

按照目前西方流行的"知识折旧"定律的说法:"一年不学习,一个人所拥有的全部知识就会折旧80%。"要想靠早些时候学的知识"应付"一辈子,已经完全不可能了。

一个领导如果不读书、不看报,不学无术,孤陋寡闻,对自己负责的工作连一些基本的常识都弄不懂,到基层不仅指导不了工作,还得基层给他搞"启蒙教育","以己昏昏使人昭昭",那怎么能胜任领导工作呢?从更高层次上讲,知识素养又是领导干部个人风度、魅力形成的关键性因素。领导者的风度、魅力是一种非权力的领导影响力,它是一个人知识修养、性格特征等的外在表现。领导干部若希望提高自己在下属、在群众中的凝聚力、向心力、号召力,形成自己独特的领导风格,就必须从打牢自己知识根底这样的基础性工作做起。

由于知识的海洋太浩瀚,任何一个领导者都不可能掌握世界上的全部知识,甚至大部分知识。一个领导者所掌握的知识的门类、学科的配比组合状况,就是知识结构。合格的领导者在知识结构上应该努力达到博和专、广与深的有机结合。全面的文化素养是构建知识大厦的根基,只有基础知识打牢了,才有接纳新鲜知识的土壤,才能支撑专业知识向高深方向发展。也只有基础知识根基深厚了,工作起来才能视野开阔、思维活跃;才能触类旁通,处乱不惊;才能把握机遇,驾驭局势。

领导干部还必须掌握所从事工作的业务知识,这是能否胜任工作最起码的要求。"工欲善其事,必先利其器",只有成为分管工作的行家里手,才能与下属工作人员有共同语言,才能把握工作发展变化的规律和前沿动态,才能高瞻远瞩,成为明智的指挥者。这里强调的专,并非是专家学者意义上的专,而是要求我们把握分管工作相关知识中带根本性、全局性、规律性的东西,做到提纲挈领,一叶知秋。

同时,随着社会的进步,社会分工越来越细,社会联系越来越广,管理难度越来越大,领导干部要出色地履行职责,就必须掌握现代管理科学,从粗放式、经验型的管理模式中解放出来,用现代管理理论指导领导工作,这才能最大限度地提高组织效能,才能成为多谋善断,富有创造力的领导者。

领导干部要获得渊博的知识,必须努力学习。信息是创造的重要因素,在其他条件不变的情况下,创造的成就取决于领导掌握的有效的信息量。博览群书,可以使人获得最大限度的信息量,使人更加富有创造性。人们常说,一天不学习,自己知道;两天不学习,对手知道;三天不学习,大家都知道。学习贵在持之以恒,有时候知识的学习并不能像打上钉子就能挂衣服一样产生"立竿见影"的明显效果,但它在潜移默化中改善和强化了人们的信仰,提高了人的内在素质,激发了人的精神,从而在提高领导水平上发挥重要作用。从书本上获取知识是一个方面,从实践中逐步积累知识又是一个方面,两者应当紧密结合起来。如果仅有实践经验,而缺乏理论知识,思维就会受到限制,在指导工作时往往不能以理服人,只凭经验办事,甚至以势压人,这样的工作效果会大打折扣。如果仅有理论知识,而缺乏实践经验,遇见复杂的难题就会束手无策,难以打开工作局面。

领导者必须将理论学习与实践锻炼有机结合起来,勤学不辍,勇于探索,唯真理是从,以能者为师,才能不断丰富知识、提高能力。

知识让领导者更有底气

做领导的最怕什么?最怕缺乏威信,被下属瞧不起。而一个知识贫乏的领导是难以树立威信的。在知识经济时代里,对领导者的知识素质要求愈来愈高。俗话说,"打铁先要自身硬",领导者只有具备丰富的知识储备,才能在工作中充满底气,时刻准备应对新的挑战。

广博、完整、严谨的知识结构是领导能力的重中之重。许多领导者在工作中时而能出语惊人,发人之未能发,言人之未能言;或一针见血,语锋犀利,体现出很高的理论素质,其背后就是以广博的知识作为铺垫的。

知识是触类旁通的,光在一个方面"专"是不可能出什么成就的,即使出了也是有限度的。现在需要学习的内容很多。不仅要学习理论,还要努力学习经济、法律、科技、文化、党史、管理等多方面的知识,学习和应用先进的科学技术。毛泽东作为伟大的革命家,也是学识渊博的学问家。1939年1月他在延安的一次演说中讲:"有了学问,好比站在山上,可以看到很远很多的东西;没有学问,如在暗沟里走路,摸索不着,那会急煞人。"

知识能令领导者充满自信。学识渊博的人与见识浅薄的人相比,其看事说理的透彻程度和深远程度、预见性和决断性会截然不同,产生的效果也相差甚远。周恩来总理的知识渊博是举世公认的,这是他成为一位伟大的政治家、军事家和杰出的外交家的重要条件之一。他在谈判桌上应变机敏,气魄非凡,言辞犀利,柔中有刚,使对手震慑,并情不自禁地流露出赞叹之词。

深厚的内涵,需要时间的陶冶,更需要丰富的学识。有魅力的人物所散发出的光彩,最持久、最深刻的一种,来自内涵。而内涵包括了一个人的见识、修养、能力等许多方面。见识狭窄的人,就像井底蛙一样,不论他自己如何自吹自擂,别人见了只觉得可笑。而知识宽广的人,即便一言不发,也自然有令人折服的力量。

知识能让领导者充满智慧。谚语说:"智慧出于勤奋和积累。"一个领导者不管多么的才华横溢、天资过人,如果他缺乏足够的智慧来对才华和天资进行有效的引导,如果他不能够在适当的时间说适当的话做适当的事,那么他还是无法有效地施展和运用自身的才华。莎士比亚说:"愚笨的人以为自己是聪明智慧的,然而真正聪明智慧的人懂得自己是愚笨的。"愚笨的人,常常不肯学习而致于愚笨,所以他的愚笨越来越厉害;聪明智慧的人,总是不断地学习而无终止,所以他的智慧越来越高。智慧的积累,越积越多,越积越明。学问增长智慧,经验增长智慧,常识增长智慧。所以,一方面要事事用心,一方面要事事学习。

今天,领导干部如果没有较高的理论水平和业务素质,指导工作就会乏力,就会显得本领恐慌,就很难承担起岗位职责。特别是越来越多的高学历、学者型领导干部加入到干部队伍,也对广大领导干部提出了更高的要求。"非学无以广才,非学无以明智",领导干部已经不能仅仅满足于本系统、本专业知识的研究,要结合本单位、本部门工作实际,重点学习市场经济、法律法规、现代科技、公共管理、计算机等知识,把学到的理论知识同业务知识有机地结合起来。同时,还要紧密联系本职工作所面临的新形势和新任务,认真研究,深入思考一些重大现实问题,在学习中实践——在实践中学习,以不断提高自己的辨别能力、工作水平和驾驭全局的能力,努力争做知识型、创新型、复合型的领导干部。

"底气"就是本领、是知识。知识丰富、本领强,底气就足。缺乏知识的领导者是难以服众的,必须通过持之以恒的学习,才能增强领导者的自信、智慧和锐气,从而提升工作时的底气,更有效地发挥领导才能。

业务要熟悉

在领导者的素质结构中,业务素质是核心,是某一领域领导者区别于其他领域领导者的主要标志。具备较高的专业素质,既是每一名领导者履行岗位职责、实行有效领导的基础,也是履行职责、完成任务的基本条件。领导者作为一个单位的带头人,应做到术业有专攻,争当行家里手,对自己从事的工作、分管的业务了如指掌、精益求精。

业务是一个广泛的概念,各行各业的人员都有自己的本职工作。它既包括业务知识、业务经验,对业务有关信息的了解,也包括专业技术、专业技能和专业活动,也包括对专业的向往与追求——职业理想、职业道德、理想人格的塑造、对专业的爱好、兴趣、情感,在从事业务工作中所表现出来的意志品质、意志特征和技巧等等。领导者主要从事组织管理活动,他掌握业务知识的目的主要是:对领导活动中遇到的专业技术难题进行决策,对所管辖的专业技术人员的业务水平作出准确判断和识别。因此,领导者掌握的业务知识通常需要有一定的广度,而不是要达到专业人才那样精深的程度。

现代社会分工越来越细,各行各业都有自己专门的学问和规则。俗话说,"隔行如隔山",领导干部可以不是专家,但必须是内行。一个领导如果不认真学习业务知识,在本职工作上长期当外行,就不能很好地完成领导任务。

对领导者来说,可能在工业、农业、工商、城市、人事、财务等不同领域从事工作,只有系统全面地掌握本职专业方面的知识,成为本专业的行家里手,才能尊重科学,按科学规律办事。所以,搞经济工作的要学习市场经济知识,搞金融工作的要懂得金融知识,管理财务的要学习财会知识,从事文化管理的要明白文学艺术的发展创作规律。如果缺乏业务知识,又不认真学习,尽管你工作热情很高,但往往起不到应有的作用,甚至还起相反的作用。

领导者坚持钻研业务知识,成为专业方面的行家里手,有助于信心的建立和信念的坚定,促进领导科学决策。因为广博的业务知识基础,能使领导者在计划的制订、方案的规划和目标的选择上,具有科学的根据,对他人意见的正确与否、有用与否有客观的判断标准;在遇到困难挫折时,能对未来的预测有现实的和理论的根据,不会出现外行领导内行的局面,不至于给工作带来重大损失。

当然,掌握了业务知识,仅仅为领导者提高自己的专业能力打下了坚实的基础。但知识毕竟不等于能力,对于现代领导者来说,更重要的是如何运用业务知识去解决领导实践中遇到的各种难题。只有在业务方面有一定的知识厚度,才能得心应手地领导部属,做好工作。

3 丰富的阅历

经验是领导者履行职责的重要条件,是领导者实力的一个重要来源,具有较强的说服力和影响力。而领导经验主要来源于领导者个人的阅历。领导者的阅历主要包括领导者在领导岗位上的年限、所经历领导岗位的种类和时间、所充当领导角色的历程和地位等等。丰富的阅历有助于领导者提高领导水平,更加自如地适应、把握领导工作。

阅历是一笔财富

在现实生活中,有些从基层上来的领导者,虽然理论知识不多,但他们不仅走上了岗位,甚至比那些书生气十足的领导者干得更加得心应手,游刃有余。这缘于他们具有丰富的阅历,积累了较多的领导经验。领导工作最显著的特征之一,就是具有较强的实践性。领导者要想成功地领导别人,就必须拥有作为领导者的实践经验。丰富的阅历对于领导者来说,无疑是一笔宝贵的财富。

阅历是领导经验和实力的一个重要来源。一般来说,阅历包括职业阅历、社会阅历和生活阅历。领导者的经验主要是指职业经验,职业经验是构成领导者职业素质的核心。领导者的职业素质是指领导者为专门从事领导工作而具备的相应专业知识、技能、阅历和经验的总和。其中,专业知识和技能是基础,职业阅历和经验是核心。

一个人阅历丰富,到过的地方多,经历的事情多,积累的经验也多,这是一笔宝贵的财富。经验是从实践中得来的,是自己曾经体验过的,可操作性强,是工作中最用得着的东西。一个领导干部经验丰富,面对许多他曾经经历过、接触过的困难和问题,或类似的难题,他就会成竹在胸,临危有底气,能镇定自若,不会慌张无措。

阅历越丰富的领导者,影响力和统御力就越强,做好领导工作的成功率就越高。缺乏阅历的领导,往往容易丧失领导的权威性和决策权力,难以有效地实施领导工作。可见,领导者的阅历能奠定领导地位和领导实力,具有较强的说服力和影响力。

因此,许多领导岗位需要一定的领导资格,主要是由领导者在领导岗位上的年限、所经历领导岗位的种类和时间、所充当领导角色的历程和地位等组成。因为这种领导资格对于顺利地完成领导职务职责,形成领导实力,实现领导目标,具有决定性的作用。而另一些具体业务需要专门业务资格,它要求领导者在该行业中的从业背景,具备专门业务知识和经验,对所在行业部门的现状和趋势有深刻的分析和认识,从而保证领导者成功地领导某一具体行业中的工作。

丰富的阅历是培养、锻炼领导者超常意志力的熔炉。领导岗位,是一个磨炼人的地方。领导者经常处在鲜花、掌声与欢声笑语之中,但更多的时候是处在矛盾交织的风口浪尖之上。领导者越是想成就事业,其遭受的艰难困苦、曲折不幸也必然越多。这时候,就需要领导者沉着应对,坚强忍耐。

正如中国古代思想家孟子所言:"故天将降大任于斯人也,必先苦其心志,劳其筋骨,饿其体肤,空乏其身,行拂乱其所为,所以动心忍性,增益其所不能。"

人的内力主要在实践中积累,在实践中提高。脱离实践的知识只能是无源之水、无本之木。实践出真知。实践是一本博大精深的"无字之书"。经验和教训给我们提供了知识,而教训提供的知识更为深刻难忘。吃一堑长一智,失败是成功之母。教训是实践知识的重要组成部分。没有痛苦的磨炼,没有坎坷的阅历,是获取不到真知的。实践知识和书本知识是一种"天地"结合,"阴阳"结合,二者相辅相成,缺一不可。只有把二者有机地结合起来,才能不断地拓展视野,增长才干;只有把二者有机地结合起来,才能不断地增强内力,提高素质。

概而言之,阅历对于领导者的成长有着不可忽视的作用,领导者只有具有丰富的阅历,才能宠辱不惊,处变不乱,熟练掌握运用权力的方法、技巧和程度,更加自如地适应、把握权力运作,从而在领导活动中发挥强大的影响力。

成长需要台阶

事物的发展都有个循序渐进的过程,不可能一蹴而就。领导干部的成长过程也是一样,需要经过一定的台阶,才能够不断增长才干、积累经验、健康成长。

"台阶"指的是干部的提拔应按职务级别逐级进行。干部成长之所以需要台阶,是人才成长客观规律的反映。马克思主义认识论告诉我们,人的知识、经验、才能特别是领导才能,既不是生来就有的,也不是天上掉下来的,而是后天学习和实践的结果。人们学习、实践的过程,是知识增长以及知识向实际操作能力转化的过程,是经验积累以及感性经验向理性认识飞跃的过程,体现了认识发展过程量变与质变的统一,不断发展与阶段发展的统一。没有这样一个学习和实践的过程，就没有由不知到知、由知之不多到知之甚多的转化，就没有由知识向能力的转化和才干的增长。

"不想当将军的士兵，不是好士兵。"这是拿破仑的名言。而拿破仑16岁开始就在法国炮兵部队服役，从一名普通士兵干起，经历了无数次战争的磨炼，终于一步步走上权力的顶峰，成为席卷欧洲的风云人物。当他晚年回首走过的路程时，深有感触地说："没有当过士兵的将军，是难有大作为的，只有经过无数次硝烟的洗礼，才能统率千军万马。"

领导干部经历的实践岗位尤其是领导岗位越多，所处的环境越复杂，肩负的任务越艰巨越繁重，积累的经验就越丰富，辩证思维、科学决策、灵活应变、组织协调能力就越强。一个领导干部的思想水平、工作能力和领导才能，需要在领导工作的实践中形成。没有一定的领导岗位这个舞台，领导才能就无法提高，也难以真正考察和识别干部，这是领导人才成长的客观规律。

无视人才成长的规律，不讲必要的台阶，往往会造成用人上的重大失误。在这方面，党曾有过惨痛的教训。"文革"期间，在用人上片面强调政治挂帅，许多一线工人、农民被突击提拔为党政领导干部，甚至短时间内一跃成为国家领导人。由于缺乏领导才能和领导经验，这些干部不但闹出了许多笑话，而且给党和人民的事业造成了重大损失。正因为如此，选拔干部要讲台阶、论资历。

不经过必要台阶的锻炼，培养不出好干部，但一律按部就班地走台阶，也会耽误年轻干部的成长，错过最佳的使用时机。

领导干部的成长需要必要的台阶，但不能把台阶绝对化，对干部的选拔任用决不能死抠台阶。《党政领导干部选拔任用工作条例》也规定："党政领导干部应当逐级提拔，特别优秀的中青年干部或工作特别需要的可以破格提拔。"其精神实质就是重视培养优秀年轻干部，对特别优秀的可以突破台阶限制，予以破格提拔。生活中的台阶一般设在陡峭之处，目的是方便人们攀登和前行。在干部晋升途中设置"台阶"，也应该成为帮助干部登攀的云梯，而不应成为埋没人才的工具。对特别优秀的年轻干部，一定要给个"台阶"，大胆使用，早压担子、压重担子，敢于破格提拔，使之尽早胜任重要岗位。

必要的历练不可少

自古雄才多磨难，从来纨绔少伟男。对一个年轻领导干部而言，加强历练尤其在艰苦的环境中加强历练，锻炼意志，提高能力，关系事业的成败。

一个人面对已有的成绩，只有永不满足，始终使自己处于起跑线，才会有创造更加辉煌伟业的强大精神支柱。高尔基说过,一个人追求的目标越高,他的才能就发展得越快。既要有远期大目标,又要有近期小目标,才会使奋斗变得具体而有效。有了目标之后,就需要少说空话,多干实事,脚踏实地从小事做起,从基层干起。天上掉不下馅饼,一切美好愿望都是靠自己艰苦奋斗一步一步地实现的。

在实践中接受锻炼,经受考验,增长才干,历来是党培养和造就干部的重要方法,也是干部成长的最广阔道路。毛泽东、邓小平等老一辈党和国家领导人,所以具有超人的胆识、丰富的政治经验和卓越的治党治国治军才能,这同他们长期从事革命和建设的伟大实践,经受过各种难以想象的艰难困苦和尖锐复杂斗争的锻炼和考验是分不开的。

古往今来,各种人才尤其是政治人才,大都是从社会基层开始,经过十分艰苦环境的锻炼和考验而成长起来、脱颖而出的。这可以说是人才成长的一般规律。

闻名国际政坛的国务院原副总理吴仪,从小就有自己的奋斗目标,一是争取做个共产党员,二是很想当个企业家,而且当个大企业的厂长。为了实现这个目标,她刻苦学习,孜孜以求,不断奋斗。在填报大学志愿时她选择了石油专业。大学毕业后,由于成绩出色,校方曾想让她留校任教,但她为了实现自己的追求,一心一意到基层去,到最艰苦的地方去。就这样,她于1960年被分配到大庆炼油厂,后又调到燕山石化厂。当时的燕化,地处农村,连公路都没有,条件非常艰苦。她当过推土机手,还干过打眼放炮的活,吃过不少苦。但就是在这样艰苦的环境中,她格外感到充实,因为有一种力量在鼓舞着她,这种力量就是心中的远大目标。功夫不负有心人,她终于获得了成功,进入中国最大的石油化工企业并担任了党委书记。

从吴仪的经历中,我们可以得到这样的启示:基层工作和艰苦环境的历练对个人的成长是至关紧要的,年轻干部要着重解决缺乏驾驭全局、解决复杂矛盾能力,以及缺少严格的党内生活锻炼和群众工作经验的问题,必须主动接受历练,不断充实和完善自己。

实际工作的历练是领导干部成长的必要条件。韩非子说:"宰相必起于州郡,猛将必发于卒伍。"意思是,行政长官要从基层地方官中提升,军事长官要从当兵的人中挑选。韩信、卫青、霍去病等名将,都是从刀光剑影的实战经历中成长起来的。

现在的年轻干部,很多是出了家门进校门,出了校门进机关门的"三门"干部。他们有文化、有知识、有较高理论水平，但没有基层工作经历，尤其是缺少艰苦环境和复杂局面的磨炼。一个人即使天资聪颖，具备许多优秀的潜质，但如果缺乏实践的历练，没有在现实的风浪中经受过锻炼和考验，也难以有所建树。

俗话说，玉不琢不成器。年轻干部应该到基层特别是艰苦的地方去工作，那里虽然情况复杂，工作难度大，但有利于将书本上学到的知识与实践紧密结合起来，不断总结积累基层工作经验，提高解决复杂问题的能力，这样，才能有所成就。尤其是对那些长时间在机关工作、缺少基层工作经验的干部，让他们到环境艰苦的地方进行锻炼，是非常必要的。这样可以增强他们的组织协调能力、处理问题能力和驾驭全局的能力，为以后能够肩负重要、复杂的工作打下基础。

4 敏锐的眼光

敏锐的眼光，是指领导者的感觉灵敏、眼光锐利、反应迅捷，能够从纷繁复杂的社会现象中，敏锐地发现即将对工作产生影响的变革及其征兆，能够时时掌握时代的脉搏，把握前进的方向，同时提出适应这一变化的设想、战略和切实可行的计划。这是一种适应时代发展趋势、与时俱进、随时调整领导行为的难能可贵的能力；是复杂的现代领导工作对领导者的素质提出的一条基本要求；也是确保领导工作获得成功的一个先决条件。

要有政治敏锐性

政治敏锐性，是指从政治的角度观察事物时所具有的见微知著的能力，以及运用政治观点，透过各种表象，揭示事物政治本质的能力。政治敏锐性是领导者正确决策、减少失误的重要保证。

日常人们所说的政治敏锐性，就是在不同时期要对党的方针政策有正确的理解和掌握，或对上级的要求与指示要及时领会和把握，并结合实际贯彻执行。这种能力是衡量一个班子、一个干部，特别是领导工作能力的一把尺子。政治敏锐性强，工作就能始终沿着党的正确方向前进，政治敏锐性差，工作就会陷入迷茫，甚至失误，偏离党的路线方针和政策。一个领导者的政治素质高不高，最为重要的就是要看有无政治敏锐性，或者说，有无分析问题、解决问题的能力。

领导者政治上具有了敏锐性，就能在千头万绪的纷繁工作中增强预见性、科学性和创造性，就能在处理各种急、难、险、重的任务和突发性事件中应对自如，掌握主动。

高度的政治敏锐性，是领导者坚持政治方向、遵守政治纪律的必然要求，也是政治素质综合能力的表现和检验。政治方向、政治立场与政治敏锐性互为条件，正确的政治方向、政治立场会提高领导者的政治敏锐性，政治敏锐性的提高也会进一步巩固领导者的政治方向、政治立场。

在现实生活中，一些大是大非问题并不是一眼就可以辨别出来，要作出正确的判断也不是容易的事。因为，客观事物纷繁复杂，事物的现象和本质往往表现不一致，同一本质的事物在其外部表现出来的现象，可以是各种各样的，甚至其中还有可能有假象。同时，在重大原则问题上划清是非界限也不那么容易，因为真理和谬误往往"结伴而行"，二者既有确定的界限，又是可以互相转化的。特别是一些错误思潮往往披着时髦而华丽的外衣，而一些代表社会发展方向的新事物在其前进的过程中还不够完善，甚至不可避免地存在种种缺陷。

因此，就特别需要领导者努力增强政治敏锐性，善于在重大政治问题上明辨是非，划清界限。在重大问题上，领导者不能是非不辨，美丑不分，不能对同党的主张背道而驰的言论听之任之，不能让那些同党的宗旨和纪律不相容的歪风邪气滋长起来。

领导者要增强政治敏锐性，最重要的就是要有政治意识、政治头脑，善于从政治上分析、观察和处理问题，把握大政方针，明辨大是大非。

领导者要增强政治敏锐性，还要善于以小见大、见微知著、管中窥豹。比如群体性突发性事件，就有一个见事早、见事迟的问题。有的人政治敏锐性强，就能在风起于青萍之来时，把问题消灭在萌芽状态，取得工作的主动；有的反应迟钝，看不清事物的本质，不能预测事态发展的趋势，往往等事情闹大了才匆忙应对，结果造成严重的后果。因此，领导者必须及时地从一些处于萌芽或苗头状态的现象和问题中，发现和确定其趋势、走向、性质，从而迅速地、有针对性地采取切实有效的措施。

政治敏锐性的锤炼非一日之功。首先需要深厚的理论水平，要熟悉掌握马克思主义、中国特色社会主义理论体系，并把握其精髓，把握其规律。这种深厚的理论水平不是天生就有，而是来之于学习学习再学习。其次要善于分析、掌握事物发展的规律，要从大量的现实生活和工作中的感悟性中，掌握其本质，透过现象看本质。再次要努力实践，有实践才有鉴别，实践是检验真理的唯一标准。

要有超强的洞察力

以超强的洞察力,从纷繁复杂的现象中抓住稍纵即逝的苗头现象,进行追踪和综合分析,从而发现事物的本质,作出正确的决策,是一个领导者应当具备的本领,也是衡量领导者素质高低的标志之一,更是领导者抓住机遇、开拓进取的源泉和力量所在。

作为领导者,尤其要注意在政治上增强洞察力。当某种社会思潮刚刚出现时,就要看到其中隐藏的政治因素和可能带来的影响;当不良风气露头时,就要充分估计到可能发生的严重后果;当消极的东西还只是表现为一般言行时,就要意识到在思想上政治上可能造成的危害,从而把工作做在前头,把问题解决在萌芽状态。

在决策过程中,一方面要抓住对工作全局有较大影响的带苗头性、倾向性的现象,注意跟踪反馈,使之对全局发挥积极影响;另一方面又要把握与之相关联的各种现象,善于从微观现象中发现和把握事物的宏观发展态势,并针对它们所反映出来的新情况、新问题及时作出新的决策,牢牢掌握正确的工作方向,有效地实施宏观控制。

培养超强的洞察力,善于透过现象看本质,并非一朝一夕之功,要求领导者具备很强的分析判断和推理能力,联想推理尤其重要。既要学会观察事物发展的全貌,又要学会观察事物的各个组成部分;既要观察事物发展的全过程,又要观察事物发展的各个阶段;既要观察事物的相似之处,又要观察事物的细微差别;既要观察事物比较明显的特征,又要观察事物比较隐蔽的特征。法国著名作家莫泊桑说过,要使自己对事物有更深的洞察力,对你所要表现的东西,要长时间很注意地去观察它,以便发现别人没有发现过的特点。

在第二次世界大战中,法德两军对峙,一名法军参谋用望远镜偶然观察到对面山包上有一只家养波斯猫,这只名贵品种的波斯猫每天都出来晒太阳。根据观察结果,法军分析研究了各种时空条件,决定对这个山包实施炮轰,果然炸毁了一个德军高级指挥所。

这充分说明,领导者必须具备见微知著,透过现象看本质的本领,只有抓住了万千社会现象中的"亮点",借机而上,乘势而动,就能够抢占领导活动的制高点,夺取领导工作的主动权。

培养超强的洞察力,既要有明确的目的性,又要有准确的针对性,抓住事物的特性,把握特点。俗话说得好,事事留心皆学问。领导者观察事物重要的不是单纯地去看,而是在看的同时还要想,以剖析事物内在的本质。实践证明,领导者观察事物的目的越明确,用的心思越多,收获往往越大。同时,领导者对事物的观察需要抓特点、抓重点、抓与别的事物不一样的新东西,把浮泛的、皮毛的、一般的和表象的东西去掉,选择出最能体现事物本质的特点。在观察中抓住了事物的特征,就抓住了该事物与其他事物的区别;把握了事物的重点,就明确了事物的发展方向,就能抓住事物发展变化的关键;牵住了全局的"牛鼻子",就能引导全局、把握全局。领导者只有经常进行这样的观察,才能使观察渐趋敏锐、精细、准确,提高自己辨别、洞察各种事物和认识问题的能力。

培养世界眼光

面对一个日益相互依存的全球化时代,中国与世界之间的相互依存关系不断深化,以及中国在世界上的地位和威望的不断上升,更要求每一个领导者,必须具备科学的世界眼光,要更多地关注国际事务,随时关注世界潮流的变动,紧紧瞄住世界生产力、文化等方面发展的动向和趋势,兼收并蓄,海纳百川,不断吸取其他国家、民族和文明的经验,把握时代发展的趋势,使我们的经济、政治和文化都能充分体现时代精神和创造精神。在处理日常工作甚至包括个人事务时,更应该多一份世界眼光,坚持用宽广的眼界观察世界。

何谓世界眼光?从理论上分析,其内涵主要包括:一是在方法论上,能够自觉运用马克思主义的宽广眼界来观察、认识世界和中国;二是在实际工作中,善于在这种观察之下,从总体上正确判断和把握世界大势和时代发展要求,紧跟世界发展进步的潮流。总的说,就是要善于从国际国内大局来认识和处理各种问题,全面推进我们的现代化建设事业。

实际上,具有世界眼光不但是中华民族的优秀战略文化传统,也是党的优良传统。毛泽东在延安时能够准确地预言第二次世界大战首先在德意日法西斯与英法美之间爆发、反法西斯阵营必胜,并以此作为制定中共在抗日战争时期战略路线的国际依据,争取抗战胜利,就是拥有世界眼光的结果。

在今天,要培养世界眼光,就要学会从世界的视角看中国。要注重从全球经济角度审视中国经济和社会发展,善于从全球着眼考虑与谋划我们自己的事情。经济全球化趋势的发展,大大加深和加强了各国间的经济联系,深刻地改变着当代经济、社会生活和世界面貌。世界更加关注中国的发展,中国的发展也更离不开世界。正因为这样,即使是谋划一个省、一个地区的发展,也必须自觉地将其放在全球化大背景下来想问题、想办法。只有把中国的每一步发展都放在国际大格局中运筹帷幄，才能使我国的改革开放和现代化建设事业不断向前推进。

培养世界眼光，必须坚持多学习、多思考、多实践。所谓多学习，包括关注国际事务，关注国际时局的每一点新变化，多观察，多与人交流，拜能者为师，不耻下问；所谓多思考，就是要对每天掌握的大量国际信息，以理论为武器，进行必要的分析、归类、升华，去粗取精、去伪存真，抓住世界变化的主流，特别要抓住反映世界潮流和时代主旋律的本质变化与最新发展；所谓多实践，就是在处理日常事务时，大到国家大事，小到个人生活与家庭琐事，都要多一点世界眼光，多一点全局观念，多从国际的视角看问题，避免被世界潮流淹没或淘汰。

世界眼光的培养，还需要大胆借鉴。以全球的视野和宽广的胸襟来学习一切于我有用的东西，把别人的经验变成自己的财富，又必须依靠我们自己努力，必须发展我们自己的创造，必须坚持独立自主、自力更生的方针；需要从战略高度宏观地"俯瞰"全球视野中的世界，准确判断中国的方位，推进事业发展，认真处理好继承优良传统与大力开拓创新的关系；需要加大对外开放的力度，大胆地"引进来"和"走出去"，通过发展开放型经济来促进本地区经济的快速发展。还要注意经济全球化不利的一面，观察和掌握各种可能对中国经济建设造成负面影响的动向，做到心中有数，及时采取相关对策，趋利避害，防范和减少各种可能发生的风险，保护国家经济的安全，从而切实加快自己的发展。

5　博大的胸襟

胸襟博大、雍容大度是中华民族的优良传统。有容乃大，不仅是成功领导者的为政之道，也是做一个成功领导者的基本素质。法国作家雨果曾说过："世界上最宽阔的是海洋，比海洋更宽阔的是天空，比天空更宽阔的是人的胸怀。"领导者只有眼界开阔，胸怀开阔，才能宽怀大度，容得下多式多样的人，容得下纷繁复杂的事，才能团结各方面的人一道工作，干大事，成大业。

心胸有多大，事业就有多大

一个领导者，心胸有多宽，水平就有多高，事业也就有多大。

人想要做一番大事业是不容易的。除了要有极强的能力、可遇不可求的机

会、良好的教育，还要有一个很广阔的心胸。试想一个小肚鸡肠，对任何事情斤斤计较的人，是不可能有高情商和良好的人际关系，而这也是事业成功的一个基础。

作为领导者，最重要的是在决定任何事情时，要站得高，看得远，从大局出发，不可拘泥于眼前枝节小事。

综观古今中外，大凡有所作为的人，除自身才智卓越和执著追求外，还有一个共同的秉性，就是心胸宽广。他们能以自己开阔的胸襟去对待世间万物，用那颗博大的心去容忍世间的冷暖凉热。

唐太宗可谓功高盖世，如果没有开阔的胸襟，善待直谏者魏征，那会是另一副模样。魏征的《十思》《十渐》等谏书，尖锐批评唐太宗的缺点，皆人所不敢言，而唐太宗却欣然接受。后魏征因病请求辞职，唐太宗说："金必锻炼而成器，朕方自比于金，以卿为良匠，岂可去乎？"气量狭小之辈，无论如何也说不出这样的话来。唐太宗终成为历史上广纳谏言、勇于改过的治国明君。

人间的事情，总是有得有失，有沉有浮。得失也好，沉浮也罢，关键是要有"海纳百川，有容乃大"的胸襟。同样，从政为官，面临升迁荣辱的抉择不可避免。中国改革开放的总设计师邓小平在政治生涯中有过"三落三起"的经历，而且每一"起"都是一个新的起点，新的高峰。他曾幽默地对别人讲：如果对政治上东山再起的人设立奥林匹克奖的话，我很有资格获得该奖的金牌。无论是在中国，还是在世界的政治舞台上，像邓小平这样"三落三起"的传奇经历是极为罕见的，没有虚怀若谷的胸怀和超人的气量是绝对达不到这种境界的。

与此相反，心胸狭窄，无容人之量者，往往导致身败名裂、国破家亡的噩运。《国语》中记载，西周末年，周厉王暴虐无道，政令严酷，引起强烈不满，怨声载道。周厉王听后大怒，命令官吏只要听到谁说坏话就杀谁，气氛异常恐怖，人们不敢多言。但三年后平民忍无可忍，最终发起国人暴动，推翻了厉王残暴的统治。再看，《三国演义》中的周瑜，之所以被诸葛亮三气而亡，一个致命弱点就是他心胸狭窄，气量如豆。

朱德有诗曰："开心才见胆，破腹任人钻，腹中天地宽，常有渡人船。"有了这样的胸襟和情怀，就会在人际交往中表现出虚怀若谷、雍容大度的谦谦君子之风。即使碰到不顺心、难如意的事也不会斤斤计较，耿耿于怀。邓小平曾经告诫各级领导干部"眼界要非常宽阔，胸襟要非常宽阔"。宽宏大度，善待他人，这是领导干部应该具备的气度与美德。

重事业、淡名利，不计较小事，是领导者度量宽宏的实际表现，也是维护团结的重要条件。"计利当计天下利,求名应求万世名",不斤斤计较个人一时的利害得失,不斤斤计较享受的条件和待遇,不为一些鸡毛蒜皮之事和庸庸俗世的看法所左右,对个人名利始终保持一颗平常心。只有把名利看得淡一些,把事业看得重一些,胸怀大志、思想超脱、行为坦荡,才能摆脱因个人私欲难以满足所带来的苦恼,才能全身心地投入到工作、事业中去,才能达到"心底无私天地宽"的境界。

领导工作是做人的工作,这就要求领导者具有能忍人所不能忍、能容人所不能容、能处人所不能处的雅量,做到"将军额上能跑马,宰相肚里能撑船",不把忍让视为无能,不把宽容看做怯懦。尤其是别人给自己指出问题时,应该虚怀若谷,诚恳倾听,有则改之,无则加勉。只有这样,才能大事讲原则,小事讲风格,善于宽容人、体谅人、理解人、感染人,创造一个和谐融洽的良好工作环境,才可以取得事业上的成功与辉煌。

要有雅量

雅,是指一种儒雅的风范;量,即心胸的容量。雅量,是指儒雅宽宏的度量。它是宽阔胸襟,宽广眼界,不计得失,不图名利精神的外在表现,它是做人应有的品德,也是为官必备的境界。

雅量,正如一首诗所云:"天空收容每一片云彩,不论其厚薄,故宽阔无比;高山收容每一块岩石,不论其大小,故雄伟壮观;大海收容每一朵浪花,不论其清浊,故浩瀚无涯……"可见,凡博大者,必能容物。正所谓"有容乃大"。做官也是一样的道理,如果你想成为一个优秀的领导者,干成大事业,必须要有博大的胸怀。

鲍叔牙与管仲合伙做生意,鲍叔牙本钱出得多,管仲出得少,但在分配时却总是管仲多要,鲍叔牙少要。鲍叔牙并没有怨管仲贪财,而是认为管仲家里穷,理应多分。后来鲍叔牙还把管仲推荐给齐桓公。这是朋友之间的雅量。

有人批评林肯有两张面孔。他指着自己不怎么好看的脸说:"如果我有另外一张脸的话,你想我还会戴着这张脸吗?"英国首相丘吉尔在出席一次质询会议中,有位女议员指着丘吉尔大骂:"如果我是你太太,我一定会在你的咖啡里下毒!"丘吉尔不忙不慌的答道:"如果你是我太太,我一定将此咖啡一饮而尽。"这是政治家的雅量。

做人要有"雅量",做领导者更要有"雅量"。因为领导干部不同于一般的群众,其一举一动备受老百姓的关注,千万要"以德服人",用自己容人、纳言、荐

能、理事的行动做出注脚：

一是容人。对常人、能人、有功的人、有过的人，眼光敏锐的人、思想迟钝的人以及不同年龄、不同资历、不同知识层次、不同信仰的人都能以诚相待。

二是纳言。对中肯的话，偏激的话，顺耳的话，逆耳的话，肯定的话，批评的话，全面的话，片面的话都听得进去，把这些话看成是人民群众对党的干部的信任和希望。对一时没有条件办到的，作出解释；对一些矛盾、问题采取有效措施，去调查、化解。

三是荐能。能坚持公正、公平的原则，按照德才兼备的要求，以推荐、支持、拥护的态度，把能者举荐到能发挥其作用的位置上。

四是理事。每天都会有易事、难事、大事、小事、顺心的事、窝火的事、有条件办的事、没条件办理已提出的事、办好了得到群众拥护支持的事、办好事群众却一时不理解而有微词的事，这些都要装在心中，摆在案头。所有这些没有肚里能行船的大度，是难以适应的，也正是在这种容人、纳言、荐能、理事的行动中，体现出我们领导者的"雅量"。

有些领导心胸狭隘，缺乏雅量，分析起来有以下几种表现：一是缺乏气度，心无求实之意，心少君子坦荡。这种人往往会把自己或者是别人营造的某种假象认为是真实，生活中自以为是，头晕目眩。一旦天机道破，便勃然大怒，兴师问罪。二是缺乏气度，心非无诚实，而是心胸狭窄。与人相处，过于苛刻，唯利是图也。不能吃亏，只能凌人之上。不能受气，稍不如意，心起无名之恼火，痛迁怒有之，以致相处形同水火，难以相容。三是在利益均沾不损毫发之时，倒也能雍容大度，不失为谦谦之君子。可谓是："天下熙熙，皆为利往；天下攘攘，皆为利来。"反之便"怒从心中起，恶向胆边生"，一改往日和谐之面孔，与人为敌。

无雅量，危害大。最明显的是影响同志间的感情，给团结的"裂痕"上洒下一把"盐"。最直接的是干扰民主生活的推进，给大家正常的思想交流设置障碍。缺少雅量的主客观原因很多，根本的还是对人生、对生活、对社会理解肤浅甚至错误，世界观、人生观、价值观偏斜，思想方法片面，私心太重所致。有无雅量，很能折射一个人的思想境界、涵养品德。

雅量哪里来？一靠学习铸就。"山锐则不高，水狭则不深。"学习好，则境界高；境界高，才能有雅量。二靠修养磨炼。世界纷繁复杂，人们各式各样，要想"大着肚皮容物，立定脚跟做人"，就必须"吾善养吾浩然之气，吾善练吾雅量之功"，不为名利所累，不为小事相争。

当然，我们提倡的雅量，是坚持原则前提下的"雅量"，不是当好好先生，搞一团和气,不是迁就蛮横,容忍邪恶,不是听任歪理,放纵错误,更不是不讲原则,放弃批评。雅量本身就包涵了政治原则问题上的旗帜鲜明,光明磊落,坚持真理,批判错误。

容不得人的领导者是最危险的

领导者必须能够容人。不能容人的领导者是最危险的。领导者的个性若是多疑闭锁,和周围的人斤斤计较鸡毛蒜皮一类的小事,没有宽容豁达的心态,就会给组织和个人带来难以估量的损失。

明朝的崇祯皇帝,虽一直想中兴大明的百年基业。但由于生性多疑,刚愎自用,中了敌人的反间计,错杀了国家的栋梁之材袁崇焕,结果使自己落得个国破家亡的下场。可见,心胸小,本事大,容不得人的领导者是最危险的。

所谓容人,就是要做到贤人、能人、庸人、啥人都能以诚相待。

“容人”,要能容与自己意见不同的人。作为领导者,不能搞“一言堂”,不能搞“唯我独尊”,要广开言路,能听得进不同意见。尤其对那些直来直去提异议的,不能抱有成见与偏见,认为他们是“刺儿头”、“不听话”、“与自己不一条心”,以至于给他们“穿小鞋”。如果这样做,往往会失去“兼听则明”的机会,把事情弄坏。须知,所谓“持不同意见者”,绝大多数是真心帮助领导,真心想把工作搞好的人,他们常有“高见”与“高招”,对其若能从善如流,为我所用,对工作则大有裨益。反之,有些在领导面前百依百顺、唯唯诺诺的人,却是平庸之辈,个别的甚至心怀叵测,别有所图,故专投上司之所“好”。他们说出话来领导听着虽然“顺耳”、“舒服”,却多为平庸之言、恭维之语,甚至是“馊主意”,不仅于事无补,还很容易造成工作失误。对于此辈,不但不能“容”之,反应加以提防才是。

“容人”,要能容比自己能力强的人。身居领导岗位,不能搞“武大郎开店”那一套:凡比自己高的都不要。俗话说“人外有人,天外有天”,做一把手的不一定事事都比副手强,做领导的不一定事事都比下属强。很多地方和单位都可能“藏龙卧虎”,各色能人无处不在,若碰上比自己强的人,决不可嫉贤妒能,施以压制、排挤或打击,而应感到幸运和高兴,进而来一点“三顾茅庐”的精神,礼贤下士,选贤任能,不耻下问,把强者的长处充分用起来,把他的“高见”取过来化为己有。这样,既可提高自己,又能集众人智慧之大成,把工作搞得有声有色。此实乃领导者应有的大智慧。

“容人”,要能容有毛病、有缺点的人。有道是“金无足赤,人无完人”,天下谁能无瑕疵？领导者要有大气量，包括别人的一些缺点，该宽容时须宽容，只要他大节不亏，小节不可过于计较，不可处处求全责备，更不可拿着放大镜去看别人的缺点，以至于把人家的优点也掩盖起来，把人完全看"走样"。古人有言："水至清则无鱼，人至察则无徒。"把自己看得过于高洁，把别人的毛病缺点看得过于严重，对人的要求过于苛刻，就难免使人对你敬而远之或厌而远之，同你离心离德，从而失去凝聚力和号召力。这样的"领导"就难免有一天会变成"曲高和寡"，甚至成为孤家寡人，怎么能做好工作呢？作为领导者应具备这样的气度与本领：在共同的目标下，各色人等都能容纳，而且都能用其所长，避其所短，或说容其所短，在此前提下再尽量帮助克服其"所短"。这样，就能把每个人的积极性都充分调动起来，齐心合力投入工作。

能否"容人"，对于领导者而言确非小节，它直接关乎大事大局，甚至关乎事业的成败。领导者能否大度容人就更显重要，它对于人心的向背、力量的分合都有着直接的影响。因此，领导者应立公心除私念，弃"小气"而树"大度"，努力做个襟怀坦荡能容人、会办事的高明领导者。

6 超凡的胆略

古人云："有非常之胆识者，始可从事非常之事业。"要想成为一名成功的领导者，必须具备超常的勇气和胆量。当断不断，反受其乱。领导者在思考问题、处理事情的时候，必须果敢坚决、雷厉风行，该决策的应及时决策，该出手的应及时出手，以赢得先机，争取主动。

要有胆有识

胆识是领导者应有的根性。一个人有胆识，外在表现就是强势、果断、冒险。有胆识的人在需要力排众议的时候，不会瞻前顾后。有胆识的人，发现百年难得一遇的机会，不会犹豫不决。

"胆识"就是胆量和见识。"识"是"胆"的基础，没有"识"就不可能有胆量和勇气。"胆"是"识"的核心，没有胆量纵有再多的"识"也难以成就事业。"胆"与"识"互为因果。"识"得精透，胆量才会增大，"艺高人胆大"。同样，有了"胆"的支撑，人们才可能以更大的勇气去探索许许多多的未知领域，促进"识"的扩展和深化。靠"识"壮"胆"，靠"胆"增"识"。

对于领导者而言,"胆"体现为决策与干事的勇气和决心,"识"体现为分析问题、解决问题、判断和决策的能力。在经济社会发展中,我们常常面对机遇的易逝,挑战的严峻,问题的复杂,矛盾的重重。胆量不够,勇气不足,必缩手缩脚,畏首畏尾,瞻前顾后。见识不深,思考不透,必生犹豫,拿捏不准。其结果是坐失良机。

胆识是检验领导者的领导能力、决策水平的重要标尺。有"胆"而无"识",则胆虽大,却易妄为、乱为。工作中常常会少分析,乏思考,乱拍板,不顾实际蛮干一气。拍脑袋决策、拍胸脯保证、拍屁股走人的"三拍"干部,就是有胆没识的写照。有"识"而没"胆",则"识"虽高,却难成事、易误事。虽然分析准确,思考周全,考虑极细,但常常是"等等看,跟着别人干",面对发展机遇犹豫不决,裹足不前。这样的干部,空有一番学识,干不得大事,终而成为庸官、太平官。一个地方、一个单位,让这样的干部领导几年,往往变得一潭死水、了无生气,表面上平平安安,实际上人心离散,发展的机遇错失了,员工的士气丧失了,留下一个涣散怠惰、矛盾丛生的烂摊子。

有胆有识才有为。领导者想问题、办事情、作决策时,要举轻若重,准备得充分,思考得周全,抓住要害,分清主次;应对突发事件,要破解工作难题,举重若轻,从容镇定,有章有法,张弛有度,有大将之风,有沉着稳定之静气。这样才能举大策,干成事,有作为。

增强领导者的胆识,最重要的是用马克思主义中国化的最新成果武装头脑,指导实践。在当代中国,唯有科学发展观指导下的实践,才能顺应民心,取得实效,才能不断增强领导干部的"胆"与"识"。

决定领导者胆识的,是其精神境界。无私无畏,把党和人民利益放在第一位,把一个地方的科学发展放在第一位,这样的领导者才有创新的胆识,开拓的胆识。将个人荣辱升迁放在第一位,树叶掉下来都怕砸破头,这样的领导者除了误事,不会有什么作为。所以说,胆识不仅表现为一种能力、一种素质,更重要的是表现为一种品格、一种精神、一种对事业的追求、一种对人民的情怀。

要勇于担当

领导者须有强烈的责任心,对自己的工作要尽心、尽力、尽责。尤其是要有勇于担当的精神,没事不惹事,有事不怕事。也就是说,遇到担责任的事要敢于拍板,出了问题要敢于承担责任。碰到棘手麻烦事,不躲躲闪闪,在关键时刻敢于站出来说句公道话。推诿责任,不是合格的领导者。

勇于担当，就是有勇气、有智慧、有历史和当下的道德使命感，不会把责任推给社会而勇于承担自己的使命；就是能深刻判断时势、洞见未来，不会被眼前障碍挡住抱负、胆略，朝着既定目标努力奋斗；就是善于前瞻，敢于突破，勇于创新，挺立潮头，做一个时代的"弄潮儿"。党和人民既然给了我们岗位和权力，我们就必须认真履行职责，勇于担当责任，化解矛盾，推进工作。如果在其位却不谋其政，满足于当"传声筒"、"收发员"，浑浑噩噩、尸位素餐，那就是失职。"沧海横流，方显英雄本色。"领导者要以攻坚克难的勇气、敢于负责的态度，知难不畏，排难而进，义无反顾地承担起时代和历史赋予我们的使命，为事业而拼搏。

"大事难事看担当。"勇于担当责任的人，都是在关键时刻挺身而出，肩负重任。这样的人，由于有高深的修养和品性，无论是顺境或逆境，都有博大的胸怀和气度，显示出"任凭风吹浪打，胜似闲庭信步"的英雄气度，才是值得依赖的人。

1999年12月25日，格罗兹尼战役打响。12月31日，俄罗斯联邦军队向格罗兹尼市中心发起猛攻。同日，叶利钦宣布提前辞去总统职务并任命普京为代总统。刚担任代总统的普京丝毫没有陶醉在权力带来的喜悦中，而是立即飞往车臣战场进行视察并慰问前线官兵，他的夫人陪同前往。由于天气恶劣，飞机不能降落，普京在听从机长的命令返回后，又坚持乘车来到前线，使前线官兵深感温暖，备受鼓舞。车臣战争的顺利进行，为普京走向最高权力奠定了坚实的基础，而这得益于他在关键时刻毫不退缩，勇于担当责任。

领导者都应是勇于担当责任的人。如果能够避免过错，固然是上策。但如果过错已经发生了，而且自己有不可推诿的责任，那么，勇于担当，才能有助于问题的解决。当工作出现失误时，不能互相推诿，要主动承认过错，从中吸取教训。有时候部下出现过错，领导者要善于揽过自责，赢得部下的信服。明代嘉靖年间的杰出军事家、民族英雄俞大猷对部属既严格要求，又关心爱护。当部属发生过失时，他既能严肃批评教育，又能主动承担领导责任。因而他的部属对他备加尊重和信赖，作战时均拼死效力。

国家的强盛、民族的振兴，事业的兴旺，都需要弘扬勇于担当的精神，需要涌现无数敢于担当的人。作为领导者，更应满怀激情，以人民富裕、国家富强和民族复兴为己任，各司其职、各负其责，担当时下，担当未来。

果断才可能成事

果断是领导者在意志活动中的一种良好的意志品质。一个领导者如果具有这种心理品质,就会在决策中当机立断,毫不犹豫地作出决定。领导决策面临的情况错综复杂,尤其在历史发展中的重大转折的紧要关头,需要领导决策者表现出果断品质,抓住瞬间即逝的时机,果断和迅速地作出决定。

领导者的果断性,它要求领导者无论是确定目标,还是选择方案,必须坚决果断,迅速及时。现代社会是信息社会,是竞争的社会,它复杂多变、变幻不定、动荡激烈,任何犹豫不决都可能错过时机。优秀的领导者,一旦发现客观和主观的条件成熟,就要当机立断,果断决策,并立即付诸实施。

果断,是领导者把经过深思熟虑后的选择,迅速明确地表达出来。果断,说明领导者的思想高度集中,是他敏锐反应力的体现,他对信息的吸收和消化,对经验的综合和应用,对未来的估计和推测,都能在短时间内完成。要达到这一点,作为决策者就必须对事件有迅速作出判断和选择的能力,有敢于对事件的过程和后果负责的精神和能力。古人云:"当断不断,反受其乱。"顾虑重重,怕这怕那,萎萎缩缩,往往会贻误时机,后悔莫及。

三国时期的袁绍集团,其实力在诸雄中首屈一指,被公认为最有希望问鼎天下。袁绍麾下,谋士如云,猛将如林。但是由于袁绍的优柔寡断,一次次失去了战机。在官渡之战的相持阶段,谋士许攸曾向袁绍献计:"曹操屯军官渡,与我相持已久,许昌必空虚,若令一军星夜袭击许昌,则许昌可得,而曹操可擒也。今操粮草已尽,正可乘机会,两路击之。"但袁绍却顾虑曹操诡计多端,拒绝了许攸的建议,最终败于曹操之手,不得不退出角逐天下的行列。如果袁绍能够当机立断,抓住有利战机,及时采纳许攸的建议,那么其结果很可能如曹操所说:"若袁绍用子远言,吾事败矣。"

可见,当断不断,看起来似乎稳妥,实际上却潜伏着更大的危险。对于一名领导者来说,优柔寡断是致命的弱点。

果断决策贵在不失其时。决断忌犹豫、疑虑。犹豫是时间的窃贼,疑虑是决断的大敌。欧阳修讲:"自古天下事,及时则必成。"意思是讲,自古至今的事虽然有困难,但及时去做就一定能够成功。

果断重在断则必行。决断不易,断后而行更难。断而不行,其害无穷。正如司马迁在《史记·淮阴侯列传》中所说:"决弗敢行者,百事之祸也。"作出决定而不付诸实施,那将会招致各种祸患。因此,凡一经决断的事,就要坚定、勇敢、有信心把它办好。

当然,果断并不等于武断决策、刚愎自用,科学的决策应建立深入调查研究,多方听取意见,冷静分析思考的基础上。要充分估计事物发展过程中可能出现的新情况和新问题,尤其是能预测事物发展的趋势和结果,使自己的决策更加具有科学性、超前性和战略性。宋代辛弃疾说过:"谋贵众,断贵独。"意思是,商量事情贵在人多,决断事情常在一人。与众多谋,可以了解实情,决策才不会违背客观规律,才会不出问题。在实际工作中,一个地方、一个单位的发展,往往会有一个重要机遇期,抓住了就能实现较快发展,如果错过了,则会后悔不已。一名优秀的领导者,就要敢于打破常规,突破框框,果断决策,不是人云亦云,而是用创新的眼光审视现实,分析问题,敢想他人所不敢想,敢断他人所不敢断,敢为他人所不敢为。

敢于竞争

适者生存,优胜劣汰,是生物界的普遍规律,也是人类社会的普遍规律。人类社会包含合作和竞争的两重性。由于资源的稀缺性和占有的排他性,使得竞争不可避免。竞争是生物进化的重要机制,是推动人类社会进步的重要力量。现代社会充满了激烈的竞争,害怕竞争的人终会被时代淘汰。

当今世界,无论是政治竞争、经济竞争,还是科技竞争,都离不开领导竞争。领导者应当努力去培养自己的竞争意识,只有具备敢于竞争的魄力,勇敢地直面竞争,才能赢得先机,立于不败之地。

一般来说,合作的利益是明显的,因而人们普遍维护合作。竞争则不同,人们在开始的时候,往往只感受到它带来的压力,因而畏惧竞争。作为事业带头人的领导者,如果在心理上缺乏竞争的准备,对竞争的重要性和残酷性认识不足,缺乏竞争的胆略,就难以在突如其来的激烈竞争中取得胜利。

领导者要敢于进行健康有益、互相促进、互相提高的竞争。对于比自己才能高、领导成绩突出的领导者,就要向他们学习,并要敢于超越他们;对于和自己在一个起跑线上,能力相当的领导者,就要比谁的能力提高快,领导成绩更突出。越是和强劲的对手竞争,越能调动起人的精神,充分激发人的潜能。这样不断树立新目标,确立新方向,就能够激励自己去寻求和探索新方法、新途径,尝试运用新的思维方式、新的行为方式和新的工作方式去从事领导工作,迅速地提高领导才能。

领导者要敢于竞争,积极参与竞争,通过竞争来谋取事业的成功。当然,敢于竞争并不意味着盲目竞争、随意竞争和自不量力的竞争,要善于竞争,根据公平公开、独立自主、自由选择、效益优先等原则来推进竞争。要采用多种策略来驾驭竞争,使竞争始终能够沿着有利的方向发展。领导者在驾驭竞争的过程中,要注意运用竞争的"全息原则"。竞争必须全面考虑对手的综合情况,而不能因对手表面上的弱小而轻视它。这是因为,首先"麻雀虽小,五脏俱全",任何对手都是具备一定的实力的;其次,以强凌弱总是会"失道寡助",引起社会对对手的同情,也就会增加其实力。很多人往往忽视竞争的"全息原理",柿子拣软的捏,以为这样容易得手,结果却失败得很惨。即使费了很大劲赢了,也不光彩,赢得不值。

领导者应当大胆地参与竞争,但也必须遵守法律、规则和竞争本身的道德。有的人容易陷入一种观念上的误区,那就是把对手视为敌人,不择手段地打击对手,以达到取胜的目的。面临日趋激烈的竞争,与对手竞争时,要抱着欣赏对手,向对手学习的心态,学习对手的长处,增长自己的实力,最后走上成功之路。应当明白,竞争不是"不择手段"和"唯利是图",倘若如此,则到头来肯定是"搬起石头砸自己的脚"。

作为领导者,还要善于运用好竞争,形成有效的激励机制。打破平衡,引起竞争是一种充分调动人们积极性的重要工作方法。我们知道,激励作用并不是只来自上司的命令,更重要的是来自同级同事间的相互比拼,也就是内部竞争。人有压力,才会有动力。人的本性之一是争强好胜,争强好胜是强者的性格。作为领导者,要善于抓住人的这一本性,创造条件,制定政策,挑起"矛盾",打破平衡,引起竞争。竞争就要制定激励政策,通过激励,激起人的竞争欲,激起人的上进心,让部属比起来,赛起来,争起来,干起来,形成你追我赶,奋勇争先的竞争局面。

7 坚忍的意志

坚忍的意志,是所有的成就大事业的人所不可缺少的特质。挫折不足以使他们灰心,困难不足以使他们丧志。不管处境如何,他们总能坚持与忍耐,因为坚韧是他们的天性。正如马克思所说,"生活就像海洋,只有意志坚强的人,才能到达彼岸"。

忍耐是一种策略

忍耐是一种磨砺,是一种意志力的体现,是人与环境、事物对抗的心理因素、物质因素的总和。两军对阵勇者胜,两军相持久者胜。坚忍是一种明退暗

进，更是一种蓄势待发。忍耐的极点便是柳暗花明。今天短暂的忍耐是为了明天更大的成功。

世界石油大王约翰·戴维·洛克菲勒曾经说过："在我眼里，忍耐并非忍气吞声，也绝非卑躬屈膝，忍耐是一种策略，同时也是一种性格磨炼，它所孕育出的是好胜之心。"

一个领导者带领一个组织的时候，所面对的困难是非常大的。很多成功的人，忍耐力和毅力都是非常好的。当你奋不顾身的时候，就是古人说的有坚忍不拔之志才有坚忍不拔之力。一个具有坚忍毅力和坚强意志的人，一定能够战胜困难，取得成功。

善于忍耐是一种成功的处世之道。古人说："忍人之所不能忍，才能为人所不能为。"唐代大诗人白居易说过："孔子之忍饥，颜子之忍贫，闵子之忍寒，淮阴之忍辱，张公之忍居，娄公之忍侮；古之为圣为贤，建功树业，立身处世，未有不得力于忍也。凡遇不顺之境者其法之诸。"

身为领导者应当懂得，忍耐是领导者应具备的基本素质。一位领导在工作中应避免出口不逊或出口伤人，尤其是在受到刺激或疲惫不堪时。这时，能避免话中带刺，是自我控制的一种表现。发挥这项特质需要有勇气，若无法控制自己，则可能将自己的沮丧传到他人身上，造成不好的效果。事实上耐性是信仰、希望、智慧与爱心的具体表现，是一种积极的情感，而不是漠视、沉默的忍耐或消极退缩。耐性是情感上的勤勉，能逐步地接受现实的过程，符合人生成长的规律。

倘若领导缺乏耐心，则会犯急于提出命令的错误；第二个错误是在未改变观念和意识之前，指挥他人去从事新的目标，这样自己心口不一，再多的管理技巧也派不上用场；第三个错误是自以为与下属相处只需有良好的身教和人际关系就足够了，不再需要公开教导他们。这种没有原则的爱心，会使下属缺少目标、守则、标准和提携的力量。

作为领导者，应将忍耐作为一种谋略。"小不忍则乱大谋"，是指忍的原则，"一忍可以抵百勇，一静可以制百动"，是指忍的效果。要软中透硬，柔中带刚，不以牺牲自己独立人格为代价，不奴性十足，不苟且偷生，只是将独立的自我暂时"搁置"起来。忍耐还可作为保存自己力量的重要手段，不硬拼、不消磨自己的元气，将力量慢慢地蓄积起来。

学会忍耐，就要能适时地控制好自己的情绪，尽可能不让消极、对事物有害的情绪爆发出来，做到胜不骄、败不馁，不使喜怒哀乐溢于言表，不去影响他人和群体的情绪,从而做好领头羊的工作。

让步、忍耐在某种意义上说并不是软弱,而是一种坚强,是智慧和豁达,是顾全大局。忍耐作为一种正常的处世方式,不等于消极躲避,不等于甘愿受欺。它是一种韬光养晦的斗争策略,是一种颇具韧性的工作技巧。

当然,当忍耐掺入了阴柔,便会变成一种与世无争、苟且偷安的处世哲学,就会走向反面。的确,如果让忍耐浓浓地烙上保守、落后、安命不争、平庸、易满足、缺乏进取心、衰老退化、奴性、软弱、过于自卑等痕迹时,那么,这样的忍耐就变了味,成了无奈。这不是当代人应有的性格。

敢于直面恐惧

恐惧是对危险的自然厌恶,它是人类生活中不可避免和无法放弃的组成部分。每个人都会有恐惧的时候。有意识地与自身的恐惧和抑郁作斗争才是彻底战胜恐惧的唯一选择。

成功的人,都有浩然的气概,他们都是大胆的,勇敢的。他们字典上,是没有"惧怕"两个字的,他们自信他们的能力是能够干一切事业的,他们自认他们是个很有价值的人。

一个人的胆子大,才能有作为;畏怯的人,懦弱的人,虽然没有身临其境的危险,但只要一听到人家的恐吓言语,早已吓得不知所措,试问这样的人可能有什么建树呢?

直面恐惧,勇敢地面对危险更是作为领导者的一种基本素质。美国总统林肯曾经说过:"勇气不等于没有恐惧,它是面对恐惧勇往直前。"

"不让恐惧左右自己",是美国著名将领巴顿用以激励自己的格言。第二次世界大战期间,巴顿将军在北非、地中海和欧洲战场上屡建奇功,威震敌胆,被誉为"血胆将军"。

一个将领,要统率千军万马驰骋疆场,必须具有勇冠三军的胆量。巴顿青少年时期雄心勃勃,心存大志,并努力锻炼自己的胆量,克服恐惧心理,发誓要把自己培养成一个勇猛无畏的人。

在西点军校学习期间,他有意锻炼自己的勇气。在骑术练习和比赛中,他总是挑最难越过的障碍和最高的跨栏。在西点最后一年里,有几次狙击训练,他突然站起来把头伸进火线区内,要试试自己的胆量。为此他受到父亲的责备,而巴顿却满不在乎地说:"我只是想看看我会多么害怕,我想锻炼自己,使自己不胆怯。"巴顿的锻炼,使他的性格变得异常刚毅果断,这种性格自始至终贯

穿其整个军事生涯。

每一位领导者都需要冒险,都有面对危险和危急的时刻。风险越高,领导者的情绪越接近恐惧。要训练自己在重要关头能够处理恐惧,最好的办法就是在控制的情境下练习克服恐惧。

领导者要克服恐惧,就要有强烈的社会责任感,培养浩然正气,做到正义常在"我胸",以正气镇邪气,以正气长勇气。义由勇而行,勇由义而生,幸运和爱,与勇者长相随。即使苦难如洪水袭来,智者的勇气亦足以克服之。勇气是自然的本能。我们每个人都有一种潜在的英雄本色。当人受到外界凌辱时,人人都会想到反抗;哪里有压迫,哪里就有反抗,这正意味着勇气是人类的本能。"大胆产生勇气,多疑产生恐惧",只要勇敢地毫无顾忌地去做、去拼,你的勇气将会激发巨大的潜能,它能创造人类伟大的奇迹。

领导者要克服恐惧,必须要做一个有准备的人。领导者很多时候心中忐忑不安,就是因为心中没底,对事情没有把握,对未来不可预见。所以说,对领导者来讲,要克服的最大障碍是对未知事物的恐惧。美国管理学作家特雷西说:"然而,大多数恐惧的根源是无知。在任何方面,你掌握的知识或技能越多,你的恐惧就越少。"

关于这一点,我们可以向历史上一位最伟大的军事统帅拿破仑学习。可以说,拿破仑是不打无准备之仗的。他领导法国军队历经数百场大小战役,但只输了三场,最后一场就是滑铁卢战役。为了减轻对未知的恐惧,拿破仑针对各种可能出现的情况做出安排,认真加以研究和推断,就他可能遇到的各种挫折或失败可能性得出结论,然后有的放矢地进行筹备。

从拿破仑的战略思想中,我们可以得到两点启示:第一种是要在你的领域成为专家。不要停止学习和进步。你了解得越多,你的信心就越大。第二种是掌握情况,要做到未雨绸缪。你准备得越充分,你的信心也就越大。

克服恐惧、增强勇气的最好训练就是行动。卡耐基曾说:"当你害怕做某事时,只要你去做,你就会发现,情况并不是你害怕的那么糟糕。"行动的唯一目的就是提高自己的勇气,这种行动的本身是勇气的开始。越是害怕的事情,越要接触,这样才能逐渐变得不怕。去做你害怕的事,害怕自然会消失,这时你会发现,害怕的事物,当你真正去做了之后,才发现它往往并不可怕。原来的可怕都是自己想象的结果。

要克服恐惧,获得勇气,唯一的方法,就是多多运用勇气。你最怕做什么?那么现在就去做。不断地挑战自己,勇敢地去行动,这就是成功之道。

化压力为动力

压力是一种对精神、意志的迫使力量，泛指任何造成对心理或生理不正常的干扰。事业上的磨难、坎坷，考试成绩不理想，家庭内发生冲突，面临一场重要的文体比赛等，都有可能使一些人表现出忧虑、自卑、烦躁、紧张不安。现代医学把这种使人在精神和身体上受到折磨的现象称为精神压力。

人无压力轻飘飘。没有压力，人是难以真正成才的。一定的精神压力对人的工作和学习非常必要，是有益的。它常能使人振奋精神，集中注意力，改善记忆功能。反之，饱食终日，无所用心，对事业毫无追求，不仅意志和智力等会衰退，而且还会引起消化呆滞、心律失调等生理疾病。很显然，没有压力和压力过大都不利于成长和发展，每个人都需要某种程度的压力，才能将潜能激发出来。更何况没有人可以逃避压力。

而压力的轻重，则视个人的能力而定。适应能力强的人，可以应付复杂而繁重的压力。罗曼·罗兰的名著《约翰·克利斯朵夫》中有一段名言："人生是一场无尽无休、而且无情的战斗，凡是要做个能够称得上强者的人，都在时时刻刻向无形的压力作战，那些与生俱来的致命的恶习、欲望、暧昧的念头，使你堕落、使你自行毁灭的念头，都是这一类的顽敌。"

压力是现代领导者必须面对和调适的课题。领导干部是一个地方、部门或单位的管理者，是一定范围内的公众人物，不但工作责任重大，而且受人关注，还得承受来之社会各方的压力，心理压力较一般人更大。而要做一名称职的乃至优秀的领导者，需要智力、体力、潜力、想象力、意志力等，也需要有"压力"。有压，才有力。没有压力就会产生惰性，就会容易满足现状，做一天和尚撞一天钟，就会缺乏进取的劲头，整日浑浑噩噩。

但心理压力太大，超出了心理所能承受的能力时，如果不及时排解和调适，就很容易会发生身心疾病。这几年，"亚健康"这一名词对人们来说已不再陌生。从医学上讲，亚健康指的是处于健康和不健康之间的灰色中间地带，这时，人的身体和情感的活力都降低了，包括身体上心率不齐，肌肉紧张，食欲下降，精神上心神不宁、失眠、疲劳等。

既然领导干部要履行好职责，以良好的状态从事工作，就要学着正视压力、使压力朝积极的方向发展。

化解压力、化压力为动力，应当成为现代领导干部必须具有的一种能力。首先，对待压力应有一个正确的认识，不应想"如何才能逃避压力"，而应想"该

如何才能将压力转化为动力",把压力视为"成长的动力",当做是"动力的祝福",不断欣赏压力、接纳压力、剖析压力、挑战压力,了解压力的来源,创造更有利的工作环境来缓解压力,改善压力的应对方式,以此来有效地应对压力,把压力转换为动力,使压力成为催人奋进的力量。

其次,要有良好的心态,增强应对压力的能力。不良的心态本身就像一团乱麻,干扰人的内心。压力并不可怕,可怕的是对压力有不恰当的观念与反应。害怕压力的人每天都生活在压力的恐惧中,喜欢压力的人在任何压力面前都会游刃有余。

再次应当选择正确的方法。面对压力,关键是要找到平衡点,找到行之有效的方法和渠道及时排解、调适。比如,注重培养自己的忍耐力,保持冷静而乐观、豁达的心境;增强自己的适应能力,找准自己的方位,明确自己的努力方向;量力而行,确立适当的志向水平;勇于接受错误的现实;善于自我调节,张弛有度,养成良好的工作、生活习惯和态度,并以饱满的热情投身到工作中去等。

正确对待挫折

如果说"四季如春"是人们对自然的向往,那么"万事如意"则是人们对人生的追求。春风得意,扬帆远航,固然是人生的佳境。但是人生不如意事常有,领导者也不可避免地会遭遇挫折。

当然,人生的逆境千差万别,而人们陷入挫折的原因主要有两种:一种是主观行为的过错,一种是客观条件的改变。但不管是何种原因所造成,其境况是大同小异的,挫折都是人生的暗夜、事业的低谷。挫折有多种表现形式:名誉与地位的下降,金钱与物质的损失,身体与家庭的变故等等。总之,挫折是人们理想与现实的严重背离,是人们过去与现在的巨大反差。

其实,挫折具有两重性,是"双刃剑",关键在于正确地认识和把握。应当看到,有挫折,说明你一直在前进之中,至少曾经顺利过,在往前走。虽然遭遇挫折,但巨大的惯性保持在体内,自然会有一段时间的忧虑、烦躁和痛苦。生活中那些不幸的事情,固然会产生痛苦和忧愁。但从另一个方面看,它也可以磨砺和锻炼意志,增强扭转挫折、战胜困境、适应社会生活的能力。因此,最为重要的是不能让失意感和愤懑之情填满心胸,与其忧郁不已,莫如把这挫折看做是人生的驿站,先安心地住上一些时日,并且换一种淡泊的心境,换一个独特的视角,撇去俗世浮云,冷静地想一些事情,认识真实的自我,不断调整自我,积蓄力量重新出发。也就是说,要勇于直面挫折,努力战胜挫折。

战胜挫折，需要坚定人生的信念。信念是一种巨大的精神力量。一个人对于自己所从事的事业目的越明确，信念越坚定，战胜挫折的毅力就越坚强。领导干部只有树立了坚定信念，才会有较高的挫折忍受力，才会用正确的、积极的眼光去看社会、看生活中的人，面对挫折才会不屈不挠，成为战胜挫折的强者。

战胜挫折，需要提高对挫折的承受力。领导者要有大家风度，豁达大度，该伸则伸，该屈则屈，要耐得住寂寞，放得下架子，沉得下身子，以敢入地狱的气概去挑战挫折；要内养祥和之气，外示沉稳之态，下决心客观分析环境，理清心路，调整目标，内挖潜力，以求强援，尽量利用各种有利条件；要学会忍耐，自觉地控制自己，忍受内心的痛苦和不快，不讲过激的言辞，不采取冲动的行为，以免精神崩溃、行为失常；要转移对挫折的注意力，从心理学上讲，一个人对某一问题的注意力过分集中，就可能产生不健康的心理定势，甚至出现"神经质"现象，而改变这种状况最好的办法是实现目标转移，把注意力更多地投向工作和学习；要敢于向挫折挑战，愈受挫折愈振奋，调整目标，走向成功。

战胜挫折，需要善于总结经验教训。从主观愿望讲，谁也不希望遇到挫折，但挫折有时是宝贵财富，是成功的契机，如果能以科学的方法为指导，采取积极的态度，认真思考，分析受挫原因，总结经验教训，就一定能在"山重水复"的困境中，探索到通往"柳暗花明"的途径而获得成功。从这个意义上说，挫折是成功的熔炉。

战胜挫折，还需要有雪上加霜的防范意识。做好长期作战的思想准备，以便增添抗打击、耐磨难的韧劲，从而使自己在冲出挫折的过程中不丧气、不失志。

作为领导者，要有比一般人更强的挫折承受力，既要正视挫折，又要蔑视挫折，并进而战胜挫折，不断超越自我，一次又一次地战胜困难，百炼成钢，滴水石穿，坚持不懈，终究能成就一番事业。

有临危不乱的定力

什么叫"定力"？顾名思义，就是在动态环境中要有稳定自己心态、稳定自己行为、干好本职工作的能力。简言之，就是定心、定行之力。

定力是指领导干部对工作的自控力和掌控力，是领导在工作中基本立场的着眼点。没有定力的领导是危险的，而定力很强的领导才能给人们信心和希望。

面对巨大的压力，领导者的神定气闲是组织最好的定心丸。处事镇定、临危不乱、拥有定力是领导者的必备素质。

镇定自若是一个重要的操行。定,就是不动摇。泰山不动不摇屹立亿万年,所以被称为"泰",便有了泰然自若、处之泰然等成语。作为领导干部,面对各种各样的诱惑,面对各式各样的困难情况,要保持定力,镇定自若,从容不迫,确实不容易。有不少人就是在名利的漩涡中动摇,在各种利害冲突中变色,慢慢滑向堕落的深渊。

一个人的定力,不是生来就有的,是经过多少次繁华纷纭的考验,经过长期的磨炼,才形成的。那些动摇的人是没有定力的人,容易受到外界的诱惑和刺激,容易成为物欲的奴隶。镇定不动摇,就是不为外在环境所转动,不为物欲所驱使,能够在纷繁复杂中保持坚定不移的自我,也就是《孟子》中说的"富贵不能淫,威武不能屈"。有定力的人,才能真正把握自己的方向。

谢安任东晋宰相时,北方苻坚率百万大军来攻,来势汹汹。谢安的侄子谢玄身为大将迎击,但他内心怕得不得了,就来拜见谢安,要伯伯出个降敌良策。谢安只说了一句话:"不要紧,我自有办法。"谢玄一想伯伯什么风浪没有见过,他既然胸有成竹,我就只管放心就是了。谢玄领军一走,谢安就到乡间别墅度假去了。谢安的悠闲态度给了迎击敌军的谢玄和朝臣们极大安全感。后来,当快马来报谢玄获胜的消息时,谢安正与客人下棋,他只看了一下书面报告,就将它置之一旁。客人问:"有何急事?"谢安徐徐地答道:"没有什么大不了的,那些小鬼破敌了。"谢安的镇定水平是如此之高,其效应是如此之大。

无数事实反复说明,危急之时,领导者的镇定自若,对于稳定局势、安定民心、解除危难起着决定性的作用。

领导干部的定力,表现在"每逢大事有静气"。在平心静气的时候,就能比较理智、客观地分析问题,能够不偏不倚地考虑事物的因果变化,就能较少地受心理感性的支配而导致偏激的行为。人的思想是个复杂的难以捉摸的东西,在失去理智的状况下,什么样的事都能做得出来。因此,在自己激动或无法忍受现场气氛的感染时,应善于分析自己的心理状态,果断地将自己暂时拉出气氛之外,使自己保持清醒的头脑,静观事态发展,客观分析其内在原因,在心平气和时再运筹帷幄,作出理性的决策。

领导干部的定力,还表现在在复杂问题和突发事件面前要临危不惧、处变不惊。大的风险和灾难突如其来,惊天动地,心理素质过硬的领导者,能处变不惊,镇定自若,沉着应对;心理素质不好的领导者则可能面容失色,惊慌失措,方寸大乱。前者能给群众带来信心,后者就会带给群众恐慌;前者能有条不紊地带领人民沉着应对,后者手忙脚乱、举措失当,必然对风险和突发事件的应对造成失误和后患。因此,在关键时刻,领导者一定要镇定自若,有政策观念,特别是遇到突发事件,一定要从容不迫,要有扭转局面的魄力。

面对随时都可能出现的风险和突发事件,领导干部必须加强心理修养,锤炼良好的心理素质。毛泽东的一句诗"不管风吹浪打,胜似闲庭信步",鲁迅先生的一句话"泰山崩于前而色不变,炸弹落于侧而身不移",应是领导者锤炼过硬心理素质、增强定力的努力目标。

8 宜人的和气

天时不如地利,地利不如人和。作为领导者,一定要有宜人的和气,要有凝聚人心的亲和力,坚持以和为贵,和蔼可亲,平易近人,注重团结,善于处理各种人际关系,使整个组织或团队和谐有序、团结一致。

和为贵

"和为贵"是中华民族悠久的文化传统。"和为贵"是中国几千年历史中处理人际关系、民族关系、社会关系的传统原则,用求大同、存小异的办法,协调社会各部分人的利益和要求,达到整体的协调、和睦,是中国社会长期稳定的重要文化支柱。

从古至今,中国人对"和为贵"以及与之相关的论述浩如烟海,不胜枚举。政治方面有:"政通人和"、"礼之用,和为贵";经济方面有:"和气生财";家庭方面有:"和气致祥"、"家和万事兴";军事方面有"天时不如地利,地利不如人和";外交方面有"和平共处"等。

"和"包涵着非常广泛的含义:和解、和气、和缓、和睦、和好、和悦、和善、和美、和平、和谐等。中国人有关"和"的成语也不胜枚举,如:和风细雨、和颜悦色、和蔼可亲、和光同尘、和衷共济、和谐共生、和平共处等。

"和为贵"的思想,即强调人与物之间的融和、人与人之间的"和合"。"贵和"的文化传统深深植根于我国人民的实际生活之中,深刻影响着人们的思想观念和行为方式。

领导者的个性和风格也许千差万别,各具特点:有的谨慎入微,有的不拘小节;有的举重若轻,有的举轻若重;有的不苟言笑,有的幽默诙谐……然而,优秀的领导者必有一种"人和"之气,他们在不经意中做到了不怒而威,不令而行,通过人格魅力的释放凸现出自己非凡的驾驭能力和开拓精神。

在大力构建社会主义和谐社会的今天，要成为一名优秀的领导者，就应坚持"和为贵"，勤于追求和谐，善于营造和谐，努力提高亲和力。坚持"和为贵"，建立良好的人际关系，要努力做到"三个待人"：

一是诚恳待人。"精诚所至，金石为开。"大家在一起相处，要勤于沟通理解，人人都有长处，需要互相学习，见贤思齐；人人都有短处，需要互相提醒、防微杜渐；人人都有难处，需要互相帮助，释惑解忧。要光明磊落、坦坦荡荡，切忌在背后贬领导、扒同志、品头论足、搬弄是非，打击别人、抬高自己，这样的人不厚道，也终究没有市场。把话讲在当面，把感情留到永远。

二是宽厚待人。"宽则得众，厚德载物。"领导者也要珍惜合作共事的缘分，把大智若愚看做一种境界，看似糊涂不真糊涂，把善解人意作为一种习惯，设身处地考虑他人；要虚怀纳言，从谏如流，求同真心实意，存异体谅包容，一时分歧不争论，无伤大体不计较。

三是依理待人。"天下之事，势不同而理同，成事在理不在势。"工作之中有不同意见，要以理服人不能以势压人，坚持原则不能简单生硬。做到诚恳待人、宽厚待人、依理待人，才能有效地维护团结、保持和气。

当然，坚持以和为贵，不是无原则的一团和气，不是无原则的退让和妥协，更不能以损害党和人民的利益为代价。对于品质恶劣、屡教不改的人，应当予以批评、诫勉；对违法乱纪的人，则要与之作坚决的斗争。只有这样，才能真正维护和巩固"人和"的局面。

人际关系也是生产力

人际关系，主要指人在社会交往实践中形成的人与人之间的相互作用和相互影响。从个体关系的角度概括人的各种社会关系，其涵盖面包括个人在生活、生产及其他社会活动中形成的一切人与人之间的关系。

前国务院副总理吴仪曾提出过"人际关系也是生产力"的论断，是极有见地的。重视人际关系，要发挥人脉的生产力，就必须重视技术与管理人才，重视团队协作、群众智慧，使之和谐共生。孤芳自赏者，较难成大业。历代怀才不遇者的共同命运，除了历史局限外，不善协作是主要原因。

和谐的人际关系是干群共处融洽的基础和前提。既讲竞争，又讲团结；既讲进取，又讲道德；既讲原则，又讲感情；既讲民主，又讲集中；既讲纪律，又充分尊重人的个性。这种团结、友善、互助、健康的人际关系，可以解放、发展生产力,使团队具有强大的战斗力、凝聚力与创造力,必将带来"泰山移"的效果。

马克思说过:"生产力最活跃的因素是人。"综观社会发展历程,大到社会、国家、民族,小到单位、企业和社会组织,再到家庭,如果人与人之间关系融洽和谐,社会就会进步,国家就会昌盛,民族就会兴旺,事业就会成功。

人脉作为一种资源,要使之产生效用,真正成为一种生产力,必然强调"和谐"观念,通过单位上下内外人与人之间关系的和谐,来促进社会经济的发展,最终实现社会生产力的飞跃。

领导干部人际关系是否和谐体现一种能力。能力的高低,将体现其事业的成功与否。汉末,袁氏家族,四世三公,门生故吏遍天下,而袁氏兄弟在乱世中群雄逐鹿,部下离心背德,最后落得惨败下场,不能不说与其处理人际关系手法低劣有关。

如果领导干部的人际关系不和谐,导致官场窝里斗,麻木不仁,不讲原则的好人主义,事不关己高高挂起的处世哲学,诚信缺失、欺诈横行,等等,不仅造成了巨大的内耗,伤害了人们干事业的热情、精力和智慧,涣散了人心,而且它还像毒瘤一样,威胁着我们社会肌体的健康,阻碍了社会经济的协调发展。

可见,人际关系可以影响和决定着一个人的命运,可以影响和制约着一个组织的发展和进步。和谐的人际关系,团结和善,信任互助,出成绩,出干部,出效益,促发展,促进步,使人心安神静,生活积极自信;不和谐的人际关系,猜疑隔膜,使人焦虑烦躁不安,影响身体健康、家庭幸福、工作活力。

领导干部重视人际关系,经营好人际关系,活跃于由关系组成的网络之间,能量便被放大了若干倍。然而,"君子之交淡如水",领导干部在人际关系中要恪守君子之交的原则,而不能"朝中有人好做官",不能"七分搞关系,三份靠工作",不能脱离群众,建立起非富即贵者的特殊网,更不能超越法律、道德的樊篱。一旦超越法律道德范围,必然扭曲正常的人际关系,破坏正常的经济秩序,走向深渊。

平易近人

平易近人,是指人的态度谦逊温和,没有架子,使人容易接近。

平易近人,对领导者来说,就是平易近民,有亲民作风,就是亲切地对待别人,力求与人形成比较亲密关系的领导艺术,而不是显得派头十足、高高在上,甚至抱着有意疏远群众的态度。

在现实生活中,有些领导者喜欢摆架子,一遇到不顺心的事情就要训人骂人,以此表现自己的权威。然而,这样做往往事与愿违,只会让人敬而远之。与此相反,有些领导者平易近人,和下属打成一片,创造出和谐友好的氛围,从而赢得他人由衷的尊敬,形成上下一条心、工作有声有色的局面。

平易近人者受人欢迎和尊重,古今中外都一样。美国老罗斯福总统平易近人,对手下佣人也一视同仁,非常关怀。有个黑人佣人阿摩斯甚至写一本书记述他的亲切言行。

有一天,阿摩斯太太因未见过美洲鹑鸟,在闲谈中问罗斯福鸟的形状,罗斯福不厌其烦地仔细解释。过了几天,罗斯福打电话来说:"有只鹑鸟正飞到窗口,快来看!"

他卸任总统后,有一天回白宫来拜访新任塔夫托总统未遇,他就去探望旧日手下佣人,向每个人握手言欢,他对一个佣人说:"你以前做的珍珠米糕非常好吃,现在是否仍受大家喜欢?"女佣人说:"新主人不喜欢吃,现在都是做给我们自己吃的。"罗斯福说:"这是他们不懂得欣赏,其实味道很美。"女仆就特地做了一块给罗斯福吃,罗斯福吃得津津有味,诚挚地致谢,和他们一一握手道别。

一个人的真诚表现会长留别人心头,使人悦服。

平易近人是一种做人、做官的态度。俗话说,做官先做人。在平易近人者心目中总是把他人、尤其是下属当成与自己平等的对象来看待,绝不居高临下、傲视他人。他们之所以如此,就是因为他们内心有一种理念:自己也是普通人。所以,虽然自己身居高位,却能以普通人的身份、普通人的做派、普通人的情感与人相处共事,自然也就与他人多了一些共同语言、共同情感,并能形成心灵的共鸣。

平易近人是一种修养。平易近人的内核是对人的尊重。平易近人的人不但懂得自尊,而且更懂得尊人。他们并不追求高人一头、超凡脱俗,而是善解人意,尽量照顾和满足他人的正当需求。与此种心态相适应,他们的工作姿态、生活习惯和处世方式必然表现出一种平实风格,并把与人友好、和谐相处当成一种高尚境界,在日常生活中自觉加强修养,把这种方式融入一举一动、一言一行之中。正因为如此,他们的平易近人就绝不是刻意为之的作秀,而是一种自然而然的流露,一种自觉的行为方式。

平易近人还是一种工作方法。领导者推动工作有不同方式、不同风格,但平易近人的领导必有独特的人格魅力。他们管理人、推动工作绝不靠强力,而是靠收服人心、同心同德、形成合力。平时,他们会与群众打成一片,及时沟通;遇事时,又会与群众商量,讨论对策,从而在平等对话中调动大家的积极性,让领导者的意志变成群众的自觉行动,共同挑起重担去完成任务。可见,平易近人是领导者赢得人心的杠杆。

那些平易近人的领导者,受到大家发自内心的敬重和爱戴。他们没有任何架子,却更容易取得大家的信任,把工作开展得有声有色;如司马迁所说:"平易近民,民必归之。"

领导者要做到平易近人,就先要平等待人。"物无贵贱,平等无私",无论是上级、下级、领导、被领导,政治上一律平等,没有高低贵贱之分,大家应该平等相待。

真正懂得保持平易近人的风格,并不是屈尊下驾,也不是他人的恩赐,只不过是领导者应该发自内心的一种感谢方式。如果这样,领导者就会自觉自愿地平易近人起来。

当然,平易近人也不是要求领导者整天和别人混在一起,称兄道弟,不分彼此,不是什么饭都敢吃,什么朋友都敢交。这种做法,其实是把领导者与群众之间的关系搞得庸俗化了,这不但无法达到和群众"打成一片"的效果,反而有损于领导者的形象。

团结是一种本事

团结出凝聚力、出战斗力、出生产力。一个组织或领导集体,只有团结得好,才能获取领导的胜利。否则,不能团结,就谈不上领导目标。"同心山成玉,协力土变金",这句古话形象地道出了团结的强大威力和丰厚的回报。

团结就是大局,团结就是力量,团结就是胜利。团结问题,关乎个人荣辱,关乎事业发展,关乎党的兴衰。每位领导者都应当像珍视自己的眼睛那样珍视团结,争做团结的模范。

一些地方和单位出现了不和谐、不团结甚至不稳定的局面,原因很多,但带有共性的一条就是首先领导班子不团结、闹分裂。而影响班子团结的因素是多方面的,诸如性格、习惯、修养、思想水平和行动方式等,但其中最重要的因素是道德因素。主要有"四小":

一是"小心眼"。有的领导成员,大事争权,小事计较,胸襟不开阔。

二是"小聪明"。有的领导遇事喜分新旧内外,爱争你高我低;看问题就是自己的主意多,他人的办法少,自己是"诸葛亮",别人是"阿斗",自以为是,唯我独尊;有的见功就上,见过就推。

三是"小动作"。有的喜好投桃报李,不讲党性原则。当面你好我好、背后说三道四,表面和和气气、私下互不服气。有的阳奉阴违,为了达到个人目的,甚至不择手段诽谤、诬陷他人。

四是"小圈子"。有的被地域观念、老乡观念、亲友关系束缚着手脚,以"亲缘"、"地缘"、"学缘"、"友缘"等关系划圈子,圈内相吸,圈外排斥;圈内优先,圈外靠边;只讲义气,不讲原则,不搞"五湖四海"。

领导者应做到靠得住、有本事、肯干事,还应会同事。团结是一门学问,团结是一种本事。

领导干部要搞好团结,要有对路的方法。一要有公正处事的方法。公正处事是赢得人心的重要砝码,是争取别人支持的重要条件。二要有平等待人的方法。人格是平等的,尊重别人,才能受到别人的尊重。三要有民主的方法。一个领导者如果自以为是,轻视同事,搞一言堂,势必成为孤家寡人,众叛亲离,最终失去人心,失去领导资格。四要有自律的方法。古人云:"其身正,不令则行;其身不正,虽令不从。"只有自己先做到不利于团结的话不说,不利于团结的事不做,才能影响和带动其他人这样做。

领导者要搞好团结,还要不断增强团结的艺术。首先要以大局为重,克服名利之争。领导者必须从大局的利益出发,而不是在个人问题上搞无谓的意气之争。这样,才能排除干扰、化解矛盾,推动工作顺利开展。其次要以事业为重,谦虚大度。群体的团结与和谐,是以承认和尊重个体差异为前提的。不同的人由于秉性、阅历、文化水平和思维方式的不同,看问题的角度、解决矛盾的办法自然也会有所区别。当别人的意见与自己的意见相左时,就要求我们有宽广的胸怀,求同存异,异中求同,善于把矛盾的各方统一起来,齐心协力把事业推向前进。再次要坚持原则,光明磊落。应与人为善,多些理解、宽容和忍让,但不是放弃原则。工作中不好选择的时候,坚持原则应是唯一的选择,对违反原则的事情敢于批评、抵制、斗争,始终做到光明磊落,这样形成的团结才是真正的团结。

9 健康的身心

健康是生命之源、人生之本。保持健康,是人们珍惜生命、关爱他人、奉献社会的第一步。作为一名领导者,由于自身处于特殊的位置,面对的是复杂多变的工作环境和工作任务,要履行好自己的职责,从容不迫地解决各种纷繁复杂的实际问题,需要拥有比常人更加健康的体魄和心理。

身体是革命的本钱

身心健康是革命的本钱、工作的本钱。人生值得追求的东西很多:健康、爱情、金钱、权利、荣誉、亲情等。但无论如何,都应要把健康摆在第一的位置。诚如有人所说的那样:健康是"1",而其他的一切都是"0",如果"1"倒了,其他的一切,也就丧失了存在的基础和必要。

各种工作都是体力和智力的双重劳动,只是二者所占的比例不同而已。按照唯物论的观点,智力说到底还是体力的高度发展的产物,受体质的影响巨大。魏征曾言:"求木之长者,必固其根本;欲流之远者,必浚其泉源。"健康对于工作,正是根本,是泉源,不但影响智力的发挥,而且极大程度地左右一个人的情绪。健康时,精力充沛,心情易于愉悦,思维活跃,创造性思维所占比例增加,工作起来质量更高,效率更高,更卓有成效。

如恩格斯是一个积极的体育爱好者,击剑、游泳、骑马都是他擅长的体育运动,由此保持健康,堪当重任,成为马克思最亲密的战友,在马克思逝世后,帮助他完成了《资本论》。

南非反对种族隔离的斗士、前总统曼德拉,1964 年被投入罗本岛监狱,曼德拉在 27 年漫长的监狱生涯中,有 18 年是在罗本岛度过的。为了实现远大理想,他在监狱里"苦其心志,劳其筋骨"。曼德拉身高 1.83 米,勉强能在牢房里躺下,他利用小得可怜的空间坚持锻炼身体,每星期一至星期四早晨,原地跑步 45 分钟,做俯卧撑 100 次,仰卧起坐 200 次,蹲起 50 次。放风时,他便和狱友们打球。管理人员说,如果没有健康的体魄,曼德拉无法熬过 27 年漫长的监狱生涯。在获释后,他由因犯一跃而成为南非总统。曼德拉担任总统期间,凭借狱中铸就的钢筋铁骨,日理万机,广泛获得了世人的尊敬。

领导工作的性质和特点决定了对领导自身身体素质的要求应比一般一要严格得多。作为领导者,在身体素质和强度方面,必须忍受和适应领导工作对自己提出的许多特殊要求,忍受杂乱而少规律的生活方式。这一切都像一座座山口,无时无刻不在考验着一个领导者的身体素质,要求领导者在身体健康状态、强健体魄以及对艰苦环境的忍受方面要比一般人具备更加理想的条件。也就是要求领导者要有较强的健康意识。

然而,有些人总以为,人至不惑,正值日照中天、年富力强之际,可以抓紧这生命的鼎盛时期,好好干一番事业。这种工作激情固然是好的,值得提倡。

可惜他们未能辩证地看到与中年、壮年之强伴存的,尚有危险的潜因。按照中医学的原理,青少年通常正气旺盛,病邪难侵;而步入中年,则经络渐堵,病邪就容易侵入,一旦大意,就有失荆州的可能。千百年来,中国的文人骚客都极力宣扬诸葛亮"鞠躬尽瘁,死而后已",但孔明的对手司马懿对此就很不以为然。在他看来:"孔明食少事烦,其能久乎?"要是诸葛亮不是那样工作无度,岂能于54岁就早早离世,又能为先帝、后主和蜀国做多少大事?孔明之鉴,值得记取。

一个病恹恹的领导者,不可能有饱满的精神和充沛的激情,也不可能给部属带来蓬勃向上的生机和感染力,就不可能有号召力和影响力。

保持健康,这是对自己的义务,甚至也是对社会的义务。因此,领导者要强化健康意识,注意维护身体健康。领导者的工作要适度地节制,安排要科学,调配要合理,有条不紊、从容不迫地投入工作。要注意休息,做到劳逸结合。一张一弛,文武之道。毛泽东说过:"睡眠和休息丧失了时间,却取得了明天工作的精力。如果有什么蠢人,不知此理,拒绝睡眠,他明天就没有精神了,这是蚀本生意。"在任何时候身体的精力是有限的,不可能从它那里得到超过定量的结果。聪明的领导者,一定要善于休息。注意养生和锻炼,要养成良好的生活习惯,尽量减少应酬,要走出高墙大院,多亲近自然山水。要定期进行健康检查,无病防病,有病早治。

警惕亚健康

何谓亚健康呢?亚健康是指处于健康和疾病两者之间的一种状态,即肌体内出现某些功能紊乱,但未影响到行使社会功能,主观上有不适感觉。它是人体处于健康和疾病之间的过渡阶段,在身体、心理上没有疾病,但主观上却有许多不适的症状表现和心理体验。

根据 WHO 对健康的定义,国内外研究人员经过调查,发现在一般人群中真正患病和完全健康者不足 1/3,有 2/3 以上人群处于"亚健康状态",亚健康的主要症状表现有:其一,浑身无力,容易疲倦;其二,头脑不清爽,面部疼痛,眼睛疲劳、鼻塞眩晕、耳鸣、咽喉异物感;其三,食欲不振、睡眠不良,心慌气短,手足麻木感;其四,早晨起床有不快感,胸闷不适,颈肩僵硬,心烦意乱、萎靡不振、焦虑恐惧等等。

领导干部是一个工作压力和精神压力较大的群体,处于亚健康状态的比例很多。有的领导者虽然知道健康的重要,但生活没有规律,工作忙碌理不清头绪,长期"超负荷运转",或忙于应酬,烟酒过量,饮食无度,长此以往,身体焉能不坏。有的人由于长期劳累和生活不规律,身体处于亚健康状态,虽无明显疾病,但体力降低,适应能力减退,精神状态欠佳。

亚健康属于非疾病状态,要摆脱亚健康状态,主要不是靠医生的诊治、药物的疗效,而是要靠自己主动自觉地去预防进行自身生活规律调节。

一是均衡营养。没有任何一种食物能全面包含人体所需的营养。因此,既要吃山珍海味、喝牛奶,更要吃粗粮、杂粮、蔬菜、水果,这样才符合科学合理均衡营养观念。饮食合理,疾病必少发生。

二是保障睡眠。睡眠和每个人的身体健康密切相关。专家研究,睡眠应占人类生活 1/3 左右的时间。而当今因工作或娱乐造成的睡眠不足已成为影响健康最普遍而严重的问题,值得引起高度警觉。

三是善待压力。人之所以感到疲劳,首先是情绪使人的身体紧张。因此要学会放松,让自我从紧张疲劳中解脱出来。要确立切实可行的目标定向,切忌由于自我的期望值过高无法实现而导致心理压力。人在社会上生存,难免有很多烦恼和曲折,必须学会应付各种挑战,通过心理调节维护心理平衡。

四是培养兴趣。兴趣爱好可以增加你的活力和情趣,使生活更加充实,生机勃勃,丰富多彩。健康有益的文化娱乐体育活动,不仅可以修身养性,陶冶情操,而且能够辅助治疗一些心理疾病,防止亚健康的转化。

五是户外活动。现代高度发达的物质文化生活,使一些人在室内有空调、电视、电脑,出门坐汽车,从而远离阳光和新鲜空气,经常处于萎靡不振、忧郁烦闷状态。因此,要每天抽出一点时间,远离喧嚣的城市,到郊外活动活动,呼吸负氧离子浓度较高的新鲜空气,对调节神经系统大为有益。

"亚健康"状态是生命的隐形杀手,其成因有属于内因的劳心性刺激,也有物理性、化学性、生物学方面的外因刺激,领导者只要掌握其规律,了解克服它的对策,就一定能够根除它,以健康的体魄为国家现代化建设作出更多的贡献。

心理健康不能忽视

健康,不仅指身体健康,还包括心理健康。对于担当重任、服务公众的领导干部来说,心理健康也不容忽视。只有身体、心理、道德都健康的领导干部,才能承担起更多的社会责任。

所谓心理健康,是指人对于环境及相互间具有最高效率及最快乐的适应能力的情况。心理健康的人应具有平静的情绪、敏锐的智能、适于社会环境的行为和愉快的气质。

作为领导者,光有身体健康还不够,还必须具备良好的心理素质。领导者面临繁重复杂的工作,具有健康的心理素质尤为重要。然而,领导者的心理健康问题更容易为领导者本人和社会所忽视。领导者的心理健康问题表现形式多种多样:冷漠、自卑、多疑、焦虑、嫉妒等。

出现这些心理问题的原因是多方面的:有的是因工作环境、工作性质特殊,加上领导者对自己的要求较高,遇到挫折时,不愿找或难以找到可以倾诉和求援的知心朋友,不良情绪难以排解;有的受传统文化的负面影响,等级森严的观念制约着官员正常的思想感情沟通与交流,孤独感、巨大的竞争压力和封闭式的自我压抑,造成部分干部心理问题;有的是中青年干部面临着事业的成败、仕途的升迁问题,承担着赡养老人、抚养孩子等系列负担,由于不堪重负而精神压抑。

为此,领导干部要注意心理健康,注意自我调节,养成乐观豁达的个性,并通过提高个人本领,积极应对各方面的挑战。

要保持心理健康,需要树立正确的奋斗目标,对个人的时间、精力、能力必须有清醒的认识,凡事尽力而为,量力而行,忙而有度;要正确地认识到自己内在的需要,面对经济大潮的冲击,对各种刺激和矛盾,心理容量要大,除保持豁达、宽容之外,还要注意及时对内心的失衡加以调整,自觉地控制自己的心态和行为;要经得起失败、挫折、非难、诽谤甚至诬陷的考验,相信自己、相信群众;要具有开放的思想意识,放下架子,改变旧观念,养成及时"打理心情"的好习惯,善于把自己的痛苦、烦恼等消极情绪释放出来,保持良好心态。

品行端正、道德高尚,是一个领导干部应有的素质,也是领导干部健康平安的重要保证。古人说:"仁者寿。"善良的品性、淡泊的心境是健康的保证,与人相处善良正直、心地坦荡,遇事出于公心,凡事想着人民,乐于助人,能使自己心理保持平衡,有利于健康。相反,贪欲思想重、道德败坏、品行恶劣的人,其胡作非为必然会导致紧张、恐惧和内疚,食不香、睡不安,惶惶不可终日。这种精神负担,必然引起神经中枢、内分泌系统的功能失调,干扰其各种器官组织的正常生理代谢过程,削弱其免疫系统的防御能力,最终在恶劣心境的重压和各种心身疾病的折磨下,或早衰,或丧生。因此,每个领导干部都要注意加强品德修养,提高思想境界,始终保持道德健康。

作为一名领导者,要以对社会和自己负责的态度,注意保养自己的身体、心理和道德,保持全方位的健康,以健康的体魄、良好的心理素质和高尚的品德投入各项工作,不断创造新业绩,得到群众的尊重,获得社会的好评,也确保自己一生过得充实、平安与幸福。

领导者应有的基本能力

　　什么叫能力？能力是人们顺利完成某种活动所必需的素质与特征。能力总是和人的某种活动相联系并表现在活动的全部过程之中。其结构由两部分组成，一是技能成分，这是基础成分；二是提高水平综合的心理特点。

　　领导能力，是指能激发领导者的活力并使之能转化为领导活动的能力，简言之就是领导做工作的本领。领导能力是从事组织管理活动的基本条件，它是及时、有效地实施决策、管理、组织、指挥、指导、协调、沟通、执行、控制、人事、技术等各种能力的有机结合。就能力主体而言，每个领导者所具有的能力有强有弱；就客体而言，不同的领导岗位需要的能力也有大有小，高层领导主要需要决策、组织、指挥、指导、控制能力，中层领导主要需要协调、执行、人事能力，基层领导则偏重执行、技术能力。

　　一个地区、部门、单位的生命力，与其领导者的基本素质和能力有密切联系。一名领导是否合格，工作开展得好不好，关键在于领导者的素质和能力。作为一名领导者，应当具备最基本的能力。

1 学习求知的能力

求知就是对知识的渴求,就是对无知领域的探索以及对所关心的事物的理解,它包括一切个人因所需而作出的对客观事物的认识。学习就是求知的过程,当一个人专注地去求知时,就产生了学习。人们通过各种方式获得知识的能力,就是求知的能力,求知能力是人的具有广泛而综合意义上的一个重要因素。对于领导者来说,这种能力尤为重要。

学习是工作的一部分

工作是一个人一生中必然需要经历的过程,这一过程几乎占据了人生的全部最辉煌的时期。不管我们是厌恶还是喜欢,是游刃有余还是疲于应付,工作都是必须面对的。作为领导者来讲,认真做好本职工作,是其最基本的要求之一。

然而,人们必须通过学习,掌握一定的知识、技能之后,才能从事一定的岗位工作。作为领导者,对知识、学习则有着更高的要求。在知识经济时代,随着社会的发展、物质的丰足,人们的工作、学习观念发生了重大的变化。当领导者所掌握的知识与技能落后于自身工作的要求时,那么其学习的积极性又会再次激发起来,再次投入努力的学习之中,直到再一次掌握了新的符合自身领导工作要求的知识与技能。这种学习,是领导者工作内容的一部分。

领导者在工作过程中,通过实际工作看到自身的差距和不足,寻求解决问题的过程和方法,就是领导者能力和知识的培养与积累,这个工作过程,也是一种面向实践的学习,是领导者知识、能力提高的过程。

美国著名民意测验专家杨克洛维奇称,人们的工作观正逐渐由"工具性"工作观(工作是达到目的的手段)转变为较"精神面"的工作观(寻求工作的内在价值)。这种工作观,是一种将学习与工作融为一体的,把工作当做学习的过程,把学习当做工作的一部分,是"知"与"行"的完美结合。

那么,领导者怎样处理学习与工作的关系呢?

首先,要分清主次关系。应认识到,领导者的主要任务是搞好工作,但在完成工作任务之余加强学习,有助于工作能力的提高,对提高工作效率,提高领导能力是大有裨益的,二者关系处理得好,完全可以相得益彰,不可把二者对立起来。

第二,要合理安排时间。领导者走上领导岗位之后,一般都具备了基本知识、技能。之后是如何进一步提高和如何促进工作的问题。所以,应该在工作之余尽量保证学习的时间,同时,掌握和运用一些学习技巧来提高学习的效率和效果,完成学习任务,以免顾此失彼。

第三,要选择好学习内容。由于领导者一般都工作紧,任务重,往往十分忙碌,用于学习的时间有限。因此,对学习内容的选择十分重要。切不可不分主次,眉毛胡子一把抓,更不可将有限的学习时间浪费在与自身能力提高无关和与工作实际无关的内容上。

第四,要善于总结思考。在学习过程中,要善于思考,善于总结。通过总结,掌握领导工作规律,把握分析问题、解决的方法。

最后,要坚持学以致用。要善于联系实际,把学习同工作结合起来,通过学习树立工作的信心,使领导工作顺利开展和更有成效。

重点学什么

领导干部的知识和素质构成是与治国理政的任务和要求相联系的。每当历史发展到一个新的时期或阶段,每当党所处的环境和任务发生变化,党都会对领导干部的知识和素质提出新的要求。这是干部队伍建设不断与时俱进的必然要求和重要体现。现阶段,领导干部履行职责、胜任工作必须具备经济、政治、文化、科技、社会等方面的基本知识。因此,领导干部应重点抓好以下内容的学习:

一是抓好马克思主义理论和战略知识的学习。领导干部要有计划、有重点地精读一些马克思主义的经典著作,紧密联系工作实际,深入学习中国特色社会主义理论,特别是全面领会和把握关于党的历史方位、国际国内形势、重要战略机遇期及和谐社会、小康社会建设等新的重大科学分析与判断,用中国特色社会主义理论武装头脑、指导实践;从理论与实践的结合上研究本地、本部门改革发展的规律、计划和措施;用党的理论创新的新观点新论断认识和解决基层工作中的新情况新问题。

二是要抓好现代经济科技知识的学习。我们正处在一个大变革、大发展的时代,新知识、新事物层出不穷,特别是现代科学技术,其发展速度之快、应用规模之大、影响范围之广是前所未有的。领导干部要学习现代金融、现代管理等方面的知识,同时要着力提高自己的科技知识素养,充分了解科技进步的趋势,避免出现知识陈旧、能力弱化现象。

三是要抓好历史知识的学习。历史的作用在于"资政育人"。一个领导干部如果不善于从历史中汲取营养,就不可能成为高明的领导者;一个政党如果不善于从总结历史中认识和把握社会发展的规律,就不可能成为顺应历史潮流的自觉的政党;一个民族如果不善于从历史中继承和发展本民族与世界其他民族创造的优秀文明成果,就不可能屹立于世界民族之林。我国具有悠久灿烂的历史文化。今天,领导干部应坚持用马克思主义的立场、观点和方法,掌握和运用历史的经验教训,切实为发展中国特色社会主义事业服务。

四是要抓好国际方面知识的学习。全面建设小康社会,要求基层社会和经济发展尽快融入全方位、深层次、宽领域的对外开放,尽快融入世界经济一体化体系。因此要求领导干部掌握世界贸易的经济、政治、文化、科技、法律、历史、地理、外语等方面知识,同时要懂得涉外工作的程序、规则、要求,国际交往中的礼仪、习俗,有关国家的历史、地理、文化、经济、政治、外交、军事、科技、教育等基本状况,等等,成为具有全新开放理念、丰富涉外知识和熟练驾驭开放局面能力的领导人才。

如何提高学习效果

学习是领导干部增长才干、提高素质的重要途径,是做好各项工作的重要基础。在科技进步日新月异,知识更新不断加快的当今时代,领导干部如果不抓紧学习、不抓好学习,不在学习和工作中不断提高自己,就难以完成肩负的历史责任,甚至难以在这个时代立足。对领导干部来说,学习就是工作,就是必须承担的责任和使命。那些认为不学习照样能够干工作、不愿意用心学习的想法,那种借口工作忙不去学习或者敷衍了事的做法,是十分错误的,也是十分有害的。

领导干部都是成年人,就学习活动来讲,有其自身的特点。为了促使领导者的学习效果最优化,除了遵循学习原则,注意激发学习兴趣和动机外,还应该遵循学习规律,掌握学习方法,因材施学:

一要明确学习目的。领导学习的目的在于获得未知、提高素质、指导实践、服务社会。

二要制订科学的学习计划。要根据工作需要和学习目的来制订科学的学习计划,集中时间、集中精力,进行系统和扎实有效的学习,力戒东一榔头西一棒槌,以最大限度地提高学习效果。

三要确定学习内容。学习内容要有利于提高理论水平和发现问题、理解问题、分析问题、解决问题的能力,力戒支离破碎、东鳞西爪的学习内容,更忌学些与工作无关的旁门左道的东西。

四要强化对学习的自我控制。将学习看成发自内在需要的自觉行为,制订个人学习计划后,能够加以严格执行。

五要提高关键性的学习能力。包括:(1)渴望学习的习惯;(2)自我激励;(3)使用信息资源的能力;(4)很强的交流沟通能力;(5)解决问题的能力;(6)抽象思维的能力;(8)知道自己如何学得最好的能力。

六要提高学习效果,最关键的还是要注意掌握学习方法。一是要正确认识和掌握记忆的规律,分清暂时记忆、短期记忆、长期记忆,根据记忆规律、特点,及时强化学习内容,变短期记忆为长期记忆。二是要遵循记忆中登录、保存、提取的三步骤,努力将外部知识变成自己的知识。三是要有效掌握记忆的科学方法,包括重复记忆法、联想记忆法、编码记忆法等。

会学还要会用

学习的主要目的是为了运用,是为了改进工作。因此,领导者要坚持"学以致用"的良好学风,切实做到会学、会用、会实践。

"学以致用",就是强调学习必须与实际相结合。从某种意义上来说,"学"为的就是更好地"用"。如果学习不重视运用,不重视联系实际,那么它也就失去了作用和意义。

"学以致用"观念在我国源远流长、根深蒂固,从孔子的"学而优则仕",到明末清初顾炎武等的"经世致用",清末张之洞等的"中学为体,西学为用","学以致用"对中华民族影响巨大且深远。

中国共产党是一个学习型政党,在长期实践中形成了善于总结提高、善于学以致用、善于理论联系实际的优良传统和作风。善于在实践中学习,学以致用,是党经久不衰、永葆活力的关键。在新的历史条件下,领导干部尤其要大力弘扬党的这一优良传统作风,坚持在实践中学习,学以致用,努力提高贯彻科学发展观和发展中国特色社会主义的本领。

第一,在实践中学习,学以致用,不断提高把握全局的能力。"不谋全局者不足以谋一域,不谋万世者不足以谋一时。"当今社会,各种复杂局面交错繁轶,对领导干部善于把握全局、精心谋划全局、自觉服从全局的要求也越来越迫切。这就要求领导干部善于学习,开阔眼界,以广博的知识、丰富的经验、宏观的战略眼光分析全局,做到胸怀全局、审时度势,以辩证的思维谋划全局,统筹兼顾。

第二,在实践中学习,学以致用,不断提高科学决策的能力。决策正确,成事之始;决策失误,败事之趋。科学执政、民主执政、依法执政,这就要求掌握科学的管理知识、运用集体智慧和规范程序进行科学决策。要准确掌握信息,以便对实际情况作出准确的分析和判断。要不断完善深入了解民情、充分反映民意、广泛集中民智、切实珍惜民力的决策机制,推进决策科学化、民主化,切实提高决策水平。

第三,在实践中学习,学以致用,不断提高解决问题的能力。工作实践是检验学习成效的一个很好的舞台。发展中国特色社会主义,是前无古人的创新性事业,机遇与风险同在,希望与困难并存。就一个地区、部门、单位来说,也各有各的具体情况,各有各的困难和问题。这就要求领导干部通过学习,不断提高解决实际问题的能力和本质。要着眼实际学习,带着问题思考,结合工作研究,注重成果转化,以增强学习研究的针对性和实效性。坚持学习理论与指导实践相结合,认真研究解决本地区本部门改革发展中的重大问题、群众生产生活中的迫切问题,从理论和实践的结合上研究新情况、解决新问题,不断开拓理论和实践的新境界。

2 观察分析的能力

观察,是指细察事物的现象、动向。观察是一种有目的、有计划、比较持久的知觉活动,是一种能够觉察那些稍纵即逝的事物并对其进行精细观察的能力。

分析,是指将事物、现象、概念分门别类,离析出本质及其内在联系。分析是指把整体分解为部分进行认识和思维,是以具体材料和事实为基础,从思维的具体到思维的抽象的过程,是一种将事情理清楚、搞明白,弄清来龙去脉、理出前因后果的能力。

任何领导行为,都必须善于抓住那些稍纵即逝的事物并对其进行精细观察,进而将其分析清楚透彻,才能作判断、下结论、作决策、定行动。否则,任何判断、决策都只能是凭空想象,任何措施和行动计划只能是空中楼阁。

善于见微知著

《韩非子·说林上》曰:"圣人见微以知萌,见端以知末,故见象箸而怖,知天下不足也。"汉代袁康《越绝书·越绝德序外传》云:"故圣人见微知著,睹始知终。"见微知著,就是说见到事情的苗头,就能知道它的实质和发展趋势。

领导干部要不断提高观察分析能力,首先就要善于见微知著。

领导的基本职能就是决策,而通过观察获取信息是决策的基础,决策的过程就是观察(获得信息)——分析、判断、综合(处理信息)——(产生新信息)制定决策——发出指令(输出信息)的过程。及时、准确、适用的信息是正确决策的基础,而善于观察进而对事物的分析、判断、把握能力又是决定决策水平高低的重要条件。因此,是否善于见微知著,进而不断提高观察分析能力,对于领导干部显得尤为重要。

善于见微知著,就必须善于保持全局的均衡与协调,就必须敏锐地发现可能影响甚至破坏这种均衡与协调的因素,防患于未然。尤其是在改革和发展的关键时期,更应清醒地认识到前进道路上存在的许多不确定性因素和可能出现的风险与挑战,未雨绸缪,善于应对。"月晕而风,础润而雨。"及时发现和果断解决这些问题,特别是苗头性和局部性问题,就能不断增强工作的科学性、预见性和有效性,更好地实现好、维护好和发展好人民群众的利益。

那么领导干部怎样才能善于见微知著呢?

一是博学以增智。"智者知也,独见前闻,不惑于事,见微而知著也。"领导干部要善于见微知著,首先就要成为智者。居高声自远,厚积而薄发,只有站得高,才能看得远,只有懂得多,能才看得准。领导干部位置"居高",学识也要"居高",要有一览众山小的气概,要炼就一双火眼金睛,看得清,看得细,看得远,看得准。因而领导干部要成为善于见微知著的智者,就要做到博学,不断积累知识和经验,不断提高自身素质,为善于发现问题、分析问题和科学决策在主观方面打下坚实的基础。

二是细察以见微。见微知著,善于见微是基础。领导干部要有敏锐的观察能力,就要做到广闻博识、兼听则明,注意收集各个方面的信息,包括好的和不好的信息,既要听喜报,又要闻忧讯;就要做到细察见微,细察是见微的关节点,领导干部通过观察接触问题和事物,发现苗头,掌握动态;就要有超常的敏锐,要善于发现蛛丝马迹,要比一般人看得早些,看得细些,想得深些。古人云:"将飞者翼伏,将奋者足局,将噬者爪缩","千里之堤,溃于蚁穴"。西方也有"天使在想象中,魔鬼在细节里"的谚语。领导干部要注意发现将飞者翼伏的姿态,要注意发现能溃千里之堤的蚁穴;要注意发现产生魔变的细节。领导干部做到细致观察还要注意走出两个误区,一是避免一叶障目,不见泰山,走出受细小事物的蒙蔽、看不到事物全貌的误区,二是避免坐井观天,管窥蠡测,走出观察事物受客观条件制约产生局限性的误区。

三是精思以知著。"学而不思则罔","行成于思",这些古语都说明"思"的重要性。思想家就是在善于观察、善于思考的基础上,善于归纳总结出具有指导意义的理论而成就的。观察和分析信息的过程就是思考的过程。见微知著,先见微,再析微,然后才知著,精思是善于知著的重要保证。人们观察到的往往是事物的表象,所接受的信息往往粗精同在,真伪并存。但是事物的发展都有一般的规律,表象反映本质,量变的必然导致质变,偶然中有必然,必然中有偶然。领导干部要乐于动脑,勤于思考,凡事要问个所以然,要探个究竟,同时还要善于思考,精于思考,按照"去粗取精,去伪存真,由此及彼,由表及里"的方法,对所观察到的事物和形势,对调查中听到的反映和意见,对所掌握的各种信息进行分析和研究,分清主次,鉴别正误,找出规律。

善于透过现象看本质

本质与现象是表示事物的里表及其相互关系、反映人们对事物认识的水平和深度的一对哲学范畴。本质是事物的根本性质,是事物自身组成要素之间相对稳定的内在联系,是由事物本身所具有的特殊矛盾构成的。现象是事物的外部联系和表面特征,是事物本质的外在表现。

人们常说:"耳听为虚,眼见为实。"其实,即便是人们亲眼所见到的东西,也不见得是正确的、真实的、全面的事实。因为人们感觉器官直接感知的现象只是事物的表面特征,是个别的、片面的东西,而并非是事物相对稳定的内部联系。作为领导干部来讲,就必须"透过现象抓本质",也就是要求领导者在观察、分析、认识或者说思考问题时必须要客观、全面、深刻和系统。那么领导者如何才能"透过现象抓本质"呢？

一是要客观地看问题或事物。看问题或事物的客观性，是"透过现象抓本质"的最基本、最初级的要求。所谓客观，通俗地说，就是看问题或事物不能想当然，不能意气用事，也就是不能自己认为或者觉得怎样怎样，而是要与问题或事物的事实相验证。对了，继续发扬；错了，必须要立即改正，并要汲取教训，举一反三，防止再犯同类错误。否则，就会犯主观主义错误，早晚会栽跟头的。所谓"借风吹火，用力不多"，顺势而为而已。不然，就要受到客观规律无情的惩罚。

二是要全面性地看问题或事物。所谓全面，就是要一分为二地看问题或事物，也就是要用矛盾的眼光看待一切问题或事物，在统一中把握和掌控对立，在对立中寻找和体现统一。与全面相反的就是片面。毛泽东在《矛盾论》中说："所谓片面性，就是不知道全面地看问题……不了解矛盾各方的特点。这就叫做片面地看问题。或者叫做只看见局部，不看见全体，只看见树木，不看见森林。"不能做到全面地看问题，就"是不能找出解决矛盾的方法的，是不能完成革命任务的，是不能做好所任工作的，是不能正确地发展党内的思想斗争的"。领导者不论为人还是处世、认识还是实践，等等，都需要讲究全面性。否则，难免就会碰钉子、栽跟头。

三是要深刻地看问题或事物。而所谓深刻，就是不能表面地看问题或事物，而是深入问题或事物的内部，去看问题或事物里面的问题或事物，问题或事物背后隐藏着的问题或事物，不能被其表面上的一些特点、现象所迷惑。粗枝大叶、蜻蜓点水都是不行的。我们常说"实事求是"就说明了这个问题。"实事"是事实，"实事"中包含的"是"更是事实。"实事"是现象，而"是"才是本质。"是"是更深刻的事实。然而，深刻的东西都是肉眼看不见、摸不着。"会看的，看门道；不会看的，凑热闹。"这个"看"，不是用眼睛直接看，而是用脑子去想。

四是要系统性地看问题或事物。所谓系统性，是"透过现象看本质"的客观性、全面性和深刻性要求的继续和进一步具体，是"透过现象看本质"的最高要求。物质世界是无限多样的，又是普遍联系的，同时联系又是有规律的。《老子》的"道生一，一生二，二生三，三生万物"也是在强调这个意思。探讨事物的绝对本质，是领导干部能否正确认识和把握客观事物的最关键的能力。

用发展的眼光看问题

发展是指符合事物发展规律、具有强大生命力和远大前途的新事物代替衰失了存在的必然性、日趋灭亡的旧事物的运动变化。

世界上的万事万物是变化发展的。因此我们不能用一成不变的眼光看待人和事。人们要正确地认识事物、分析问题，就必须用发展的眼光观察和处理问题。

首先，要把事物如实地看成一个变化发展的过程。1946年电子计算机刚刚发明时重30吨，占地面积167平方米，由1.8万个电子管、1000只电容器、7万个电阻组成，运行速度只有5000次/秒；之后每5~8年运算速度提高10倍、体积缩小10倍；今天大规模集成电路的智能化计算机运算速度达到上百亿次/秒。用静止的观点看问题，就会像"刻舟求剑"故事一样，注定要失败的。

其次，要弄清事物在其发展过程中所处的阶段。世界上没有僵死的、一成不变的事物，整个世界就是一个永恒变化发展的世界。这就要求我们不能用一成不变的眼光对待人和物，要用发展的观点看问题。三国时吕蒙"士别三日，当刮目相看"，从没文化到有学问，让鲁肃尴尬了一回，就是因为事物在每个阶段所处的地位、作用和状况不同。所以我们要正确认识事物所处的发展阶段。

再次，要坚持与时俱进，培养创新精神，促进新事物的成长。如果用静止的观点看问题，就会出笑话，犯错误。要坚持发展的观点，就必须通过分析研究事物的历史和现状，科学地预见事物发展的未来趋势，站在事物前进的立场上，与时俱进，积极培养创新精神，促进新事物的成长。

领导者用发展的观点看问题，必须做到以下几点：

一是以历史的眼光看待事物。事物发展本身就是一个连续不断的过程。任何有意忘却历史、割断历史的做法，都不利于我们把握正在发生的社会巨变，不利于我们在纷繁复杂的现象中抓住问题的本质。唯有以深邃的历史眼光，以实事求是的态度，具体问题具体分析，才能看清正在发生的深刻变革，把握事物发展的趋势和方向，才能应对时代不断提出的新挑战和新课题。

二是以辩证的眼光看待事物。"照辩证法办事"，这是邓小平在抗日战争时期就提出的一句名言。辩证法把世界上的一切现象和事物，都看做是普遍联系和永恒运动、变化、发展的，把事物的发展看做是自身所固有的各种矛盾运动的结果。用矛盾的观点来把握事物，是唯物辩证法的一个基本要求。辩证就是要看到事物的两面性，对于相对立的两个方面都要抓住，使其在既相互对立又相互依存中发展。

三是以全面的眼光看待事物。在整体与部分、全局与局部的关系上，必须兼顾两者。对待任何一个事物，都应当全方位的、多层次地去审视它的特征。

有了这样的观念，就不会一叶障目，只见树木，不见森林，只看一点，不及其余。用全面的眼光看待问题，会看得更深入、更清晰，更容易正确理解和判断事物，也更容易帮助领导者作出正确决策。

四是以前瞻的眼光看待事物。以前瞻的眼光，按照事物发展的规律，洞察未来环境的变化，对事物未来发展方向和趋势作出预测，将为我们提供更多的发展机会。前瞻的眼光需要有充分的准备做基础，超前的意识、创新的思维、不断学习的能力，是领导干部能保持前瞻的眼光的必备条件，也是领导干部既能反映现实，又能领导发展新潮流的前提和基础。

大处着眼，小处着手

所谓"大处着眼，小处着手"，指的是领导者既要从全局长远观点出发去考虑主要的关键的问题，又要能够在细节处把事情做好。它讲的是领导者如何正确处理整体与细节、主流与支流的问题。

"大处着眼，小处着手"是一种辩证的眼光，是一种领导策略，也是一种领导方法，更是一种领导艺术。大处着眼靠的是眼界，小处着手靠的是态度。"大"是要解放思想，"小"是要实事求是；"大"是可持续发展战略，"小"是现代管理制度；"大"是方向，"小"是方法。

古语云："夫曲思于细者，必忘其大；锐精于近者，必略其远。"其意是对琐碎事情过分注重者，必然容易淡忘大事；专注于精心计算眼前利益的人，必定忽略了长远的目标利益。作为一个领导者，首先应当从"大处着眼"，深谋远虑、总揽全局。这样，工作才有中心，才有重点，才有明确的目标，才能使工作始终围绕大局，保证中心。才能在复杂多变的形势和繁琐具体的事务中，才能不迷失方向。如果眼界狭隘，满足于一得之功和一孔之见，往往会在局部的利益中失去大局，最终满盘皆输。

领导者既要从"大处着眼"，还要从"小处着手。既要中心突出，又要把方方面面的工作照顾到；不仅要集中精力关注和抓好主要矛盾和中心工作，同时也要关照非主要矛盾和一般工作，只有这样，才能统揽全局，做好工作。

领导者如何从"小处着手"？就是要把简单的事做好，把容易的事做好。领导者当然要有战略家的眼光、气派和谋略，但小事也同样不能忽略，特别是带趋向性的小事。天下之事，必作于细，当重大决策作出后，必须要落实在具体细节上，只有兢兢业业做好、做细一切工作，才能充分实现战略目标。作为领导干部，在实际工作过程中，必须驾轻就熟，举重若轻；对重要工作和事关全局的重大决策,必须慎之又慎,举轻若重。要形成往深处做、往实处做的工作作风,不能热衷于做表面文章。要养成身体力行抓落实的工作作风,要抓好从运筹决策到制定方案,直到组织实施,监督检查,信息反馈,全面总结的每一个环节,切实取得工作成效,从而推动全局工作。

"大处着眼,小处着手"是领导工作的本质要求,也是各级领导干部最重要的素质和能力,从领导干部自身素质或练"内功"的角度来讲,领导者必须注重以下能力和素养的提高:

一要发展战略思维能力。善于从实际出发,正确处理全局与局部,未来与现实的关系,并抓住主要矛盾制定相应规划,实现全局性、长远性目标;善于从全局的长远的战略的高度来分析问题和解决问题;善于以远看近,未雨绸缪,高瞻远瞩,运筹帷幄。二要培养驾驭全局能力。善于抓主要矛盾,驾驭复杂局面,解决复杂矛盾;善于运用战略思维,全面掌握局势,指导工作;善于负总责、抓关键、出主意、用干部。三要不断增强自觉意识,树立清醒的讲政治意识、强烈的责任意识、鲜明的人民利益意识、突出的发展意识。四要不断提高自身的素养。如循序渐进,持之以恒地学习和锻炼,加强马克思主义哲学修养,开展各项业务知识的学习,加强实践锻炼。

3 运筹谋划的能力

运筹谋划,是战略决策和战略思维的具体表现。如何谋划?这要求领导者想问题起点要高,重点要明,切入点要准,落脚点要实。既要脚踏实地,又要高瞻远瞩;既要有战术思想,又要有战略思维;要善于站在更高的层次上去琢磨思考问题,不要被各种纷繁复杂的矛盾和困难束缚住思想。否则,在战略决策时就会瞻前顾后,犹豫重重。谋什么?主要是谋全局、谋大事、谋发展。发展是解决一切问题的关键,是体现执政能力的头等大事。

出主意是领导的主要任务

毛泽东曾指出:领导者的责任,归纳起来,主要是出主意、用干部两件事。一位领导者并不一定各方面的才能都要高于下属,但其知人善任,决断定策的本事绝对应该是一流的,这是领导者成功的关键因素。

领导者往往在工作中处于核心地位,起着关键作用,负有全面责任,所以在这个岗位上工作,必须注重从"出主意、指方向"等方面苦练基本功,努力提高领导水平和领导艺术。

领导者无论在哪个工作岗位上,首先要对全局有所了解,对总体发展趋势有清醒的认识。其次要懂得每个工作岗位都有一定的职责范围,担任什么职务,就应该明白哪些是自己该管的事,哪些不该管?管有人管的岗位,我就管那个人,看他尽职与否,如果他不懂怎么管才好,就给他出出主意想想办法。这样,才能把握关键,做好工作。绝对不能大权小权一齐揽,大事小事一起端,下到基层更是吆五喝六,分不清什么该管什么不该管。结果,吃力不讨好,什么事都管,结果什么事都管不好。

出主意是领导者的主要任务之一。那么,给谁出主意?就是给那些具体管人、管钱、管物、管事的人出主意,把他们用好。出什么主意?就是出好经济、政治、文化、社会发展的主意;就是要做别人不能替代的事情;就是组织、引导一个团队,为这个团队树立一个共同的目标,并率领这个团队围绕这个目标,克服困难,共同努力,去实现这个目标。

领导者拿主意,是为统揽全局、运筹决断提供妙计良策,进而推动各方面工作的有效开展。首先就要求领导者要把握政治方向,保持政治上的清醒与坚定。讲政治,是对领导干部的基本要求,要时刻做到在政治上与中央保持高度一致,在大是大非面前、在关键时刻原则问题上,立场坚定、旗帜鲜明、方向正确。必须带头坚决维护上级组织和领导的权威,坚决按照上级的要求和意志办事,不折不扣地完成上级安排的各项工作任务。对上级决定的事项、部署的工作必须认真贯彻落实,决不能合意的就执行,不合意的就不执行。

其次要理清发展思路,找准工作切入点。为此,要尽快熟悉并掌握新的工作,理清工作条理,必须注重学习上级文件精神,认真阅览重要文件和统计资料;经常深入企业、农村调查研究,广泛接触社会各方面人士了解情况;有针对性地采取民意调查等形式,广开言路,多渠道征求意见;建立民主集中制,民主讨论,科学决策。确定总体工作思路后,还要注意分清轻重缓急,瞄准热点难点,找准工作的切入点。在具体工作中,要注意一方面坚持从当前最急需解决的问题抓起,切实把大家的思想统一到抓工作、快发展、开拓新局面上来;另一方面坚持从群众最不满意的工作抓起,真正使群众看到领导干事创业的决心和信心,从而确保各项工作的落实。

第三,既然领导者主要责任之一是"出主意",那么就要求领导者出主意时要排出个人恩怨、摒弃私利得失、顾全大局,为了国家和人民的利益去考虑一个决策。同时,领导者本身也要善于借用外脑作补充,高明的领导者,不仅自己善于出主意,而且也善于运用其智囊的作用,协助自己"出主意",提供科学决策的依据,提高决策的科学性和可行性。

凡事预则立,不预则废

"凡事预则立,不预则废"出于《礼记·中庸》,意思是指不论做什么事,事先有准备、有规划,就能得到成功,否则就会失败。预于先,谋于前,而后则势如破竹,攻城拔寨,无坚不克,无往不利。

春秋时期,鲁昭公被逐,逃亡到了齐国。齐景公问明原因后说:"要是现在有可能让鲁昭公回鲁国去,大概他可以成为一个贤明的国君了。"晏子对答说:"不会的。踏水过河而溺水的人,多半因为事先没探明河水的情况,迷路的人也多半因为事先没有问清路径,等到他溺水以后才去探水,迷路以后才来问路,不是已经晚了吗? 这好比'临难而遽铸兵,临噎而遽掘井',虽然非常急切,可是怎么来得及呢?"

"人无远虑,必有近忧"。一名领导者如果缺乏远见、没有"远虑","预"的功夫不足,像鲁昭公一样"临噎掘井",那么,"近忧"也就不远了;如果凡事抱着"生死由命,富贵在天"的心理,整日听天由命、守株待兔,则必无所成。

对一般人来说,"预"就是无论做什么事,都应事先做个计划,进行一番谋划,有一个初步设想,这样做事才有可能成功。谋事在人,成事在天。谋划得很仔细很周到事情也不一定能成功,但谋比不谋成功的几率肯定要大一些。

对于领导者来说,"预"是领导、管理的一个重要方法,是做事成功的一个重要原则。"预"考察的是心智、能力、水平,是不是头脑缜密、事无遗算,有没有预见能力,有没有见识水平,能不能未雨绸缪、见微知著、洞察秋毫、深思熟虑、三思而行,会不会由此及彼、由表及里、深入浅出、运筹帷幄、举重若轻、化险为夷。

一名高效的领导者,要做到"预则立",就必须要有预见性、计划性和前瞻性。无预见性就不会有超前意识和宏图大略;无计划性就不会有分步实施的目标;无前瞻性就不可能未雨绸缪,面对突如其来的事情就会措手不及,陷入盲目性的泥潭。

要增强工作的预见性、计划性和前瞻性,就要提高战略思维能力。不能凡事习惯于按照上级要求开展工作,上边部署什么、下边就安排什么,而必须在圆满完成上级部署的工作任务的同时,更多地发挥领导职能,创造性地开展工作;把主要精力放在大局和宏观方面,从战略上从长远发展的角度去认识思考发展问题,努力学习掌握经济社会发展规律,并按客观规律去规划部署发展任务,合理分布工作布局;就是要深入研究党和国家的方针政策,尤其是关于经济社会发展方面的方针政策,掌握发展方向,只有这样,才能及时调整发展重点,避免因政策变动引起的震荡,保持经济稳定持续发展;就是要深入实际调查研究,确定正确的发展战略。

要增强工作的预见性、计划性和前瞻性,就要多谋善断,"谋定而后动",就是要在开展各项工作前要制订好方案再行动。领导者只有以科学的理念、创新的精神、务实的思路谋划推进各项工作,审时度势、顺势而动、因势利导,充分调动各方面积极性,激发广大群众敢闯敢试、开拓进取的锐气,主动作为,善于作为,体现作为,才能赢得工作上的主动,取得工作的实效。

要增强工作的预见性、计划性和前瞻性,就要遵循民主决策、科学决策的原则。就是要倾听和广泛征求下级及群众的意见,切忌闭门造车,少数人说了算;就是要充分尊重专家学者和群众的意见和建议,反复比较,反复论证,权衡利弊,"两害相权取其轻,两利相权取其重",从而正确决策,避免和减少失误。

面对复杂多变的局势,宁可把困难估计得严重一点,把影响时间预想得长一点,把应对预案准备得充分一点,使工作建立在扎实可靠的基础上。只有这样,才能避免被动,立于不败之地。

善于捕捉机遇

2007 年 9 月温家宝总理在出席首届夏季达沃斯论坛年会开幕式,回答现场听众对好的领导者的看法时表示,全球性的领导者应该具备四个素质:目光远大、善于捕捉机遇、有改革的精神和敢于负责。善于捕捉机遇,就正如歌德在《浮士德》里所讲的那样:"对于身边有利的瞬间,要抓住机会,不要失之交臂。"

机遇就是对人有利的时机、境遇和机会。在现实社会中,机遇是客观存在的一种事物,它是认识机遇、驾驭机遇的总和。一个人要成功,需要一个好的境遇即机遇。而机遇具有偶然性、客观性和意外性。客观性是指机遇的存在不以人的好恶而改变;意外性是指机遇通常出现在人们有意识、有目的、预知的活动之外的。机遇的时间性特别强,长则数载,短则稍纵即逝。能不能抓住机遇、加快发展,历来是一个领导者能否赢得主动、赢得优势的关键所在,是一个人成功与否的重要条件。因此,要抓住机遇,就必须有一个精明的头脑详细地研究,细心地观察、捕捉机会,要有勇气和决心参加实践去抓住机遇。

居里夫人说得好:"弱者等待时机,强者创造时机。"一个人的成功有偶然的机遇,但偶然机遇的被发现、被抓住与被充分利用,却又绝不是偶然的。有诗云:春种一粒粟,秋收万颗籽。农民种庄稼,就必须掌握合适的时机,播种早了,种子发不出芽;播晚了,过了节气就不会结果,就不会有收成。军队打伏击,也要掌握适当的时机,打早了,敌人没有完全进入伏击圈,打晚了,敌人都过了伏击位置,就不会取得胜利。所以,机遇要善于抓,要抓得适时、适地。机遇抓迟了不行,抓早了也不行,时机把握不对,只能眼睁睁看着机遇从身边溜走。

王充在《论衡》中记述:周朝有位老人,一生追求做官,可是一生都没有做成。他埋怨没有机遇,命运对他不公。他在路上向行人哭诉说:"我年轻时,攻礼乐教化,刚刚具备做官的本领,君王却喜欢任用年长的人。好容易等到这位'好用老'的君王死了,新君又喜欢有武术的人。于是我转而学武,武术刚学成,喜欢武术的君王又死了,新君王却喜欢任用年纪轻的人。可是,我这时已经老了。"这位周朝老人没有适时地抓机遇,而是坐等机遇的垂爱,让机遇去左右自己。结局是一事无成。

古希腊哲学大师苏格拉底让3个弟子摘麦穗,只许前进,且仅给一次机会去选摘一支最好最大的麦穗。第一个弟子刚走几步就看见了一支又大又漂亮的麦穗,高兴地摘下了,可当他继续前进时,发现面前有许多麦穗都比他摘的那支大,但他摘早了,只得遗憾地走完了全程。第二个弟子吸取了教训,每当他要摘时,总是提醒自己,后面还有更好的,当他快到终点时才发现自己摘晚了,机会全错过了。第三个弟子吸取教训,当他走到三分之一时,即分出大、中、小三类,再走三分之一时验证是否正确,等到最后三分之一时,他选择了属于大类中的一支美丽的麦穗,虽然这不一定是麦田中最大最美的,但他取得了最好的成绩。

在竞争激烈的现代社会里,成败的转换往往是在瞬息之间,成功的领导者有个共同的特点,就是善于及时掌握通向成功大门的钥匙。他们在领导和管理活动中,发现何处通向成功的大门被关闭,立即找出适合开门的"钥匙",从而顺利通过。成功的钥匙就是善于发现机遇并及时把握机遇,这是所有成功的领导者都具备的本领。

那么,如何才能准确地把握时机、抓住机遇呢?机遇有成熟与未成熟阶段。未成熟的机遇正如未成熟的果子,细小干瘪,吃起来苦涩难咽。成熟的机遇正如一个成熟的水果,只有当果子结实丰满时,才是最美最可口的时刻。把握机遇还得讲究策略,把握最佳时机。一个优秀的足球运动员在球场上激烈争夺中,不仅仅靠他的勇猛和技术水平,还要靠选定的最佳角度,准确把握战机,才能巧妙地将球踢入球门。踢球如此,搞事业也是这样。哪次机遇能最佳发挥自己的优势,成功的把握最大,就选择哪次,这样方能事半功倍,避免无效劳动。

领导决断力是指领导者快速判断、选择、执行及修正决策方案的一种综合能力。从某种意义上讲,领导过程是由一系列决策或决断活动所组成的,决断的正确与否关系到领导活动的成败。当机会或危机来临时,如果不敢决断、不善决断,或决断不当,就会给组织带来不可估量的损失。敢于决断、善于决断是作为领导者的必要条件。

被誉为全球第一 CEO 的美国 GE 公司前总裁杰克·韦尔奇就把决断力推到无比重要的位置,他在《赢》一书中这样阐述:"决断力即对麻烦的是非问题作出决定的勇气。"

美国总统林肯上任后不久,有一次将六个幕僚召集在一起开会。林肯提出了一项重要法案,而幕僚们的看法并不统一,于是七个人便热烈地争论起来。林肯在仔细听取其他六个人的意见后,仍感到自己是正确的。在最后决断的时候,六个幕僚一致反对林肯的意见,但林肯仍固执己见,他说:虽然只有我一个人赞成但我仍要宣布,这个法案通过了。

表面上看,林肯这种忽视多数人意见的做法似乎过于独断专行。其实,林肯已经仔细地了解了其他六个人的看法并经过深思熟虑,认定自己的方案最为合理。而其他六个人持反对意见,只是一个条件反射,有的人甚至是人云亦云,根本就没有认真考虑过这个方案。既然如此,自然应该力排众议,坚持己见。因为,所谓讨论,无非就是从各种不同的意见中选择出一个最合理的。既然自己是对的,那还有什么犹豫的呢?

在领导实践中,经常会遇到这种情况:新的意见和想法一经提出,必定会有反对者。其中有对新意见不甚了解的人,也有为反对而反对的人。一片反对声中,领导者犹如鹤立鸡群,限于孤立之境。这种时候,领导者不要害怕孤立,要拿出作决断的本领来。对于不了解的人,要怀着热忱,耐心地向他说明道理,使反对者变成赞成者。对于为反对而反对的人,任你怎么说,恐怕他们也不会接受,那么,就干脆不要寄希望于他的赞同。重要的是你的提议和决策是对的,只要真理在握,就应坚决地贯彻下去。

决断,是不能由多数人来作出的。多数人的意见是要听的;但决断必须是领导者一个人作出的。这就需要领导者有较强的决断能力。

139

那么怎样才能提高决断能力呢？必须做到以下几点：

一是知识的积累。正确决断的前提是正确判断，换句话说就是正确的认知。要正确认识事物必须具备相应的知识，领导者应该重点增加基础知识、章法知识、专业知识。

二是经验的总结。领导者在成为领导之前都有很长的工作经历。通过不断积累经验，由量变到质变，当成为领导的时候已经具有比较丰富的管理经验了。当在工作中遇到各种各样非正常情况时，丰富的经验就是作出正确决断的有利支撑。总结经验可以包括总结自身经验和借鉴他人经验。

三是良好的心理。非正常情况往往是极少发生的，所以，当它出现的时候往往是突然的，肯定会给领导者的心理带来一定的冲击，致使心情紧张，正常的思路被打断。如果领导者不具备良好的心理素质，就可能在混乱中作出错误的决断，使事态进一步恶化，甚至发生事故。

四是正确的思维。如果领导者已经具备丰富的知识、经验和良好的心理素质，那么在处置非正常情况时，只要有正确的思维按照正确的步骤实施就可以了。

4 指挥引导的能力

指挥引导能力体现为对下级行为的支配与引导的能力。行政指挥是行政领导在执行政策过程中，按照既定的目标和计划，对下属和群众所进行的动员和指导活动。指挥从某种意义上来说，既是行政管理的一项重要职能，又是领导者的一项基本工作，还是领导者的一门领导艺术。它在行政管理和领导工作中占有十分重要的地位。领导者必须注意提高指挥引导能力，保证组织的有效运行和工作的顺利推进。

当好"领头雁"

领导是诸多实际工作的直接领导者、指挥者和最终落实者，在很大程度上影响着队伍素质和管理水平。领导者对一个单位、部门、区域来讲，责任重大、任务艰巨，尤其是群众关注的热点、焦点和关系到人民群众切身利益时，群众对领导者的期望值更高。所以，领导者要时时走在前列，处处做好表率，当好"领头雁"。

首先要具备把关定向能力。这就要求领导者要不断加强理论学习,增强政治敏锐性和政治鉴别力,遇事善于从大局观察和思考问题,善于解决带政治性、全局性的矛盾,才能始终牢牢掌控事物发展的正确走向。要关注时事形势,关注党和国家的大政方针,还要善于见微知著,从具体事中发现倾向性问题,通过对具体问题的调查研究和深入思考,作出科学判断和正确抉择。

其次要具备科学决策的基本功。科学决策是领导者的重要职责,决策正确与否,直接关系到建设发展的程度。作为领导者,一方面要不断提高自身思维层次和决策能力,另一方面还要努力提高抓具体工作的能力。应切实贯彻民主集中制,以集中班子成员的集体智慧,确保决策的正确性、科学性,避免因调查研究不深、个别酝酿不充分等原因造成决策失误。

第三要倾力维护班子团结。只有搞好班子团结,才能把班子建设成为具有强大凝聚力、战斗和创造力的集体。有的领导者不善于统一认识、集思广益;有的拨弄于个人权力的小算盘,容不下不同意见;有的思想交流少,生活关心少,有了问题互相推诿。在这种情况下,领导者要协调班子做好团结工作,要做到互相信任不猜疑,经常交流少隔阂,相互支持不拆台,互相关心不冷漠。坚持以事业为基础,多琢磨事,少琢磨人。自觉按原则办事,坚持党内生活各项准则,确保班子合力。

此外,领导干部还要做好以下三个方面的工作:

一是做各项工作的"责任人"。基层领导始终处于工作第一线,是做好工作的第一责任人,在实际工作中,要做到掌权不专权,事必躬亲,不搞"一把抓";要负责不推责,出现问题时敢于承担责任,敢于自我批评,不搞"我说的都对";要有针对性地开展调研,善于发现苗头性、倾向性、多发性问题,认真分析,提出意见,并加以解决;要具备统揽全局的能力,不能只考虑本部门、本单位的利益,善于抓好上情与下情、宏观与微观、长远与现实的最佳结合点,从而有的放矢地提出工作的对策,达到事半功倍的效果。

二是做改革创新的"领头人"。改革创新是各项事业发展进步的不竭动力。要推动工作,首先,观念要新。要把握和认识新形势下工作的特点,实现思想观念由静态走向动态、封闭走向开放的转变。其次,工作方法手段要新。要努力挖掘本单位工作的亮点和特色,善于见微知著,举一反三,抓苗头、抓要害,切忌用老办法解决新问题、用旧经验指导新实践。要在整合内部资源、挖掘内部潜力上下工夫,推出有针对性、前瞻性和可操作性的新举措。

三是做人民群众的"贴心人"。要真正把群众装到心里,用心去热爱群众,把自己的生命与老百姓融为一体。这样就能对百姓的真情永远不变,才会创造出干群关系良性互动的亮点,把工作做到群众心里。群众的需要就是党的干部的工作目标,要下大工夫,采取各种方法,找准群众的需要,抓住重点难点,对症下药,把为民、利民、便民作为工作行动的准则,把为民服务融入工作实践中,深入群众,真诚地为群众排忧解难,不断改进工作方法,以实实在在的工作业绩去赢得民心。

培养领袖气质

在任何一个团体中,总有某一个人充当着核心的角色,他的言行能够被团队认可,并指引着团体的某一些决策和行动。我们把这种人所具备的人格魅力称为"领袖气质"。具有领袖气质的并不一定是高层的领导者。在任何一个团体中,小到几个人组成的办公室,大到一个集团,总会有一个人具有说服他人、引导他人的能力。在某种程度上,"领袖气质"可以被认为是人格魅力的一部分。

研究领导能力的杰伊·康格把领袖气质定义为一系列行为特质的集合,这些行为特质能让他人感受到一种魅力,包括发掘潜在机遇的能力、敏锐察觉追随者需求的能力、总结目标并公之于众的能力、在追随者中间建立信任的能力,以及鼓动追随者实现领袖目标的能力。康格认为,追随者是否认为一个领袖具有领袖气质,取决于该领袖所表现出来的出色行为的数量、这些行为的强度,以及它们与情境的相关程度。

出色的领袖以其领袖气质指出下属前进的明确目标,帮助他们在情境不明的情况下明确方向,激励他们为实现目标而奋斗。一项有趣的研究表明,具有领袖气质的人常常利用他们的情绪表达能力来激励或影响他人。具有领袖特质的人,常激励或影响他人。

他们能够唤起、激励、影响他人的情绪,还拥有吸引他人注意的能力。具有领袖气质的人能够触摸到他人的情感深处。

一个成功的领导者之所以成功,不在于他手中握有的权力,而在于他自身所具有的领袖气质所呈现的领导魅力。大多数成功的领袖,他们自身好像一块磁铁,深深地吸引着别人矢志不渝地追随他们。他们总能激发起人们的狂热情感,总能驱使人们不停地行动,他们身上体现出来的这种巨大的、宗教般神秘的力量,就是领袖魅力。

富兰克林·罗斯福在39岁时不幸患有一种麻痹症,他的双腿再也站立不起来了。在大部分时间里,他不得不坐在轮椅上。尽管病魔缠身,他还是艰难地以顽强的毅力克服一切困难。以他迷人的魅力,倾倒了美国人,他是美国历史上唯一一位连任四届的总统。在二战期间,罗斯福身上那种非凡的个人魅力得到了最大的发挥。为了获得战争贷款,他说服下属捐献自己的手表。罗斯福被他的下属视为偶像,他的司机也这样说:"罗斯福是一个非凡的领袖,我们需要他的领导。"罗斯福十分关心下属,他奉献给下属的是一种母亲般的爱。在治理美国的十多年时间里,他从没有训斥过一个下属。

一个人之所以成为领袖,必须有能让众人倾倒的魅力,否则他就不是一个真正的领导者,而只是一个管理者。

领袖气质不是与生俱来的特质,也不是上帝赋予个体的某种能力。对领袖气质的最好诠释是个体特质的集合,它使拥有领袖气质的人对他人产生影响,诸如激励他人、领导他人、影响他人,或以某种方式影响他人的情感和行为。有关证据表明,人们是可以通过改善社会技能来增强领袖气质的。

全球化要求每一个工作人员,要有超凡的领导能力和良好的协调能力。越来越多的人开始关注如何在团体中树立自己的权威形象,如何培养自己的"领袖气质"。因此,面向未来的领导者,尤应认真研究领袖气质问题,提高加强领袖气质修养的自觉性。但是,树立权威形象,培养领袖气质,并不是一朝一夕的事情,如果我们在日常工作中,能够注意到以下几点,将会为你的领袖气质的培养打下良好的基础。

一是强化自己的素质特征,形成引人注目的"素质制高点"。随着干部工作规范化、科学化、公开化进程的全面推进,各级领导干部的整体素质普遍提高,干部个体之间的素质差异日渐缩小,那种鹤立鸡群、光彩照人的素质对比效果日渐消失,而代之以异彩纷呈、各有千秋的干部素质景观。因此,领导者要想通过加大"素质落差"来增强自身的领导魅力,一个比较现实可行的原则就是在保持基本素质平衡的基础上,强化自己某个或某些方面的素质特征,着力挖潜、提高,形成具有相对优势的"素质制高点",这样更容易令人感受到自己的才华及魅力。

二是把自己的志向最大限度地融合到社会的利益、心理及变化的需要之中,增强社会的心理共鸣度。对于一个领导者来讲,胸无大志必然导致行为上的怯弱和苟且,而这正是丧失领袖气质的一个重要因素。由此而言,志向远大是领导魅力之魂。但是,领导者的远大志向要获得较高的魅力评价,其意义不在于对个人功成名就的追求,而在于对增进社会利益、拓展团体事业、不断满足

部属发展需要的强烈愿望和不懈努力。另外,领导者的志向还必须取得社会公众在心理和文化上的认同,使自己所倡导和力行的价值观念、领导目标、领导方式都能被公众乐于接受,并成为他们的自觉行动。有人把极具领袖气质的领袖人物称为"民族生命体",以此来描绘他们与他们的民族在利益、心理和文化上融为一体,并认为这是他们充满领导魅力之源。这个认识很有见地,值得我们的领导干部深思。

三是要勇于从事挑战性的工作。由于挑战性工作超出了领导者的现有知识、现有经验和现有的心理准备,往往能激发领导者的素质潜能、丰富其战胜困难的心理体验、完善其心理品质、拓展其施展领导才能的用武之地,因而易于淋漓尽致地展现其领袖魅力。

四是培养符合自身个性特点和职责要求的领导风度。领导风度称之为领导气质这部大书的"装帧",最受人关注,并影响到人们对领导者其他方面魅力的评价。加强领导风度修养首先要有一种率真的个性作为支撑。其次,要使这种个性具有魅力,还必须加强思想品行和知识修养,使领导风度更有内涵和品味。再次,要注意领导场景。"到什么山上唱什么歌",保持得体的举止。最后,要注意培养机智、幽默和人情练达的特殊素质。要求领导者遇事必须因势而动,随机应变。其中,机智讲究"巧",常能扬长避短,保持主动;幽默讲究"趣",以诙谐之言和不失体面的笑谈淡化某些矛盾的尖锐性,有助于领导者摆脱窘境;人情练达则易于把握公众的心理敏感点,并及时准确地选择与之沟通的有效方式,树立自身的良好形象,提升自己的领袖魅力。

制定工作目标

领导者就像在大海中航行的一条船上的舵手一样,他必须明确前进方向、位置和处境,时刻把注意力集中在正确的航向上。这个航向就是工作目标,他能够指明前进的方向,是上下协调行动的纲领。

如果凡事在行动前能有一个周密的计划,对要去做什么和如何去做都能了然于胸,那么我们就能以更大的信心和把握投入到行动中去。这样,行动的成功率就会大大提高。科学、合理的工作目标和工作计划可以保证各部门的工作始终能有条不紊地进行。一个机关、单位、部门、企业,如果拥有一个符合实际情况的良好的工作目标和工作计划,就能最大限度地激发全体成员的工作积极性,工作效率就会大幅度提升。如果目标不明确,其成员就会工作起来没方向感,就会效率低下。

工作目标和工作计划非常重要,它可以:指明方向,协调行动;预测变化,减少冲击;减少浪费,避免损失;使组织运行处于受控状态。

美国思想家 W. P. 弗洛斯特曾提出一条著名的弗洛斯特法则:在筑墙之前应该知道把什么圈出去,把什么圈进来。这条法则说明:如果一开始就明确其发展的界限,最终它就不会做出超越界限的事来。

要较好地实现工作目标,必须使各项活动都能得到有效的控制。计划和控制是一个事物的两个方面,计划是控制的基础,控制是计划得以有效贯彻的保证。如果没有既定的目标和规划作为衡量尺度,领导者和管理者就无法确保各项活动都处于受控状态。

每位领导者在每个工作阶段都会制定一定的工作目标,然而,在向下级部门分解指标、分配任务时,往往会遇到来自下属的这样那样的阻力,比如说:尽量压低工作目标,讨价还价;对工作目标无所谓;习惯于接受命令和指示;个人目标与组织目标、部门目标发生冲突等。这是一种常见的现象——下属会尽可能多地强调自己的困难,期望降低工作目标。

在这种情况下,实际接受任务的下级领导往往会把能导致上级领导提高对自己的工作要求的真实信息隐瞒起来。几乎很少有下级部门会在上级部门、上级领导提出的任务目标基础上,主动往上加码,谁都希望尽量轻松地完成自己的工作,减轻工作压力。目标定得越低,工作的压力越小,将来超越目标任务就越高,就越能显示自己的政绩。

那么,该如何化解来自下属的阻力呢?总的来说,领导者应当在充分掌握各种信息的基础上,依照所处的环境、资源、人口、经济社会发展基础等情况,给下属部门制定合理、适度的工作目标。首先,要明确工作职能,明确是对什么负责,有什么样的职权;明确上级的要求;要调查清楚组织资源,考虑组织资源是否能满足实现工作目标的需要。其次,要向下级解释所制定的目标能够给下级自身带来的好处,要鼓励下级自己设定目标。第三,推行目标管理需要一个过程,对下级的要求应该是先易后难、循序渐进。第四,一定的目标要有相应的绩效标准。第五,让下级明白他能够得到的支持和帮助。

一般号召与个别指导相结合

一般号召与个别指导相结合,是辩证唯物主义认识论在实际工作中的具体运用,是开展领导工作的基本方法和基本原则之一。

毛泽东在《关于领导方法的若干问题》一文中指出:"我们共产党人无论进

行何项工作,有两个方法是必须采用的,一是一般和个别相结合,二是领导和群众相结合。"毛泽东在文中强调了在领导工作中一般号召与个别指导相结合的重要性,他说:任何工作任务,如果没有一般的普遍的号召,就不能动员广大群众行动起来。但如果只限于一般号召,而领导人员没有具体地直接地从若干组织中将所号召的工作深入实施,突破一点,取得经验,然后利用这种经验去指导其他单位,就无法考验自己提出的一般号召是否正确,也无法充实一般号召的内容,就有使一般号召归于落空的危险。

一般号召和个别指导是密切联系不可分割的一个完整过程。如果没有一般的普遍号召,不造成强大的舆论,就不可能发动广大群众行动起来完成共同任务;如果只限于一般号召,不直接深入个别单位具体指导以取得实际经验,就不可能正确地实行普遍指导。一般号召和个别指导相结合,是党在长期领导实践中总结出来的一个有效的领导方法,它已经成为广大干部经常运用的领导方法,其内容和形式,随着形势和任务的发展变化,在实践中不断丰富和创新。如试点示范、抓点带面、蹲点跑面、抓两头促中间等等,都是一般号召和个别指导相结合的具体运用。一个好的领导者不能只是发号施令,他必须踏踏实实地深入到具体工作中去,学会解剖一个或几个麻雀,通过个别了解一般。我们只要解剖了一个或几个麻雀,就能了解一般的麻雀,就能形成正确的一般意见或一般号召。

在具体工作中,一般号召和个别指导相结合的方法有:

一是以点带面。要在全局工作中先选择一个区域、一个单位进行试点,在取得成功经验后再全面推广。要保证"以点带面"的有效性,首先要求领导人或有关方面的负责人要亲自抓一个区域、一个单位的工作,有的称之为"蹲点",扎扎实实地抓试点工作,并对所获得的经验加以分析、概括,把它提高到一般规律性的程度上来。其次,在推广时,领导人要考虑试点经验的价值和运用范围。不盲目推广,以免导致不良后果。

二是区别对待。领导者在对全局工作作出决策(发出一般号召)时,如果只提总体要求和做法,就很容易造成"一刀切"。因此,在发出一般号召之后不仅应进行个别指导,而且在一般号召中要体现区别对待。向不同区域、单位提出不同的要求,要有层次性,要有低限和高限之分。此外,还可根据不同成员的特点,分类发出一般号召,使号召的内容具有针对性。

三是突出重点。领导者为使一般号召不空泛,应在向各部门部署全局工作时明确关键性活动环节。在个别指导上,也要分清主次,抓大事,抓关键点。

此外,在将一般号召与个别指导相结合时,应注意三个方面:

一是突出针对性。如果缺乏针对性,就失去了个别指导的意义。增强个别指导的针对性,要求领导者必须充分了解下面的情况。

二是注意指导的具体化,能提出有直接意义的具体方案。要防止在指导过程中,只停留于空泛的号召,使个别指导成为一般号召的继续。

三是进行个别指导时,上级领导不要包办代替。要多同基层组织和基层干部商量,听取他们的意见,充分发挥他们的积极性、创造性,在此基础上,提出自己的意见、办法。

有效激发士气

士气是具有积极热情的工作氛围、完成任务的责任心和奉献精神、协调一致的合作。当这些要素同时具备并发挥作用时,意味着一个团队拥有高昂的士气。反之,当缺少某一要素或要素统一未能充分发挥作用时,则表明团队士气的低落。

领导者的重要职能之一就是有效激发全体团队成员的士气,最大限度地提高工作效率,组织全体成员围绕团队共同的目标而努力,最终实现工作目标。

有一个碗底埋红烧肉的故事:某装卸公司的老板有一批货要在半天之内搬上码头,但当时的人力不够,老板想了个办法。中餐时,老板亲自给伙计们盛好米饭,偷偷地在碗底埋了几块红烧肉,并一一端到每个人手里。伙计们发现后,都以为只有自己的碗里才有红烧肉,都闷声不响地吃起来。整个下午,所有的伙计都把货装得满满的,一趟又一趟,来回飞奔着,搬得汗流如雨……一天的活,一个下午就干完了。

这位老板采取的方法就是激发士气。人都是有思想、有情感的,每个人无论学历高还是低、感情粗犷还是细腻、出身高贵还是贫贱,从事的工作是脑力劳动还是体力劳动,在他们的内心都一样渴望被尊重、被关心、被当做"人"看待。虽然人们在不同时期会有各种不同的需求,但被领导尊重、重用、关心的需求是每个人的内心都渴望的。没有最好的,只有最合适的。对不同的人,不同环境中的人,不同层次和不同需求的人,作为领导要注意使用不同的激励方式。

那么领导者如何有效激发士气呢? 先看一个金香蕉的故事。

福克斯波罗公司创业初期,面临一项极其重大的技术改造。有一位很敬业的科学家在一天深夜研究出一台能解决问题的原型机后,按捺不住激动闯进总裁办公室汇报。总裁看到这太令人难以置信的机器后也很激动,就想如何奖励这位科学家。但因为是深夜，没法出去买礼物，于是他翻遍了办公室的抽屉，他只找到了一支金灿灿的香蕉，于是郑重地送给这位科学家："这个奖励给你！"……这是他当时能够拿得出来的唯一奖品。后来，金香蕉演化成小小的"金香蕉"状的别针，作为该公司对科学成就的最高奖赏。

领导者激发士气需要掌握以下要领：

一是及时给予下属奖励。及时的奖励能强化下属的积极行为，并让下属把这种行为保持下去。

二是尊重和信赖下属。及时看到下属优点和闪光面，能够尊重员工的价值。

三是使激励具体化。要让大多数人经过努力能摘到具有激励作用的"果子"。果子的高度只有让摘果子的人跳起来能够得到的时候，才具有吸引力。

四是与下属并肩作战。出色的领导者不仅仅会规劝和告诫自己的下属，他们自己也要参加高强度、高难度工作，和自己的下属并肩作战。

五是在物质奖励的同时，及时给予精神奖励。如颁发业绩证书，表扬鼓励员工对工作的贡献。有时候一句叫好的话往往比物质奖励更能够让员工士气高涨。

六是组织集体活动，鼓励参与。例如一年一次的野炊，球类比赛，圣诞活动等。提供照顾家庭的好处，包括托儿、灵活的工作时间或在家用电脑工作等，向所有员工发节日卡，让他们感受到集体的温暖。

5 驾驭控制的能力

驾驭控制能力，就是领导干部通过一定的形式、方法和手段，使人们更适应改造自然或社会的要求，从而驾驭和支配有关客观事物的本领。毛泽东在论述革命战争时指出："指挥全局的人，最要紧的，是把自己的注意力摆在照顾战争的全局上面……如果丢了这个去忙一些次要的问题，那就难免要吃亏了。"

在当前，抓住机遇、加快发展、全面建设小康社会，就要不断提高党的执政水平，就要努力提高领导干部驾驭经济和社会发展全局的能力，就要各级领导干部自觉运用战略思维，加强对经济和社会发展全局重大问题的调查和研究，提出相应的对策。

驾驭全局能力是领导者善于运用战略思维，善于全面掌握局势、指导工作的能力。站在全局的高度上负总责、抓关键,是驾驭全局的基本内容。驾驭全局的能力是领导干部履行好职责的必然要求。

"甩手掌柜"与事必躬亲都是误区

"甩手掌柜"型领导干部,在日常工作中屡见不鲜,他们通常借"放手"之名,行"弃权"之实,对属于分内事务,漠然视之。

"甩手掌柜"的主要表现:在其位不谋其事,吃"皇粮"不干公差,遇事回避、推诿,强调各种理由,为自己无所作为、未做出成绩找借口;有的整日无所事事,游手好闲,工作缺乏主动性,光做"和尚"不撞"钟",得过且过;有的对待工作、对待事业缺乏热情,更无激情,麻木不仁,甚至牢骚满腹,怨天尤人;有的"推"字当头,凡事能推则推,能拖则拖,领导没交代的、别人没干过的、文件没写明的,统统不予办理;有的不愿做基础性的工作,应付着过日子,更不愿做攻坚克难的行家里手……

所谓"事必躬亲",指的是事无巨细,凡事都亲自去做、去抓。事必躬亲的领导方式具有两面性。当其作为调查研究、率先垂范、统揽全局的工作方式时,就是积极的领导作风;当其转为不分主次、包打天下、唯我独尊的工作方式时,就是有害的领导作风。在实际工作中,应辩证处理抓大与放小的关系。

在中国历史上,人们常把事必躬亲的官员视为勤于政事、勤恳敬业的好官、清官。三国时期的诸葛亮,集军政大权于一身,大至军国事务,小至校对文书,检查账目,处罚士兵等,都亲自裁决,亲自处理,亲自过问。丞相府主簿杨颙对诸葛亮事必躬亲的做法曾进行过规劝,在《谏言》中说:"为治有体,上下不可相侵。"并从治家治国的正反事例说明分工分权的必要性,然而诸葛亮对杨颙的劝谏没有采纳,终因"出师未捷身先卒",累死于五丈原,年仅54岁。

相反,周恩来对各种事务应对自如。曾经有个外国总统问周恩来:"我们国家小人口少,我当总统整天都忙不过来,你是十多亿人口的大国的总理,你这个总理是怎么当的?"周总理笑嘻嘻地说:"我还有我的八个副总理啊。"

俗话说:"火车跑得快,全靠车头带。"作为一个领导者,既要有能力,有魄力,有感染力,还要有一定的领导艺术,正确发挥"领"和"导"的作用,不但要科学管理,科学决策,民主议事,而且要以人为本,把每个人的潜力挖掘出来,把每个人的积极性和创造性调动起来,把部门人力资源的整体效应发挥出来,各项事业才能取得成功。

领导者,代表的是一个方向,要的应该是一种结果。管理能力表现在全局在握,并不体现在事必躬亲。注重过程监督是必要的,但事无巨细都要过问,都要"亲自抓",都要"事必躬亲",事与愿违在所难免。

领导者要跳出"甩手掌柜"或者"事必躬亲"的误区,首先应加强党性修养。作为领导者应该知道自己所从事的事业是党的事业,来不得半点私心。一个人在领导岗位上不可能干一辈子,领导应成为部属进步的阶梯,而不应是障碍。其次应善于授权。授权不仅可以得到部属的尊重,充分调动部属的积极性,发挥部属的聪明才智,而且还可以减轻领导者的工作负担,使其把主要精力放在全局的统筹上,从而提高整体的工作效率。再次应充分放权。领导者应把那些属于部属的分内之事放权给部属,使组织内具体事"自有主者",才能做到责、权、利的统一,才能创造良好的工作氛围。

责任明确、赏罚分明

责任明确是指组织内成员各自承担的责任关系明确,并以制度来加以保障。作为领导者,责任感更应该是积极主动地承担工作的一种信心和境界。

歌德说过:"责任就是对自己要去做的事情有一种爱。"领导者满怀责任感、使命感,能激发下属的责任心,就可能纠正其狭隘性,如同骏马徘徊于迷途时,有了可靠的向导。正如美国第35任总统肯尼迪在总统就职演讲中所说的:"我们的地位向上升,我们的责任心就逐步加重;升得愈高,责任愈重,权力的扩大使责任加重。"

莎士比亚说:天才如果袖手旁观,即使他优美出众,也仍是畸形的天才。因此,没有责任心,就没有执行力。缺少了责任心,就会出现埋怨、借口,将执行不力的结果归因于外界。无论是领导干部还是下属,都应站到自己的职责范围内去谋划工作。这样,才能充分发挥其积极性、主动性,以推进工作顺利完成,使社会有序化、和谐、稳定地运行。

责任通常与奖惩联系在一起的。赏罚分明,是指功必赏、过必罚。《孙子兵法》开篇就讲:"主孰有道? 将孰有能? 天地孰得? 法令孰行? 兵众孰强? 士卒孰练? 赏罚孰明? 吾以此知胜负矣。"可见,赏罚是否分明是一支军队是否有战斗力的重要因素。一个团队亦是如此。

古往今来,无数杰出领导者都严格执行赏罚分明的原则。战国时,齐威王"信赏必罚",使齐国国威大增。红军长征,路经叙永县营盘山硕果满枝的橘林却秋毫无犯;另一支饥饿的红军部队,初进川南找到一块萝卜地,老百姓早逃离山寨,部队在找不到主人的情况下,决定每挖一个萝卜,就在坑洞里放一个铜圆。这支军纪严明的部队，最终才成为后来驰骋疆场、战无不胜的铁军。

领导者实施赏罚要本着"治病救人"的宗旨的，不把犯错者一棍子打死，而是给他改过自新的机会。领导者赏罚应该遵循以下原则：

有罚必须有赏，重罚必有重赏。只罚不赏很容易激起人的逆反心理，使人抗拒。即使最终达到了效果，但是，气氛却是压抑的，人的心情也不会舒畅。赏罚的目的有二：其一，分化，使得左右摇摆者易找准方向；其二，赏罚同时进行，互相映衬，使部下印象深刻。

赏罚要坚持"诛大赏小"。所谓"诛大"，就是擒贼先擒王。孙武训练女兵，在三令五申之后，吴王的两个宠妃仍不以为然，孙武便下令处斩，女兵骇然，无不听孙武号令而动。领导者在处罚下属时，一定要把事实了解清楚，板子一定要打在为首者的屁股上，否则，处罚便不能服众。而"赏小"，是指要奖励普通士卒，这样的赏罚，才更有激励作用。

赏罚要公正。要使赏罚所要达成的目标，形成制度，内化为下级的内部动机，使其具有集体荣誉感。

必要时改罚为赏。赏是一种积极的方式，罚是一种消极的方式，因此，用赏取代罚可能会有更好的效果，可以调动下属的积极性，使上下级关系更为和谐。

领导者要通过赏罚来观察下级的内在动机，从而激发、调动下级内在动机。物质奖励固然重要，但精神的奖励所起的作用更大。现代心理学研究表明，当人们意识到自己的行为受到他人重视，被认为有重大意义时，人的主观能动性便能够被充分激发，潜在的能量才能够得到淋漓尽致的发挥和运用。"士为知己者死"，"赴汤蹈火，在所不辞"，皆是很好的例证。

善于抓落实

作决策与抓落实是领导干部必须履行的职责。正确的决策形成之后，关键在于贯彻落实。落实，是计划变为现实的桥梁。没有落实，再好的决策只能在文件堆里酣睡；没有落实，再美的憧憬只能在蓝图里叹息；没有落实，再切近的目标只能可望而不可及；没有落实，再简单的问题只能举步维艰。

为政之要，贵在落实；落实之要，贵在执行。领导干部要善于抓落实，就是要以强烈的责任感和事业心，将决策付诸实践行动，千方百计把事情办好，并取得长期效果。

抓落实，是方法。领导干部抓落实要方法得当，要有积极态度，而非阳奉阴违；创造性地开展工作，而非得过且过。每项工作的落实，都要抓住事前计划、事中督促、事后检查三个环节。对上，要吃透精神，准确领会，确保一致；对下，要集思广益，带着感情，体察下情、了解民意；对内，精通业务，形成合力，精诚团结；对外，要博采众长，注重借鉴。领导干部抓落实要明确工作目标和任务，明确承办人，明确牵头领导和责任，明确方法步骤，明确完成时限，明确考核奖惩措施，从而真正形成上下内外齐心合力抓落实的浓厚氛围。抓落实，有个标准问题。应付差事型的抓落实，工作经不起检验标准，不但不能落实，反而会败坏风气，埋下隐患。

抓落实，是实践。抓落实，关键在实。抓要抓出实效，落要落到实处。某些领导干部乐于搞突击，不注重抓平时，往往半途而废，不能善始善终，缺乏求真务实和深入细致、持之以恒的作风，这要求转变作风。"要学白藕扎深根，莫效浮萍水上漂。"求实就必须求细，过细就实。古人说，天下大事必做于细。既要有对全局的思考和运筹，又要入手具体环节，精心抓好每一项工作。求实就必须求恒，常抓就实。一个长远的规划需要若干年坚持不懈的组织实施才能最终实现，一个大型工程需要当地几届班子、甚至几代人锲而不舍的连续苦干才能最后完成，用"咬定青山不放松"的韧性，才能真正抓出成效。

抓落实，要善抓重点。毛泽东说："没有重点，就没有政策。"不善于抓重点的干部，不是眉毛胡子一把抓，就是东一榔头西一棒槌，更有甚者随波逐流，奉行脚踩西瓜皮的策略。因此，抓落实就要抓重点。

抓落实，要善抓用人。一个不善于抓落实、甚至唱对台戏的干部，只会曲解决策，使之虎头蛇尾，成为空中楼阁。因此，抓落实就要用好人才。赵括言过其实，致有长平之败；马谡背离实际，终遭丢失街亭。历史上的教训不胜枚举。还要抓作风。对领导干部而言，以扎实的工作作风抓落实，沉下身子干，追求落实的最佳效果。再次是明确主攻方向，分清轻重缓急，集中精力，牢牢掌握工作的主动权，力求突破，从而有效地带动全局工作。

抓落实，要有制度保障，要建立健全抓落实的长效机制。通过建立抓落实的监督制约机制、严格的目标考核机制、奖罚分明的激励机制和行之有效的用人机制，形成说实话、办实事、讲实效、求实绩的浓厚氛围，以及正确的政绩观，真正形成层层抓落实的工作格局。

抓落实需要开会，但不等于开会。不善抓落实的干部，往往忙于部署，疏于检查督导，用多开会、多发文件代替抓，最终落实到华美的辞藻上。因此，一个领导干部，要努力提高抓落实的领导艺术，坚决反对各种形式主义和官僚主义，不能"喊得凶、抓得松"，更不能以"作秀"代替做事。

6 协调平衡的能力

一个单位、一个部门因为资源限制和职能不同,要与其他单位和部门协作,共同发展。领导干部需要像一个高明的厨师一样,将味道调得恰到好处,使各方满意,进而形成合力,最终功到自然成。

协调平衡,是领导者管理工作的一部分。管理主要由计划、组织、指挥、协调、控制等环节组成。这些环节如果不通畅,就有可能造成组织系统的失调,危及组织最终目标的实现。而要使这些环节运转正常,关键取决于领导者的协调平衡能力。

统筹兼顾方能各得其所

"统筹兼顾、各得其所",是毛泽东在《论十大关系》中首倡的和谐之道,体现了"两条腿走路"、各业"并举"、"综合平衡"发展的辩证思想。其意就是总揽全局、科学筹划、协调发展、兼顾各方,充分调动一切积极因素,妥善处理各种利益关系,使每个人或事物都得到恰当的位置或安排。

统筹兼顾是我们领导建设发展的一个基本方针。邓小平提出:"我们必须按照统筹兼顾的原则来调节各种利益的相互关系。"江泽民强调:"我们所有的政策措施和工作,都应该正确反映并有利于妥善处理各种利益关系,都应认真考虑和兼顾不同阶层、不同方面群众的利益。"以胡锦涛为总书记的党中央,提出的"五个统筹"思想,并指出科学发展观的根本方法是统筹兼顾,是对这一执政理念的继承与发展。

为什么要"统筹兼顾,各得其所"呢? 因为,新阶段我国社会阶层结构发生了新的变化,出现了新的利益关系和内部矛盾,而改革的目的是解放和发展生产力,改革的实质是对方方面面利益关系的协调,只有从统筹兼顾的角度出发,认真处理好各方面的利益关系,才能有效推进改革,才能适应当前的国内外环境。

领导干部要不断提高"统筹兼顾、各得其所"的能力和本领,即驾驭社会主义市场经济的能力,发展社会主义民主政治的能力,建设社会主义先进文化的能力,构建社会主义和谐社会的能力,应对国际局势和处理国际事务的能力,进行自主创新的能力,激发社会创造活力的本领,管理社会事务的本领,协调利益关系的本领,处理人民内部矛盾的本领,开展群众工作的本领,维护社会稳定的本领。总之,要善于"弹钢琴","十个指头的动作有节奏,互相配合",最终"产生好的音乐",克服"一条腿长、一条腿短"的失衡,使经济和社会协调发展。

领导干部要明晰统筹兼顾的思路。统筹兼顾的最终目的并不是搞新的平均主义,抽肥补瘦、抽多补少、齐头并进,并不是要放慢经济发达地区的经济增长速度,而是要防止城乡社会结构的断裂,防止发展出现鸿沟,防止发生与社会主义原则相违背、并导致社会主义基础瓦解的两极分化,防止单纯追求 GDP 增长速度、不惜牺牲其他社会发展价值的偏向,防止对资源的滥用和对生态环境的破坏。因此,要创造公平竞争的外部环境,就要处理和协调好各种利益关系。

新时期的"统筹兼顾,各得其所"的含义,就是要设计出一套规则、制度或社会规范,让各方面利益,包含地区利益、部门利益、行业利益等,无论是群体、地区、部门、企业,还是个人,在追求自己利益最大化的同时,服从国家和人民的利益。

在具体落实环节上,统筹要有重点,有制度建设保证其长期性、稳定性,有价值导向。在地方政府层面,领导干部"统筹"观念与能力的准备,能自觉地运用这一科学发展观的根本方法,而不是简单地摆平各方面关系,既总揽全局、统筹规划,又抓住牵动全局的主要工作、事关群众利益的突出问题,着力推进、重点突破,必将使统筹思想落在实处。

把握协调工作的要领

协调是一门艺术,是领导者的主要职责之一。古代的帝王驭人术讲究权力制衡,而现代领导者要搞好协调工作,需要职能定位与用人机制、任务分流的有效融合,使之制度化和规范化,才能使工作健康运作,使团队战斗力增强。

科学的职能定位,是协调工作的关键。各部门、各岗位的职责范围和工作分工是不同的。科学合理的职能定位,是搞好协调,保证工作正常有序进行的关键。职能定位,要权责明确,避免随意性。在现实中,由于职能范围界定的随意性所造成的矛盾十分突出。主管或分管领导之间的关系理不顺,职能部门的工作受到多头指挥,造成部门之间、个人之间权力"越位",一个单位如同在球场上的一支球队,每个运动员位置是泾渭分明的,随意越位便难以打好一场球。没有科学定位,会使系统失灵,直接影响领导工作的严肃性和工作效率的提高。

合理的任务分流,是搞好协调工作的内在要求。行政领导机关工作尽管涉及面广,影响力大,却是一个整体,其职能的有效运作离不开部门相互之间的协调与配合。因此,在职能定位、权责明确的基础上,还必须有主次分明的合理的任务分流。单枪匹马,各自为政,不可能有效地发挥其职能。

完善的用人机制是搞好协调工作的重要保证。要有科学的用人机制,就要反对机构臃肿、裁减冗员,改变人浮于事、"一羊九牧"的面貌。

领导者的协调工作千头万绪,要通盘考虑,避免"锣齐鼓不齐"的现象。领导者要围绕目标,抓好领导班子的协调、目标决策协调、工作重点协调以及工作落实协调等方面,才能凝聚力量,使工作落到实处。

领导干部能否有效地协调工作,除了方法,也与其领导权威、影响力、凝聚力、整合力紧密相关。树立协调权威,要求领导干部的领导素质要不断提高,身正为范,学高为师。高素质的领导干部往往会产生强大的向心力,从而促使达到协调的目标。

领导者在实际协调工作中,要处理好协调与代替的关系,不能越俎代庖;处理好协调与原则的关系,做到"君子和而不流";处理好协调与廉政的关系,协调靠的是诚信,而不是吃喝玩乐;处理好指令与协商的关系,不发号施令,也不一味地妥协退让,而是刚柔相济,软硬兼施。要讲究策略,巧说妙话,通权达变,辩证施治、对症下药,才能有效地协调。

在社会分工越来越细的大环境下,合作、交流、共赢成为时代主题。在这种环境中,协调工作难做,是因为一些领导者把自己当成救火员,当成"和稀泥"的"和事佬",甚至是"墙头草"。如此,只会使工作深陷泥潭。孰不知,协调靠的是大智慧,而不是灵机一动,要依靠制度达到效果。

一位刚刚履新的领导,只是自己埋头工作,但管理效率越来越低,原因是下属不知该怎么办,后来他召集会议,通过认真讨论建立和健全了各种规章,形成工作制度,规范行为,从而使效率得以迅速提高。从这个角度来说,协调也是效益。

许多工作在刚开始时,因为缺乏理解和沟通,容易陷入僵局。领导者要明确相应的职责,把协调工作成效与业绩挂钩,形成协调工作的长效机制,才能立于不败之地。

协调领导班子关系的要领

协调是领导者的一项重要职责。一把手作为领导班子的核心,在集体领导中发挥着多方面的作用,其中协调的作用显得特别重要。一个领导班子整体效应既取决于这个班子成员个体素质的高低,也取决于这个班子群体结构的优劣,同时也取决于这个班子协调运转的程度。实践证明,一个班子内部能否做到关系顺畅,心情舒畅,在很大程度上取决于一把手的协调作用。领导者只有提高协调艺术,才能充分发挥组织内各要素的作用,使组织产生"系统放大"效应,极大地提高组织的整体功能。因此,作为班长的一把手善于协调班子成员各种关系,乃是一个班子具备凝聚力和战斗力的关键。那么,一把手如何协调领导班子的关系呢? 实践中,我认为应该把握以下几个方面:

一是要善于引导,化解矛盾,营造良好的共事氛围。在单位中,班子成员之间存在这样或那样的矛盾是一个比较普遍的正常现象。究其原因有三:一是交叉部分、真空部分的分工不明诱发的工作上的冲突;二是对班子排位分工不满导致的抵触心理;三是班子成员之间因个性、性格的不易相融而出现的矛盾。

上述现象的存在是客观的,而且常常是难以避免的。但是,问题若不解决,就会严重影响一个良好的共事氛围的形成。因此,一把手的引导和调解工作就非常重要。首先要加强引导。要帮助班子成员能够正确认识自己、正确对待同事、正确处理工作上的矛盾。其次要善于化解。班子成员之间的矛盾大都不是势不两立的不可化解的矛盾,一把手通过认真找查问题的症结,运用恰当的方式方法,抓住时机加以调解,许多班子内部的团结问题也就迎刃而解。

周恩来作为党的创始人和主要领导人之一,半个多世纪来,他为党的创立、巩固和发展作出了杰出的贡献,其中自然离不开他的协调艺术。周恩来的协调艺术,表现在领导活动的各个方面。无论是战争年代,还是建设时期;无论是解决党内矛盾,还是处理党外关系;无论是在政治方面,还是在经济、军事、外交、文化等方面,都凝聚着周恩来协调艺术的杰出成果。周恩来的成功和盛誉,在很大程度上也正是得益于他那高超的协调艺术才华。在各种纷繁复杂的矛盾中,他能审时度势,通盘运筹,照顾大局,善于在对立面中寻求矛盾的一致性,进而克服对立,在共同点上使矛盾达到统一。在长期实践中,他依据求同存异、扬同抑异、异中求同、存异待同的思维和原则,充分施展他那长于协商、精于协同、笃于协理的协调才能,成功地解决了国内外、党内外许多错综复杂而棘手的重大问题,为后人提供了重要的思路和经验。如在党内关系协调方面,从党的"五大"以后党内频繁的路线分歧和斗争中,周恩来始终成为调节党内矛盾、维系党的团结和统一的重心,多次避免了党的分裂,从危局中挽救了党。在政治关系协调方面,周恩来充分运用协调艺术,成功地解决了国共两党之间、党内上下左右之间、国际之间一道道政治难题。如大家熟知的西安事变的和平解决,山西抗战的协筹,《中美联合公报》的签署等。在外交关系协调方面,他创造性地提出"和平共处五项原则",作为建立新型国际关系和国际新秩序的基本准则。

二是要合理调配分工,形成人尽其才,协调运转的机制。一把手带好班子最关键的环节是合理分工。班子的配备、班子成员的职位,上级组织都有比较明确的安排,但只是相对的、方向性的,是一种宏观性的分工,一把手应充分考虑地方或单位的实际,特别是本地区或本单位改革、发展、稳定中的重点难点,根据班子成员的职务、年龄、身体状况、能力、特长、个性、社会关系等因素。综合分析、全面考虑,对班子成员进行具体工作分工,明确权责范围,力求达到最大程度的合理性。当然,这种分工仍然是相对的,既要分工明确,还必须目标一致,既分工又合作,避免各自为政,各行其是。为此,一把手还可以根据各个时期的中心工作、工作重点和难点或者某个单项工作,进行临时调配和委派,目标是人尽其才,最大限度地发挥每位成员的能力特长和优势。如果一把手指挥调度有方,班子成员之间就会形成一种既有分工,又有合作的和谐关系,大家各得其所,相辅相成,相得益彰。反之,就会造成职责不清、工作界限模糊、职能交叉、见利就争、遇难就避、互相扯皮等混乱局面。

汉初三杰之一的韩信,是汉高祖刘邦手下一员胸藏百万甲兵的杰出将才。有一次,刘邦和韩信谈起各个将领的能力,刘邦问他:"像我这样的人,能够带多少兵?"韩信说:"陛下不过能带领十万兵罢了。"刘邦又问:"那么,你又能带多少兵呢?"韩信回答说:"我嘛,多多益善!"刘邦忍不住笑起来,问他说:"既然你带兵越多越好,那为什么在我的手下干事呢?"韩信只得说:"陛下虽然不善带兵,但是善于驾驭将领,这就是我在你手下干事的原因。"从此,人们把领兵者称为将才,能统将者称为帅才。韩信的话,揭示了领导活动的一条重要规律:第一把手必须具有驾驭班子其他成员的能力。刘邦统兵的能力不如韩信,他凭什么高居于韩信之上发号施令,根本原因在于他具有统驭将领的能力。因此,一把手应该使自己成为善于指挥调度班子其他成员的帅才。

三是要合理授权、有序管理,实现权责统一。促成责任落实领导之道,在于明责授权,有序管理,这对一把手尤其重要。一把手就是要善于根据班子成员相应的职责合理授权,以求权责统一,确保责任的落实。其一要善授权,防止"分而代管"。要明确职责范围,把任务和权力一同下放。在大的原则、政策确定之后,对具体问题的处理,一把手应大胆地放手让班子成员去干。其二要抓重点,防止"分而乱管"。一把手要完善目标调控,强化科学有序管理,把班子其他成员的分管工作纳入整体大局之中,纳入当前工作的重点中,慎防各自为战的无序局面。授权适度合理,管理有节有序,就会增强班子成员的责任心、荣誉感、全局意识和合作意识,有助于营造互相尊重、互相理解、互相支持的氛围。

四是要注重交心通气,加强同级监督与教育管理。一把手在对待班子成员工作上的失误和心理上的猜疑等问题,要特别注重与他们交心通气。一把手思想上要重视督导工作,行动上要完善思想教育措施。要强化督导,防止"分而不管"。对已经分工的工作,一把手要经常向分管班子成员了解进展情况,加强督查,敢于较真,不能把工作一分了之。要以人为本,防止"管事不管人"。一把手对班子成员的工作情况要关心,对人也要重视思想教育工作。要在思想上、政治上关心爱护班子成员成长。还要健全各项思想教育措施,定期开展班子成员内部的思想政治工作。

五是要公正评价、积极推荐,永葆班子的生机和活力。一把手对待班子成员,一定要有公正、公平之心。班子成员种种努力的一个重要目的是为了获得更大的发展空间,更好地发挥自己的聪明才智,他们希望得到上级包括班子一把手的公正评价。因此一把手切不可以关系亲疏、个人好恶为评价标准,否则人心既散,班子也就丧失了凝聚力和战斗力。

实事求是地、积极地向上级推荐德才兼备的班子成员,也是一把手的重要工作。只有让班子成员中条件成熟的干部得到及时的提拔重用,班子成员的积极性和创造性才能激发出来,班子成员的竞争才能公平、健康、有序地进行,班子才能永葆生机和活力。

平衡人际关系的关键

"世事洞明皆学问,人情练达即文章。"作为领导者,在工作中要善于平衡人际关系,用心去创造团结和谐、积极向上的环境,使人们以饱满的热情投入工作中。

春秋时,齐桓公因鲍叔牙极力举荐,破格任用管仲,率先成为春秋霸主。西汉末年刘秀争霸天下时,搜获几千封部下写给竞争对手的密信,却没有追查、诛杀,反而下令全部烧毁,从而消除了部属的疑虑和恐惧,团结了队伍。

对于一个领导者,平衡人际关系的关键是什么呢?是宽容而真诚的心境。要处理好上下级及同级的关系,处理好老、中、青三代的关系,处理好先进、中间、后进的关系等诸方面的关系,没有心灵的沟通,就难以达到四平八稳,就没有内外和谐。

处理好与上下级、同级的关系,首先要做到创造性地完成上级交付的任务,能挑重担,为上级分忧解难,正确理解上级意图,做到上情下达,下情上知,上下贯通不梗阻,同时,还要维护其威信,带头服从和执行上级的指示与决定。

处理好与下级的关系,关键是要树立为基层服务的思想,尊重、理解下级,设身处地关心、体贴下级,正确处理下属的抱怨,有了内部支持才能站稳脚跟。东晋初,司马睿移镇建邺(今南京),对于能否在江东站住脚,尚无把握。因为江东士族不买其账,无人登门拜访。为打破僵局,他请王导拜会士族领袖顾荣、贺循,请求襄助,终于和江东士族搭上了线。在顾、贺的影响和推荐下,江东士族才相继而至,司马睿与之联姻。出身于江东名门望族的散骑常侍朱嵩和尚书郎顾球死,司马睿突破仪制,亲自为之举哀,哭之甚恸。接二连三的举动,终于感动了江东士族,使得江东士族确认司马睿为其政治利益的最高代表。

处理好与同级的关系,就要做到权力不争、责任不让、相互支持、紧密配合;宽以待人、严于律己、掌握分寸、经常沟通。

领导干部还要处理好老中青三代的关系。对青年人,要真诚尊重与严格要求相结合,既尊重青年人的自尊心、上进心、积极性和首创精神,大胆放手和引导相结合,让他们在实践中锻炼和提高自己。对中年人,要充分理解信任,尽最大可能为他们发挥才干、施展抱负创造条件。对老年人,一要尊重,二要照顾。此外,还要协调好三代人的相互关系,主要是承认"代沟",架好"代桥",引导人们求同存异。

在工作中,领导干部要善于处理好先进、中间、后进的关系。要抓两头带中间,对先进层要加强管理、指导和宣传,保护其积极性,并不断提醒他们谦虚谨慎,不脱离群众和实际,争取百尺竿头,更进一步,使先进更先进。对中间层要肯定和善于调动他们的积极性,坚持正面教育,以先进典型激发其上进心,促使他们学先进、赶先进,努力争当先进。对后进层要尊重他们的人格,消除其自卑感,善于发现他们的优点和长处,对其消极面要认真分析,对症下药,并及时提醒、批评和引导。处理好三者间的关系,就能够在团队中形成比学赶帮、蓬勃向上的浓厚氛围。

任何人要完成一项事业,离不开社会、离不开群体、离不开他人。"天时不如地利,地利不如人和。"治理国家要理顺人际关系,才能"政通人和";行军打仗要"步调一致才能取得胜利";经商要"和气生财"。可见,不能平衡人际关系,就会各自为政,甚至相互拆台,使事业失败。领导干部在日常工作中,不妨做一个仁慈的领导者,通过人际关系协调,减少因人际摩擦造成的"内耗",以求得方向与目标的一致,在目标一致的前提下,内外同心同德,协同作战,从而走向事业的巅峰。

与部属保持适当的距离

领导与下属要建立感情,就要缩短距离。但是,作为上下级,领导与下属又不能没有一定的距离,否则,时间久了,有些下属就会被同化成"领导"。这样极不利于领导者树立权威,保持威信。因此,作为领导者,既要与下属保持较为密切的关系,又要保持有一定的距离。

领导科学中的等距原则主要是指领导者在处理与下级的关系时,要在公正原则与平等原则的前提下,保持人人相等的距离。在整个领导活动系统中,由于分工的职责、任务不同,决定了其结构等级的存在。同一等级也存在不同分工,因此按照领导科学的一般规律,决定了领导关系中"距离"的客观存在,恰到好处地处理"距离"艺术,对领导活动的目的和结果会产生重大影响。

等距原则主要是避免造成任人唯亲和领导活动中的各种派性派别的矛盾。中国历史上为官集团内部的帮派风气,以及任人唯亲作风十分盛行。党内有派,党外有帮,领导集团内部帮派林立,任人唯亲是中国官文化的显著特点。这种特点决定了领导集团官僚主义作风与人民的利益、国家的利益相冲突,决定了对人民的利益、国家的利益有百害而无一利。

人们常讲领导要与群众打成一片,上级要与下级建立密切联系。这话从原则上讲无疑是对的,但也存在一个"度"的问题。如果分寸把握不好,则可能适得其反。常见到这样的现象:许多领导都有几个与己来往密切的下属。领导若想了解下情,免不了先找这几个人谈谈,这几个人若有什么想法,也忘不了先找领导去汇报。对此,本无可非议。然而,久而久之,其隐患也就在其中了。一是泄露了组织机密。由于领导与下属关系过从甚密,彼此间无话不说,什么原则、纪律,自然也就不顾了。现实中为什么有些领导班子内部保不住密,恐怕无不与此有关。二是阻碍了正确意见的来源。每位领导都很难做到与每一位下属保持甚密的联系。因此,如果只把少数人的意见作为正确意见或信息来源的唯一渠道,到头来势必以偏概全,影响了自己的判断力。三是不利于开展批评。由于关系甚密,下属往往把领导当做知己,有什么"难"、"冤"都直言不讳,其中也少不了有些私心杂念。然而,由于领导碍于情面,也不便开展批评。四是影响了领导之间的团结。下属是一个群体,群体里的每一个人又不可能与每一个领导保持甚密联系,如果每位领导只与几个人关系密切,势必导致谁是谁的人这样的说法。这种按人划线的做法历来都是有害的,也是导致领导班子不团结的重要因素。在领导活动中与部属保持适当的距离,就要做到:

首先,言语上切忌无话不谈,要"有所谈又有所不谈"。领导要与下属保持一定的距离,在言谈上就不能过分热情,不能什么掏心掏肺的话都说,什么有违政策的话都讲,以此搏取下属的信任和耿耿忠心。这样于工作、于事业都不利。所谓"有所不谈",主要是指谈论的内容应有所禁忌,对交往较多的下属,坦诚相见,推心置腹无可非议,但是不能过于随意,要做到不该说的不说,即不随意表态、不封官许愿、不泄露组织人事方面的机密。

其次,感情上切忌称兄道弟,不能只讲义气不讲正气。领导与下属之间,既是上下级关系,又是朋友关系。只有具备了同舟共济、水乳交融的关系,领导与下属之间才能心贴心地共事。然而,现在有些领导与下属相处,显得很庸俗,多了些义气,少了些正气,与下属打得火热,称兄道弟。有的领导喜欢搞"小圈子",广施恩泽、封官许愿、搞亲亲疏疏,致使有的下属居功自傲,尾大不掉。作为领导,与下属要保持距离,应一视同仁、一碗水端平,公平处事,这样才能让下属服气、顺气、鼓气。

再次,钱财上切忌你我不分,要泾渭分明。有些领导对某些别有用心的下属送来的钱财警惕性不高,认为是加深感情的需要,先是拒之不坚,后是来者不拒、一概笑纳,最终必然是鼻子被下属牵着,他要往哪儿你就得往哪儿。由于这种亲近是依赖于钱财的,而不是建立在工作和事业基础上的,一旦一方感到利益受损,这种关系的基础必然会在瞬间动摇。因此,领导与下属在钱财上千万要"拎得清",保持清白和正派。

最后,是非问题上切忌偏听偏信,不能宠惯甜言蜜语的下属。作为领导者,要始终站在公正的立场上,处理任何问题都要有一个明确的是非观念。在原则问题上不能存有半点私心杂念,而要明断是非,不能偏了靠近的一方,疏了距离远的一方。

7 变通适应的能力

变通适应,指面对新事物和新现象,能格物致新,从而采用相应对策,妥善处理。变通适应不是无原则的圆滑世故和政客伎俩,而应该是建立在科学判断基础上的原则性和灵活性的统一。领导者应当知变、适变和善变,对身边的事物有强烈的敏感性、前瞻性。

贵在知变

民主革命先行者孙中山说,"世界潮流,浩浩荡荡,顺之者昌,逆之者亡",通俗地说,就是在沧海横流当中,要求领导干部"知变",跟上时代的步伐,与时俱进。

知变,是领导干部一项不可缺少的素质。知变则胜,守常则败。法应时而变。只有经历"变"的阵痛,以换得蜕变的精彩。司马迁"通古今之变",才使《史记》成为"无韵之离骚"。为政贵在知变,要求领导者通过调查研究,深入探索并把握事物的发展方向,以变应变,知变而变。

"知变",就要冷静思考,掌握事物的发展规律,不被表面现象所迷惑,以客观的心态分析周围环境。李冰父子被委任主持都江堰工程后,并不急于开工,而是先实地考察,寻访有经验的治水农民,经过三年时间,才绘制出水系图谱,精心设计了"顺变"的治水方案,顺其水势,使这座治水丰碑两千年后仍发挥重要作用。

"知变",就要自我反省、不懈求知。严格的自我解剖是人不断求得进步的重要条件。"吾日三省吾身",领导干部在公道正派处事、求真务实干事方面,经常自我解剖,发扬优点,克服缺点,坚持真理,修正错误,才能做好本职工作,真正树立良好的形象。否则,就无法达到"运用之妙,存乎一心"的功效。

"苟日新,日日新,又日新。"领导干部要提升理论素养,提升业务素养,思想上才能更加清醒,政治上才能更加坚定,才能登高望远,明辨是非,真正做到在处理矛盾和解决问题时抓本质、抓规律,明是非、识大局,从容驾驭和协调各种现实矛盾冲突。

"知变",就要敢于"雕琢"。领导干部要有敢于接受雕琢的勇气,敢于正视自身存在的不足,敢于接受别人的批评,做到言之有理、言之有情、言之有据、言之有度,有根有据讲政策,心平气和说服人。

"知变",要有创新思维能力。领导干部要自觉更新观念,不仅是指对某些新事物、新观点能够接受和认同,而且还在于观念模式和思维方式的转变,没有思维模式上的破旧立新,就很难成为适应时代发展的领导者。树立新的思维观念,创新思维能力,才能独辟蹊径,实行跨越式发展。如果浅尝辄止,拘泥常规,焉能化腐朽为神奇?

古人说"达治知变",就是了解事物的变化,进而制定政策,达到治理的目的。诸葛亮"西和诸戎,南抚夷越"的民族政策;南征时对当地少数民族"攻心为上"、"七纵七擒"孟获;南中平定后,实施"要荒之俗不与华同"较为宽松的方针,使南中地区在蜀汉时远比东汉后期稳定,经济发展较快。

"知己知彼,百战不殆"的本质含义是"知变"。领导干部知变,如同"审堂下之阴,可知日月之行;见瓶水之冰,而知天下之寒",最后获得通达之策,于变中求其成。反之,则如同"不通于九变之利者,不能得地利矣",如同歌者不知音调的起承转合,如同楚人刻舟求剑,不是闹笑话,就是落得惨淡收场。

善于随机应变

随机应变,是指随着时机或情况的变化灵活应付。兵法云:"以变应不变,处之游刃有余;以变应变,如行云流水。"因此,取胜之道,就是"因势而变,因势得势"。

人都处在一个变化的环境中,几乎没有一成不变的东西,军事谋略、政治、外交、商战,还有为人处世等等,无一不需要运用超强的"变"术,解自己所困,应对手之变,不能以一成不变的眼光和办法来观察和处理问题。

一个精明能干的领导者,必须善于随机应变。只有善于应变,才能临危不乱,处变不惊,掌握工作的主动权。韩信攻赵,改兵法"背山临水"为"置之死地而后生",而大破赵军,为后人所称道。

唐代赵蕤《长短经·时宜》:"此情与形势之异者也,随时变通,不可执一矣。"因此,领导干部处事时,须随着实际情况和时机的变化而变通,不可千篇一律,拘泥不变。《三国演义》中,刘备寄居曹操篱下韬光养晦,一次两人青梅煮酒论英雄,被曹操一语道破"英雄"的真面目,因惊慌失箸,幸好借雷声巧妙掩饰而过;曹操刺董卓,顺势献刀;马踏农田,割发代首等,无不闪烁着随机应变的才能、机智、胆略之光。

应变,没有统一的模式可循,没有固定的规律可依。"随机"之"机"是多种多样的:有天时,有地利,有人,有事,有情,有态……"应变"的"变"同样千姿百态:可以将错就错,可以变换角度,可以幽默解围,可以模糊应对,可以顺水推舟,可以置之不理……不变的是,都需要敏捷而灵活的反应,都需要急中生智和临场发挥。

随机应变的诀窍是审时度势,不死板而心中有数,了解实际情况和时机,是调动人而不被人所调动。应变的艺术,来自一个领导者广博的知识,卓越的见识,乐观的个性,非凡的性格,长期的实践锻炼。所以,随机应变不是小聪明而是大智慧。俗话说,"跟狼打交道,必须学会狼的语言","要逮住狐狸,必须比狐狸更狡猾"。倘若死搬教条,就不是一个合格的领导者。

1973 年,中共十大闭幕时,全体代表起立鼓掌欢送毛泽东离席,但年迈的毛泽东因腿疾无法站立,旁边的周恩来见状机智地宣布:"毛主席要目送大家离开会场。"毛泽东说:"你们不走,我也不走!"代表们这才依依不舍地一边回望毛主席,一边往外走。此事中,周恩来这位千锤百炼的智者仁者,应变起来从容不迫。

作为领导干部,随机应变,能化"危"为"机",化干戈为玉帛,变被动为主动,处尴尬却轻松,变窘迫为自如。这种"随机应变的领导力",是一名成功领导者能展示出的最重要素质。因此,在平时要充当守望者,像一只机警的猎犬;当遭遇危机时,聪明的领导者才能够把握住机会,化险为夷。

当然,应变并不是无原则的圆滑变通,而是有原则的灵活机动。无原则的圆滑变通是见风使舵,是滥用职权,是不负责任,是损人利己的行为。例如,有些官员在处理某项事务时,本不是自己管的事,不该去插手,自己却为了一己私利去干扰分外之事,致使事件走向非正常化与非公正化。更有甚者,明知知行贿、受贿是犯罪,自己还去做。

领导者善于随机应变,就能够打破僵化的思维,跳出"自我的栏杆",想象就能海阔天空,任意驰骋,就能在工作中从而活跃气氛,协调关系,赢得尊重。

不妨入乡随俗

入乡随俗,最早见于《礼记·曲礼上》:"入境而问禁,入国而问俗,入门而问讳。"意思是,到一个新的国家要了解那里有什么禁令,以免触犯;到一个新的地方打听一下有什么风俗习惯,以便适应;即使到别人家里也要问问有什么忌讳,免得闹出不愉快。

这是社交礼仪的基本原则之一,也是领导干部调节人际关系、促进社会和谐、树立良好形象的妙方。因为不同国家、不同地区、不同民族,有各自不同的宗教、语言、文化、风俗和习惯,甚至"十里不同风,百里不同俗",要增进双方的理解与沟通,人们就要入乡随俗,"客随主便"。

领导干部经常体察民情,为了尊重他人、和当地人士和睦相处,也不妨遵循这一箴言——"入其俗,从其令"。媒体经常报道党和国家领导人走访群众家庭,嘘寒问暖,反映出平易近人的品质,践行了群众路线的传统。这与领导者因地制宜、入乡随俗的群众语言表述分不开的。如果一口官腔,放不下官架子,难免使群众产生排斥心理,起不到体察民情的效果。

入乡随俗,要学会放宽胸怀,采取开放和吸收的态度,接受先进的新鲜事物。领导干部的随俗与随和,通常会留给当地群众深刻印象,尊重对方,才容易打成一片。

当然,入乡随俗,重在随俗,而随俗又必先知俗,而不是随遇而安。到了某个陌生的地方,总有一些不成文的规矩、习俗或准则,基于对他人的尊重,而不能不注意与遵守。例如,在异地认识新朋友,就必须做到"随俗",学一些简单的当地语言,学会品尝当地的美食,学会尊敬当地的礼节。这些,看似无足轻重、无关大局,但对于领导干部的工作却至关重要。

入乡随俗是一种美德,领导干部需从小处做起。假如入乡而不随俗,就不可能发现别人的长处、学到有益的东西,更别说融入了。

入乡随俗是领导者办事、做人该遵循的规则,一般情况下,遵照去做能够受益。然而有时候,要随的"俗"有违时代精神,不合法制规范,属于"恶俗"之类,"随"了则要出毛病,甚至于带来种种麻烦。这样的"俗",是千万"随"不得的。

努力提高适应能力

适应能力,是指在新环境中,发挥主观能动性,认识环境,顺应环境,利用环境,使自己得以生存和发展的能力。一般说来,适应能力越强,在不同环境中生存发展的可能性越大,甚至在逆境中也能增长才干,创造奇迹,成为大有作为的人。从一定意义上说,适应性也是现代领导干部的一种必备的素质。

战国吕不韦从地位低下的商贾,出将入相,晚年所作的《吕氏春秋》中有"察今"一章,道出其成功的秘诀——顺应时势;汉末的刘备在长坂坡遭逢惨败,巧摔阿斗,赚得赵云死心塌地效命;十年动乱时期,周恩来面对林彪、江青反党集团的倒行逆施,何尝不是怒火燃烧?但他压抑住愤怒,保持理智的头脑,与之进行不屈不挠的斗争。

成熟的领导者,往往能顺应客观,顺应社会,顺应民意,从而顺应己心,因势利导而驾驭时势。不成熟的领导者,往往不能控制自己的情感和行为,遇到刺激,易于激动,好意气用事,不顾后果。

要善于与新环境接轨。在新环境中,主动地、策略地、乐观地、自觉地去驾驭现实环境中所遇到的矛盾,并制定合理的方针、策略。一个理想的领导者要不断随环境调整自己的期望值,发挥能动性,同时有果敢敏捷的行动、深入透彻的洞察力,并且勤于学道,同时在处理问题时,不留痕迹,具有潜移默化的影响力。而不像虎豹因美丽的斑纹招致猎人的捕杀,不像猴子、猎狗因各有擅长而招祸,才失去自由。因此,能适应环境才能镇定自若,挥洒自如。

古语说:"伸缩进退变化,圣人之道也。"综观古今历史,大凡一个在事业上有所成就的人,必定是一个善于顺时驭势者,绝对不是一成不变,墨守成规者。我们处于一个眼花缭乱"变"的时代,如果不加强"变"的观念,适应"变"的形势,又怎么能立足社会呢?

作为领导者,更应具备审时度势、驾驭时势的能力。俗话说"识时务者为俊杰",能够把握时势,也就把握了自己的人生,把握了成功的方向盘。

一个成熟的领导者,还要学会顺应民意,顺应社会。"得人心者得天下,失人心者失天下。"领导者与社会环境的关系要协调。"唯我独尊"或"诌上欺下"抑或"抗上亲下"都不足取。领导者不妨暂时忘掉自己的地位,自觉磨炼。

一个成熟的领导者,还要学会顺应己心,淡然适然。"风物长宜放眼量,牢骚太盛防肠断。"领导干部只有谨言慎行,虚怀若谷,自律自制,忍让克己,宽厚和善,身先士卒,才能以德服人,成就事业。一个喜欢依仗自己权势和地位,发号施令,强逼他人做事的领导者,并不是一个好领导者。一个聪明的领导者永远关心属下,替属下的健康、家境、幸福等设想。让属下把他当成可靠的长者,对他敬爱有加,愿意以自己所有能力帮助他。

领导干部要千方百计提高自己的适应能力,百炼成钢,在新情况新问题面前善于应对、善于应变,才能成为群众的领路人。

8 开拓创新的能力

中国现代化的道路是开拓创新出来的。

中国改革开放总设计师邓小平说:"思想不解放,思想僵化……条条、框框就多起来了……随风倒的现象就多起来了……不从实际出发的本本主义也就严重起来了。书上没有的,文件上没有的,领导人没有讲过的,就不敢多说一句话,多做一件事,一切照抄照搬照转。"他强调:首先要破旧立新,要"解放思想,开动脑筋"。

创新是时代特征。领导干部要勇于创新、善于创新,要千方百计提高领导干部的创新能力。

创新是事业发展的不竭动力

江泽民在党的十六大报告中论述:"创新是一个民族进步的灵魂,是一个国家兴旺发达的不竭动力,也是一个政党永葆生机的源泉。"可见,创新是治国强国之道,也是领导干部处理工作的特点。

什么是创新?简单地说是"创造和发现新生事物"。人类社会的每一次进步都离不开创新。创新不仅仅是另辟蹊径,而且要有全局观、探索批判精神、自我否定精神,要求学习力强,而不是简单的另起炉灶。如同《伊索寓言》里那个可怜人乞求富人家厨娘借锅给他"煮点石头汤喝",最后却喝到有盐、豌豆、薄荷、香菜、碎肉末的"石头汤"。这分明是创新思维的力量。

什么是创新能力?通常是对积累的知识和经验,通过创新思维加工,提出新想法、创造新事物的能力。领导干部肩负着重要使命,决定其应该具有理论创新能力、观念创新能力、思维创新能力和领导方式创新能力。

在信息社会的今天,如果一个领导者因循守旧,故步自封,就很难做好事业。比如说,处理汗牛充栋式的文牍,仅靠人力,显然是不行的。因此,现代领导干部实现创新,就必须思维创新,然后才能提高创新能力,通过"知情",把握方向,抓住重点;通过"知变"顺应潮流;通过"知人"开创大业。

领导干部的创新思维是否活跃、创新能力是否强,取决于其创新素质。首先,创新的过程就是解放思想、实事求是、与时俱进的过程。不破除旧观念、旧理论、旧模式、旧做法,就不可能解放思想,就不能发现事物的新规律、新属性、新关系。创新是对传统的扬弃,需要有批判精神,做到不固守经验,不拘泥框框。

其次,创新是为了发展。要发展,离开了学习绝对行不通。领导干部如果不学或少学,势必会出现"知识折旧"、"能力弱化",就不可能具有创新的知识储备。领导干部只有学习,才能顺应时代潮流,才能拥有宽广的世界眼光和敏锐的创新思维。只有自身素质的提高,才会有创新的追求、创新的欲望、创新的本领。要通过一系列切实有效的措施,使领导干部有好的学风,使学习经常化、制度化、规范化。

再次,领导干部要积极投身鲜活的社会实践,才能提高创新能力。离开实践,脱离实际,创新就会成为无源之水、无本之木。一个领导者深入一线工作,从实践锻炼中吸取营养,经受考验和磨炼,在实践中掌握新知识、积累新经验、增长新本领,不断提高创新能力和创新水平。

最后,要带着崇高的使命感、责任感去创新。如果没有事业心、进取心,就不能因地制宜,创造性地开展工作,就不可能求真务实、真抓实干,行事时就会图虚名,搞"政绩",做官样文章。

创新是事业发展的不竭动力，是指领导干部要善于用宽阔的眼光观察世界，勇于实践。邓小平在"南巡"谈话中指出：看准了的，就大胆地试，大胆地闯；没有一点闯的精神，就走不出条好路，就干不出新的事业。

照搬照抄是偷懒

鲁迅的"拿来主义"，是站在巨人的肩膀上的提升。而有的领导干部，为偷懒计，为少死脑细胞计，处理起事情来喜欢按部就班，照本宣科，照搬照抄别人的东西。

那些定式思维、经验主义的照搬照抄，依葫芦画瓢，结局一定是僵死、教条和静止。在倡导创新的今天，某些领导者仍旧顶住千夫所指的压力，奉行着将抄袭进行到底，不能不令人瞠目结舌。

他山之石，可以攻玉。借鉴他人的长处，为我所用，去芜存菁，是一条走向成功的捷径。但不能一味模仿，而要有选择地拿，为我所用地拿，不亢不卑地拿。交差式的拿来送出，只能是囫囵吞枣，食古不化，必然导致消化不良。

领导者要理解"创新才是真水平"的道理，不要躲藏在巨人阴影中生活。因为，照搬照抄过程中，画虎不成反类犬的事也不在少数。成语"东施效颦"、"邯郸学步"皆是用来讽刺那些机械模仿者的。

长征路上，没有现成的理论和经验可以照抄照搬，毛泽东凭借其勇气胆识、超凡才华，将马克思主义的普遍原理同中国的具体国情相结合，一切靠自己敢于创造、敢于试验、敢于实践、敢于牺牲，最终成就了中国革命前无古人的事业。"文革"后的"两个凡是"是照搬政策的写照，而邓小平理论则坚持解放思想、实事求是，继承前人又突破陈规，开拓了马克思主义的新境界。

可见，一个领导者要搞好工作，必须转变观念，高屋建瓴，下一番扬弃和提高的工夫，而不应浅尝辄止，不应偷懒照抄书本或照搬他人的经验。只有不唯书、不唯上，多思考，才能在"唯实"的基础上开拓创新。现代科技发展迅速，给越来越多的领导干部偷懒提供条件，处理事情，依赖电话或网络，虽然效率较高，但也利于照搬照抄。领导干部足不出户，一概让电话代替双腿，扼杀了工作创新的秧苗，久而久之，蓬勃朝气、昂扬锐气和浩然正气换作暮气和惰气，官僚主义和形式主义就潜滋暗长起来。

新形势下，领导者最需要的是更好地执政、更快地发展的过硬本领。因此，领导者应注意吸收借鉴，要看到借鉴的选择性、自觉性以及有效消化，而不是当"收发员"或"传声筒"。相互借鉴是当今社会发展的主流。照搬照抄，最终被证明不仅是徒劳的,也是有害的。"橘生于淮南而为橘,生于淮北则为枳。"古人尚知其理,况今人乎? 我们反对那种照搬照抄、不切实际的呆办法,是因为,抄袭绝对不能推陈出新,也学不到其精髓。

功夫深处是创新

做工作,当领导,贵在开拓创新,难在开拓创新。所谓开拓创新,就是以无畏的精神、卓越的胆识、睿智的思维、超群的智慧,破除旧的思想观念的束缚,超越传统的固有模式,探索解决问题的新思路、新方法。开拓创新是一个民族进步的灵魂,是一个国家兴旺发达的不竭动力。在新的时期,开拓创新比任何时期都显得重要。

创新者成,守旧者亡。从领导者个人角度看,要创新,就要下足工夫。毛泽东说:"有丰富的斗争实践,没有深刻思索,没有浓厚知识功底,怎能突破俄国革命的方式,开辟了中国新民主主义革命的崭新道路? 反之,晚清王朝为迎合形势,进行蜻蜓点水、换汤不换药式的改革,只能是自取灭亡。"作为领导者,如果不能开拓创新,不仅自身提不出新观点、掌握不了新方法、开拓不了新局面,还影响下层、团体的创造力、战斗力,最终导致保守颓废。领导者只有具有开拓创新能力,才能适应领导工作的需要,才能开拓领导工作的新局面。美国密歇根大学的丹尼逊教授在调查研究的基础上,将人才分为七等,把是否具有开拓创新能力,作为区别一流领导和末流领导的标准,这是有道理的。

领导者要提升开拓创新能力,需要有创新意识和创新热情。创造的动机表现出来的意向和愿望,即所谓的创新意识。创新意识就其本质来说,是批判的、革命的,不迷信、崇拜任何偶像、教条和一切不适应现实情况变化的旧观点、老经验。创造性思维是以发现新思想、新观点、新理论为目标的,新颖性、独特性和求异性是它的显著特征。创新意识就是创造的激情,探索新领域的思想和观念。创新热情是热爱科学、迷恋事业、追求真理、力争贡献的强烈情感。创新热情具有巨大的推动力,是勤奋好学、勇于探索的内驱力。有了创新意识和创新热情,即便出现失误或失败也不会气馁,而是重新再来。

领导者要提升开拓创新能力,需要高度的自信和充足的胆识。如果没有足够的自信,一遇事情就说"过去没做过",碰了几个钉子就气馁,觉得自己这也不行那也不行,顾虑别人的评价与讥讽,惧怕犯错误而谨小慎微,缩手缩脚,就难以打破迷信,难以产生强烈的创新意识和创新精神,成就不了事业。创新是一种探索和尝试,离不开胆和识。胆,指勇气和胆量,既不屈服于外来的压力和长官意志，也不迷信任何权威和既有理论。识，指洞察事物、辨别事物的认识能力和远见卓识，包括能认准方向，驾驭条件，抓住关键。识是胆的基础，识明则胆张。

领导者要提升开拓创新能力，需要运用科学的认识方法。科学的认识方法，是主观与客观相统一、理论与实践相结合、正确处理改造主观世界同改造客观世界的关系，它要求不唯书、不唯上、不照抄、不照搬，从客观存在着的实际出发，从分析客观实际中找出解决实际问题的办法。领导者应当努力提高运用这种科学认识方法的水平与能力，在吃透"上情"与摸清"下情"以及使"上情"与"下情"的有机结合中做到驾轻就熟、炉火纯青。

领导者要提升开拓创新能力，需要加强理论学习。学习是创造的前提和基础，只有加强学习，提高自身的素质，才有创新的愿望和追求，才有创新的智慧和本领，创新才能达到一个比较自由的境界。领导者能否创造性地开展工作，还取决于他的理论思维能力。理论思维能力强，视野就开阔，就善于从错综复杂的环境中作出正确的判断，开创工作的新局面。

结合也是一种创新

周恩来在1964年《发展国民经济的主要任务》一文中指出："外国一切好的经验、好的技术，都要吸收过来，为我所用。学习外国必须同独创精神相结合。"因此，能够将先进理念、科技等结合自身实际，结合单位现状，加以改造，无疑也是一种创新。

创新不是追新潮、赶时髦，盲目求新求奇，更不是另起炉灶，舍弃传统。因为，创新的土壤是薪火传承的知识及经验。作为领导者，要做好"结合"这篇文章，必须理论与实践相结合，工作与思考相结合，才能创新形式、创新方法、创新机制，才可能取得实实在在的成效。

领导干部应该看到，不同的领域、不同的行业、不同的层次、不同的人员，在创新上有不同的要求、不同的方法。科学发现、技术改造是创新，观念转变、革除旧习也是创新；总结经验是创新，能够发现问题、弥补不足也是创新。所以，创新的一条基本经验和方法，就是在"结合"上做文章，通过天衣无缝的融合实现创新。

从一个组织的实际来看，凡是有特色的工作、可称道的成功，都是把上级指示要求与单位实际相结合的成果。然而，应该看到，结合是一项艰苦的劳动，不是简单的拼凑。创新意义上的结合，要求领导干部既要认真领会上级指示精神,对宏观心中有数;又要对单位的实际情况真知、深知,对微观了如指掌;还要贯通起来思考,寻找上下联系的"结合点"。可见,"结合"有一个很高的标准,不是一般化的"凑合",既要防止机械地照搬照抄、照本宣科;又要防止经验主义,容不得一点虚假的"迎合"。

当前,有些领导干部,为了强调紧跟上级的步调,而不顾基层的实际,把"结合"变成讨好上级的"作秀",开会,作报告,作决策,不是在思想观念和工作方法上谋创新,而是简单地用口号式诸如"1234 工程"代替创新,缺乏促进事物之间真正渗透、真正融合的能力,而是移花接木,"拉郎配"。这样的领导者只能是平庸的领导者。

结合是一种本事、一种力量、一种创新。怎样才能做好结合这篇文章呢?把中央的方针政策落到实处,必须把普遍性和特殊性、原则性和灵活性结合起来,创造性地开展工作。做到这一点,关键是准确理解上级精神,深刻认识本地实际,找准两者的最佳结合点。吃透上情、熟悉下情是搞好结合的基础,也是唯一途径。结合离不开与时俱进的精神状态。结合是为了解决实际问题,而实际是不断发展变化的,只有做到不断地解放思想、实事求是、与时俱进,才能实现更好的结合。

9 总结提高的能力

"总",是对过去发生事情的汇总描述,"结",就是得出经验、教训、规律的结论。由"总"到"结"的过程,就是要将感性上升到理性的层次。

能否在实践中很好地总结经验,是一个重要的领导艺术和工作方法。同样是领导干部,有的能力提高得很快,有的提高得慢,其中一个重要因素,就是是否善于总结提高。

党的领导人都特别重视总结经验。毛泽东说过,他是靠总结经验吃饭的。邓小平也特别重视在实践中总结经验。他指出,党的十一届三中全会以来的路线、方针、政策,就是非常严肃和认真地总结了新中国成立后近 30 年经验的结果,是在总结了成功经验和挫折教训后制定的。江泽民在十六大报告中,总结了 13 年党领导人民建设中国特色社会主义必须坚持的十条基本经验。胡锦涛在主持中共中央政治局第十四次集体学习时,强调要认真总结党加强执政能力建设的经验,深入分析和研究党执政所面临的新情况新问题,大力加强党的执

政理论建设,为党的执政能力建设提供强有力的理论指导。

一个领导干部,要想尽快提高水平,就要做到勤于总结、善于思考,在总结中思考,在思考中提高。

总结是一种重要的工作方法

苏格拉底说:"未经审视的生活是不值得过的。""审视"即是"总结"。

总结是一种有效的工作方法。经常总结的人,才可能经常创新,才可能不断进步。领导干部要善于总结,不要让总结流于形式。

领导者通常分为两类:一类是经常总结经验、逐步提高;另一类是不注意总结、敷衍了事。因此,结果也分两类:一类成功,一类失败。我们的工作,也通常要求我们在年终、月底,抑或一项任务收尾之时,及时总结个中经验教训和得失成败,从而不断改进工作方法,保持强劲动力,确保以后各项工作有新的有效措施和途径。如果不善于总结,不愿深入总结,工作时难免浮夸,难免照猫画虎。

一个聪明的领导者总是重视总结,把经历当财富,对经验,多交流学习,对教训,多汲取,防止再犯,从而受益终生。

总结是"命题作文",不能一盘散沙,不得要领;不能不痛不痒,雨过地皮湿,不解决问题;更不能惰于思考,照搬照抄,流于俗套。总结必须全面,必须抓住工作重点,必须反映主观努力情况,必须有自己的特点。否则就是"通稿",就是"八股"。

因此,做总结时,既要总结经验,也要总结教训;既要总结具体,也要总结抽象;既要抓好有形的事物,也要抓好无形的内容;既要总结工作的得失,也要总结工作方法、领导艺术、棘手问题处理以及把握事物发展变化规律等方面的经验教训;既要学会分析,也要学会综合。不可把总结当成可有可无的例行公事,当成流水账,轻描淡写。

各行各业,要想做好工作、不断进步,都要经常总结。对于一个单位来说,做好总结工作,从成功中找出规律,把好的经验形成规范,让所有人都来执行;从失败中找出原因,把失误的教训形成禁令,避免重犯,对存在问题加以研究,以期尽快得到解决。这样的总结可以使单位的规章制度不断完善,使单位的业务流程日益科学化,高效化,并逐步形成良好的执行文化。对个人同样可提高其理论水平,使自身素质得到全面提升。总结,作为一种行之有效的工作方法,何乐而不为呢?

弈棋高手都知道总结的价值。对弈之后,不管输赢,都静心稳坐,在脑海中将对弈时的每一步"复盘",分辨出妙招还是昏招,使棋艺不断地提高。

对工作而言,总结是研究问题,总结方法,提升素质;是回顾过去,放眼未来;是工作的一个组成部分。我们对总结所持的态度也正反映了我们对工作的态度。一个工作态度认真的人,一定是一个善于总结并愿意花时间总结的人。而一个对工作马虎的人,只是被动应对工作。

总结伴随着领导者的工作生涯。勇于实践,善于总结,是领导干部不断提高领导能力的重要途径。如果工作做了不少,而不善于总结,不善于发现亮点,那么,领导工作的质量和水平也是很难提高的。

总结经验重在吸取教训

社会阅历能增长人的见识,也会给人以沉痛的教训。善于从失败中吸取教训的领导者,脚步迈得更稳健,胸怀眼界更加宽广,往往能叩开成功之门。

西楚霸王项羽不听谋士范增的诤言,只好乌江别姬。李世民善于听反面意见,汲取前朝教训,才能悟出"以史为镜,可知兴替;以人为镜,可明得失"的哲理。

人并非"生而知之",而是"学然后知不足"。年轻领导干部经历较少,学习机会自然多,为突破自身局限性,就要看其能否坚持自我反省,从他人及自己经验中,尤其是失败的经验中吸取养分了。事实往往是要碰过若干次壁后,才能成竹在胸、游刃有余。

"前事不忘,后事之师。"领导者辩证地认识和吸取教训,不使其重演,有时候是很难做到的。一个单位在工作中难免出现这样那样的问题,问题并不可怕,关键是一个态度问题,是回避,还是漠然置之、置身事外,抑或以实事求是的态度承认并直面。例如,某单位在会上通报了外单位发生的一起事故,并要求与会认真吸取教训,自查问题,做好工作。然而,却有个别认为,这是"一人生病,大家陪着吃药",没有必要去吸取什么教训,更无必要"陪着"去抓整改。其实,这种认识何其荒谬,只有未雨绸缪者,才不会临时抱佛脚,才能从容变被动为主动,变教训为财富,我们的工作就会推陈出新,更上一层楼。

从个人角度看,金无足赤,人无完人。任何人在工作中都会犯错误,造成损失。一个聪明的人,通常是自我反省、自我约束、自我完善。一个愚笨的人,则经常采取不以为然、熟视无睹的态度,难免再次在原来的坑里栽跟头,甚至铸成大错。

人们经常在做年终总结、月底总结及周末小结,也许是制度需求,但终极目标是防止"好了伤疤忘了痛"。吸取教训,是一个学习的过程,更是一个提高的过程。

人们在工作并没有停止犯错误,多次犯同一错误的人也是屡见不鲜的。"吃一堑"后,没有总结,就没有智慧的累积,就不会有"长一智"。

应该说,正是"前车之鉴"使我们变得聪明起来。既然错误难免,为何不少犯一点呢? 为何不采取坚定而积极的、而不是敷衍的态度,去改正错误呢? 那么,我们工作中的失误与挫折才有价值,才会使自身的思想境界不断得以升华,能力不断提高,人生不断地走向成功。

一个成熟的领导者,在"摸着石头过河"的实践中,每次失败都是最终成功的积累,启迪事业成功的智慧。

善于从历史中学习领导方略

成功不是凭空而降的。一个领导者成功之路往往遍布荆棘,充满坎坷。桂冠是依靠无数次摔倒而又爬起,从摸爬滚打的旅途中学习才戴上的。所以,在实践中,领导干部要勤奋学习,增强本领,善于从历史中学习领导方略。

西汉初"文景之治",是吸取秦亡的教训;宋太祖"杯酒释兵权",是防止唐末五代藩镇尾大不掉的情况出现;明朱元璋同样熟读蒙古贵族在中原残暴统治的"教科书",才有明初一系列的革新。古代历代王朝的兴衰更替,无不如此:兴盛因善于学习,灭亡却因为统治者遗忘历史而不能自律。

"智乃进德之基,学为立身之本。"现代领导者要成为知识型领导,不能仅从干中学,更要从历史中学,要学成功学,更要学失败学。惟其如此,才能掌握更多的知识,眼界才会越开阔,思想才会越充实,境界才会越高远,领导素质才会越全面。

历史绝不是一堆故纸黄卷,而是凝聚前人智慧,饱蘸其成败得失的心得体会。不"以史为鉴",如何"知兴替"? 不读史,如何明智? 不读史,如何从其中学习领导方略? 毛泽东在领导中国革命的时候,总结了无数次农民运动的经验教训,例如明末李自成起义、清末太平天国运动等,那些虽然以失败告终的历史经验,对新生的共产党人都是宝贵的经验,都是锻炼革命者领导方略的教材。

领导干部要注意在学习历史经验中取得进步。以古今中外历史为基,重视学习,勤于学习,进一步武装头脑,跟上时代步伐,学以致用,努力把掌握的历史教训,用于研究解决实际问题,不断增强运用理论指导实践的能力。要取得改革开放和现代化建设的成功,要求我们不仅应该懂得中国的今天,而且还要懂得中国的昨天和前天。这样有助于我们开阔视野,鉴往知来。因此,不仅要学理论知识,还要学习历史,从中学会领导方法,从而提高执政能力和领导水平。

一个不善于从历史中汲取营养的领导干部,不可能成为高明的领导者,不擅学习,尤其是从历史中学习,其领导方法就会拙劣,会不断地闹出笑话。有的领导干部在工作中出现问题和失误,与不注意学习历史,不善于在总结和汲取历史经验中取得进步有很大关系。

作为一名现代领导者,应该掌握的知识很多,学习了解中外历史,特别是中国近现代史和党的历史,是必不可少的一个方面。要通过向历史学习,深刻认识人类社会发展的客观规律,从历史规律中把握发展大势;认真总结经验教训,从历史经验中增长智慧;继承发扬中华民族特别是党在长期奋斗历程中形成的优良传统,从历史传统中汲取精神力量,学习领导方法,提高领导水平。

第五章

领导者应掌握的领导方法

领导方法是领导者为达到一定的领导目标,按照领导活动的客观规律性采取的领导方式和手段。领导要讲艺术,领导要有方略,只有看法没有办法,当不好领导;领导工作做不好,就是因为没有合适的领导方法。

1 履新开局的方法

新任领导工作开局的好坏,不仅关系到自己在下级心目中的形象,更重要的是关系到工作能否可持续发展。好的开局要有好的方法,掌握工作的主动权。只有掌握正确方法的领导者,才能在履新中更有成效。

良好的开端是成功的一半

千里之行,始于足下;一朝成功,重在开端。

古人写文章讲究"凤头,豹尾",即文章的开头像凤凰的头一样俊秀、精致,产生吸引人的魅力,让读者一看就爱不释手。对作家来说,文章要写好,良好的开端必不可少。

"人事有更替,往来成古今。"履新领导走马上任,大都踌躇满志,想迅速打开工作局面。因为,开局顺利,接下来往往一路势如破竹;开局不利,则难免磕磕绊绊、踉踉跄跄。

群众观察领导是否有作为,通常很看重上任之初的表现。一般来说,上任之初,即一名领导干部树立形象、赢得威信之际。过去有一段时间,领导上任讲排场,山珍海味大宴宾客、庞大车队迎来送往;而现在不少地方领导的"上任观念"得到改革,发扬"清茶一杯迎来送往"的优良作风,上任时静悄悄的,赢得群众一片啧啧赞扬之声。

领导上任讲排场不仅浪费了人力、物力、财力,更为严重的是损害了干部形象,损害了党群、干群关系。人民群众需要的是能为他们办事、造福的"好公仆",而决不是耀武扬威、招摇过市的"官老爷"。衡量一位领导干部有没有"面子",不是看他上任时

如何"风光"、"排场",而是要看他到底为人民群众办了多少实事,人民群众是不是真心拥戴他。

因此,走马上任的履新领导,要想开个好头,转变上任作风很重要。

"雄关漫道真如铁,而今迈步从头越。"领导在履新后,应及时调整自己的心态,加强自身学习,提高综合素质,避免"外行领导内行",树立起工作威信;善于归纳总结,予以宏观指导;博采众人之长,巧妙为己所用;要公道正派,敢于承担责任,具备为下属排忧解难的能力,关键时刻敢担责任,危急时刻能力挽狂澜;要善于交往,有效增进下属对自己的了解,增强个人魅力。

慎于言,不随便表态。到任后,要言行得体,正式场合"像个领导",非正式场合"像个群众";要学会赞扬,使人觉得可为知音。要深入现场、岗位、深入职工,多听、多转、多看,尽快熟悉情况。切忌走一路说一路,看一路评一路。新任领导不随便表态,要做到不乱许愿,乱拍板,不对前任作评价、下结论。

敏于事,真抓实干。履新干部,应深入实际,躬行敏事,善于发现问题、研究问题、解决问题,力戒浮光掠影、华而不实而陷入"情况不明决心大,胸中无数点子多"的泥潭,真正做到科学拍好"第一板"。一旦决定"拍板",就要真抓实干,追求实效。路子是闯出来的,事业是干出来的,良好形象是靠一言一行、一点一滴树起来的。

谨慎用人,不搞大换岗。人的问题是最敏感的问题,新任领导上任伊始,下属最关心的是他怎样用人、用怎样的人。因此,不能搞岗位大换班,应暂时保持人员稳定,在工作中观察体验,在下属中听取意见,了解、发现人才,在实践中构建合适的骨干队伍。

思路决定出路。履新干部要开好头,还要与时俱进,运用创新思维策略,出新招,出实招,破题解难,稳扎稳打。要突出重点,面对新岗位千头万绪的工作,要善于抓住"牛鼻子",握住"总开关",选准牵一发而动全身的要害部位和提纲挈领的关键环节,抓重点、重点抓,全力以赴,打开突破口。

良好的开端是成功的一半。初始上任如何开局,对于今后工作的开展、个人威信的树立具有至关重要的作用,必须慎之又慎。但迈过"开头难"这道坎儿,可能是另一番天地。

如何烧好"三把火"

"新官上任三把火",是讲新上任的官员,凭借履新的干劲,必先做几件于百姓有益之事。《三国演义》中,诸葛亮出山后的三把火烧得曹军惨败,自己大获全胜。

经验表明，任何新领导者都希望能"为官一任，造福一方"；任何新班子都不乏先声夺人，有所作为，尽快取信于民的冲动。所以，换届后的地方党政领导班子希望快出政绩、多出政绩无可厚非。

"新官"的施政，总要"烧火"的。切莫让改变现状、创造奇迹的激情与壮志，以虎头蛇尾、不了了之告终。新上任的领导者不仅要敢于烧"火"，还应善于烧"火"，学会为民办事。

因此，新领导者在施政前应理清头绪，斟酌手中的"火把"，切忌乱放"火"，即不可胡乱表态，马不停蹄地听取汇报后就高谈阔论，妄下结论，这是不负责任的表现。为官者最忌情况未明，底子不清，就急于烧"火"，往往造成乱放"火"。这样的"乱火"不但暖不了百姓的心头，反而会把百姓烤焦；这样的"乱火"不但"烧"不出群众的信任，反而会"烧"出怨声载道。

此外，领导干部也不可漫"火"连天，或者只烧"大火"，急于求成，急于表现，急于出政绩。抱着急躁的心态开展工作，就容易使工作出现偏差，在下级和群众中造成负面影响，失去领导的威信，对长期开展工作不利。身为领导，有一大堆的事情要办、要做，如不科学安排，找准工作的重点、难点，就很容易造成事无巨细，面面俱到，把握不好火候，搞出个满天星火的壮观景象，达到不可收拾的地步。"大火"轰轰烈烈，光芒四射，那确实震撼人心。然而一些官员一味向往和追求大开发、大项目、大工程，在"大"字上做文章，好大喜功，不求实际，最终引"火"烧身，被"大火"吞噬，这同样是不可取的。

换届上任的领导干部，要树立正确的政绩观。当官者要为民办事，要有所作为，要有一番政绩，就要敢于烧"火"，善于烧"火"，把"火"烧好。

新官上任，要调整好心态，也要严于律己；要低调行事，也要放开手脚，认真烧好"真火"：

第一，"点火"前调研。首先应该延续前任的工作，不可铲除异己。一些地方长期发展慢、竞争力弱，通常在规划目标上摇来摆去，一届政府一个令，一任领导一套思路，"各领风骚三五年"，这与不能保持发展规划的稳定性、连贯性直接相关。其次，稳定心绪，充分调研。把本职工作、基础性工作做细做实，让全体干部发挥各自效能，打消干部群众等待、观望、试探的心理，让干部不必为揣摩领导而影响工作。从这点上来说，新官该烧的第一把火，应该是延续过去合理的、可行的、科学的决策，稳定干部职工，打消观望心理。

第二，点火一定要选择好的燃料。点火要拿紧要问题入手，着力解决最迫切的问题。往往一些最敏感的问题最能体现领导能力,树立威信,但处理不好也会引火烧身,导致出师未捷自己先"下课"。

只有沉到群众中,沉到工作中,找准制约工作、制约发展的瓶颈,才能了解干部、职工的想法,了解群众真正关心的是什么,目前急于要解决的是什么。如此,才能对症下药,稳步推进,扎实工作,从沉稳中逐步体现自己的施政纲领,办好群众关心的事,避免一厢情愿的政绩工程和拍脑袋工程重复出现。尽量少走弯路,赢得干部群众的拥护和信任支持。

第三,要善于维持火势和效果。火点起来了,维持也是关键,切不能如昙花一现般。

解决问题要彻底,切不可遭遇阻力就半途而废,否则很容易给人留下笑柄,威信丧失。新的领导者,往往因为根基未稳,遭受的阻力也可能会比较多,所以,贵在坚持和魄力。三把火要顾及下属的心理,必须有效取得下属的支持,才能让火势稳定。

在维持好的同时,还要适当抓住时机,借些东风,让火烧得更有效。解决问题要适当借助外力和环境因素。新到一个岗位,上司对你的信任和怀疑值都是比较高的。新任领导者如果能及时拿出合理有效的方案,一般比较容易说服上司而获得有力支持。

新官上任的"三把火",切不可像程咬金的"三板斧",砍完后无以为继,而应该形成"众人拾柴火焰高"的局势。

如何树立"下马威"

曾参杀猪,为树立父母威信;商鞅立木,为树立领导威信;吕不韦威信的树立,得益于编辑《吕氏春秋》后立出的"一字千金"的重诺。无论采取何种方式,其目的都是为获得"下马威"的震慑作用。

孔子说"君子不重,则不威",说的是人自重则威,不自重则威信扫地。一个自己都不遵守纪律的领导干部,却要求下属严守纪律,他怎么可能有威信呢?

无论是行政机关,还是企事业单位,任何领导干部或领导集体,上任伊始,如果不能在群众中真正树立起威信,就不可能真正做到团结群众、凝聚人心,也就不可能真正把广大群众团结起来共同奋斗,谱写辉煌。

何谓威信?威信是领导者和被领导者之间的相互关系,即后者由于尊敬和信任前者而遵从他们的意志、要求和指示,是一种客观存在的社会心理现象。威信使下属对领导者产生一种发自内心的由衷的归属感和服从感。

领导的威信来源于两个方面：一是来源于职位，这是领导者在组织中所处的核心位置决定的，它来自上级的任命，是组织所赋予的。二是来源于领导者自身的品德、工作能力、人格魅力和良好的人际关系。

领导干部应树立正确的权威观，严于律己，不怕吃亏，以诚待人，树立权威，发挥表率作用。要用高尚的品德来树立威信，以德树威、以德立信、以德服人。权力是职位所赋予的，威信是行使权力过程中表现出来的人格魅力。领导要树立权威，应注意：

"上之所为，下之所瞻"。领导的所作所为，干部群众看得清清楚楚，领导的一言一行，群众会自觉不自觉地去模仿。要让群众信服，领导者就须有人格、有骨气、有正气；要"言必行，行必果"，表态要慎重，使部属产生可靠的感觉；要懂得体恤、宽容部下，能以海纳百川的气量去包容错误，不要斤斤计较。

要"公生明，严生威"。办事公私分明，公正公道，为人清正廉洁，对自己严才能对他人严。"正人先正己"，要严格要求别人，首先必须严格要求自己。只有自己先做出表率，模范地遵守纪律，才能使自己要求别人的言语具有说服力。自己都经常迟到，还要求别人不要迟到，能奏效吗？所以领导者做表率、出成绩，比起苦口婆心的说教来要强得多。而对别人"严"，则应用同一把尺子去衡量下属，不偏不倚，才能使人心悦诚服。

要勇敢、果断。性格刚毅的领导者做事干脆利索，给人清新明快的感觉。领导者做事不果断，遇事犹豫不决，总是要请示，这样的领导者值得敬佩吗？有勇气、有魄力本身就是一种威信。勇敢是一种"气质"，勇敢的人从不选择逃避责任，做事从来都是那么的自信、果断，在任何时候都敢于批评那些违纪现象且从不畏惧，敢于挑起肩上的重担，承担责任。

要以"智"树威。智慧是能力的表现，切记不可如杨修一般耍小聪明，"聪明反被聪明误"。领导的聪明才智是要放在搞好工作上的。

"下马威"往往只能维持一段时间，要树立领导的威信，还须持续地、一点一滴地去施行。领导干部的感召力、亲和力、影响力、凝聚力就显得尤为重要。

新官上任树立"下马威"时，还应避免以下误区：以"压服"为威信，把威信建立在威胁、惩罚和恐吓之上，使部下产生畏惧；以"好感"为威信，充当一种"老好人"式的角色，不愿得罪人，姑息迁就；以"清高"为威信，总以为"世间皆浊我独清"；以"说教"为威信，一言堂式的讲话，最终沦为一种说教；以"刚愎"为威信，自以为是；以"慈爱"为威信，一味护犊；以"收买"为威信，使部下为利益所动。

先控制后出彩

工作要出彩,要获得群众认可,战略、细节或者心态等因素固然重要,但也不能忽视领导干部为达目标而发挥的控制能力。美国著名的管理专家巴达维曾说:"没有控制,领导者就无法管理,组织就不起作用,组织的日常工作如果不通过有效的控制,使它在轨道上正常运转,最好的计划和决策都会落空。"

领导履新时,面临一个新环境,首先是一种责任,要学会控制局面。控制局面,体现在领导通过确定和塑造价值观、倡导或制定规范,保障组织依照既定目标运行和发展,进而实现领导目标,形成凝聚力,创造佳绩。

塑造价值观。领导者应统一下属的思想和意识,告诉下属什么是最重要的,目标和理念是什么,使大家乐意接受这种价值观。要达到这个目的,一要重视教育培训,二要利用各种方式,创造积极向上的组织文化。

规范控制。在众多规范建立后,领导要富有耐心、讲求方法,以身作则,经常性地沟通和教育,促使组织成员转变思想认识,从内心真正接受和维护这些规范,达到"上下齐心,其利断金"。作为领导干部,要处理好各种关系,关键是要有能力控制局面,使工作保持大体上的动态平衡,使整个团队有序、平稳、积极、高效地工作。

成员控制。毛泽东于1938年10月在党的六届六中全会上就指出:"政治路线确定之后,干部就是决定的因素。"由此可见成员控制的重要性。领导应增强非权力性影响力,解决好世界观和人生观问题,"使每个人的精神支柱上,都镌刻着自己的人生追求"。加强自身的道德修养,不断提高领导能力和水平,用品格、才能、知识和感情等去选人、育人、用人和管人,吸引别人成为左膀右臂,而不是盲目地要去控制别人。撒切尔夫人运用铁腕,恩威并施,刚柔相济,使伦敦唐宁街10号的工作人员,接受了她的信仰,忠心耿耿地为她服务。

领导的控制力与驾驭能力有关。领导驾驭力就是领导管人、带队伍,并使他们服从自己的意志而行动的能力。迈克尔·戴尔创建网络直销,用责任机制控制供应商,确保员工的行为与消费者保持匹配,最终缔造戴尔电脑的王国。

领导者应擅长把控制力转换为凝聚力。凝聚力,是一种综合的内聚力,是使全体员工在思想感情上、价值取向上、行为操守上都保持高度一致的力量。凝聚力一方面表现为组织对员工的吸引力;另一方面表现为员工与员工之间的相互吸引力,即彼此之间的亲和力,"上下同欲者胜"。

领导者控制局面,要分权和授权。分权和授权不是"送权";分权要有度,避免管理失控;授权要放得开,收得拢。控制局面不是以自我为中心,而是讲究弹性的授权,有效地实施控制,绝非压制。"没控制力的领导者不敢互动,没思路的领导者不想互动。"

如果领导干部无法掌控事情的发展方向和轨迹,使局势无法按照自己良好意愿进展,最后都不免失败。试想,领导者不能控制一个会议、一次讨论、一个小组,又怎么能期望实现目标呢?

领导者的控制力有强弱之分。领导控制力弱,没有威信,措施不奏效,赏罚不分明,不能使人信服,没有能镇住人的本领,不能把对"下属的要求"转化为"下属的需要",不能引发和激励别人产生干事的兴趣和欲望。《后汉书·袁绍传》记载:东汉末年,董卓乱政,激起群雄声讨。袁绍于初平元年(190 年)从渤海起兵讨董卓,得到各地响应。袁绍兵力强盛,雄踞北方。195 年冬,袁绍谋士沮授,根据当时群雄割据、天下大乱、汉献帝流亡在外的形势,劝袁绍采取行动,西迎献帝,即宫邺都,挟天子而令诸侯,蓄兵马以讨伐不服从者。袁绍虽赞同却因官渡战败,未能如愿。建安元年(196 年),曹操将汉献帝迎至许昌,挟天子以令诸侯,成就霸业。可见,因领导者控制力的差别,同样的战略,结果会迥异。

善待前任领导

京剧《沙家浜》中阿庆嫂"排开八仙桌,招待十六方……人一走,茶就凉"的唱段,是谈主客关系。在当今,前任领导的人一走,也会出现茶凉的现象。其缘由是,有些现任领导往往将政绩不佳的责任,归咎于前任领导。

明代余自强所著《治谱》中,专门谈到如何善待前任的问题:"前官行事,即有一二不当人心处,我辈当隐恶扬善","前官果有美政,地方愿为立碑建祠,我辈当怂恿其成。"

因此,继任领导要客观公正地对待前任领导的工作,要尊重、关心前任领导,不搞"人走茶凉"。成绩永远是建立在前任的基础上的,继任者应不忘前人掘井、种树的恩情和贡献。

领导干部要豁达大度,顾大局,不计个人恩怨、得失;要"记人之长,忘人之短",自觉抛弃个人间无原则的纠纷、瓜葛;要胸怀坦荡,有宽容精神,善于团结他人一道工作,特别要能够团结那些曾经反对自己、并被实践证明是错误的一道工作。这就是所谓的忍人所不能忍,容人所不能容,处人所不能处。

换届选举,干部新老交替是很正常的事,倘若处理不好关系,很容易形成

"台上"、"台下"你争我斗、对着干的现象。相对于新任领导,前任领导更了解情况。因此,新任干部不能凭着自己的想法去否定前任做的一切。至少要用客观的眼光看问题,功是功过是过,前任的今天就是继任者的明天,善待前任就是善待自己。这是党性、人性的体现。

古语云"一朝天子一朝臣",然而,在当今社会,情况就没有那么简单。新任领导可以做一些人事任免,却不可以决定一切。要顺利地开展团体工作,就应该吸取前任的经验教训,取其精华,弃其糟粕。对前任老领导要以诚相待,因为,在一定时期内,前任的余威犹存。所以,一开始就全盘否定前任领导的一切是不明智的。

当然,前任之中还存在这样一种情况,那就是接替退下来的老干部。对待老干部前任,就更要多一份心。退下来的干部大多德高望重,如果一接手就对前任来个全盘否定,那无异于自掘坟墓。一个永远也不欣赏别人的人,也就是一个永远也不被别人欣赏的人。对退休的老干部要懂得欣赏。欣赏前任老干部,会得到新属下的尊敬,有利于进一步开展工作。

对前任老干部除了欣赏之外,还应该让他们退有所用,发挥余热。很多老干部刚一退下来,有失落心理,需要一个适应的过程。善待前任老干部,新任领导应在感情上尊重他们,生活上关心他们,工作上依靠他们。

退下来的干部,要经常关心他们,谁的身体有什么病,谁家有什么困难,谁的脾气秉性怎么样,要做到心里有数。对前任领导要多一份关心,多一份爱护。生活上要保证前任领导交出权杖退下来以后在物质利益上无后顾之忧。

以诚心来换老干部们的理解和支持,这样,他们就很容易形成对集体有用的"智囊团"和"巡视团"。群众有什么想法,工作有什么问题,该安排什么工作,他们都能及时提醒。诚心诚意对待前任领导,方能使其群策群力地工作。

事业如河,有上游才有下游。任何事业都要经历很多代人前赴后继努力,才能成功,没有哪一项事业的成功是由一代人铸造成的。始终带着感激的心态善待前任,是一种胸怀,更是一种责任。

2 正确决策的方法

决策,是指组织或个人为了实现某种目标而对未来一定时期内有关活动的方向、内容及方式的选择或调整过程。领导就是在调查研究的基础上进行决策,领导工作的过程,就是研究、制定和实施决策的过程。决策是领导工作的核心。成功的决策可以创造奇迹,失败的决策可能导致事业垮台。可见,领导工作不仅要进行决策,还要会决策,科学地决策。

决策是领导的重要职能

决策讲求"运筹帷幄之中,决胜千里之外",决策者不是谋士,也不是智囊团,而是领导者。决策是领导者的重要职能,不体现在"谋"上,而集中体现在"断"上。

毛泽东在总结中国革命的领导经验时指出:"领导者的责任,归结起来,主要是出主意、用干部两件事。一切计划、决议、命令、指示等等,都属于'出主意'一类。""出主意"就是领导决策职能。领导要对一些比较重大的、属于全局性问题作出决策。没有决策,就没有领导活动。

正确的决策,就能指引各项工作不断取得成就,使事业蓬勃发展;错误的决策,"一着不慎,满盘皆输",就会导致重大的损失和挫折,以致整个事业的失败。

世界著名的咨询公司——美国兰德公司的一项调研表明:世界上每100家破产倒闭的大企业中,有85家是因为企业管理者的决策不慎造成的。

原始社会的领导者,在决定重大问题的定夺时,往往依靠占卜问卦等迷信手段预测凶吉。现代的领导者要有"一失足成千古恨"的危机意识,谨慎地运用决策艺术,调动部属的积极性和创新性,出色地、创造性地完成决策,如果随意"拍脑袋",必将后患无穷。

领导者在决策时,首先要着重审查决策目标能否有效达到,平衡和协调各方面的矛盾。由于领导者最了解决策的目的和意义,最熟悉达成目标的内外情况以及各种条件,因此,领导者除了严格掌握依据决策目标而确立的选择标准外,还必须妥善解决各方面的矛盾。在研究实行方案的条件中,既要注意物的因素,又要重视人的因素;在处理系统内部和相关系统各种问题时,要立足整体,照顾全局。

对不同类型的决策,要有不同的思考原则,把注意力放在关键问题上。对于确定型决策,既然结果比较有把握,那么决策就应选择最佳方案。领导者应有实施方案的决心,并竭尽全力去争取实现最佳的结果。对于风险型决策,虽有概率资料可供借鉴,但仍然要冒风险。领导者在作这种决策时,应着重注意:依据已知各种可能结果的概率,选择最有希望的方案行动,同时准备必要的应变对策,以防不测;不可孤注一掷,要留有余地,要有保险手段跟得上。对于不

定型决策,领导者思考的原则和关注的重点在于:实现方案的结果具有不确定性,决策的原则是"摸着石头过河",不要过于自信,也不可轻率莽撞;最好进行多方案试点,积累更多的经验;领导者应密切关注信息反馈,及时调整和修改方案。

要组织不同意见的民主讨论,集思广益,集中正确的意见。对方案进行决断和优化时,在专家之间和不同部门之间,对某一方案常常会有不同看法,有时甚至形成尖锐对立的意见。这时领导者不应回避它,而应主动地组织民主讨论。应该看到,不同的意见争论,能够激发人们的思维想象力和创造力,开阔视野,深化思路,扬长避短,进一步优化方案;不同意见的讨论同时也是统一决策认识的过程,一旦统一决策,大家能够同心同德地贯彻执行,可以减少实施方案的阻力,发挥人们的主动性和积极性。

总之,决策是领导者的基本职能,一个领导者在决策中肩负着重大的责任。在整个决策过程中,要站得高,看得远;既善于发挥专家们的作用,集思广益,又具有广博知识和科学思维能力,深谋远虑。这样才能够在各种困难和复杂的条件下,独立地作出科学的决策。

努力作到科学决策

科学决策,就是在准确把握决策所寻求的目标与措施选择的内在必然联系基础上,在实现目标的措施办法上的一种优化选择;是在科学的决策思想指导下,按照科学的决策规律,遵循科学决策程序,运用科学决策方法进行正确决策的过程。

如何确保决策正确,是领导者突破困境的关键。"决策正确,成事之始;决策失误,败事之趋。"因此,科学决策,是领导者必须具备的一种能力。关于这方面的见解,中国古代的先哲们就有很多精辟论述。

"事无巨细,毕陈于前。若网在纲,振之则举,弛之则废"指出决策者应抓住主要矛盾,抓住关键,才能纲举目张,作出正确决策。"详其小,必废其大"指的是决策者若只专注于小事,必然在重大决策上产生失误。苏洵在《高祖》中盛赞:"高祖之智,明于大而暗于小。"说的就是汉高祖在大局上计算精确、精于决策的突出优点。可见,科学决策,确实是一门精深的学问。

决策科学化的主要标志,是在决策过程中把先进的科学思想、理论、技术与广泛征求到的各种合理化意见和建议,吸纳和融合到决策中,从而实现决策的科学化。

据不完全统计,三峡工程建设之前,确保决策正确,党中央开过五次有关三峡工程的会议,国务院开过近二十次会议,国家计委、科委、水电部召开的高层次大型专家会议近百次。新中国成立初到 1986 年,仅重要的研究成果报告就有 7275 份,积累的各类技术资料要以吨计。这些大量的意见、建议以及研究成果,为三峡工程的论证和决策提供了坚实的科学基础。

决策科学化一个突出的特点,就是要求领导者多谋善断。领导者掌握和遵循客观事物发展的规律,培育科学素养,就能确保决策的成功。因此决策必须建立在科学的基础之上,坚持科学态度,发扬科学精神,尊重和反映事物发展的客观规律,用科学的决策方法指导实践,坚持在继承中创新、在创新中发展,自觉摒弃重大决策凭经验、拍脑袋的做法。

要注意完善深入了解民情、充分反映民意、广泛集中民智、切实珍惜民力的决策机制,推进决策科学化民主化。要完善重大决策的规则和程序,建立社情民意反映制度,建立与群众利益密切相关的重大事项社会公示制度和社会听证制度,完善专家咨询制度,实行决策的论证制和责任制,防止决策的随意性。

决策科学可以办成别人不能办到甚至想都不敢想的大事;反之,如果决策不科学,会造成"满盘皆输",集中力量"办错事"甚至"办坏事"。法国军界的错误决策,耗费巨大人力和财力,花了八年时间,修筑了固若金汤的马其诺防线,成为世界战争史上的笑料,也使法国招致亡国的悲惨命运。二战中,德军迂回绕过防线,使 40 万英法联军丢盔卸甲,溃不成军,被压缩在敦刻尔克,前临大海,后有追兵,狼狈不堪。

因此,作为领导者,要高度重视和努力实现决策科学化,要始终把决策科学化作为提高和加强执政能力的核心和关键。

正确决策的几种方法

美国管理学家赫伯特·西蒙说:"管理就是决策。"领导干部是一个单位的管理者,事业成败在于其决策正确与否的一念间。

因此,领导者要参透决策方法,研习决策艺术,做到多谋善断,科学决策,应当掌握好下述决策方法:

充分发扬民主,用集体的智慧进行正确决策。美国社会学家 T. 戴伊认为:"正确的决策来自众人的智慧。"无论什么决策方案,在酝酿过程中,都应充分发扬民主,善于听取各方面的意见,尤其要注意听取领导班子成员的意见,特别是一些不同意见。集思广益,把大家的智慧和正确意见集中起来作出决策。这样

不仅能够有效地避免和减少决策失误,而且利于将正确决策变为干部群众的统一意志。春秋战国时期的齐威王为强于敌手,竞争天下,曾下令悬赏谏言:"群臣吏民,能面刺寡人之过者,受上赏;上书谏寡人者,受中赏;能旁讥于市朝,闻寡人之耳者,受下赏。"对提意见者奖赏,胸怀非一般人可比。

对关系长远和风险性的问题,应当慎重决策。对那些制订长远规划、目标方向、大政方针等事关长远和全局的决策,"一把手"要有战略眼光,既立足现实,又着眼未来,作出准确决断。这类的决策具有指导性和预见性,应当持慎重态度。特别是对那些针对性和不确定性因素较强的风险性决策以及牵一发而动全身的关键性决策,要反复斟酌,周密权衡。有的应准备几套方案以备筛选,有的可做出渐次决断,留有反复运筹的时间,等看准了再决断。对这类情况,即使作出了正确决策,出台也要把握时机,如果时机不成熟,也可能造成负面影响。

对突发性问题要果断决策。对时效性比较强的突发性问题,要审时度势,当机立断,果断决策。"当断不断,必受其乱。"如果在关键时刻优柔寡断,就可能贻误时机,造成被动。我们所讲的果断,不是武断,而是在掌握方向,明确目标的情况下,抓住火候、不失时机地作出正确决策。这就要求"一把手"应当具有敏锐的洞察力、准确的判断力、灵活的应变力和果敢的决断力。

对科技含量较高的重大问题,善于借助"外脑"科学决策。无论什么决策方案,都要坚持科学的态度,讲究科学的方法,特别是对那些牵涉面广、科技含量高的重要规划、重点工作和重点项目,应当聘请有关专家、学者进行科学论证。要注意发挥各级专家服务组织的作用,努力为他们创造良好的工作、生活条件,使他们尽心尽力、献计献策,为推进改革开放和经济建设服务。同时,要建立健全各项制度,逐步把决策纳入制度化、程序化的轨道,以避免决策的随意性,提高科学决策的水平。

注意跟踪决策。一个决策往往是根据当时当地的情况作出的,不可能一劳永逸、一成不变,特别是在问题复杂、多变的情况下,也不可能以不变应万变。这就需要领导干部对决策实施情况进行跟踪观察,可采取收集反馈信息、派人专题了解、召开碰头会等多种方式,看决策是否正常执行,有何问题和偏差,应采取哪些弥补措施。一旦发现问题或偏差,应适时进行修正和调整,使其不断完善,确保决策的正确性和有效性,从而把决策推向更高层次。

提高决策的准确度

哪里有领导工作,哪里就有决策,提高决策的准确度至关重要。决策准确,才能出效益。这里谈的决策准确度,是指作出一个重要决策时必须体现科学性、前瞻性、创造性,并最终体现其可行性。

"羽扇纶巾"的周瑜一步三计,却不如三步一计的诸葛孔明,生出"既生瑜,何生亮"的喟叹,最终吐血身亡。因此,要善于战略思维谋根本,决策因时因地而异,依全局形势"制定战略",按发展需要"排兵布阵",避免"情况不明决心大,心中无数点子多"的盲目决策。实践证明,决策失误是最大的浪费。行政的乱作为、错作为,造成的损失有时是不可弥补的。

决策的准确性是提高执政能力的根本要求。因此,在进行决策时应把握好四个关口,以提高决策的准确度:一是要总揽全局,把好决策的"方向关";二是要严格按制度办事,把好决策"程序关";三是要把问题议深、议透,把好决策"议论关";四是要善于集中正确意见,把好决策"拍板关"。

总揽全局,把好决策的"方向关"。决策并不能仅凭领导者的一番想象,要提高决策的准确度,就必须按照科学发展观的要求,科学规划发展,科学决策工作,使有限的资源得到最大的利用,并取得最好的效果。

安徽某市的主要领导,为打造生态旅游城市,促进产业转移,砸下巨资,决定建机场,建亚洲最大高尔夫球场、"温哥华城"等高档娱乐场所,吸引东南亚富豪乘坐私人飞机前来游玩。可惜决策还没完全实施,就没有了下文。为此遭来网友们的狂轰滥炸:领导们决策,如此儿戏!

严格按制度办事,把好决策"程序关"。要善于民主决策凝聚力,切实把握好民主与集中的度,既要走程序,也要善决断,既要论证可行性,也要考虑不可行性,做到仓促开会,临时动议,不决策;选择单一,没有预案,不决策;酝酿不充分,思想不统一,不决策。

把问题议深、议透,把好决策"议论关"。决策靠的是集体智慧,所以信息很重要,对信息进行分析更为重要。利用信息,人们可以提高预测、决策的准确程度和管理水平,从而避免预测、决策和管理的失误,最终达到减少损失,或增加财富的目的。主动到基层一线掌握决策落实情况,提高信息的准确度;信息工作初步做到了思路能超前,决策会追踪,问题会分析。通过信息化建设,提高决策的准确度。

集中正确意见,把好决策"拍板关"。拍板决策的准确与否,关系到事业的成败,人民利益的得失。因此,要提高执政能力,就要努力提高拍板决策的"准确度"。而要提高拍板、决策的"准确度",首先要提高决策者的综合素质,才能站得高,看得远,作到科学决策。其次要大兴调查研究之风,大力发扬民主,认真倾听不同意见,才能使决策做到尽善尽美。

巧用集体智慧决策

索罗维基在著作《群体的智慧》中指出:"在适当的条件下,集体在寻找解决方案,甚至预测未来结果方面,都被证明具有非凡的能力。"战国时齐国孟尝君,门下食客三千,其中既有鸡鸣狗盗之辈,也有许多"高才秀士",为其"出奇策异智,转危为安,易之为存"。

现代社会,利用集体智慧决策,要贯彻民主集中制,在民主基础上实行正确的集中,通过健全的制度和机制,充分反映、体现广大干部群众的意见和愿望,从而保证决策的正确。如哈耶克所说,利用适当机制,能激活群众的智慧。这个"适当机制",就是民主集中制。

一个优秀的领导者,既要有一定的权威,还必须取得同事和下属的友谊和合作,充分依赖集体的力量。领导者与被领导者之间的关系不应当是一种刻板和冷漠的上下级关系,而应当建立起真诚合作的关系。更何况,决策时机稍纵即逝,领导者不可能每个人都像诸葛亮那样,集谋与略于一身,而必须依靠团队的力量。

跟诸葛亮喜欢个人决策相反,曹操在作出重大决定之前,都要广泛征询谋士们的意见,集思广益。这样做除了减少因决策失误而招致损失以外,还有一个好处就是对谋士们的鼓励与培养,使谋士们得到了重视和提升。

"三个臭皮匠,顶个诸葛亮。"科学决策,应注重集体智慧的作用。20世纪初,普鲁士将军香霍斯特在军队中建立了参谋本部制,用参谋的集体智慧来帮助统帅进行决策。1928年上任的美国总统杰克逊,将一些人才安插在他的周围,这些人虽然没有官衔,但却是影响很大的顾问,杰克逊和他们在白宫厨房内讨论国事,决定大政方针,故有"厨房内阁"之称。

在自然界经常也可以看到这样的景观:野牛奔跑起来虽然迅速、威猛,却不能久远;而雁群飞行的速度虽然不算太快,但其跨越千万里的远征能力确实让人惊叹。为什么牛群的远征能力不及雁群呢?专家指出,头牛和头雁是重要因素。牛群奔跑时,始终只有一头牛作引领,所以很容易疲惫,一旦体力不支,整个牛群都停顿下来。而雁群不一样,头雁一旦疲惫,别的雁就立即替上去,大家相互交替着当头雁,并随时改变队形,这样就能飞得很高很远。

领导者个人的能力总是有限,必须依靠集体的智慧,充分调动下属的积极性,充分信任他们,放手让他们大胆地工作,做到人事相宜、事得其人、人尽其才,让他们感到有职、有权、有责。这样,他们就能够在领导的信任中感受到自己的价值和尊严,从而成为激发和催人奋发向上的强大动力。如果领导者让自己的副手或下属长期感到被忽视,不能发挥作用,则必将招致他们的不满和怨恨。

领导决策也应善用"外脑"。现代决策涉及的要素越来越复杂,范围越来越广,专业要求越来越高,必须借助由各种专家组成的智囊团充当"外脑"。世界三大天王智囊团的美国兰德公司、罗马俱乐部、野村综合研究所,其研究成果无一不是集体智慧的结晶。

3 调查研究的方法

在《反对本本主义》一文中,毛泽东强调"没有调查,就没有发言权","不做正确的调查,同样没有发言权"指出了调查研究在工作和学习当中的重要性。

德国著名哲学家克罗齐曾经说过:"人类用认识的活动去了解事物,用实践的活动去改变事物;用前者去掌握宇宙,用后者去创造宇宙。"调查研究就是这样一种实践活动,对人类认识世界、从而创造世界起着举足轻重的作用。在日常的工作和学习中,光有动手调查的精神,不掌握调查研究的方法,就如只有知识而没有智慧的头脑,会做,但不能取得最理想的效果。

调查是个需要讲究的过程

既然调查研究在工作当中如此重要,那么领导者就应该扎扎实实地把这项工作做好。调查研究并不是一蹴而就、一步登天就能完成的,调查是个需要讲究的过程。"兵欲善其事,必先利其器。"要把调查研究做好,就要在各方面做好充分的准备。机会总是留给有准备的人,准备充分了,调查也就全面、具体、深入。

过程往往比结果更重要。调查研究的过程一般可以分为准备、调查、研究、解决问题四个阶段。这四个阶段相当于一个人的骨架,"牵一发则动全身",哪个部位出了问题、没有到位,这个整体就会散架,调查研究就等于白费。因此,

调查的每个阶段都要讲究,调查的每个程序都要按部就班、精益求精。

"凡事预则立,不预则废",这是就调查研究的准备工作而言的。调查研究的准备工作看似微不足道,却是一个不可小觑的过程。在进行调查之前,首先要确定调查的目的、任务或选题;根据调查的任务选择调查对象,并让调查对象作准备;调查人员的确定及有关知识和情况准备,包括了解与调查课题有关的知识和调查对象的基本情况。之后就是制订调查研究方案,实施调查。没有确定主题就去进行调查,就如漫天撒网,找不到一丝头绪。如此,调查就会缺乏主心骨,显得毫无意义。《太公金匮》云:"先谋后事者昌,先事后谋者亡。"说的就是谋划在先,行动在后,才能确保成功,反之则事必败。

"调查研究是谋事之基,成事之道",这是就调查研究的实施工作而言的。调查、研究是策谋的基础,是事成的根本。对调查所得材料进行研究,找出解决问题的方案,这个过程最为重要,最为繁琐,也最难把握。它不仅需要不怕苦、不怕累的调查精神,也要有掌握材料之后的研究智慧。

领导干部出的点子、搞的策划并不是闭门造车。任何点子、计谋都不是从脑袋里凭空冒出来的。有一句俗话"脚板子底下见真相",强调的就是调查研究对做好工作的作用。

调查研究不是有闻必录,不是完成录音录像、获得调查结果,就算大功告成;而是需要积极思考、分析,廓清迷雾,探究本质,超越局部,把握全局。调查研究就像一项科学探索活动。无论是综合调研还是单个专题的调研,都需要我们高度认真负责,并要有一种钻研的精神,要有全盘的考虑和安排,要把每一项调查内容、调查结果随时联系起来,研究分析以"求是",才能发掘出有价值的东西。

"要想作诗,功夫在诗外",将这句话与调查研究联系起来,讲的是调查研究与调查结果的关系。"诗"是调查结果,"功夫"指的是调查研究。好诗是在十年寒窗苦读的基础上成就的,好的调查结果当然也离不开扎实的调查和聪慧的研究。调查研究是为了解决问题,并在实践中检验补充和发展所得的认识或方案,两者是互为依存的。

有时候,为了获得满意的结果,会有搞"形象工程"、"路边工程"、"政绩工程"的现象。这就是忽视调查研究过程的重要性,一心追求所谓的政绩的后果。"不怕下面不满意,就怕上面不注意"的"作秀"者,表现的是一个"秀"字,实质是一个"假"字,失掉的却是一个"信"字。"作秀"者通过虚假来搞工作,通过"包装"来粉饰自己、糊弄上级、愚弄群众,失去的恰恰是最本质的东西。如此看来,领导干部就更不能轻视调查研究的每一个细节,不然,所得的假相永远也不会解决任何实质性的问题,调查研究也就没有任何意义。

调查研究要求实

调查研究要求实,求实就是要坚持"一切从实际出发",实事求是的原则,树立求真务实的作风,要有追求真理的勇气和无私无畏的精神。搞调查研究,不能预设框架,先入为主;不能只看到好的、容易的,看不到差的、困难的;不能只报喜,不报忧;不能只总结经验,不反映教训;不能浅尝辄止、夸夸其谈;不能粉饰太平、掩盖矛盾,要说老实话、做老实人、办老实事,唯科学是从、唯实际是真、唯人民群众的根本利益是重。

首先,调查研究要求实求全,要在全面调查中求实,不能以偏概全。范围要尽可能地宽一些,从整体上了解和把握客观事物,防止"一叶障目,不见泰山"。

其次,调查研究要求实深入。深入,就是不仅要了解问题的现状,还要了解问题的历史,追溯其发展的轨迹和演变过程,把来龙去脉弄清楚。"闻之不若见之,见之不若知之,知之不若行之。"领导干部要了解情况,就应身体力行。而了解情况最重要、最基本的方法还是亲自动手作深入的调查。"操千曲而后晓声,观千剑而后识器。"如果只是"走马看花",就只能看到表面现象。

调查研究的出发点和落脚点是为了"求是"。正所谓"不登高山,不知天之高也;不临深谷,不知地之厚也"。调查研究包括调查和研究两个方面,调查以"求实",研究以"求是"。光调查不研究,有如"瞎子点灯——白费蜡",更不能按图索骥,带着观点找例子,带着意图摸情况,结论产生于调查之前。

1929 年 12 月,毛泽东在《关于纠正党内的错误思想》一文中明确提出,要使共产党员注意社会经济调查和研究,由此来决定斗争的策略和工作的方法。在《反对本本主义》《〈农村调查〉的序言和跋》《关于农村调查》等著作中,他又专门就调查研究问题作了系统、深刻的论述和发挥。这都是在一步步调查研究的基础上得出来的精辟结论。"不目见口问,不能尽知也。"正是因为毛泽东在革命战争中走遍了大江南北,深入现实、深入群众,才得出的真知。

再次,调查研究要树立求实创新精神。求实创新是调查研究的灵魂。创新,就是要在全面掌握客观情况的基础上讲"新话",用新法,办新事,以新的思维方式,运用新的研究手段,从新的角度研究问题,得出新的看法和见解。

邓小平就一贯主张创新,喜欢听"新话",讲"新话",提倡创造性思维。因为只有求实创新,才能全面分析和把握事情的发展趋势,为制定政策、开展工作奠定坚实的基础。陈云曾经说过："我们应该用百分之九十以上的时间去弄清情况，用不到百分之十的时间来决定政策。这样决定的政策，才有基础。"充分的调查研究，是创新的基础。

无论是求实求全、求实深入还是求实创新，归根结底就是要走向基层，面向群众，要像周总理所说的"要搞好调查研究，就要真正联系群众"。求实就要求领导干部"沉"到调研工作中，真正沉下去，深入基层搞调研。这不但要"身入"，更重要的是"心入"，防止浮光掠影，走马观花。通过下"笨"工夫，开展"原汁原味"的民情民意调查，出精品，出力作。

调查研究的几个常用方法

"善问者如攻坚木，先其易者，后其节目。"在很久以前，我们的老祖宗就知道，做任何事情都要讲究其方法。掌握了方法，什么事都迎刃而解。调查研究这么庞大而细碎的工程，方法尤为重要。只有学会了"举一而反三，闻一而知十"，才能"用功之深，穷理之熟，然后能融会贯通"。

成功的调查研究，是与正确地使用调查方法分不开的。调查研究的方法主要是指实施调查的具体手段、方式和途径。调查研究的方法很多。从调查的方式方法上看，有全面调查、非全面调查、重点调查、专项调查、实地调查等。从调查的手段上看，有查阅法、观察法、开会调查法、信访调查法、通讯调查法、问卷调查法等。从现代科学调查方法上看，有统计调查、抽样调查、专家调查、民意测验等。究竟采用那一种调查方法，要根据调查内容的具体情况，灵活地选择和运用。调查研究的方法不当，获得的认识常会失真。

对于解决实际问题，出谋划策的领导干部来说，更应该掌握调查研究的方法。领导者在工作当中常用的调查方法有：

第一，普遍调查。普遍调查就是要求面面俱到，秋风扫落叶般把每一个需要调查、值得调查的情况都俱收网底。切忌人为局部分割，只见树木，不见森林，这样很容易出现对事物分析的片面性。另外要做到调查内容要全面，调查的方式也要尽可能全。随着科技的发展，在调查中应当尽可能地采用各种现代化的信息手段和计算工具，以便全面、准确地收集材料，提高调查研究的效率。

第二，重点调查。调查研究要围绕工作大局和中心工作来开展。围绕中心工作就是抓重点，抓住工作当中的突出问题和群众普遍关心的热点、难点问题的解决来进行。切忌眉毛胡子一把抓。这样，调查研究就不能做到有的放矢，将会失去成效。重点调查也应选好重点调查对象。"解剖麻雀"曾是毛泽东肯定的一种好方法,但如果选择的麻雀有问题,是被"整形"的麻雀,那么调查结果的真实性就要大打折扣。

第三,专项调查。对每一名领导干部来说,调查研究是一项基本功,是掌握实际情况、理清工作思路、实现科学决策、解决矛盾和问题的钥匙。特别是在工作当中遇到特殊、具体的问题,需要领导者进行专项调查。专项调查就是具体问题具体分析,有的放矢。这类调查要求领导者要有卓越的胆识,要有敏锐的辨别力、判断力,把握时代脉搏,看准社会发展趋势。所谓"学如弓弩,才如箭镞,识以领之,方能中鹄"。要有把自己的见识、主张、建议尤其是逆耳忠言说出来的勇气,要有修正错误的大无畏精神。

第四,实地调查。实地调查非常注重与群众相结合,从群众中来,到群众中去。了解群众所想、所盼,使自己和群众情相融、心相通,才能解决群众最关心、最直接、最现实的利益问题。邓小平指出:"离开群众经验和群众意见的调查研究,那么,任何天才的领导者也不可能进行正确的领导。"

4 协调关系的方法

协调,就是利用协商、说服、调解、指示等多种方式或手段,来调节上下、左右及内外的关系,使组织内部达成共识、相互配合、化解矛盾,形成良好和谐的工作环境,并共同促进组织目标的实现。

协调是领导者的基本功之一,也是一门领导艺术。领导者个人的力量有限,要履行好职责,必须把集体的积极性调动起来,潜能发挥出来,借助集体的力量攻克难关。

把握协调工作的要领

协调对于领导机关的和谐、高效运转不可或缺。如果各方关系协调不好,各个环节、各道"工序"衔接不好,配合不当,发生"扯皮"、"撞车"等问题,就不能形成凝聚力。

因此,领导者在协调工作中,应将协调的原则与方法相结合,把握原则性与灵活性的统一,刚柔并济,热处理与冷处理相结合,求同存异,把握好度。

原则性与灵活性的巧妙统一。协调不是无原则地、一味地迁就某一方,也不是和稀泥,你好我好大家好,更不是违法违规的协调,协调必须坚持原则。但仅有原则性,没有灵活性,协调是难以成功的。因此,协调必须坚持原则性与灵活性相结合,巧妙处置,灵活应变,只有这样,才能收到满意的效果。

当年红军长征路过彝族地区时,刘伯承将军在协调红军与彝族人民的关系时,就很好地把握了原则性和灵活性。他率先遣队坚持党的民族政策,对彝族人民秋毫无犯。同时,他还按照彝族的风俗习惯,与彝族首领歃血结盟,从而确保了红军顺利穿过彝族地区。

刚柔相济。刚与柔的综合运用,就是领导者权力影响力和非权力影响力综合作用的统一。要适时有效地运用指令制约与协商调解这两种职能,发挥其功效。

在经济困难的 1962 年,中央给缺粮的黑龙江省下达了调拨 28 亿斤粮食支援全国的任务。不久,周恩来向黑龙江省主管财贸的杨易辰提出要黑龙江省再增拨 2 亿斤粮食支援外地。杨易辰当场就与周恩来争执,表示对再增调 2 亿斤粮食有意见,要求中央考虑黑龙江的实际困难。面对杨易辰"顶牛",周恩来不是盛气凌人,强迫其执行命令,而是耐心地等待他把肚子里的话全倒出来,然后推心置腹地同他交谈。周恩来的顾全大局,耐心说服,让杨易辰在行动上坚决执行了中央的调粮计划,想方设法完成了调粮 30 亿斤的任务。

热处理与冷处理相结合。在面对协调任务时,领导干部要正确分析判断问题的性质,如果是突发性群体事件或情况紧急的矛盾问题,就应采取热处理,迅速协调,及时解决,以化解矛盾,理顺情绪。

求同存异。当各方存在的分歧较大,暂时又不能达成共识,而问题急需解决时,作为领导者,在协调时就应该求同存异,在各方分歧中寻求共同点,提出各方都能接受的方案,使协调获得成功。"求同"有利于双方达成共识,理顺关系,有利于问题的解决,推动工作的前进。"存异"则搁置了暂时的矛盾,避免双方陷入僵局,有利于问题和矛盾向好的方面转化。

无论采取哪种协调方式,都要把握好度。协调不力,不利于问题的圆满解决;协调过度,则适得其反,会背离协调的目的。

走出领导协调的几个误区

先读一段历史:

1930 年,蒋介石集团与冯、阎、桂等新旧军阀派系混战,最后是蒋介石取得胜利。实力雄厚的旧军阀惨败。冯、阎、桂三路军阀,各存异心,系中有系,派中有派,互相掣肘,难以协调作战。李宗仁起兵两广,挥师北上。冯玉祥猛攻陇海,阎锡山向津浦进军。本来计划冯部骑兵与李部在两湖相会,但由于互相猜疑未能实现。而与此同时,阎锡山断绝了对冯玉祥所率领的西北军的军火粮饷供应,使本来进攻顺利的冯部不得不暂时停止进攻,放弃了有利战机。当阎部在津浦线受蒋军攻击时,他便又想起了冯玉祥。他急派人向冯部运送粮弹,并请求冯部加紧攻击,以解津浦之围。但是,冯玉祥未忘前怨,以为阎锡山是"临时抱佛脚"的势利小人,故拒绝配合。另一方面,冯部胜利之时,冯玉祥又放弃了与李部会师的计划。由于三方不合作,致使蒋介石获取战机,以少胜多,击败了三系的七十万雄兵,结束了这场历时七个多月的混战。

前事不忘,后事之师。由此可见,协调往往决定着胜败存亡。然而,当前,有不少人对协调存在着诸多误区。

误区之一,认为领导协调是"兵来将挡,水来土掩",使自己被动应付,疲于奔命。协调应适时适度地进行,及时妥善处理各种矛盾或化矛盾于萌芽状态。协调工作没有观众,平等关系中,各方都应主动协调。当上级战略上布局后,需要下级领导在战术上指挥、调度协调,善于识人、用人,充分利用有限的资源,主动去协调。如果下级领导没有真正领悟意图,一味兵来将挡,上有千条令,我有应变策,自扫门前雪,最终就只会兵败如山倒。

误区之二,不顾大局和整体,需要时就协调,不需要时不协调。协调的实用主义,导致领导者不能着眼于全局,以"我"为中心,站在本单位、本部门的立场上去协调和处理问题,认为本单位、本部门是最重要的,一切都应该从自己出发,而不考虑其他单位、部门的利益。久而久之,就形成了一种褊狭的本位主义,使各单位各部门自立山头,互不配合,难以协调,造成目标不一致,行动不统一,破坏了团结,影响了整体目标的实现。

误区之三,认为协调不需要讲究方法,只需用行政权力、经济手段压制就可。协调用权要适度,如果滥用权力,压而不服,不仅解决不了问题,反而会激化矛盾,甚至会引起对抗性冲突。在协调中,要善用权力,也可采取适当的经济手段,但决不能迷信"权"和"钱"。

误区之四,语言不妥,缺乏艺术。对上协调时,不能做到谦虚谨慎,言语不够委婉,不留余地;对下协调时言语强硬,不容协商。协调具体问题时,不能切中要害,开导说服不着边际,不得要领。不分客体心理,不能针对不同的心理素质和心理活动,运用不同的语言,而是千篇一律;不分场合和对象,滥用批评,言辞过激,使人难以接受。对错误的观点和不同的意见,挖苦讽刺,挫伤协调对象的自尊心和积极性,破坏畅所欲言的气氛,影响协调效果。

R. 阿恩海姆说过："走向协调,是宇宙中一切活动所具有的趋势。"领导者如果遵循协调的规律,摆正位置,正视利益导致的冲突,采取正确的方式方法,运用巧妙的语言艺术,化解矛盾,消除不平衡,使组织平衡、和谐、健康,才能走出协调的误区。

怎样消除内部的矛盾纷争

"没有矛盾就没有世界""事物的矛盾法则,即对立统一的法则,是唯物辩证法的最根本的法则。"矛盾着的对立面又统一,又斗争,由此推动事物的运动和变化,推动着社会的发展和进步。内部矛盾更是如此,它决定着事物的性质和发展方向,如果处理不当,很可能转化成对抗性矛盾。

那么如何正确处理内部矛盾,从而进一步消除内部矛盾呢? 和谐是主题,表现在:

关键是领导班子的和谐。一个单位的和谐首先取决于领导班子的和谐。这是由领导班子的特殊地位和作用决定的。假如领导班子内部很不和谐,矛盾重重,尖锐对立,纷争不已,彼此拆台,不要说改革创新难以进行,事业发展无从谈起,就是维持起码的稳定也是难乎其难的。在这样的局面下,谈一个单位的和谐只能是一种奢望。

基础是干群关系的和谐。干群关系的和谐是构建和谐单位的基础。既然如此,领导干部至少要做到三点:

一是关心群众生活,解决群众疾苦。领导干部是人民的公仆,全心全意为人民服务,为群众谋利益,是应尽的职责和义务。大凡受群众爱戴、支持和拥护的干部,在群众中有崇高威望的干部,无一例外是为群众办好事、办实事的干部。之所以如此,就是因为他们实心实意地为群众谋利益,解难题。群众工作和生活中的困难和问题,得不到关心和解决,就不能全神贯注、集中精力地干工作、做事情。这样就会影响领导干部的形象,同时也损害干群关系,导致干群关系的不和谐,进而引发单位的不和谐。

二是说话办事公道正派,不徇私情。干群关系是不是和谐,很大程度上取决于领导干部说话办事能不能一视同仁,不偏不倚,一碗水端平,一把尺子量到底。如职级职称、工资福利、奖金待遇等问题,不能厚此薄彼,不能向身边的人、亲近的人、熟悉的人、带长字号的人搞特殊、给优惠。无视和突破原则规定、制度条例,就是搞特殊,就是一种不平。不平则鸣。因此,说话办事不徇私情、公道正派,是构建和谐干群关系的重要因素。

三是严于律己，以身作则。领导干部要团结带领群众克服困难、解决难题，谋事业、求发展；要贯彻落实党的方针政策，让党的方针政策变成群众的自觉行动；要倡导无私奉献、艰苦奋斗、勇挑重担的革命精神和道德情操。古人说过："其身正，不令而行，其身不正，虽令不行。"领导领导，领着行动，干部干部，先干一步。讲理想信念，自己首先要有理想信念；讲艰苦奋斗，自己首先要艰苦奋斗；讲无私奉献，自己首先要无私奉献。只要领导干部严于律己，以身作则，树立起言行一致、说到做到的人格形象，说话就有人听，干事就有人跟，就能带领群众，打开局面，做出成绩，干群关系就会好、就会和谐。内部矛盾也就迎刃而解。

5 有效激励的方法

激励，简单来说，就是激发士气、鼓励干劲，调动积极性。领导干部要遵循人的行为规律，根据激励理论，应运用物质和精神相结合的手段，采取多种有效的方式方法，最大限度地激发人的积极性、主动性和创造性，以保证组织目标的实现。

激励是领导艺术的核心。没有激励的领导，其实就是没有艺术的领导。正确运用激励艺术，已经成为衡量领导水平高低的重要标志之一。因此，学习领导激励方法，掌握领导激励艺术，既是新形势下提高领导水平的必然要求，又是现代领导者必须具备的基本技能。

激励要有适当的方法

哈佛大学维廉·詹姆士研究发现，采取激励措施，能够有效激发员工的工作能力。在没有激励措施下，下属一般仅能发挥工作能力的 20% ~ 30%，而当他受到激励后，其工作能力可以提升到 80% ~ 90%。日本丰田公司采取激励措施鼓励员工提建议，结果仅 1983 年一年，员工提了 165 万条建议，平均每人 31 条，这为公司带来 900 亿日元利润，相当于当年总利润的 18%。

一个优秀的领导者不一定要在各个方面都比下属强，而在于具有调动下属积极性的能力。领导者对下属的激发和鼓励，会使他们发挥更大的积极性和创造性。

领导者要懂得下属的需要，只有掌握了下属的需求，才能积极创造条件去

满足下属的需要,才能有针对性地达到激励下属积极性的目的。激励下属的方法有很多,重要的是要适当。以下列举六种适当的激励方法:

物质激励。对成绩突出者予以奖赏,如果见者有份,既助长了落后者的懒惰,又伤害了先进者的努力动机,从而失去了激励意义。对于克服重重困难方才取得成功者,"赏如山";对于玩忽职守,造成重大责任损失者,"惩如山"。

职务激励。一个德才兼备、会管理、善用人、能够开辟一个部门新局面的可造之才,就应扬长避短,及时地提拔重用,以避免打击"千里马"的积极性。作为领导要有识才的慧眼,要有"有胆识虎龙,无私辨良才"的胆识。对于在实践检验中确属"真金"者,要及时地给任务、压担子,引入竞争机制。

知识激励。知识经济时代的到来,知识更新速度的不断加快,干部队伍中知识结构不合理、知识老化现象日益突出。这就需要领导干部一方面在实践中不断丰富和积累知识,另一方面也要不断地加强学习,树立"终身教育"的思想,变"一时一地"的学习,为"随时随地"的学习;对单位一般员工可采取自学和加强职业培训的力度,对各类人才也可以进行脱产学习、进党校高等院校深造等激励措施。

情感激励。领导者和被领导者的人际关系,既有规章制度和社会规范的成分,更有情感成分。一般来说,下属工作热情的高低,同领导者与下属的交流多少成正比。古人云"士为知己者死,女为悦己者容","感人心者,莫过于情"。有时领导者一句亲切的关怀问候,一番安慰话语,都可成为激励下属行为的动力。

行为激励。"群众看党员、党员看干部"。领导者形象是好是坏,下属心中自有一杆秤。领导者以身作则、公道正派、言行一致、平易近人,就会得到下属广泛的认可和支持,就能有效地督促下属恪尽职守,完成好工作任务。因而领导者应把自己的学识水平、品德修养、工作能力、个性风格贯穿于处世与待人接物的活动中。在注重发挥自身表率作用的同时,领导干部还要善于发现,重点培养,大力宣传,积极保护本单位的先进典型,使行为激励由点到面,由表及里,自上而下,自下而上,以达到最佳的激励效果。

赏识激励。威廉·詹姆士说:"人性的第一原则是渴望得到赞赏。"领导者应做到赏识下属。当下属有进步时,他最需要得到认可;当下属获得成功时,他最需要赞赏。领导者一句赏识的话,可能会让下属铭记一生,影响终身。

信任是最大的激励

管理大师史蒂夫·柯维说："信任是激励的最高境界，它能使人表现出最优秀的一面。"可见，领导者应肯定下属的能力、学识、人品，充分相信下属，放手让其在职权范围内独立地处理问题，使其承担更多的责任，参与管理、决策，创造性地做好工作。

信任，实际上就是在"疑则勿任，任则勿疑"的基础上，进行授权，"放手管理"，使下属提高其工作满意度和敬业度，激发其工作积极性。美国心理学家罗杰斯说过："无条件的肯定会无限地激发一个人的潜能。"因为人一旦被领导信任，就会产生强烈的责任感，自信心便油然而生。尤其是上级对下级的信任，就是对下级最好的奖赏，它将促使下级努力地忘我工作。干群之间、上下级之间的相互理解和信任是一种强大的精神力量，它有助于单位人与人之间的和谐共振，有助于单位团队精神和凝聚力的形成。

例如，彝陵之役时有人告发诸葛瑾里通蜀汉，孙权坚定地说："我与诸葛子瑜，可谓神交，外人流言不能间构。"陆逊坐镇荆州抵御蜀军，孙权复刻了一枚自己的大印交给他，委任他全权处理与蜀汉交往之事。孙权恩信下属，用人不疑，不但会给其更大的鼓励，也会给下属更多的权威。诸葛瑾与陆逊之所以能为东吴开创盛业，与孙权的充分信任是分不开的。

信任是最大的激励，领导要使激励达到最大效果，一要在感情上体贴下属。二要在工作中依靠下属。三要在语言上不吝惜于下属。

在感情上，亲近体贴下属。领导对下属要有感情，魏征的去世，唐太宗感伤地说自己失去一面镜子。如果领导自视清高，高人一等，面孔冷漠，缺乏应有的热情，就不会去亲近下属，更不会去信任下属。

在工作中，依靠下属。领导信任下属，应该体现在自己的行动中，让下属真正认识和体会到他们是受到上司的尊重和信任的，从而激发他们对上司的信任感和感激之情，并焕发出巨大的工作热情。否则，一方面委以重任，另一方面又不信任，处处提防，无法发挥下属潜力。战国时代齐桓公问管仲，什么会妨害霸业，管仲回答："不能知人，害霸也；知而不胜任，害霸也；任而不能信，害霸也；既信而又使小人参之，害霸也。""任"而不信，边用边疑，明用暗疑，长此以往，就会妨害上司与下属之间建立正确的信任关系，使下属精神压力增大，互相提防，人心涣散，失去凝聚力和向心力。

在语言上，体现出对下属的信任。无论个别谈话、或是在大庭广众之下，要在语言上表达出领导始终是相信下属、依赖下属、尊重下属权利的。不论在顺境中取得成绩,还是在逆境中遭遇困难,都要表现出充分信任下属。领导对下属的评价,不能当面一套背后一套。

此外,领导使用信任激励下属,要注意以下三点:一是用人不疑的对象必须是德才兼备,在工作上能放心放手的人才。对投机钻营、平庸无能者,决不可轻信重用,否则会贻误大事。二是切忌轻信闲言碎语,切忌"三人成虎"。领导者一定要头脑清醒,是非分明,以免影响人才的智慧和创造性发挥。三是授权后,必须让其放手工作,不要横加干涉,否则就谈不上真正的信赖和授权。

别吝啬对部属的赞美

人类本性中最深刻的渴求就是受到赞美。领导发现部属的闪光点,适时地赞美,能激励其荣誉感和进取心,进而大大提高工作效率。

擅长赞美激励的领导,能使"士为知己者死"。反之亦然。据中国 JR 人才调查中心的一份调查报告显示:中国每 100 位头脑出众、业务过硬的人士中,就有 67 位因人际关系障碍而在事业中严重受挫,他们都有一个共同的心理障碍:不善于赞美别人。美国《幸福》杂志对美国 500 位年薪 50 万美元以上的企业高级管理人员和 300 名政界人士的调查表明:其中 33.7% 的人认为,人际关系畅通是事业成功的最关键因素,其中最核心的就是会赞美别人。

可见,领导干部应学会赞美的艺术,对部属多加赞美。几句不当批评可能会葬送其前程,几句真心的赞美也许就会创造一个奇迹。戴尔·卡耐基说过:"当我们想改变别人时,为什么不用赞美来代替责备呢?纵然部属只有一点点进步,我们也应该赞美他,因为那样才能激励别人不断地改进自己。"

赞美下属,态度要真诚。要让下属知道你感到自豪或感到高兴。领导者必须做一个细心人、热心人,从内心对部属关心、热爱,多了解他们的思想、生活,发现他们的每一个细小的优点。不能说空洞话、套话和模糊不清的话,否则就会给部属一种虚伪的、假的感觉。

1921 年,查尔斯·史考伯成为美国钢铁公司第一任总裁,得到了 100 万美元的年薪。钢铁大王卡耐基肯给他如此高薪,是因为"他跟别人相处的本领"。史考伯善于赞赏和鼓励,能把员工鼓舞起来、使每个人发挥潜能。他诚于嘉许,宽于称道。因此,领导应当欣赏部属,搜寻其优点,给予诚挚的赞美。

赞美下属,内容要具体。赞美的内容不可草率,如"工作认真啊"抑或"真优秀",领导应尽量提出值得赞美的具体内容,才能让人留下深刻印象。

赞美下属,场合要合适。赞美部属的某种行为,能鼓励人心,同时也是向其他部属表明:领导提倡什么,不提倡什么,使大家看到学习的榜样,起到见贤思齐的作用,激发他们积极向上的精神。然而,公开表扬时应注意避免其他部属的不满情绪,一定要有公认的事实依据。

赞美下属要及时。部属在工作中会用不同方式来证明自己的成就,以增强自信感,此时,领导及时的赞扬就成了对他们成就认可的最佳方式。恰到好处的赞美,会让部属有一种成绩被肯定、被发现的喜悦和快乐。领导在赞扬部下时不仅要赞美他们已经表现出来的优点,还要善于挖掘部下身上潜在的优点,从而给予及时的肯定。部属在获得意外的满足后工作就会更加注重效率和方法,进而提高工作质量。"马后炮"式的赞美往往会"差之毫厘,谬以千里"。

赞美下属要适度。赞美要注意分寸,讲究方法,否则"药轻则无效,药重则伤人"。因此,一定要把握度,既不要千金难买,又不要一钱不值。这就要求领导者在赞美部属时要讲究方法,既要分寸感强又要中肯热情,激发情绪,使他们信心倍增,还要因人、因事、因地、因时采取不同而有效的方法,充分发挥赞扬的功能。

作为一名领导者,若想使自己的管理方法更有效,千万不要吝啬对下属及时、公正、中肯的赞扬,因为它会让你的工作收到意想不到的效果。

实施激励下属的几个要点

激励是一种管理手段,也是一种领导艺术。激励是行为的钥匙,又是行为的键钮,按动什么样的键钮,就会产生什么样的行为。一个人的工作业绩不仅取决于他的工作能力,而且要看他的工作动机被激发的程度。下属的工作能力如何,很大部分在于领导者按什么键钮,怎么按。因此,领导要把好这一关,就应该在实施激励时注意以下几个要点:

激励要公平。"赏不可不平,罚不可不均。"领导者赏罚严明,善于通过奖赏和惩罚这两种正、负强化激励手段,来达到鼓励先进,鞭策后进,提高绩效的目的。这样才能达想要的激励效果。

有一家叫宝元通的百货公司,就是完全由考核结果来决定提升与授奖。考核的内容包括"意志、才能、工作、行动"四个方面,半年评比一次,评比的依据主要是组长和门市纠察人员在日记中专设"人事"一栏,每天记录售货员在这四方面的表现。这一做法就给人一种印象:凡是能力较强而又积极工作的,在宝元通必有出头之日,凡是考核成绩不好的人,绝无侥幸提升的可能,表现极差者甚至有被辞退或者开除的危险。公平使宝元通在具体进行分配时没有发生多大的困难,大家基本上无异议。

激励要适时。美国一家名为福克斯波罗的公司,专门生产精密仪器制造设备等高技术产品。在创业初期,一次在技术改造上碰到了若不及时解决就会影响企业生存的难题。一天晚上,正当公司总裁为此冥思苦想时,一位科学家闯进办公室阐述他的解决办法。总裁听罢,觉得其构思确实非同一般,便想立即给予嘉奖。他在抽屉中翻找了好一阵,最后拿着一件东西躬身递给科学家说:"这个给你!"这东西非金非银,而仅仅是一只香蕉。这是他当时所能找到的唯一奖品了,而科学家也为此感动。因为这表示他所取得的成果已得到了领导人的承认。从此以后,该公司按例授予攻克重大技术难题的技术人员一只金制香蕉形别针。

行为和肯定性激励的适时性表现为"赏不逾时"的及时性,领导在没有别的东西,只有一只香蕉时也要拿出来作为奖品。这让下属的行为受到肯定,有利于他继续重复所希望出现的行为,也使其他人看到,只要按制度要求去做,就可以立刻受奖。

激励要适度。过强的激励不仅会提高激励的成本,同时很可能引发不道德行为;过弱的激励则难以起到应有的效果,特别是目标定得比较高时。激励往往和目标联系在一起,"赏罚不中则众不威"。目标既不能过高,也不能过低。过高使员工的期望值降低,影响积极性,过低则会使目标的激励效果下降。

激励要注重现实表现。实施激励要注重激励对象的现实表现,将现实表现同过去的情况分开来看,当奖则奖,该罚就罚。西洛斯·梅考克是美国国际农机公司创始人,世界第一部收割机的发明者。有一次,一个老工人违反了工作制度,酗酒闹事。按照公司有关管理制度的有关条款,他应受到开除的处分,梅考克在管理人员作出的决定上签署了赞同意见。决定一发布,那位老工人立刻火冒三丈,他委屈地说:"当年公司债务累累时,我与你患难与共。三个月不拿工资也毫无怨言,而今犯了这点错就把老子开除,真是一点情分也不讲!"梅考克平静地对他说:"你知不知道这是公司,是有规范的地方,这不是你我两个人的私事,我只能按规定办事,一次也不能例外。"

奖罚有度,才能相得益彰

《史记》记载:楚汉相争时,项羽军40余万,4倍于刘邦,政由己出,号令天下,威震一时;然而,项羽"于人之功无所记,于人之罪无所忘,战胜而不得其奖,拔城而不得其封","虽有奇士不能用",导致陈平、韩信等部下先后离弃择良木而栖,择贤主而事。"力拔山兮气盖世"的霸王不谙激励之道,奖罚不明,不会用人,最终难免演出"别姬"的悲剧。

成王败寇的刘项之争的历史典故,充分反映赏罚对士气的重要性。奖赏,是对部属的肯定与支持;惩罚,是对部属督促与鞭策。因此,领导要学会运用奖罚艺术,严明纪律,激励下属,调动其积极性。

领导者要善于赏罚。只奖不罚不免给人软弱的感觉,只罚不奖,只会挫伤下属积极性。因此,必须赏罚结合,赏罚有度,才能让人心悦诚服。陈寿在《三国志》中评价诸葛亮:"开诚心,布公道,尽忠益时者,虽仇必赏,犯法怠慢者虽亲必罚。"奖罚有度,激励诸将用命。魏延虽反侧之徒,帖然无有异议;李平廖立废徙终身,而无怨言。

赏罚要有度。赏罚要适度,恰到好处,才能达到激励与惩戒的目的。奖罚也不能搞平均主义,也不能以领导者个人喜恶赏罚。

奖赏不宜动辄予以重奖,其后患无穷。从领导角度看,奖励过高,会给后阶段奖励形成压力,甚至无奖可赏;从得奖者角度看,会造成奖赏一定要丰厚,不厚就刺激不起积极性的心态,从而滋长一味追求物质利益的不健康思想;从其他人角度看,奖赏过高,容易引起不满,反而使多数人的积极性受到抑制。

奖赏应以精神奖励为主。明末清初的思想家王夫之曾说过:"子之能孝者,必其不以亲之田庐为恩者也;臣之能忠者,必其不以君之爵禄为恩者也;友之能信者,必其不以友之车裘为恩者也。"长期看,指望以物质利益来刺激积极性,连"孝子"、"忠臣"、"挚友"都培养不出。

奖罚有度,要做到"诛大赏小"的原则,使奖罚相得益彰。《六韬》中说:"将以诛大为威,以赏小为明。"

所谓"诛大",即擒贼先擒王,也就是从处于较高层的违纪者开始。一个组织中最引人注目的人就是它的领导层人物。他们的违纪,通常会造成恶劣的影响,如果不加以惩戒,则下属也会肆无忌惮。孙武训练女兵,在三令五申之后,吴王的两个宠妃仍不以为然,孙武便下令处斩,女兵骇然,无不听孙武号令而动。领导者在处罚下属时,也一定要把事实了解清楚,板子一定要打在为首者的屁股上,否则,处罚便不能服众。

所谓"赏小",即赏的重点,应放在第一线立下汗马功劳的"小人物"身上。奖赏默默无闻工作、业绩突出的下属,反映领导对人才和能力的重视,起到鼓舞士气,调动积极性的作用。

赏罚是一个对立统一的概念,必须结合运用。罚是严厉的措施,赏是恩抚的手段,赏罚效果是不完全一样的。当然,赏善罚恶都不是目的,目的是激励下属,做好工作,使纪律和工作绩效成为下属的圭臬。

6 选人用人的方法

选人用人是领导者的基本职能,是体现领导者成熟、称职的重要标志。如果一个领导者不会用人,在其位无其能,就是一个不称职的领导者。因此,领导者必须重视用人,善于用人。这样才能实施正确的领导,才算把握领导工作的基本要领。在当今激烈竞争的时代,单位的生存和发展,领导者事业的成功与失败,说到底还是用人。只有尊重人才,善用人才,才能立于不败之地。

人才考察要领

"千军易得,一将难求",人才是最宝贵、最有决定意义的资本。燕昭王筑招贤"黄金台",实现复国理想;萧何月夜追韩信,终使项羽垓下穷途末路;孙权拜书生做大将,火烧刘备七百里连营。

毛泽东历来重视干部的选拔、使用和培养,将其放在重要的战略地位,并指出"政治路线确定之后,干部就是决定的因素"。

领导者要知人善任,做到人尽其用,必须"日观其德,月视其艺"的全面考察,必须掌握人才考察的要领。

人才考察的基本原则是任人唯贤。毛泽东说过:"在这个使用干部的问题上,我们民族历史中从来就有两个对立的路线:一个是'任人唯贤'的路线,一个是'任人唯亲'的路线。前者是正派的路线,后者是不正派的路线。共产党的干部政策,应是以能否坚决地执行党的路线,服从党的纪律,和群众有密切的联系,有独立的工作能力,积极肯干,不谋私利为标准,这就是'任人唯贤'的路线。"

"任人唯贤"要实事求是,不可求全责备。金无足赤,人无完人。如果求全责备,挑剔缺点,就很难识别人才。对德才兼备,我们也不要绝对化,要做到德看主流,在选拔人才时能见其所长、避其所短。

"任人唯贤"要按照需要,量才使用。社会的发展不仅迫切需要各方面的人才,而且也为发挥人才的作用开辟了广阔的道路。领导应彻底了解人才,做到职能相称,量才使用。人才是有不同层次和类型的,要做到大才大用、小才小用,使相应的人才处于相应能级岗位,把人的才能、专长与岗位、职务、责任一致起来。

人才考察的策略是考虑全局。领导要教育部下服从需要和分配,而且必须考虑人才的志趣、特长、气质、能力,做到合理使用;要让每个人去干自己最擅长的工作,为他们提供充分施展才能的条件和机会。不要强人所难,避免大材小用,浪费人才;避免小材大用,贻误工作。古话说得好:"十围之木,不可盖以茅茨;棒棘之柱,不可负于广厦。何者?即小非大之量,大非小之器。"

人才考察应做到用其所长、避其所短。人都有优点和缺点,在用人时必须坚持扬长避短的原则。在人才选拔上切不可斤斤计较人才的短处,而忽视去挖掘并有效地使用其长处。数学家陈景润不善言谈,有些"呆气",当中学教员很吃力,调到数学研究所,搞数学研究,就攀上了"哥德巴赫猜想"的高峰,达到了很高的水平。领导者要善于发扬人才的长处,用人所长,扬长避短,以便做到人尽其才,才尽其用。至于那些艺高胆大、才华非凡,但由于某种原因遭人歧视打击、成为有争议的人物,领导者更要力排众议,态度鲜明,给予有力的支持。

人才考察应做到充分信任,放手使用。信任是对人才的最有力的支持。用人不疑,疑人不用,放手让人才工作,相信他们对事业的忠诚和工作能力,不要束缚他们的手脚。领导者敢于用那些才干超过自己的人,有的领导者缺乏勇气和信心,对他们手下那些才干超群,特别是超过自己的人,总感到不好驾驭,在使用上有种种限制,他们宁肯将职权交给那些平庸之辈,而不交给超过自己的人,久而久之,使单位形成"武大郎开店"的局面。真正有作为的领导者,充分信任和善于使用那些超过自己的人,能使单位形成人才荟萃、生机勃勃的局面。

如何识别人才

领导干部有识人之明,才能善任之。然而,知人不是一种容易的事。有时,人才一直就在领导身边,但因为领导者缺乏慧眼,而失之交臂;或者领导者不能知人,使人才"泯然众人"。所以,领导者要学会做伯乐,就必须具备识别千里马的慧眼。

人不可貌相,海水不可斗量。孔子说"听其言而观其行",就是说要把言和行结合起来观察人。但是,也不能只看现象和表面,被假象所迷惑,而应看本质和实际,注重工作实绩,以实践来检验干部的德才。曹操看张松怎么看都不顺眼,孙权对庞统同样如此。当庞统投到刘备帐下,连素来号称知人的刘备也看

走眼,仅给天下知名的凤雏一个小县令当。

为了避免人才流失,领导干部在识别人才时,必须从整体而不是从局部片面地看待人才;必须从实际出发;必须有一套能良好运作识人选人的机制;坚持使用与培养相结合。

识别人才要从整体上,看人才不同情况下的表现,进行综合观察比较。毛泽东指出:"必须善于识别干部。不但要看干部的一时一事,而且要看干部的全部历史和全部工作,这是识别干部的主要方法。"国家危急存亡之秋,最易分辨忠臣和奸贼。白居易说"试玉要试三日满,辨材须待七年期",就是在识别人才时,要用发展的眼光,观其长期的表现。"士别三日,当刮目相看。"刮目相看,就是用新眼光看人。

识别人才要从实际出发,善于发现身边的人才,不要以为只有外边的和尚会念经,忽视和冷落身边的人才。1949年初,大批民主人士先后来到北平,参加建设新中国的大计。毛泽东和周恩来考虑对民主人士和起义将领的安置问题。对于傅作义将军,考虑到他对和平解放北平有重大贡献,考虑到他想治理河套水利工程,周恩来提名他担任水利部长,并支持他抓好工作。对于黄炎培,周恩来提议他任政务院副总理兼轻工业部部长。黄炎培闻知此事,感慨地说:"以往我坚拒做官不愿入污泥,今天是中国共产党领导下的人民政府,我做的是人民的官啊!"

识别人才要建立一套能良好运作的机制。从远古的禅让制始,秦汉时荐举,魏晋的九品中正制,隋唐的科举制,再到现在的公务员制,我国识人选人的机制,越来越趋于完善。大到一个国家,小到一个单位,都应有一套良好的用人制度,使人才脱颖而出。要"能者用之",以素质论人才,凭政绩用干部。要提拔两种人,一种是奋发有为的干部,把那些能干事、想干事、干成事的人提拔到领导岗位上来;另一种是勤勤恳恳的干部,让各种人才都有奔头。新加坡前总理李光耀用人思想就是:严格标准,"确保出类拔萃的人当权"。没有机制,就没有标准,就可能任人唯亲。

识别人才要做到使用干部与培养干部相结合。没有对干部的培养、爱护和关心,党的事业就不可能代代相传,革命和建设就不可能取得胜利。要"少者怀之",通过有针对性的培训培养,提拔、储备和发现年轻干部。领导者要不拘一格大胆提拔年轻干部,不要压才、妒才。

用人应扬长避短

所谓扬长避短,就是领导用人时,应尽力发掘人才的长处,抑其短处,使人尽其才,才尽其用,以一当十。松下幸之助说:"用人就是要用他的勇气,必须尽量发掘部属的优点。当然,发现了缺点之后,也应该马上纠正。以七分心血去发掘优点,用三分心思去挑剔缺点,就可以达到善用人才的目的。"

通常,领导者识人之短容易,识人之长则难。水至清则无鱼,人至察则无徒。人才往往在某一方面有突出的才干,而最适于某项特定的工作,但也往往具有某种毛病。扬其所长,用其所能,可成人才;抑其所长,用其所短,则成庸才。假如领导者埋没人才最有价值的长处,就是对人才的摧残和毁灭。在领导者的实际用人中,要量才使用、择人而任。

三国时诸葛亮初出祁山,对街亭战略地位的卓识和在抢占天时地利方面胜过司马懿,但在最关键处错用马谡为将,造成全军溃败,不得不挥泪斩马谡。

用人用其长。古人曰:"用人如器,各取所长。"美国南北战争时期,林肯曾选用过三四位将领,标准是无重大过错,结果都被南方将领击败。他接受这一教训后,决意起用嗜酒贪杯却能运筹帷幄的格兰特担任总司令,当时有人极力劝阻。林肯却说:"如果我知道他喜欢什么酒,我倒应该送他几桶,让大家共享。"后来的事实证明,正是对格兰特的任命,使南北战争发生了根本性的转折。

领导者要讲究人才互补与配置的效益,形成"1 + 1 > 2",善于发挥群体优势。领导者,就像一个球队的教练,把每个队员放在最合适的位置上,给他们清晰的目标并适时激励他们,使他们发挥最佳的作用。

215 年,孙权统兵攻曹,曹操派张辽、乐进、李典固守合肥与之抗衡。曹守军仅 7000 余人,而吴军则有 10 万之众,但张辽等依据曹操"若孙权至者,张、李将军出战,乐将军护军,勿得与战"的指示,取得反围城的胜利。据《三国志》载:张辽"武力过人";李典善于与人协同作战,"不与诸将争攻";而乐进虽然"容貌短小",但有胆略,他与张辽、李典"统御师旅,抚众则和,奉令无犯,当敌制决,靡有遗失"。曹操根据他们各自的长处授以任务,谁应出战,谁应守城进行了合理的安排,因而,在力量对比如此悬殊的情况下,曹军守将不仅能够使合肥固若金汤,而且取得了反围城的胜利。

唐初,房玄龄善谋不善断,而杜如晦善断不善谋,唐太宗使用"房谋杜断",形成贞观之治,从而也使房玄龄、杜如晦成为历史上有名的两个宰相。

用人避其短。诸葛亮长于运筹帷幄、决胜千里;关羽张飞赵云长于横刀跃马、冲突敌阵之中,如果调换位置,非用其长,显然是后果不可设想的。

作为领导者,要以求贤若渴的态度,对人才从大处着眼,从长处着眼,看人才的本质与主流,不应求全责备。因为,在现代社会,专业分工日趋复杂,"通

才"根本不存在,在某一领域很难找到一位"万事通"。因此,对领导者来说,最好的办法就是人尽其才,这就要求领导者能够对人才避短用长。

用人不可疑

"用人不疑,疑人不用",就是对人才选准了就应给予充分信任,大胆使用。这应该说是一条通行的领导者用人的原则和经验之谈。但某些领导就是在具体应用时总是找不着要领,体会不到精妙。说到底,关键是"疑"字作祟。

因此,领导者用人时要有正确的用人态度、清醒的用人意识、坚定的用人信心,要有"你办事,我放心"的气魄。在把任务交给下属去办理时,要使他们感觉到的是,"这件事情交给你去准没错"。在这个节骨眼上最能体现一个领导真正的内在素质和水平。

春秋时,中山国君暴虐。魏文侯不顾乐羊的儿子乐舒在中山国做官,仍派乐羊去攻打中山国。中山君逼迫乐舒去求乐羊退兵。乐羊应允一月期限,暂停攻打。中山国君以为乐羊心疼儿子,也仗着中山城坚固,粮草充足,无意投降,一月期限到后,又便押着乐舒去求情,再得到一月的宽限。在魏国朝廷里,大臣们都在议论乐羊为了儿子的缘故,不肯攻打中山国。魏文侯却用人不疑,相信乐羊,便接二连三派人犒劳,并告诉乐羊,国君正在替他盖房子,准备在他得胜回师时给他住。乐羊十分感激,但仍然按兵不动。又过了一月,中山国仍不投降,乐羊便下令魏军攻下中山城,中山君自杀。

乐羊本想不战而屈人之兵,避免给水深火热中的中山百姓再带来灾难;而魏文侯能用人不疑,充分体现其远见卓识。可见,领导应慎重对待各方面的反映,不因流言飞语而左右摇摆。刘邦用离间计除去项羽的谋士范增,正是利用项羽怀疑部下的心态。清多尔衮故伎重演,也用离间计,借崇祯之手除去镇守宁远重镇的得力干将袁崇焕,同样利用了皇帝不信任部下的心理。这样的历史典故不胜枚举。

对来自领导者给予的信任,下属会干劲十足;如果被领导者怀疑,那么下属很容易就泄气,导致工作受挫,事业受损。所以,领导者要善于授权;授权后,不要掣肘,而要放开手脚让下属干,让他担当某一职务,负责某项工作。领导者除在宏观上指导外,切忌随时随地指手画脚,使下属无所适从,完全变成木偶或棋子。民国时期,蒋介石以重任托付爱将,又担心他们不尽力尽职,只得乘坐专机,四处督战,反而连遭败绩。

官渡之战前,曹操的谋士郭嘉替他分析形势,总结出十个优势,其中就说到袁绍表面宽缓、内怀猜忌，任用了某人马上又怀疑他，重用的只是亲戚子弟；曹操外表简易、内心明智，用人不疑，任人唯才是用，不管远近亲疏。正由于这点，曹操一战而定北方。

信任也是一种激励方式。领导用人不疑是建立在自己择用人才前的判定与考核基础上的，不用则罢，既用之则信任之。领导只有充分信任下属，大胆放手让其工作，才能使下属产生强烈的责任感和自信心，从而激发其积极性、主动性和创造性。假如犹豫再三，必定错失机遇，使事业功败垂成。试想，使用了他，又怀疑他，对其不放心，是一种什么局面？领导者不信任下属，没有下属的忠诚，上下级关系怎么能融洽？事业怎么能获得成功？

领导者在用人时，在信任与怀疑之间，必然是两种天地，应谨慎对待。

选人用人要摘掉"有色眼镜"

"有色眼镜"，即偏见，惯性思维。领导者戴着有色眼镜选人用人时，难免"走眼"。因为，他们无法用平和的心态，正确对待人才的识别和引进；因为，在他们视野里呈现的，处处是一种颜色。笛卡尔说过："一个人为感情所支配，行为便没有自主之权。"

偏见一旦形成，是难以纠正的。人云亦云、先入为主、心存偏见的人，囿于自己的一孔之见，懒于思索问题，拒绝接受新事物，不能得出正确的判断和结论，使人越来越无知和愚昧。战国时，齐国人邹忌在与城北徐公比美的过程中，其妻"情人眼中出西施"，始终感觉丈夫比别人要美。其妻戴上"有色眼镜"，是很难接受事实真相的。

因此，领导者要全面而正确地搞好人才考查，防止主观性、片面性和表面性；防止只见树木，不见森林；防止走马观花，蜻蜓点水。要尊重客观事实，具体问题具体分析；要了解真情况，缺点成绩都要看。

然而，实际工作中往往会出现另一番景象。根据中国人力资源开发网一项有趣的调查显示：有40.8%的招聘经理在面试时会对应聘者产生不自觉的偏见；有53.2%的面试官表示对应聘者的外在条件会有所反应，但最终还是会根据应聘者的实际能力作出是否聘用决定；只有6%的招聘经理表示不会对应试者有任何偏见，客观作出用人决策。

由此出发，领导者选人用人，应客观决策，不拘一格。"偏见比无知离真理更远"，戴着有色眼镜看人，必然使被测评人背离原色。切记不可如印度电影《流浪者》那句台词："警察的儿子是警察，小偷的儿子是小偷。"叱咤风云的拿破仑·波拿巴在征战生涯中,非常重视不拘一格选用优秀将领。对于曾经反对过他,后又投到他麾下的人,或愿意倒向他的外籍军官,只要确有真才实学,都能摒弃前嫌,信任提拔,如卡尔诺将军,波尼亚托夫斯基元帅,麦克·唐纳将军等。

领导者戴着有色眼镜对待人之所长时,会潜移默化地产生偏见,导致大材小用和小材大用。单位用人,由于认识水平、认识习惯、认识偏好等主观因素的影响,造成在用人观念上的存在很大的不同,这样就在无形中为领导戴上了有色眼镜,"乱花渐欲迷人眼",产生两种极端表现,一种是一好百好,另一种是一坏百坏。有些人越看越"顺眼",而有些人则越看越不"顺眼"。对于顺眼的人,提供其更多的机会和空间,对于不顺眼的人,对其挑剔和苛刻。这些对员工个人来说都是不公平的,对事业也是不可取的。

要摘掉"有色眼镜",就应交流沟通,善于协调,多采取"换位思考"。领导者沟通交流时的语言和态度,体现出真实、信任、诚意、谦和、不带成见或"敌视"。作为领导者,都要站在下属的角度来细加衡量,要以平常心来看待、理解下级,把自己的"有色眼镜"摘下来,采取换位思考,放弃偏见,更好地与下级进行沟通与交流,使偏见烟消云散,从而营造一个良好的上下级关系。

领导者要慧眼识人,必须破门户之见,杜绝凭个人好恶、亲疏恩怨去选人识才。智慧领导者应该具有睿智卓识的眼力,做到识人准,用人当,识其贤愚,端其良莠,让藏龙腾飞,卧虎猛跃。

留人先留心

人是感性的,也是理性的。对于恋人来说,留住了对方的心,也就留住了爱情的全部。对于组织来说,留住了人才的心,也就留住了组织生存与发展的动力。

留人先留心。要留住人的心则必须使人才对组织产生认同感、成就感、知遇感和归宿感,将事业留人与待遇留人和感情留人的措施落到实处。三国时期,刘备重用徐庶。后来徐庶被曹操诓至许昌。刘备在饯行时亲自为徐庶牵马,送了一程又一程,不忍分别,获得徐庶回马荐诸葛亮,立下"终生不为曹设一谋"的诺言。徐庶"身在曹营心在汉",是刘备将其心留在身边。

另外,还应提倡"感情留人"。因为外界的诱惑,人才是会"跳槽"的。领导者为了留住人才,会做许多有意义的工作,例如:提供具有竞争力的薪酬,提供施展才华的舞台,营造舒适的工作环境等等。然而,这一切,最终还是要辅之以感情的交融。

留人要热心。"萧何月夜追韩信",为的是韩信能够"攻必克,战必胜"。留才,不是摆设,而是要用到合适的位置上,为其创造环境,提供舞台;留才不能疑才,最感动人的力量是真诚,大胆使用,放心使用,真诚待人才,"士为知己者死";留才不能留一手,忌才、防才留不住真正的人才。

据了解,人们愿意在全球前 100 强公司工作的根本原因是:管理人员特别是公司的总经理对员工的重视。许多公司的总经理,如微软的比尔·盖茨,都与自己的员工建立了亲密无间的朋友关系。摩托罗拉公司的总经理更是把自己的企业看成是一个大家庭,把"尊重每一个员工"作为公司的基本理念之一。

留人要细心。留才是长久之计,留才,必须解决其后顾之忧,从而保证其轻装上阵,一心一意发挥聪明才智。和他们交朋友,真情实意地关心他们,成为他们值得信赖的人,在交流中,细心了解其困难和顾虑,细心观察,善于发现问题,主动解决问题。

要留住人才,要从关心人才生活的点点滴滴做起。领导要尊重人、关心人、爱护人、激励人,甚至包括他们的婚姻大事,让他们身心愉悦地享受到组织的关心与关注,就会形成人才聚集效应。报载:南京一家外企公司为了能够留住人才,将公司单身优秀员工"批发"给了婚介所,请红娘帮他们寻妻觅夫,征婚费用由公司承担。如此"怀柔政策"既留住了人才,也帮助了人才解决了婚姻大事,寻找到了幸福的生活与人生的伴侣。

留住人才,还要给予其实际利益。13 世纪波斯诗人萨迪给领导们讲了一个"青年和羊"的寓言:一个年轻人用绳子牵着一只羊走。路人说,这只羊之所以跟你,是你用绳子拴着,并不是喜欢你,也不是真心跟你。年轻人放开绳子,羊仍然寸步不离。路人好奇。年轻人说,我供给它饲料和水草,还精心照料它。年轻人的结论是:拴住羊的不是那根细绳,而是对羊的关照和怜爱。可见,留住"羊"的,不是"绳子",而是"饲料和水草"。

7 应对突发事件的方法

突发事件,是难以预料、突然发生、关系全局安危的重大事件。突发事件的出现,不是哪个地方、部门、单位的专利,而是每个地方都必须时刻警惕的问题;应对突发事件,也不仅是某个领导者的固有责任,而是所有相关单位、相关领导者义不容辞的责任。的确,突发事件挑战领导能力。领导者在任期内,太平无事、一帆风顺、高枕无忧的概率非常小,总会遇到意想不到的危机。在这个意义上,领导者就是暴风雨中的总舵手。也只是在危机中,能够处变不惊、化险为夷,才能真正体现一个领导者的成熟,才能获得群众的首肯、部下的拥戴。

化险为夷是本事

成功的领导者,往往具备超前意识,能对危机作出预测。有人说:"干部、干部,先干一步。"的确,一名优秀的领导干部,要时刻保持头脑清醒,把事情想在前头,把工作干在前头,在任何时候都要具备"先行一步"的思想观念,做到未雨绸缪。坐以待毙无异于懦弱放弃。领导者要能够带领组织预测到即将来临的暴风雨,经受住考验。

历史上,许多杰出政治领袖都有一套化险为夷的本事,使他们遇乱不慌,镇定自若,趋利避害。1558 年,年仅 25 岁的伊丽莎白登基成为伊丽莎白一世女王,她从其前任手中接过已经濒临崩溃边缘的英格兰。她凭借其卓越的领导能力,终于带领英格兰成为欧洲最富强的大国,为英国成为"日不落帝国"打下了坚实的基础。2002 年的俄罗斯几度遭遇危机,但是普京以其冷静、果断的处理方式,每每化险为夷,使他成为俄罗斯支持率最高的领导人。

危机面前,领导者一定要临危不惧,理智思考,稳定大局,使目标更加顺利地实现,使你的下级对你更加敬重,树立自己的威信;危机面前,领导者一定要泰然自若,稳定自己的情绪、稳定局势。同时,又能安定人心,给他人一种信念、一种力量,最后解除危难。否则,只会导致自乱阵脚,不战而退。

危机面前,领导者必须沉着应对,科学决策,敢于承担责任,不可麻痹、松懈、侥幸。如果听任下属行动,不能及时决策,最容易延误时机,失去威信。例如,抗洪救灾中,领导者们亲临灾情严重的前线,部署指挥抗洪抢险工作,是抗洪的排头兵。由于领导者决策果断,指挥得当,部署周密,行动迅速,控制了险情发展,并及时安全、有序地转移群众,把灾害损失减少到最低限度。领导者和干部在困难和危险面前挺身而出,率先垂范,坚持战斗在最前线。

危机面前,领导者须有敏锐的洞察力,冷静分析危机所在。危机暗藏于平静当中,有时令人无法觉察,它可能存在于内部,也可能来自外部。领导者要有韧性,不轻言放弃。出口的食品被指农药超标,出口商的主管单位行政领导以及检验检疫局齐心协力、冷静分析,实地调查情况,化解了危机。而在过去,遭遇同类危机时,各方却束手无策。

能使危机化险为夷凭的是大智慧,不是脑筋急转弯,耍小聪明。朱德与周恩来、贺龙、叶挺、刘伯承等一起,领导了南昌起义。随后,朱德根据前委指示,率领南昌起义军的先头部队南下。在南征途中,攻会昌,守三河坝,完成了掩护主力部队进军潮汕的任务。当得知起义军主力部队在潮汕地区失败后,自己所部又处在极端险恶之际,朱德以俄国革命成功为例,向全体将士说明中国革命的长期性、复杂性、艰巨性和最终将取得成功的道理,作出隐蔽北上、穿山西进、直奔湘南的正确决策,并适时进行了天心圩整顿、大余整编、上堡整训,使部队的状况明显改善。作为南昌起义领导人,朱德凭借丰富的政治军事经验,使起义军化险为夷,转危为安,有了立足之地。

危难时刻靠自己

危难当头,领导干部不能实行鸵鸟政策,一躲了之,这样非但不能解决问题,而且会造成极坏后果。所以,危难之时,领导干部要敢于挑大梁、显身手,不仅要甘苦与共,还要身先士卒。惟其如此,才能尽量减少损失,争取较好局面。

在危难关头,最能考验领导干部的领导素质。靠人靠天靠祖上,不算是好汉,最后靠的还得是自己。一个领导干部平时尸位素餐,乍逢危机,惊慌失措,想方设法逃避责任,明哲保身,是不能很好地保障和实现群众正当利益的。美国首任总统华盛顿,当仁不让,率领民众驱赶殖民者,创建合众国。第28任总统林肯,毅然挑起废除黑奴的重担。我国初创时的元勋们,哪一个不是挺身而出,舍身成仁?

"靠自己"要求领导干部有看清前方道路的眼光、有解决问题的方法。领导干部身居要职,群众总是用雪亮的眼光,审视和评价领导干部是否代表群体利益。因此,在处理危机时,还得依靠自己。2005年11月下旬12月上旬,受吉林石化双苯厂爆炸影响,松花江黑龙江段发生严重水污染,导致哈尔滨全市停水。为了缓和民众的紧张情绪,给市民以信心,黑龙江省长张左己郑重宣布"恢复供水后,我先喝第一口水"。11月27日晚,在退休老干部庞玉成家,张省长喝下了恢复供水后的第一口水,引来周围一片掌声。

"靠自己"要求领导干部要有亡羊补牢的思想意识,不能让局面失控。新华社报道,黑龙江鸡西市远华煤矿发生瓦斯爆炸事故,25人遇难;副省长刘海生对该矿难负有责任,被国务院处以行政处分。随后,刘海生采取坚决果断的措施关闭了不具备安全生产条件的矿井。

一位高明的领导干部,应懂得众志成城、"桃李不言,下自成蹊"的哲理,不

能在危险时刻丢盔弃甲,而要自树榜样,言教身教,靠自己的行动和政绩去树立威信,密切干群关系,使群众产生信任感、亲切感,进而把精神变成巨大的物质力量。

西谚说:我们劳动者不需要那些高高在上的"大救星"们的俯视和恩赐,我们自己能够思考一切。领导干部的"救星",只能是自己。

应对突发事件的常用办法

突发事件往往不好预测,其具有复杂性、破坏性、危险性,有过这方面深刻教训的领导,有切肤之痛。从2003年的"非典"到2004年的禽流感,使得"突发事件"越来越让人关注。

接踵而至的突发事件使领导者不再像从前那样,在危机发生前一无所知,惊慌失措,在危机发生后引咎辞职。而是一开始就直面危机,进行危机管理,建立危机预警体系等一整套的防范措施,在危机来临时,把损失降低到最低限度。

事实和经验告诉我们,应对突发事件,领导者首先应"未雨绸缪","防患于未然",树立并强化危机意识。在突发事件未发生前,将产生危机的土壤及时铲除,有效地预防和避免危机的出现。正如英国危机管理专家迈克尔·里杰斯特所说:"预防是解决危机的最好方法。"

应对突发事件,要构建危机应对机制。构建危机应对机制,建立一套规范、全面的危机管理预警系统,是应对突发事件的关键。针对危机发生的可能性,以及可能造成的后果,从三个方面构建:一是成立危机处理小组,明确其职责、权利,确定其联系、沟通与合作的方式,以及不同局势下的调整与变通方案等。二是配置处理危机时所需的人力、物力和财力资源。要明确其指挥者、管理人,以便在急需时能有效、及时地指挥、调配和管理;要明确其获取方式、存放地点、维护制度和使用说明,以便招之即来,来之能用,用之有效。三是抢占舆论先机,保证群众知情权。争夺舆论传播渠道,把客观事实在第一时间告诉公众。只有真相,才能制止谣传,才能平息疑虑,确保社会稳定。

应对突发事件,要掌握辨识方法。根据危机潜伏期的各种征兆与蛛丝马迹,辨识出危机是否将要出现,或已出现。对于领导者来说,危机识别阶段是最具有挑战性的。它要求领导者必须具有明察秋毫的本事,具有正确的判断力,能根据一些零星的迹象判断出问题的要害与关键,作出正确的抉择与判断。

应对突发事件,要求领导者快速反应,快速决断,快速控制。突发事件通常来势猛,发展速度快,情况复杂。如果处置不及时,易于激化矛盾,造成局面失控,引发更大的事端。因此,危机事件爆发后,领导者必须理智冷静,快速启动相应的应急措施,争取在最短的时间里摸清情况;领导者必须在第一时间内赶到第一现场,靠前指挥,面对面地做群众工作,稳定群众情绪;领导者必须抓住要害的人物和问题的关键,迅速采取措施,坚决控制事态,避免矛盾激化。

应对突发事件,要做好善后处理。控制了危机,危机远未结束。领导者还须采取一系列措施,进行善后处理:组织力量恢复重建;对受害者进行救援;调查危机发生的原因;评价整个危机管理工作的情况,总结经验教训,完善危机管理制度;预防、避免、管理下一个危机。美国危机专家诺曼·R.奥古斯丁说:"危机的消除,可以为组织提供一个至少能弥补部分损失和纠正混乱的机会。"

突发事件是危机,也是机遇和挑战。如果领导者能正视突发事件,以大无畏的精神迎接挑战,有效地处理,不仅会有效地避免突发事件所造成的损害,还能推进组织的发展和社会的进步。

8 开好会议的方法

开会是领导干部开展工作的必修课。开会也是重要工作,是沟通、传达的有效途径。

开会的目的,是研究问题、解决问题;开会的本质,是不同的思想、观念的集会;会场是不同的思想、观念碰撞的场所。开会是对话而不是灌输,是交流而不是讲课,不能把会场变成课堂。

毛泽东曾多次指出,开会是一种重要的领导方法。1955年,毛泽东在扩大的中共七届六中全会上作结论时指出:"要不犯错误,就要注意领导方法,加强领导";"一年开几次会,或者大会或者小会,解决当前发生的问题。如果有问题,就要从个别中看出普遍性。"

因此,开会是大有学问的。

常开会要会开会

说起开会,没有人会感觉陌生。表面上看,似乎每个人都会开会,但其实很多会议开得并不是富有成效。

胡适曾说过,要学民主,先学开会。因此,学会开会是最基本的民主素质。孙中山先生在二次讨袁战争结束、护国运动爆发后、张勋复辟的紧张时刻,写了

一本叫《民权初步》又名《会议通则》的书,是一本专门讲如何开会的书,此书后被孙中山先生亲自收入《建国方略》中。孙中山在此命运攸关之际,写出这么一本看似与当时的国内形势无关、专门讲如何开会的书,令人诧异。其实,在孙中山看来,吾国国民走向民主自治之关键,并不是缺少了理想、宣言、方略,而是缺少具体而实用的技术。开会,是首当其冲之关键。

开会时通常领导发言在先,道理充足,其他人基本上扮演着听众的角色。尽管在会议过程中也会请参加会议的其他人员发言,但是由于领导者在开始讲话时已经定好调了,大方向明确了,其他人一般都只能顺着说。

在一个单位内部,很少有人敢于讲真话,敢于质疑领导的意图。因为每个人都知道言多必失,只会给自己招来"灭顶之灾"。结果呢?必然是领导喜欢听什么,大家就顺着说什么。这样领导就很容易产生一种错觉:自己的意图得到了大家的支持,所有人都赞成自己的意见,以为自己的权威树立起来了。然而这种会议不会有什么好的效果,原因是大家没能各抒己见,畅所欲言,就不可能群策群力。

这种情况下组织智商就等于领导者的个体智商,如果领导者判断正确,事情就健康顺利发展;如果一时糊涂,则容易犯错误,甚至"翻船"。所以说,常开会要看领导是否会开会。

由于整个决策是领导建议、"集体决策"的产物,很多决策一旦失误,没有人出来承担责任,后果和风险只好由"一把手"承担。即使领导想追究部下的责任也很难,因为没有一个合适的环境让大家参与决策。各级部属嘴上不说,心里也理直气壮:开会时领导都下结论了,谁还敢说?开会具有一定的操作技巧,一旦本末倒置,就会失去开会的意义。

开会时领导可以提出问题,但不可轻易下结论。领导者应该扮演的是一个聆听者、观察者的角色。一旦领导专制性地切断会议上的讨论,长此以往,开会只能是领导者一个人的独角戏。

领导者应该通过倾听与会者的发言、甚至是相互辩论,启发自己思考,继而作出初步的判断,然后在大家充分发表意见之后再站出来,表明自己支持哪一种观点,赞成谁的意见。

所以,在各种会议中,领导者要能耐得住寂寞,最后一个发言,这样才能听到真话,否则听到的更多的是奉承和假话。

做好会议的准备工作

俗话说:兵马未动,"粮草"先行。开会的"粮草"是指会前的准备工作。一次会议要想开成功,必须未雨绸缪,准备工作必须细致入微,才能达到成竹在胸。

毛泽东说:"开会要事先通知,像出安民告示一样,让大家知道要讨论什么问题,解决什么问题,并且早作准备。"开会前没有足够的准备,靠现抓现拿点东西,讨论就没法深入,当然就更无法对所要解决的问题提出很好的建议或措施。

会议,绝不是坐着喝茶而进行的那种"玩意";也不是因要讨论"重大问题",而需要耗费漫长时间的"吃时间老虎"。革命战争年代中许多有转折意义的重大决策会议,都是在简陋的地方召开的,在影视剧中,我们可以看到,领袖通宵达旦,准备好会议材料,在会议上寥寥数语,便将问题迎刃而解。

会前的准备工作是细活,准备充分了,做事便胸有成竹;准备充分了,说话就有条不紊;准备充分了,能沉着应付会场意外情况。

中共八大召开前,毛泽东先用了 37 天的时间听取了 34 个经济部门的工作汇报,接着,又连续 6 天进行机械工业的实地参观调研,花了 6 天时间听取国家计委关于第二个五年计划的汇报。在这些大规模的调查活动的基础上,毛泽东比较全面、具体地掌握了新中国成立以来国内的经济情况,掌握了全党工作在下一步应该注重的问题,从而为八大的顺利召开做了比较充分的准备工作。

开会不是领导一个人的独角戏,而是你言我语排演出来的精彩片断。领导者在这里充当的是总揽全会的导演,他既要主持大局,又要指导每一个与会成员的发言;既要控制时间,又要顾及到每一个人;既要防止"冷场",又要制止争吵。所以,作为领导者,会前的准备工作一定要充分。

1952 年,为了解决农民负担过重的问题,毛泽东建议谭震林就浙江、苏南两区征粮问题在华东局召集一次专门会议,两区负责人及两区若干典型县的县委书记参加。毛泽东在给谭震林的信中特地指出:"在开会前,由你派出两个调查组,一个往浙江,一个往苏南,直到几个县的乡村,调查十几个乡,专门调查农民公粮及其他负担的实情,以为会议讨论的根据。"

要做到对会议胸有成竹,就要对开会情况熟悉掌握,把握会议的主题,吃透情况;要明确会议的议程,怎样衔接等,才能做到从容不迫,有条不紊。同时,要随机应变,根据情况现场发挥。

因此,要提高开会的效率,就得在会议开始前,做一番准备工作不可。

作为领导者,还要作好开会发言的充分准备。准备资料充分,会议就能产生立竿见影的效果;准备资料不足,随便搬出几个"假设"谈论,只会浪费时间。

主持会议的语言技巧

任何领导都必须掌握好说话的技巧,把话说好、说透就是一种本事。一个领导者要想实现自己的有效领导,就必须善于运用语言艺术。换句话说,工作口才对于领导者的成功来说,无异于润滑油之于发动机。

领导者主持会议的技巧关系到会议的成败。领导者主持会议,在用语上必须达到控制节奏、紧扣主题的总体目的。这就要求会议主持的领导者必须明确开会的目的,把握会议的主题,事先作好充分的准备,成竹在胸,方可临危不乱,游刃有余。尤其是会议的导入阶段更是一个会议讨论的关键。

好的开场白就像一个出色的导游员,一下子就把听众带入讲话者设计好的佳境。好的开场白,容易打开局面。开场白不能平铺直叙,而应该不落俗套、干净利落。高尔基曾经说过:"最难的开场白,就是第一句话,如同音乐一样,全曲的音调,都是由它定的。一般要花较长的时间去寻找。"

会议的开场白要开宗明义,先声夺人。引入正题不能拖泥带水,既要把开会目的讲明,又要把重点说清楚,使与会者有思想准备,为会议精神打下良好的基础。同样,也不能以三言两语草草收场,意不明,言已尽,使与会者不明白会议的议题,失去对会议的兴趣。好的会议开场白可以一下子抓住与会者,给人以深刻的印象,如同看一部引人入胜的电影,开始就兴味盎然,人们自然愿意继续了解下面的情节。

主持会议者的语言要言简意赅,一语中的,不说废话。会议要想取得高效率,必须使每个与会者的发言都言简意赅。要做到这一点,主持者能否带头是关键。如果主持者说话漫无节制,拖泥带水,与会者就会产生两种情况:一种是和你一起信马由缰,使会议松松垮垮;另一种是对会议毫无兴趣,认为你白白浪费了他的宝贵时间。

主持会议者的语言要委婉含蓄,做到"言有尽而意无穷"。这样的语言既简练,又具有艺术感染力。同时还不容易引起与会者的反感,减少争执和抵触情绪。

林肯就很善于用委婉含蓄的语言来表达意见。他对每天送到白宫办公桌上那些冗长、复杂的官式报告感到厌倦时,并没有以那种平淡的词句来表示反对,而是以一种几乎不可能被人遗忘的图画式字句表达。"当我派一个人出去买马时",他说,"我并不希望这个人告诉我这匹马的尾巴有多少根毛。我只希望知道它的特点何在"。

此外,领导者切忌用尖刻的语言讽刺、奚落下属的发言。著名哲学家卡莱尔说过:"仔细斟酌你的言辞,以免它们变成利剑。"奚落、讽刺的语言会伤害与会者的心灵,也会打消其发言的积极性。"哀莫大于心死",长此以往,与会者的自尊被摧毁,自信被打击,智慧被扼杀,工作可能干得更不好,最后抱着"死猪不怕开水烫"态度,对领导和下属都是不利的。

主持者只有恰到好处地表达自己的意图和情感,说话生机勃勃,充满艺术的感染力,才能使听者如沐春风。说话和声细语宛如柔和的月光、涓涓的泉水,由人心底流出,轻松自然,和蔼亲切,不紧不慢,能给听者以舒适、安逸、细腻、亲密、友好、温馨的感觉。整个会议的气氛才会自然融洽,问题才会在皆大欢喜的气氛中解决。

处理"冷场"和"跑题"的情况

领导者在会议中的危机处理能力,即应变和控场能力,是衡量一个领导者综合素质能力的重要标准,是会议能否成功的基本保证。

精彩的会议能吸引听众,产生反响,统一思想,推动工作,为群众喜闻乐见。气氛沉闷、东拉西扯、毫无章法的会议,难免会让与会者索然无味,报以冷淡的反映,或者辩论时离题万里。领导在会议进行过程中,遇到"冷场"或"跑题"时,一定要沉着冷静,随机应变。

开会过程中的"冷场"或"跑题",是与会者两种截然不同的反映。主持会议的领导要对症下药,如果不加以引导,会议就会脱离正常轨道。

冷场,是与会者对会议议题不感兴趣,导致会场僵局或气氛拘谨、紧张。此时,主持者应当发挥"幽默"艺术,可以用一个不过分的笑话、俏皮话、笑声或友好的讽刺来解除紧张状态,活跃现场气氛,重新吸引听众注意力,避免出现冷场。

处理"冷场",也可以变换话题,通过穿插趣闻轶事,使混乱或呆板的会场马上活跃起来,听众的注意力被迅速地集中到演讲内容上。如孙中山先生在中山大学发表演讲,谈论三民主义。当时因为礼堂小,听讲的人多,通风不好,所以有些人显得疲倦。孙中山先生看在眼里,为了提起听众的精神,改善一下场内的气氛,巧妙地讲了一个故事:"我小时候在香港读书,见过有一个搬运工人买了一张马票,因为没有地方可藏,便藏在时刻不离手的竹竿里,牢记马票的号码。后来马票开奖了,中头奖的正是他,他便欣喜若狂地把竹竿抛到大海里去。他以为从今以后就不再靠这支竹竿生活了。直到问及领奖手续,知道要凭票到指定银行取款,这才想起马票放在竹竿里,便拼命跑到海边去,可是连竹竿影子也没有了……"故事讲完,听众议论纷纷,会场的气氛活跃了,于是,孙中山先生抓住时机说:"对于我们大家,民族主义这根竹杠,千万不要丢啊!"很自然地又回到了原有话题的轨道上。

至于会议过程中的"跑题"现象,领导应善于把会议引上正轨,可以采用比较和婉的语气,使他们回到讨论的议题上,或总结一下到目前为止已经说过的内容。这就会调整其方向,把注意力集中到主要议题上来。

跑题发言主要有两类:

不着边际、津津有味地谈论传闻、轶事及与议题无关的闲话,越谈离议题越远。因为与会者对议题不感兴趣或者认为不好发言,而沉湎于题外的话。主持者应采取措施:一是接过讨论的某句话,顺势巧妙自然地引回到正题上来;二是联系议论的某一层意思,提出新的话题引入到正题中;三是用一句善良的话或风趣的话截住议论而引入正题。

发言者为炫耀才学,喜欢海阔天空,不自觉地离题发挥。对这种离题现象的处理也不能简单粗暴,而应尽可能采用不影响情绪和气氛的方式,用礼貌的形式提醒发言者。

开好一个会议,主题要集中,发言应精当。毛泽东曾不止一次地强调:"一次会只能有一个中心,一个中心就好。"如果主题分散,极易出现言者东拉西扯、言不及义,听者如入云里雾里、莫名其妙的情况。这样的会议势必缺少效率。1960年,中央在杭州召集华东、西南各省领导开会,除解决粮食困难这个议题外,又将搞小高炉、技术革新和技术革命、机械化和半机械化等问题都包括进去了,结果导致"一平二调"这个本来要急需解决的问题没能够成为会议的中心,在会议上也没能集中精力进行讨论,最终没能提出妥善的解决办法。最高层尚且如此,更别说其他了。

新任领导怎样在会上发言

英国陆军元帅伯纳德·蒙哥马利认为,领导者应具有感染性的乐观,给人意气昂然、充满自信的感觉。

尽管如此,新领导走马上任,各方面的情况不是很熟悉,或者心理准备不足,缺乏自信,就有可能在讲话时尴尬局促,露出"洋相"。

所以,新任领导首先要敢于即席讲话。拿着稿子讲,有失领导风度,也非长久之计。最好的办法还是要锻炼即席讲话能力。即席讲话,要敢字当头,不怕献丑,抛开任何杂念,做到"目中无人"。同时,也要学习表达技巧,用词、表述、表情、声调、手势等都应运用自如,恰到好处,使得你讲问题入木三分,说道理引人入胜,谈体会言简意赅,举事例生动活泼。再就是语言要有力量,讲话要有号召力、吸引力,三言两语可以使人精神振奋,十句八句能让人茅塞顿开、干劲倍增,使听众产生余音绕梁之感。

1860年2月,林肯第一次竞选美国总统,在纽约演讲。当地报纸发表许多攻击他的文章。在他登台时,还未开口,台下便掀起一片嘲笑起哄声浪。演讲开始不久,台下已十分混乱,一些共和党人高声叫嚷要他滚下台去。但林肯全然不为所动,十分镇静地按事先准备的讲下去。渐渐地,会场安静下来,除了林肯的声音,只有煤气灯的燃烧声,听众都听得入迷了。第二天,报纸又纷纷发表了赞扬林肯演讲异常成功的文章。

"一回生,二回熟,熟能生巧,巧能生好",是老生常谈。只要攻克开头的难关,往后就顺当多了。新任领导要提高讲话质量,不至于在讲话中出现卡壳和词不达意的难堪场面,最好先写个发言提纲,能背下来更好,上台前打个腹稿,心中要有个谱,让自己的思维和语言能够达到高度的和谐统一。此外,要克服怯场、紧张的心理,可以搞个"模拟演讲",找一个僻静的地方反复练习,以提高讲话质量。

处处留心皆学问。新任领导可以通过听广播、看电视、读报纸、听报告等,来学习讲话技巧。学习他们讲话的层次性和逻辑性,学习他们先讲什么后讲什么,从什么话题引入,怎样结尾,怎样与下一个问题相衔接。这样依葫芦画瓢模仿几次,对提高表达技巧大有裨益。为使讲话有声有色,还要不断积累词汇,加强词语搭配的技巧练习,以提高讲话的逻辑性。通过不断拓宽知识面,使自己在各种环境下应对各种场面都能举重若轻、成竹在胸。

同时,新任领导在讲话前要掌握不同场合、不同内容的表达窍门。如开会,要在短时间内把问题讲清,道理讲明,就要求精简内容,提炼语言,分清层次,增强逻辑性。讲话要得体细致,分析要入情入理,分配要公平明了,要求要切合实际。

在语气上,不同的场合用不同的语气:有时如重锤猛击,有时恰似玉珠落盘;有时要有洪水一泻千里之势,有时则宛如小溪潺潺流淌;有时需要平铺直叙,娓娓道来,有时则需要运用排比、反问增强语气。讲话一定要一语中的,简明扼要,不能絮叨冗长,以防止与会者产生厌烦情绪。抓住了这些规律,有重点地准备,就能有效提高讲话质量。

新任领导还应熟悉工作程序,做到内容熟、程序熟、方法熟、人员熟。接到上级交给的任务或给部属安排工作,要弄清这项任务该如何完成,交给谁去办合适,怎样讲才能让其更好地领会上级意图,在完成过程中会出现什么问题,该如何解决等等。这些程序自己心里首先要有个框架,这样,讲起来才能有条有理,部署落实起来也就不易变调走样。否则,只会让自己下不了台。

新任领导的发言,可能有许多缺点和不足,但是"往者不可谏,来者犹可追",随着时间的推移,定会更加成熟、全面、精彩。

9 科学运筹时间的方法

法国思想家伏尔泰曾出过一个意味深长的谜语:"世界上哪样东西最长又是最短的,最快又是最慢的,最能分割又是最广大的,最不受重视又是最值得惋惜的? 没有它,什么事情都做不成,它使一切的东西归于消灭,使一切伟大的东西生命不绝。"

谜底:时间!

每一个人都必须珍惜时间,都应充分、有效、合理地使用时间。领导干部尤其如此,因为他们对时间的态度不仅影响自己领导的单位,而且影响部下的时间使用效率。在实际工作中,领导干部的地位越高,越不能自由、自主地支配时间。因此,领导干部要充分、合理、有效地利用时间,集中精力研究发展战略和进行决策工作。

抽出时间来做重要的事

领导者大都公务缠身,面临许多事情要处理。轻重缓急,大小主次,怎样恰当安排时间,处理琐碎的事情,是决定一个领导成功的关键因素。埃拉斯姆斯在《巨人传》中说:时间是事业成功的组成材料。因此,怎样把最有效的时间,放在最能够创造最佳绩效的、关键性的目标和任务上,这是领导者应该具备的一项较为重要的技能。

托·富勒认为,善于掌握自己时间的人,是真正伟大的人。合理安排时间,就等于节约时间。众多的事是琐事,重要的事往往占少数。这就是所谓的"关键的少数和次要的多数"原理。重要的事,并非如嘴上所说,如此众多。但能决定工作成败的,正是少量重要之事。抽出 80% 的时间,来处理 20% 重要的事情,就能达到事半功倍的效果。

成功者花最多时间做最重要的事,而不是碌碌于紧急的事。著名科学家爱因斯坦认为,人与人之间的最大区别就在于怎样利用时间。领导之所以能成为领导,在于他知道怎么利用时间,知道如何抽出时间来处理重要的事。因此,要成为一名成功的领导者,就需要把时间造出来,把时间从海绵里挤出来。

如何在百忙之间抽出时间来做重要的事呢? 一是当机立断,二是合理支配。

时间是没有声音的锉刀。你一不小心,它就会在你身边无声无息地溜走。不要说重要的事,就是一般的事,如果不当机立断去做,抓住的只会是时间的尾巴。重要的事拖延不得,它关系到事业的成败;重要的事推脱不得,它会涉及成绩的负增长;重要的事马虎不得,它可能使工作变得一塌糊涂。正如克雷洛夫所说:"多拖延一分,就使那事难做一分。"当许多人在一条路上徘徊不前时,他们不得不让开一条大路,让那些珍惜时间的人赶到他们的前面去。不要让琐碎的事反客为主,要做重要的事就须当机立断。

合理支配、充分利用时间,能实现工作的最高价值。为达到管理的高效率,管理界把一天的工作分为 A、B、C 三类。A 类占工作数量的 20% ~ 25%,每天 1 ~ 3 件,最重要,也最迫切,与实现单位、组织的目标关系很大,因此,必须把大部分工作时间用 A 类工作,其花费时间约占 60% ~ 75%。B 类占工作数量的 25% ~ 30%,每天 3 ~ 5 件,比较重要,时间也较紧迫,可以采取一般管理的方法,最好自己亲自做,也可授权他人办理,其花费时间约占 20% ~ 25%。如果能把 A、B 两类工作做好,就是抓住了关键的环节,等于完成了当天工作的 80% ~ 95%,可以算做高效率了。C 类占总工作数量的 50% ~ 55%,属于次要的工作,时间要求也不太紧迫,对实现系统目标影响很小,不必花大精力用在这些琐碎的小事上,完全可以授权下属去做而不必亲自出马,在 C 类工作上花费的时间越少越好。

重要事务的处理往往机不可失,所谓"逝者如斯夫,不舍昼夜"。若要消除时间杀手,领导者一定要理清工作的重点。把工作重点拟出来,当机立断作出抉择。通常自己就是时间的杀手,要设法控制自己,合理安排时间,抽出时间去做重要的事。

摆脱事务性工作的困扰

领导干部如果被日常事务缠得无法脱身,成天忙忙碌碌,成为"忙"的化身,就难以集中精力和时间,做出什么大成绩来。

领导要摆脱繁琐事务的困扰,抓好工作的决策与落实,就需统筹分配工作;给下属分好工、授好权;转变作风,集中精力,狠抓落实;全面应用信息技术进行事务性管理。

领导干部要统筹利用时间。我国著名科学家钱伟长,在全国解放后的几年,被繁多的事务性工作所困扰。身兼数职的他,经常要向上汇报请示。同时,他参加的出国访问团和大会也是举不胜举。直到1957年,钱伟长的日程表上,除了繁重的教学工作、行政事务外,便是应接不暇的社会活动。纷繁的社会活动,使他希望有充裕的时间在科研上多作些贡献。于是,为社会活动、行政事务整天忙碌的他暗下苦功,充分利用了无数个夜晚,潜心科研。"钱伟长法"与"钱伟长方程"成为国际上许多论文和研究的参考根据。

领导干部要做好下属职责分工,授好权,严格落实岗位责任制。领导干部不能"事必躬亲",也不能当"甩手掌柜"。领导干部太忙,易顾此失彼,劳而无功,太"闲",也绝非称职的领导。搞好工作,由谁来负责,哪个部门牵头,都应当明确分工。要坚持各负其责的领导方式,严格落实岗位责任制,认真细致地按级负责。这些都要求领导干部既需摆脱具体事务的困扰,又需保持韧性。切实做好了这一点,自然水到渠成。

具体来说,当前,政府职能已从"无限"转变到"有限",领导干部也应树立起"有限"政府的理念,探索出一条既能减轻负担,又能提升绩效的管理模式。只有分工明确,才能跳出窠臼。

领导干部要转变工作作风,集中精力,狠抓落实。如果在繁琐事务中跳不出来,就会陷入被动,疲于应付,让事务性工作牵着鼻子走。因此,坚持不让具体事务缠身,着眼全局、把握重点、长于指导,把主要精力放在抓落实上,是对领导干部贯彻科学发展观的基本要求。领导干部在具体事务上尽量超脱一点,跳出具体事务的圈子,落实工作。做到"统而不揽",即先从宏观上理清思路,紧紧抓住带方向性、根本性、长远性、基础性的工作不放,再从微观上透视规律,科学安排,把握重点和节奏,实施正确指导。

此外,领导干部还应学会全面应用信息技术进行事务性管理,提高工作效率。应用信息技术取决于领导干部的思想素质。因此,创造摆脱事务困扰的工作环境尤为重要,如政府推行电子政务,利用互联网技术推行无纸办公。

从不必要的应酬中脱身

现实社会中的各种应酬是必要的,适当的应酬会增进联系,加强感情,促进协调,推动工作。

应酬是一种社会现象,有时是一种工作,领导干部无法避免它,特别是为领导辛苦、为领导忙的对外应酬。例如,有"感情联络式"、"拍马巴结式"、"被动无奈式"、"自娱自乐式"等应酬五花八门。以"有事相求式"应酬为例,"上面千条线,下面一根针"。上级领导干部到基层去落实各项工作,为了给他们一个好的印象,在年终检查、验收时能够过关,基层干部们往往赔着笑脸,硬着头皮,打肿脸充胖子,热情地接待。

应酬给上级和下级都带来了不同程度的负面效应。上级领导对于应酬,是既爱又恨,个中苦、愁、怕、烦、乐等交织在一起,形成莫可名状的情感。基层干部对于应酬,是"无可奈何钱落去,换得好言好语来"。对外应酬好似一座"大山"压得他们喘不过气来。因此,减少不必要的对外应酬,无论对上级领导,还是对基层干部都刻不容缓。要通过实际行动,从应酬中解脱出来。

如何以实际行动来减少不必要的对外应酬呢? 要达到治标又治本的目的,一要精简机构,二要应酬适度,三要坚持学习。

对领导干部个人来说,交往应酬要适度。对于部门与部门、上级与下级之间,在交往中不必过于讲究。对一些不必要的应酬,该减的要减,该推的要推,切莫被应酬缠身,误了工作,坏了风气,损害了形象。领导干部要以"常修为政之德,常思贪欲之害,常怀律己之心"的执政理念,做到权为民所用,情为民所系,利为民所谋。

领导干部与其忙于一些不必要的交际应酬,为寒暄和"面子"殚精竭虑,还不如静下心来,读点书,既利于身心健康,又利于事业发展。对外应酬占据了领导大部分的时间,他们每天穿梭在"文山会海"之间,弄得身心疲惫。挤出时间坚持学习,来减少不必要的对外应酬,是一举两得的必备良药。

领导干部在正常工作之余,把时间多放在读书上、放在思考问题上,那么,参加各种接待、应酬的机会就会减少;如果各级领导干部能够自己带头看书、带头思考,减少各种不必要的应酬,不仅可以有效减少下级的接待与应酬,还可以理直气壮地要求下级认真看书、阅读与思考。

忙到点子上

曾几何时,人们日出而作、日落而息,"忙"得悠闲,"忙"得有尽头。现如今,无论是普通群众还是领导干部,无论真忙或假忙,"忙"一律成了他们的口头禅、挡箭牌。多数人生活的常态是:忙于工作、忙于开会、忙于应酬、忙于充电等等。忙得不可开交，好像总有做不完的事，大有"两眼一睁，忙到熄灯"的架势。

领导干部忙一点是好事。然而，忙大有讲究。如果没有忙到点子上，整日忙碌，只会让众多领导干部辛苦万分，甚至超了极限，垮了身体。虽说也能忙出一些"成绩"，但往往对自己、对群众并没有多少实际的益处，决非长远之计和治本之策，而且会造成负面影响，造成了更多的资源消耗。

忙到点子上，就是面对千头万绪的工作，要能够分清轻重缓急，善于选准中心、找准重点、把握要领。只有这样，才能忙而不乱，才能出成绩、出效益。

忙，要有目标。没有目标的忙，犹如小孩玩木马，虽然忙得喘不过气来，但仍然停留在原地。领导干部要会忙、善于忙，忙到关键点，就要忙学习、忙服务、忙调研、忙落实。

忙学习。古人云："少而好学，如日出之阳；壮而好学，如日中之光；老而好学，如炳烛之明。"首先，端正好学习态度，建立学习型组织，加强修养，使个人和工作达到新的境界。其次，加强业务知识的学习。早在1949年，毛泽东就告诫全党，进城掌权，要学会维持政权，否则，就会站不住脚而失败；而当今世界，唯一不变的，就是变化，更要加强学习。第三，要安排好学习时间，正确处理学习与工作的关系，做到学习、工作两不误。

忙服务。"领导就是服务"，所以，领导确实忙碌。但有些干部却不是为了公事在忙，而是为了人情关系，整天忙得团团转，群众却不买账，这样的忙就是瞎忙、空忙，于国于民无益。领导干部工作应该忙一些，但一定要忙到点子上，有所为有所不为。要多为群众跑腿服务，多为建设出力流汗，搞好本职工作。对于那些与工作无关的交际和应酬应该尽量减少和避免。如果对群众的困难、疾苦和呼声充耳不闻，漠然置之，一味贪图享乐，身"忙"而心不忙，最终就会疏远群众、脱离群众，遭群众唾弃。

忙调研。调研就是发言权。经济社会生活中的各种矛盾极其复杂，涉及方方面面，并且各种矛盾处于不断变化运动之中，要想真正了解社会的真实情况，就必须深入地、切实地、经常地调查研究，深入基层，深入群众，深入到社会各阶层中去听意见、听"牢骚"、集民智。只有做到了"上悉政策、下解民情"，才能对千变万化的客观事物作出正确的判断，使决策更具科学性、可行性和针对性。

忙落实。作出决策后，关键在于如何落实。领导干部不要"忙于出政绩，忙于出轰动效应"，而应真抓实干，采取切实措施，克服官僚主义和形式主义。不能满足于以会议落实会议，以文件落实文件。必须真正沉下去，蹲下去，加强具体指导，着力解决实际问题，及时总结经验，下决心转变作风，使工作有新气象。

落实是一种品质，一种境界，一种责任。只有把目标任务落实到位，把各项惠民政策落实到位，把关系人民群众切身利益的问题真正解决好，才是领导干部真正要忙的事情。

　　忙，要忙出成效，忙得持久，忙得开心。如果忙着到处救火，忙着见招拆招，只会忙得晕头转向，使自己被动，无法从工作中获得乐趣。因此，领导干部都要适时静下心来，思考忙的要义，在忙中思，思中忙。

第六章

领导者应有的领导艺术

领导艺术是指建立在一定知识、经验基础上的非规范化的有创造性的领导技能,也就是那些非程序化、模式化、定量化的领导行为。它具有随机性、经验性、多样性、创造性等几个特征。领导艺术内容是十分丰富的,贯穿于领导过程的各个阶段和领导活动各个方面。领导者只有不断提高领导水平和领导艺术,才能够审时度势,驾驭全局,提高领导效率。

1 授权的艺术

用人之要，重在明责授权。领导者无论身在什么单位、什么部门、权力范围都是有限度的，不存在无限大的权力；而且人的精力也是有限的，不可能在各个部门、每件事情上都投入相同的精力。一个领导者即使再有本事，也不可能独自做好一切。

因此，领导者要有自己的工作重点，把权力精力放在主要方面，分清哪些事情必须自己亲自去做，哪些则只需授权下属来完成。可以这样说，越是高明的领导人，越愿意授权下级，特别是对于远离指挥中心、独当一面的负责人，更应通过授权这一手段，来充分发挥他的独立负责作用。

然而，授权不是交权，更不是大权旁落。什么时候授、授到什么程度、什么时候收回等等都有许多学问，领导者掌握授权艺术对做好工作是十分重要的。古往今来，大凡成功的领导者，无不重视授权，把它作为一个巧妙的分身术，使自己跳出事务圈子，腾出时间和精力想大事，抓全局，成大业。

大权独揽，小权分散

作为领导者，正确认识权利，合理恰当地利用及分配权力至关重要。领导者分配权力过程中的首要问题，并不在于究竟是多分一点好，还是我留一点好；而是要首先搞清楚具体应该分什么权力，留什么权力。从原则上讲，"大权独揽，小权分散"无疑是很好的策略。这样可以很好地做到权限与权能相适应，权力与责任密切结合。

权力是把双刃剑，如果权力过于集中，极容易形成领导者的独裁专制,这样整个组织的决策受该领导人的影响就会特别大。一个人收集的信息以及决策能力都是有限的。因此,一个人决策所蕴含的风险性比群体性的风险性大得多。相反,如果权力过于分散,也难以形成统一的决策,同时组织内部相互之间的协作也可能会存在很大的问题。"大权独揽,小权分散"可以很好地解决一个单位的主要领导控权与授权的关系问题。

"大权独揽",就是指领导者要把大权独自揽住,集中抓好重要工作,抓好全局性、关键性问题,把主要权力掌握在自己手里。

"小权分散",是指领导者对一些非重要的、非关键性的工作宜分给他人承办,不应事无巨细都亲力亲为,不必事无巨细样样管,把一些权力授予下属。授权之后,下属具体怎样实施,不应过问太细,由他们自己去决定,领导者只抓一件事情的最终结果或效果。

同时,领导者还要尽量做到权力平衡,不宜让班子中某一位副职所分管的工作在量上过多地超过其他副职,避免权力失衡,主次颠倒。

哪些是"大权"? 哪些是"小权"? 对这个问题,不同领导者在实际工作中往往认识不一致,而且掌握起来也不容易。有的人可能把"大权"当成了"小权",走上放任的道路;有的人则可能把"小权"也看成"大权",走上了专权的道路。

划分"大权"和"小权"是一个相对的过程,主要是相对于领导者所处的位置而言。从涉及的范围来考虑,关系全局的权力,当然是大权,仅仅关系某一个局部的权力,一般不能说是大权。从权力的性质来考虑,一般一个组织的权力有三个层次,第一个层次是决策权,第二个层次是运行权,第三个层次是执行权。所谓大权实际上主要是指决策权,还有就是运行中的关键问题的把关性权力,具有"不可替代性"。人们常说,领导要把握方向,把握大局。这样的权力是要独揽的,而其他的权力则要分散。

一个组织必须有一个自己的领导核心、决策核心。"大权独揽"有利于集中力量办大事,同时保证决策的连续性和稳定性。

那么,对于一个正在发挥重要作用的领导者来说,哪些大权是他必须抓的呢? 一是财权。古时候的人掌权时,一抓军权,二抓财权,可见财权之重要。当然,掌握财权并不是意味着主要领导要把所有财物细节摸得一清二楚,而是指他能够清楚地掌控资金大的方向,并且关键时刻能够自由调动。二是人事任免权。这主要涉及非常重要的人事调动和安排。三是知情权。即使某些时候不参与决策,对所有重大决策也应该有知情权。四是最终决策权。亦即对一般及重要决策进行最后拍板的权力。

除了这些非常重要的权力,其他具体的权力诸如具体的管理权,某个部门的权力就可以完全下放。真正杰出的领导人,不一定自己能力有多强,只要懂信任、懂放权、懂珍惜,就能团结比自己更强的力量,从而提升自己的领导能力。相反,许多能力非常强的人却因为过于完美主义,事必躬亲,认为什么人都不如自己,最终的结果是"疲惫而无所得",这是管理的失败。

美国麻省理工学院的摩文教授经过调查,发现多数成功领导都有一个共同之处:极力限定自己的工作范围。一个成功的领导者可以定义为:最大限度地利用其下属的能力。也就是说,权力适当地下移,会使权力重心更接近基层,更容易激发下属人员的工作热情。

大量的实践证明,领导者抑制自己的权力反而更容易使下属完成任务,同时这也是区分将才和帅才的重要标志之一。抑制权力的最直接表现是充分授权,它在管理过程中,所起的作用不言而喻。

当然,领导者也要充分认识到,权力是一个变量,过分授权会削弱权力;但权统得过死,影响下级的积极性和创造性发挥,导致冗务缠身,事必躬亲,也等于削弱权力。

那么,领导者怎样正确处理揽权与分权的关系呢?关键在于要找准二者的交接点。从实践看,领导者揽权也好,分权也罢,都应以不影响有效指挥和决策,并有利于下级发挥积极性、创造性为条件。否则,要么揽权过多,要么分权不当,领导者要及时进行调整。此外,领导者还要注意揽权和分权的时机,该揽权时要合理揽权,该分权时要适时分权。如领导者刚上任时,应适当多揽权,以利于树立权威和熟悉情况,过一段时间后就要适当分权,或减少一些不必要的环节。

另外,"大权独揽,小权分散"也是一个领导者的工作方法和工作作风问题。在这层意义上来说,集权和放权是主要领导者如何发挥副手和下级的积极性的问题。集权而不专权,放权而不放任,才是最好的选择。

做个会派活的领导

领导者不可能包打天下,即所谓"神仙也不会一把抓"。领导者作为挂帅的人物必须掌握"分身术",即把一定的权力授予下属,实行分而治之。什么都干的领导是什么都干不好的,记住,当你发现自己忙不过来时,你就要考虑自己是否干了应该由下属干的事情,你就要考虑是否应该向下放权。

人类社会已进入一个瞬息万变、竞争激烈的信息时代，领导者面对着复杂多变的社会现实，仅凭个人的聪明才智和积累的经验，用传统的手段、方法、方式去处理当今的事务，即使有三头六臂也难以独揽一切，更难以成就大业。是否能把自己手中的权力科学、合理、艺术地分配下去，是区别现代领导和传统领导的重要标志，也是一门现代领导艺术。

所谓授权，就是领导者将自己职权范围内的一定权力给予自己的直接下属，并加以协调、控制、激励、检查、督促、评价，使被授权的组织或个人在已明确的职权范围内，充分发挥各自的积极性、主动性和创造性。

领导者的成功授权是成就事业的"分身术"，在领导实践中具有十分重要的意义。首先，正确授权可以减少领导者工作负担，使领导不被细小事务缠绕导致身心疲劳，集中精力处理更重要的问题。第二，正确授权是对下属的一种信任，事无巨细的领导不仅对领导者本人不利，还会让下属感到不被信任，下属创造性能力未能得到充分发掘。第三，正确授权会调动下属积极性。权力是一种重要的激励方式，赋予下属一定的权力是对有权力需要下属的满足。第四，正确的授权有利于领导发现人才，锻炼人才，培养人才。第五，正确的授权有利于团队建设。正确授权有利于各级管理者之间、管理者与员工之间沟通，加强协调，团结共事，有利于发挥专长，互补不足，提高组织的整体力量。第六，正确授权有利于避免领导专断，降低错误决策风险，减小错误决策的发生，甚至减小错误决策所造成的损失。

相传，鲁国时期，孔子学生宓子贱学业有成后到某地任职，人们见到的他不是"新官上任三把火"的不同凡响，而是常常休闲于庭园里、垂钓于鱼池边，至于政务方面似乎漠不关心。但奇怪的是，他如此理政老百姓看到的却是政令畅通、社会安定、民众祥和。不少官吏不明其因，自己起早摸黑搞政务，一年到头却不见多少政绩，而宓子贱"三心二意"竟政通人和，原因何在呢？于是前往探问，宓子贱却漫不经心地回答：如果你只靠一个人的力量去完成当然累，而我是借助别人的力量去完成的啊。而三国时期蜀国丞相诸葛亮，尽管大智大慧、才略超凡，但却不懂得授权，不知道发挥更多将士独当一面的作用，凡事"事必躬亲"、亲力亲为，不能从繁琐而劳累的事务中解脱出来，最后落得体弱气衰，累死于五丈原。

西汉著名丞相陈平认为："宰相者，上佐天子，理阴阳，顺四时，下遂万物之宜；外镇抚四夷诸侯；内亲附百姓，使卿大夫各得任其职也。"作为领导必须学会正确授权。现代社会，领导工作千头万绪，极为繁杂，如果领导干部事无巨细都事必躬亲,即使有三头六臂,也会应接不暇,难免事与愿违。

授权从表面看上去极其简单,但在实际操作中并非如此,在现实的领导活动中,在授权问题上,存在以下三种观念:

第一种,诸葛亮式观念。"吾非不知。但受先帝托孤之重,唯恐他人不似我尽心也。"只可惜,这种鞠躬尽瘁的思想至今仍为诸多领导者奉为楷模。这种领导属于不会授权型。

第二种,赫鲁晓夫式观念。"我的下属都是些笨蛋,有跟他们解释的工夫,我早就干完了。"这种领导属于不敢授权型。

第三种,武大郎式观念。"让下属干得越多、越出色,就越显得我无能,我这位子早晚会被他抢去。"这种领导属于不愿授权型。

不愿授权的领导者,是他们没有树立起为人民群众掌权和用权的权力观;不敢授权的领导者不懂得"用人不疑,疑人不用"的用人原则,这是一个认识问题;而不会授权则是个方法和技巧问题。

授权是一门管理科学,是知人善任的具体体现。正是如此,如何授权则成为领导者的费心之事。所以在充分掌握授权的基本理论基础上,我们在具体授权时应做到以下几个方面:

一要统分结合。授权是一门巧妙的领导艺术,应当从实际出发,并注重把握好尺寸。如果授权不足会使领导者陷入事务圈子;如果授权过分,又会造成领导失责失职,削弱领导。

二要高屋建瓴。领导者的主要职责是集中精力处理重大事务,其立足点是全局而不是局部,其着眼点是未来而不是眼前,其用力点是关键环节而不是细枝末节。做到了这点,领导者的权力集中便是高水平的集中,其授权也便是高水平的授权。

三要给予激励。领导者授权的目的在于激励下属为实现领导的总目标而分忧解愁,勇挑重担。一般说来,下级距离决策圈子越远,其向心力越小,而在下级肩上压担子,会增强其主人翁责任感,激发其不甘无为的创造性。当然领导活动作为一个完整的链条,要一环扣一环,防止脱节,要有分有合,切实形成整体。领导者要认真处理授权中的责任问题,及时解决局部中发生的失责现象,这和激励是相辅相成的。

四要分而不散。按照系统论的观点,授权是将复杂的目标加以分解,实行"分而治之"。然而授权不是分权,不是搞各自为政,作为领导者,应当时刻注意观察全局发展的进程,对可能出现的离心现象及时调节,对被授权者实行有效的监督。当然,这种监督和调节是对下属偏差的纠正,而不是对下级正常工作的干涉,是对大局的宏观指导,而不是对繁琐的事务的具体参与。

不该管的事让别人去管

有的领导工作十分繁忙,可以"两眼一睁,忙到熄灯",一年 365 天,整天忙得四脚朝天,恨不得将自己分成几块。这种以力气解决问题的思路太落伍了。出路在于智慧,采取应变分身术:管好该管的事,放下不该自己管的事。

管理学上有一句:"领导的责任就在于只管你应该管的事情。"相反,也就是说你不能管你不应管的事。

荀子曰:"主好要则百事详,主好详则百事荒。"意思是说君主善于抓要领,那么各种事情都会被处理得井井有条;如果君主喜欢样样都抓,那么事情反而会杂乱无章。这里说的是领导者的领导方法和工作方法的问题。

一个单位的主要领导干部如果能做到部属很忙,自己比较清闲,工作之余可以腾出时间看些书,思考一些重要问题,这样,就是一位比较善于领导的领导。如果主要领导干部整天事无巨细,忙得焦头烂额,文件摆满一桌子,请示工作一摊子,自己很忙,部属却无事可做,就不能认为他是个明智而称职的领导者。

一个人的精力是有限的,不该管的事管得多了,必然会忽视应管的事。一位领导者决不能经常处于紧张状态,要时时踱踱方步、统筹思考些问题。不仅要站在本部门的立场上考虑问题,还要从更高的角度、更广的范围来研究分管的工作,这样,就可能跟总的形势比较合拍,也比较容易做好自己的工作。

在工作部署上,领导要有决心,要有气魄,非抓不可的事情就要一抓到底,抓着不放;现在不可能办的事情,就要放一放。不能平铺直叙。如果每年能有一项或两项重大突破,就了不起了,积累几年成绩就大了。

领导干部要管得少一点的另一层含义,就是要调动大家的积极性。这样讲不是减轻领导干部的责任,这与饱食终日、无所用心的官僚主义是有原则区别的。以身作则,身体力行,始终是领导者的道德规范。别人能做到的,自己必须首先做到。但是领导者"十八般武艺"样样精通是很难做到的,有些事要分给别人去管,主意由别人首先提出意见。领导者不管小事,要管大事;不抓一般的,要抓关键的。

领导者不能事事身先士卒,并不意味着领导可以做"甩手掌柜"。有些领导在日常工作当中,分内工作经常推给别人,什么事情都叫下边去干,自己只会打着官腔,讲一些在任何场合都适用的空话和套话。这是典型的"在其位不谋其政,司其职不尽其责"。这样的领导实际上就是一张相片成了摆设。所以,有时候领导又必须站在第一线,带头冲锋陷阵,没有这一手也无法进行有效领导。

授权是领导者走向成功的分身术。人们都知道授权的重要,但有的能授好,有的却授不好,为什么呢?一个关键的问题在于授权者的态度。比较正确的态度应当包括以下四个方面的内容:

第一,要看重下级的长处。任何人都有长处和短处,如果授权者能够着眼于下级的长处,那么他就可对下级放心大胆地予以任用。如尽看下级的短处,那他就有可能由于担心那个下级的工作而对其加倍操心。这样,下级的工作勇气就会降低。下级缺乏工作上的勇气,其上司的成功率就不可能会很高,所从事的事业也不会有多大希望。所以,身为领导者,对于下级不妨先用七分的眼光去看长处,再用三分的眼光去看缺点,以强化自己对下级的信任感。

第二,不仅交工作,而且要授权力。领导者将本部门的工作目标确定以后,需要交付下级去执行。既然如此,就有必要将其相应的权力同时授给下级。一般来说,将工作委托给下级去干,这一点是不难办到的,因为这等于减少自己的麻烦;将权力授给下级,就不是那么简单,因为这意味着对自己手中现存权力的削弱。不过,凡明白的领导者都深知职、责、权的不可分离性,应该使自己成为一个明白人,把权力愉快地授给承担相应工作的下级。当然,所授的权力不是没有边际的。这样,部属会因此感到上司对自己的信任和期望,为了不辜负这种期望,就会一心一意地去拼命工作。

第三,不要交代琐碎的事情,只要把工作目标讲明白就可以了。否则,人的自主性不易发挥,责任感也会随之减弱。作为一个领导者,对待下级最忌讳的就是"婆婆嘴"唠叨个不停,使人无所适从,不知怎么办才好。

第四,对部属不应放任自流,要给以适当的指导。身为一个领导者,决不能以为授了权就万事大吉了。应该懂得,尽管权力授给了部属,但责任仍在自己。如果只把权力授了出去,就可以对后果不负责任,或者进行品头论足,那么部属的能力就不可能得到充分的发挥。所以,将权力授出之后,还应该对其部属进行必要的监督和指导。若是部属走偏了方向,就该着手帮其修正。如果部属遇到了难以克服的困难,就应该给予指导和帮助。只有这样,部属的信心才会更加坚定。

不事事包揽,不一竿子插到底,不越级,不错位,不揽权,管好自己的人,办好自己该办的事,这样的领导才会轻松而游刃有余。

2 沟通的艺术

　　一个领导者不拥有沟通技巧就不可能获得事业上的成功。因为,尽管你可能拥有最好用的脑子、最先进的思想、最新颖的观点,但不能把它传达并转移到别人的头脑里,它们仍然仅仅是你的思想与观点,而且只是你一个人的思想与观点,你就不能成功。要想让你的思想观点有价值,就必须把它们沟通给别人。对成功的领导者而言,与不同类型的人相处愉快并交换信息的能力是不可缺少的。实际上,领导活动的每时每刻,都在进行各种不同的沟通。因此,领导者必须提高与周围人有效沟通的能力,学会并掌握必要的沟通技巧,你就已经踏上了成功之路。

懂得必要的沟通技巧

　　研究表明:管理中70%的错误是由于沟通不善造成的。管理离不开沟通,沟通渗透于管理的各个方面。现代的领导者,要激发下属的工作热情,并使管理卓有成效,离开了沟通别无他途。如何合理地利用各种沟通渠道,采用多种沟通技巧,尽可能地与下属进行全方位的交流,已经成为领导工作的一个重要课题。为使与下属的沟通达到预期的目的,领导者需要掌握一些沟通艺术。

　　第一,目的明确、思路清晰。重要的沟通最好事先征求他人的意见,每次沟通解决什么问题,到达什么目的,不仅沟通者清楚,还要尽量使被沟通者也清楚。在沟通过程中要使用双方都理解的用语和示意动作,并恰当地运用语气和表达方式,措词不仅要清晰、明确,还要注意情感上的细微差别,力求准确,使对方能有效接收所传递的信息。假如你要分配一项任务,那么要对任务进行全面分析,这样你才能正确地对任务进行说明;假如你面临的是纪律问题,那么在批评和处罚之前,应对情况进行全面了解,取得了真凭实据,这样的处理就会取得圆满的效果。

　　第二,以诚相待,相互尊重。沟通的效果既与沟通的内容有关,也与沟通双方的感情有关。领导者在沟通中必须把自己放在与下属同等的位置上,"开诚布公"、"推心置腹"、"设身处地",像尊重自己一样尊重下属,始终保持一颗平等的心态,更多地强调下属的重要性,强调下属的主体意识和作用。下属感到自己受到尊重,便会激发出与组织同甘苦的工作热情。要将尊重贯穿在管理过程中。尊重体现了领导者的素养,也体现了组织的素养。同时,也可以提高双方的信任度,使领导者可以接纳部属内心各种真实的想法,让下属感到什么话都敢跟你说,一旦下属对领导者在某一方面的不信任可能会波及到其他方面的不信任,因而领导者尽量在各方面得到下属的信任,是有利于相互之间的有效沟通的。

第三,把握时机,因势利导。沟通效果不仅取决于信息的内容,还要受环境条件的制约。影响沟通的环境因素很多,如组织氛围、沟通双方的关系、社会风气等。在不同情况下要采取不同的沟通方式,要抓住最有利的沟通时机。时机不成熟不要仓促行事;贻误时机,会使某些信息失去意义。

第四,用心倾听,积极聆听。沟通要讲究"听"的艺术。倾听是领导者与下属沟通的基础。作为一名领导者在与下属的沟通过程中,应该主动听取意见,善于聆听,只有善于听取信息才能成为有洞察力的领导者。倾听是取得成功的第一步,有智慧的人都是先听再说。积极聆听就要暂时忘掉自我的思想、期待、成见和愿望,全神贯注地理解讲话者的内容,与他一起去体验,感受整个过程。

第五,用好体态语言。在沟通过程中,领导者除了用语言技巧之外,还要善于运用体态语言。一般应注意的是:一是目光接触。诚恳而沉稳地看着对方。二是姿势与动作。保持良好的坐姿,脊椎推直,上身略微前倾,手放置椅背上,不要随意滑动。站立时要昂然站立,放松自己,抬头挺胸,肩膀、臀部和双腿站成一条直线,让你的精神向前倾注。切记不要双臂环抱、两手交叉,这些都是封闭和防御的肢体语言。三是脸部表情。谈话时要轻松自然,合适的话,记得要微笑。微笑表示友善礼貌,皱眉表示怀疑和不满意。四是声音与语气。将你的声音当成工具,带着精力与热诚,设法让语调、节奏和声音的大小有所变化。为吸引注意力,要使用合适与清楚的语言,中间或有停顿,抑扬顿挫表明热情,突然停顿是为了造成悬念。要直接而中肯,避免使用专业术语、场面的话和太过招摇的言论。

第六,畅通渠道,完善机制。要在组织内建立起畅通的、良性的沟通机制。建立畅通的沟通渠道,首先要摒弃那种只是由组织领导层向下属发布命令,下属的反馈和意见却很少有人倾听的单向沟通模式,这样的沟通方式不仅无助于监督与管理,长此以往还会严重挫伤下属的积极性。

良好的沟通机制应该是多角度、双向、多级的。应该在组织内部建立全方位的沟通机制,形成管理层与部门领导、部门领导与下属、同事与同事之间的多层次交流对话机制,保持沟通渠道的畅通,要让下属意识到管理层乐于倾听他们的意见。组织内部的沟通方式不外乎两种：正式沟通和非正式沟通。

正式沟通是指在组织系统内，依据一定的组织原则所进行的信息传递与交流。重要的信息和文件的传达、组织的决策等，一般都采取这种方式。非正式沟通渠道指的是正式沟通渠道以外的信息交流和传递，它不受组织监督，自由选择沟通渠道，是正式沟通的有机补充。在许多组织中，决策时利用的情报大部分是由非正式信息系统传递的。

同正式沟通相比，非正式沟通往往能更灵活迅速地适应事态的变化，省略许多繁琐的程序；并且常常能提供大量的通过正式沟通渠道难以获得的信息，真实地反映下属的思想、态度和动机。因此，这种动机往往能够对管理决策起重要作用。但是，非正式沟通传递的信息易于失真、曲解，而且，它可能导致小集团、小圈子，影响人心稳定和团体的凝聚力。因此，领导者应该予以充分注意，利用非正式沟通为组织目标服务，并杜绝其消极作用。

以心交心

在现代管理中，领导者与被领导者的关系不再壁垒森严，而是通力合作、互相信赖，建立良好的团队精神，这就需要建立良好的工作关系。作为一个领导者，愈能与别人合作无间，就愈能收到良好的效果。而如果没有良好的工作关系，整个组织就会出问题，成为一盘散沙，无法有效地协同作战。这也是为什么有那么多的成功领导者，在组织内部特别专注于建立并维护卓有成效的人际关系的原因。

兵法中的最高境界"兵不钝而利可全"、"不战而屈人之兵"，最根本的是要使对手"心服"，这即是说，在领导艺术中攻心是最好的取胜手段。《孙子兵法》中有："夫用兵之道，攻心为上，攻城为下，心战为上，兵战为下。"这里提出的"攻心为上"实际上就是"施恩攻心"的战术，目的是使人心悦诚服。

在一个组织系统内部，要建立一种良好的人际关系，就需要领导者与部属之间，以心交心，用"心"沟通。要与部属进行心贴心的沟通，领导者在沟通中必须把自己放在与部属同等的位置上，"开诚布公"、"推心置腹"、"设身处地"地进行平等对话，进行信息交流。

在实际生活中，影响对下沟通的主要因素就是领导没"心"，缺少热忱。一些领导人也注意跟同事及部属的沟通，但是由于没有交心，隔靴搔痒，沟通的效果也就大打折扣。有些领导者善于使用威逼利诱、软硬兼施。但威逼利诱只能使人屈从于现实利害关系；软硬兼施往往使人屈从就范，而非心悦诚服，现实生活中，阳奉阴违就是常见的情形。

虚情假意总是会被人一眼看透的，人们能够认出伪君子，且不会信任他。良好的关系是建立在诚信的基础上的，领导者必须学会真诚对待他人，不是为了获利而算计、操纵他人。上级对下沟通，关键是一个"诚"字。应该做到：

一要有尊重的心。领导者应像尊重自己一样尊重部属，始终保持一颗平等的心态，更多地强调部属的重要性，强调部属的主体意识和作用。部属感到自己受到尊重，便会激发出与组织同甘共苦的工作热情。要将尊重贯穿在管理过程中，尊重体现了领导者的素养，也体现了组织的素养。

二要有合作的心。领导者与被领导者的利益矛盾是无法改变的，但是通过合作关系的确立，可以形成良好的工作氛围。

三要有服务的心。把部属当成自己的内部客户，只有让内部客户满意，才可以更好地服务外部客户。领导者是为部属提供服务的供应商，要做的就是充分利用组织现有资源为部属提供工作上的方便。

四要有赏识的心。学会欣赏自己的部属是领导者的美德。当一个人被赏识的时候，他可以受到极大激励。作为领导者，需要首先以赏识的眼光对待自己的部属，并且让他知道。

五要有分享的心。分享是最好的学习态度，也是最好的组织文化氛围。领导者与部属在工作当中，要不断地分享知识、分享经验、分享目标、分享一切值得分享的东西。

孔明七擒七纵孟获，目的在于攻心；兵学泰斗孙子强调"攻城为下，攻心为上"，都说明一个共同的道理，对部属要用心领导。首先，在部属最困难时，要拔刀相助。有时一千句鼓励比不上部属最困难时对他举手之劳的帮助，这时的帮助正是以最小的代价去换取部属最大忠心的大好时机，这一臂之力足以使他感激一生。其次，对部属要以诚相待，赞赏鼓励。对部属坦诚相待，才能换回部属的一片忠心；当部属取得成绩时，赞赏鼓励，使其感到自己的劳动并未白费。第三，对部属的生活要多加关心。上班时，自然公事公办。但聪明的领导应学会利用闲暇的时间来达到攻心的目的。

用心沟通的目的是，要增强下级对领导者的信任度。下级对领导者是否信任，信任程度如何，对于改善沟通有很重要的作用。信息在社会中的传播是通过独特的"信任"和"不信任"的"过滤器"进行的。这个过滤器能起到这样的作用：如果没有信任，完全真实的信息可能变成不可接受的，而不真实的信息倒可能变成可接受的。一般来说，只有受到下级高度信任的领导者发出的信息，才可能完全为下级所接受。这就要求领导者加强自我修养,具有高尚的品格、强烈的事业心和丰富的知识。具备了这些,领导者就会赢得下级的信任,就为组织的成功打下了坚实的基础。

善于倾听

领导者与部属沟通是一个双向交流的过程。在这个过程中,领导者肩负着说给部属听和听部属说双重责任。在实际工作中,许多领导者或者是重视了前者而忽视了后者,或者是善于自己说而不善于听部属说,在一定程度上影响了沟通的质量和效果。事实上,正如谈话是一种艺术一样,倾听也是一种艺术。作为一个领导者要乐于倾听,善于倾听。

"知屋漏者在宇下,知政失者在草野。"认真倾听部属的意见和呼声,是了解社情民意、衡量为政得失的有效途径。古人十分重视这一点,周朝就设有专门的采诗官,他们常年巡游各地采集民间歌谣,从中体察风俗民情,考察朝政得失,《诗经》中的大部分诗歌即出于此。唐代大诗人白居易在《采诗官》一诗中说:"采诗官,采诗听歌导人言","言者无罪闻者诫"。当然,今天的情况同古代大不相同了,但为政者需要倾听百姓意见和呼声,这一点没有变。

美国学者做过统计,在沟通行为中,40%的时间用于倾听,35%用于交谈,16%用于阅读,9%用于书写。正因为我们每天用于倾听的时间如此之长,以至于我们经常忽略其重要性,认为这不过是自然而然、不费吹灰之力的事;但事情并非如此简单,坐下来想一想,我们有多少次误解了别人的话,又有多少次没有弄懂对方的意图。我们究竟能从别人谈话中获得多少信息?

倾听与听是有区别的,倾听虽然以听到声音为前提,但更重要的是我们对声音必须有所反应。倾听必须是人主动参与的过程,在这个过程中,人必须思考、接收、理解,并作出必要的反馈。

可见,在我们倾听时,不仅仅要接受、理解别人所说的话,而且同时也要接受、理解别人的手势、体态和面部表情。在此过程中,我们得到的不仅仅是信息,而且还包含着讲话人的情感。因此,倾听就是通过视觉、听觉来接收、吸收和理解对方思想、信息和情感的过程。

善于倾听是领导者必备的素质之一,理论与经验都告诉我们,是否善于倾听是衡量一个管理者水平高低的标志。成功的管理者,大多是善于倾听的人。"松下电器"创始人松下幸之助把自己的全部经营秘密归结为一句话:细心倾听他人的意见。由于他能充分认真听取各个层次的意见,所以处理问题时总是胸有成竹、当机立断，表现出敏锐的判断力。

那么，怎样才能实现倾听的最佳效果呢？

第一，神情专注，兴趣盎然。部属愿不愿意讲，敢不敢大胆讲，关键看领导者是否认真听。如果领导者能像听朋友、听上级讲话那样专心致志地听部属讲，并适当地给部属以鼓励、引导，就会使部属看到自己意见的价值，从而增强说的积极性。相反，如果领导者在部属说话时表现出心不在焉的样子，或手持报纸边看边听，或闭目后仰似听非听，或神情木然呆坐呆听，就会使部属觉得自己的话领导不感兴趣，从而感到沮丧。事实上，部属在向领导者敞开心扉，尤其是汇报重要问题之前，往往是思前顾后、踌躇再三的。若领导者对此不予重视，就很容易伤害部属的自尊心，甚至使部属产生闭锁、自卑、怨恨等不良心理。

第二，适时引导，呼应自如。领导者在与部属沟通时，要能够根据部属陈述的内容，采用恰当的方式表达出对他的理解、信任、支持以及不同的意见、见解等，以便形成一种交互对话的氛围，让部属感到像是在与老乡、朋友唠嗑那样轻松自如。要防止和克服那种一问一答或者"我先说你后讲"的僵化模式，多用赞许、补充、异议等方式激活谈话的兴奋点。当出现冷场时，要注意寻找共同点，从双方都熟知的话题入手，激发部属讲话的热情；当出现跑题时，要及时插话，引导部属有所思、有所悟，形成新的切入点。另外，领导者的引导发言一定要言简意赅、诚恳实在，哪怕是片言只语，都要出自真情实意，实话实说，切不可用虚情假意去哄骗部属。

第三，耐心冷静，控制好不良情绪。部属在发言时，由于受自身的认知水平、性格、语言表达能力和心情好坏等因素的影响，说出的话有时难以得到领导者的认同，甚至会引起领导的不悦和反感，这都是常有的。这种时候，高明的领导者一定会控制和调节好自己的情绪，使自己始终处于平心静气、和颜悦色的状态。在很多情况下，部属的话越难听，就越能真实地反映他的内心世界。如果领导者一觉得话不投机就变脸，甚至是训斥、责难或下逐客令，就会使部属在心理上受到伤害，领导者也因此而失去了一次听取部属真实思想反映的机会。

第四，诚恳实在，给部属以可信赖感。人们有心里话时总爱讲给他最信赖的人听。领导者只有赢得部属的信赖，才能听到部属的心声。所以，领导者树立诚恳实在的形象也很重要。首先是说理要实在。领导者能否说服部属，关键要看其所说的话是否符合客观实际，是否能把话说到点子上，并让部属接受。其次是反馈要实在。对部属提出的意见和建议，有能力解决的要当场拍板，尽快抓好落实；不能解决的要明明白白拒绝，并做好解释工作。再次是做人要实在。领导者要厚道一些、朴素一些,比如,对部属的莽撞、失言要虚怀若谷,对部属的隐私要守口如瓶,对部属的意见、建议要从善如流等。如果领导者小肚鸡肠,稍不如意就假以"颜色",抓辫子整人,部属对你只会敬而远之、怕而躲之、恨而忍之,又怎能推心置腹地与你交谈呢?

3 妥协的艺术

在现代社会,多数竞争已不再是"你死我活"的,从"地球上抹掉敌人"的情况少之又少。博弈论告诉我们:当人们必须长期共处时,合作和妥协往往是明智的选择。作为领导者,妥协有时是必需的。在领导工作实践中,应该正确地认识妥协,科学地运用妥协,在维护大局、着眼长远利益的前提下,以让步的方式化解矛盾,越过障碍,防止无谓的冲突,避免争执和纠缠,向着既定的目标前进。

该妥协时要妥协

妥协作为矛盾解决的基本方式之一,是指矛盾对立各方之间发生冲突时,通过彼此间的让步,使矛盾继续创造着自己的运动形式的过程。

妥协是一种文化或一种文明。虽然妥协在任何国家和任何制度中都会出现,但作为人们广泛采用和普遍推崇的行为方式,却会形成一种文化的传统。中国传统文化中的"和为贵","中庸之道","己所不欲,勿施于人",都包含有妥协的意思。

妥协在领导工作中具有不可避免性。多年前,邓小平说过一句话:"如果都是你不信任我,我不信任你;你不谅解我,我不谅解你;你不让步,我不让步;应该作的妥协也不作,小的不同就会变成大的冲突。"说得很有哲理。有时,妥协不仅是必要的,而且是必需的。

首先,如果不妥协就会危及组织生存,必须妥协。这方面最为人耳熟的莫过于越王勾践卧薪尝胆的故事。身为一国之君的勾践昼为吴王仆役,夜则卧于柴薪。从表面上看,这是一种软弱的妥协,但它却为越国军民积累实力、一雪前耻赢得了时间。随后的历史证明了这种妥协的可贵。可见,在组织面临生死存亡的关键时刻,采取妥协的态度,不失为明智之举。

其次,如果不妥协会危及班子团结,必须妥协。一个班子,从形成战斗力的角度看,没有比团结更重要的了。但是,由于思维方式、生活体验以及所处角色、地位的不同,对许多问题,不同的人往往有着不同甚至完全对立的认识,处理不好,很容易影响团结。这里,只要不涉及总体奋斗目标及达到此目标的奋斗方式的大问题,只要不涉及整体战略及策略的大问题,只要不涉及原则和立场的大问题,都需要采取妥协的态度,求同存异,以免引起纷争,影响团结,削弱战斗力。

再次,如果不妥协会危及问题的及时解决,必须妥协。工作中有些问题,或由于意见不一,或由于某方面的干扰,往往难以得到及时解决。这时,为防拖延造成工作的损失,妥协就是至关重要的方法。如总是坚持自己的意见而不允许别人坚持意见,总是要求别人放弃意见而自己从不放弃意见,总是要别人将就自己而自己从不将就别人,总是要别人照自己的意见办而不参照别人意见的可行成分,任何时候都不知妥协为何物,许多问题就只能拖着、挂着,妨害工作的正常进行。

妥协需要有宽广的胸怀和十足的勇气。在一般人看来,妥协如同军事上的退却,总是和失败、怯懦和耻辱联系在一起,来自外界的指责、讥讽、嘲笑,以及由此在内心深处产生的难以言表的痛楚,将给妥协者造成巨大的心理压力。实际上,正确地选择妥协,非但不是什么胆怯逃避,而且是需要极大的勇气的。这种勇气的产生,来自于长远的眼光和博大的胸怀。蔺相如面对廉颇的步步紧逼,退避三舍,演出了千古绝唱的将相和;雄才大略的韩信忍受小流氓的胯下之辱,最后指挥千军万马,成就了一代名将。倘若蔺相如反唇相讥,与廉颇对骂于高堂,韩信冲冠一怒,当街挥剑斩杀小流氓,那么,历史的画卷上可能就不会有这两位熠熠生辉的文臣武将。辩证法就是这样,善妥协者,不计较一时一事之得失,忍一时之小痛,能够避免全局之大失;逞匹夫之勇者,看似勇气十足,但最终则难成大器。在这个问题上,是忍一时之痛,还是逞一时之强,对于一个领导者来说,决不单单是脾气秉性问题,它还是一个反映领导者思想修养境界及政治上是否成熟的大问题。

妥协不是最终的投降和放弃,而是一种高超艺术的体现。一是妥协和退让是暂时的,不是最终放弃,而是为了最终的获得;二是妥协和退让是手段和方法,不是目的,不是最终结果。

当然,领导工作中的妥协,指的是在共同事业基础上出现意见相左、矛盾相持的情况时,艺术地运用妥协退让的策略,把问题缓一缓,放一放,甚至是对对方让一让,给问题的解决和矛盾的处理注入一种弹性,从而使事情更加好办。

如果硬顶，只能是越顶越硬，既达不到目的，又会造成新的损失。

妥协在许多时候很必要、很重要，每一位领导者都应树立"该妥协时就妥协"的意识，并学会妥协的艺术。

然而，妥协也应有"度"。如果过度了，不该妥协时也妥协起来，则是根本性的错误。妥协并不是没有原则的妥协，关键是要把握适度。不能因为妥协，而丧失了理智；不能因为妥协，而被视为一个单纯的没有思路的执行者；不能因为妥协，影响了计划的进展速度；不能因为妥协，破坏了工作的质量。一句话，适度妥协是为了达到更好的效果，本身是一个积极的举措，而不是消极的行为。

给人台阶下

俗话说："领导者只有给别人台阶下，他们也才会有台阶下。"这句话简单明了，却又耐人寻味。

学会让人体面下"台阶"在日常工作中可营造一个美好的空间。成功地运用它，不仅使他人保住了面子，而且会赢得他人的理解和尊敬，能树立良好的形象，有利于工作的开展。

1953年，周恩来率中国政府代表团慰问驻旅大的苏军。在我方举行的宴会上，一名苏军中尉翻译总理讲话时，译错了一个地方。我方一位翻译当场作了改正，这使总理感到意外，也使在场的苏联驻军司令大为恼火，因为部下在这种场合的失误使他有失面子。他马上走过去，要撕下中尉的肩章和领章。

宴会厅里的气氛顿时显得非常紧张。这时，总理及时为对方提供了一个"台阶"。他温和地说："两国语言要做到恰到好处的翻译是很不容易的，也可能是我讲得不够完善。"并慢慢重述了被译错的那段话，让翻译仔细听着，并准确地翻译出来，缓解了紧张气氛。

总理讲完话同大家干杯时，还特意同那位翻译单独干杯，那位翻译被感动得举着杯久久不放。

作为一个领导，特别要学会给部属台阶下。有这么一句忠告："不善于给别人'台阶'下，既是害人又是害己。"在工作中，领导若能适时地给部属"台阶"下，不仅能获得下属的好感，而且也有助于树立良好的形象，团结更多的人，巩固更多的合作伙伴，建立一支优秀的团队。

有的部属之所以由积极工作到消极对抗，由参加工作时的谦虚谨慎、对领导服从配合，到最后发牢骚、唱反调，其中一个重要的原因可能就是在他们无意顶撞或与领导意见相左时，在某个尴尬的时候领导没有能够给他们提供一个下的台阶。有的领导在下属犯错误时故意渲染他们的失误；有的领导喜欢当众揭下属的"短处"；有的领导在处罚下属时出手太狠以致下属败得太惨等等，都是没有给部属一个台阶下。

给部属一个台阶下，其实就是给他们留一点"面子"，多一点理解，说几句宽慰和鼓励的话，让他们有适当的"理由"或"借口"迈过那道难堪的坎儿。

其实，给部属一个下的台阶并不难，只需要领导多做点"换位思考"，适时地站在他们的位置和立场上想一想，及时向他们伸出一只援手，增加一点沟通。给他们一个下的台阶，其实就是给他们一个向上起跳的跳板。大多数情况下，他们出现失误甚至犯下错误的初衷是好的，是从工作利益出发的。日常工作生活中，领导对听不顺耳、想不顺心的一些话，看不顺眼的一些事，要多一些理解和宽容，对部属多一些体谅和关心。给别人一个台阶下，其实就是给自己一个提升人格魅力、个人威信的台阶。

不过，在给别人提供"台阶"下的时候还应该特别注意以下三点：

一要不动声色。这样做会让当事人很体面地"下台阶"，而在场的其他人却又难以觉察，这才是最巧妙的"台阶"。二要恰当运用幽默语言作为"台阶"。一句幽默的话能使对方在欢声笑语中相互谅解，彼此愉悦，这也堪称最轻松的"台阶"。三要注意尽可能地为对方提供"台阶"的同时再添点儿彩。如果及时为对方挽回面子的同时再增添一些光彩，对方则会更加感激你，并真正从心底敬佩你。

学会以退为进

善于以退为进，是一种重要的领导策略。在形势不利的情况下，或时机不成熟的时候，采取以退为进的策略尤为必要。正如恩格斯所说："为了顾全主要的事情，在次要的问题上作让步。"

退，意味着暂时放弃眼前的一些局部利益，是时机不成熟时作出的一定程度的让步和妥协，其实质或是为了顾全大局、化解矛盾，或是为了等待时机、蓄势待发。不顾客观实际、逞一时之能的匹夫之勇，势必会给自己、事业和国家带来灾难性的后果。只有审时度势、善于以退为进者，才能取得最后的胜利。

自古以来，凡成大事者无不谙熟其中的道理。越王勾践忍辱负重、卧薪尝胆，最终"三千越甲可吞吴"；韩信忍胯下之辱，终助刘邦成一代伟业；蔺相如以赵国利益为重，主动避让有意挑衅的廉颇，换来了廉颇的"负荆请罪"；汉武帝刘彻登基之初实行韬光养晦的和亲政策，在麻痹匈奴的同时壮大了自己，为日后稳固边疆奠定了基础。

《孙子兵法》提出"见可而进，知难而退"的观点，就是指当认识到继续前进有可能导致对自己不利的结局，可能使战局发生逆转时，应当机立断，停止进攻，或迅速撤退，这正是辩证法上讲的"度"，也就是事物发展变化中保持自己质的临界线。因此，知难而退，见好就收，是一个领导者应十分注意的问题。

退是为了更好的进。适度退让，在许多场合都不失为一种争取主动、扭转时局的上策，也是领导者必备的谋略之一。领导者要知退，更要善退，善于正确把握退让的时机和原则。知道进退、善于进退的领导者，才能运筹帷幄，妥善解决矛盾，使事物朝着有利于实现自己的预期目标的方向发展，才能如愿以偿地品尝到胜利之果。

以退为进，这是一种大智慧。毛泽东就是善于运用以退为进策略的高手，且到了炉火纯青的地步。

毛泽东深谙"一张一弛，文武之道"的道理，"将欲取之，必先与之，刚柔相济，有理、有利、有节"显示了毛泽东非常独特的大智慧。毛泽东既善于斗争，又善于妥协，克制容忍，终成大谋。毛泽东在他的著作中一再提到老子"将欲取之，必先与之"的作战方针。早在中央苏区反围剿时期，毛泽东就把以退为进的策略运用到了极致。"诱敌深入"的军事战略思想，就是一种以退为进的大策略。毛泽东还主张观点上的暂时忍让，在于等待人们的觉醒。从撤离赣州到进占漳州，毛泽东正处在遭受"左"倾错误路线排斥和打击时期。但是毛泽东坚信自己的主张是适合中国国情的。因此，当周恩来请他下山领导攻打赣州的战斗时，他又挺身而出力陈自己的主张，尽力挽救红军和根据地的损失。他在江口会议上出击赣东北的意见遭否定以后，他又只好跟着部队走，寻求机会陈述自己的主张。由于周恩来的支持，终于促成了攻占漳州的胜利。

领导干部要学会以退为进的策略，还应坚持"有所为，有所不为"，集中力量抓大事。"为"与"不为"乃一对矛盾，有所不为才能有所为，有所不为便能"为必成"，有所不为是大有所为的必要前提；反过来说，如果不分主次、轻重、缓急，什么事都"为"，势必"无为"又"无成"。领导者的时间和精力都很有限，只能统筹全局议大事，集中精力抓关键，积聚力量攻重点，才能取得比较好的效果。

领导干部要学会以退为进的策略，还要善于分权授权。"分权授权"是进与退的辩证统一。同一班子的各位副职和下级领导各负其责，主要领导看上去是"退"到了幕后，实则为"进"留下了更大空间。主要领导在后面谋划全局，为副职们的前进"做扫清障碍的工作"，这本身就是一种更高层次上的"进"，更深远意义上的"进"。主动分权授权,更容易达到"进"可以攻,"退"可以守,以退为进,以退促进的境界,自然而然地跨入了"当进则进、当退则退","运用之妙,存乎一心"的自由王国。

以退为进是有谋略、有计划的积极进取,并不是消极退让和逃避。在特殊情况下,积极的理性的退让是一种智慧和艺术。只退不进是懦者,只进不退是莽汉。只有进退得当,才能审时度势,控制事物发展的方向。领导者在工作中应该善于运用妥协的艺术,敢于有节制地退让,把握好进与退的尺度,不拿原则做交易。对于一般性的问题,只要能顾全大局,有利于维护安定、团结、和谐、双赢的局面,有利于矛盾的尽快解决,就可适度退让,最终达到以退为进的目的。

4 造势借力的艺术

凡领导者,无不希望在自己的领导工作中能运筹帷幄,全局在胸,得心应手,驾驭自如。要获得这种高超的领导技能,就要以科学思想为指导,不断积累实践经验,对主客观条件了如指掌而又能按客观规律办事。这里很重要的一点,就是要掌握和运用"造势借力"的领导艺术。

善于因势利导

因势,就着事物的发展趋势;利导,向着顺利的方向引导。因势利导就是领导者在领导活动中必须从实际出发,根据事物的发展趋势,充分发挥主观能动性,领导下属去实现预定的目标。

"因势利导"出自《史记·孙子吴起列传》:"善战者因其势而利导之。"意思是说我国古代将领善于打仗而能取得预期胜利者,都是由于能掌握战场上的主动权因势而利导之。

传说中的大禹治水,根据水的流势,变堵塞为疏导,成功地解决了前人没有解决的黄河水患,是因势利导、征服自然的先驱。

两千多年前,我国古代著名军事家孙武在其军事杰作《孙子兵法》中,对因势利导已有相当精辟的理论概括。他提出:"水因地而制流,兵因敌而制胜。故兵无常势,水无常形,能因敌变化而取胜者,谓之神。"《孙子兵法》中的这些论述贯穿着"因势利导"的思想。

三国时,诸葛亮强调应当占"天时、地利、人和",把主观和客观,人的因素和物的因素有机地结合起来,也体现了因势利导的思想。

在战争史上由于没有认识和掌握因势利导律,没有按因势利导原则指挥战争,而是死背兵书战策而导致战争失败的例子屡见不鲜。例如战国时的赵括败于长平,三国时的马谡失街亭等,即属不懂因势利导,只知"纸上谈兵"而失败的典型。

正确运用因势利导的前提是知势和识势。因此,必须首先明确什么是势。从词义上理解势是指事物发展的形势、态势、情势、趋势等等。毛泽东在《论持久战》一文中使用了"审时度势"一词。他解释:"这个势,包括敌势、我势、地势等。"从这里我们看到"势"包括敌势,是指战争中敌方的情况,在一般的领导工作中可以理解为他人的情况,竞争对手的情况;人势,是指本系统内部的情况,包括长处和短处,实力和弱点;地势,在战争中主要是指地理环境,在一般的领导工作中应当理解为本系统所在的大系统的情况。由此可见,"识势"和"知势"是领导者成功的先决条件。

"势"不仅有我势、他势和地势之分,还有小势和大势之分,小势和大势反映了势的层次性。小势和大势是相对的,它依事物的规模与性质而异。小势与大势的关系是辩证的对立统一的关系。就一般情况说大势制约并决定小势,这就是所谓的"大势所趋"。不知大势,就是不识大局。要知势就必须及时掌握充分、有效的信息,信息是思维的材料,决策的依据及管理的基础。

在知势和识势的基础上必须学会"因势",也即顺势。要从"势"本身的实践情况出发,加以正确的引导,才能促进事物向着领导者所"导"的方向发展。社会规律同自然规律的相同之处,都是独立于人的意识之外的客观存在。社会发展只有通过人的合乎社会发展客观规律的主观努力才能够实现。因此,因势利导的这个"势",虽是通过人的主观努力来实现的,但并不是随心所欲的主观愿望的产物,而是社会发展客观规律的体现。但是,人并不是规律的奴隶,在客观规律面前无能为力,而是可以认识它,可以创造条件,从而掌握因势利导的主动权。

最后,领导者必须"成势",即促成事物之发展趋势的形成。成势,是事物内部矛盾运动的必然结果。领导者只有理解和认识了事物发展的总趋向,才能充分发挥自己的主观能动性,即在不违反规律的前提下,在条件上施加影响,以加速或延缓趋向的发展速度。在成势的过程中,领导者要善于发现和培养有利于成势的积极因素,消除不利于成势的消极因素,即在成势过程中闪现的前兆性、苗头性的人或事,这种"典型性因素"如果处理得好,可以对全局的进程起极大的推动作用。

因势利导是事物发展过程中领导者对态势进程施加影响的一种自觉能动性表现。对于领导者来说，要履行领导职责，完成工作任务，就必然有一个如何因势利导的指导思想和方法论问题。这也可从以下几个方面来认识和思考：

一是把握"利导"的可能性。这里所说的"导"的可能性，不是外部强加的，而是事物发展的必然蕴蓄。领导者要认识把群体意识引到顺着"势"前进方向的必要性，使被引导的群众心理产生顺势而进的愿望与内驱力，成为他们的自觉行动，至少使他们具有"可导性"。

二是把握可能性变为现实性的时机。即如何根据"势"的发展进程来恰到好处地加以引导、使群众中的自觉的积极性变为实际行动，积极投入到所"导"的"势"中去。这种时机性的把握决不是领导者一时心血来潮所致，而是对"势"的全过程的正确认识的反映。

三是研究引导的艺术性。要引导得好，首先要让群体心理产生顺势而进的欲望。从群体而言，要有个从少到多的量的扩展；从单个个体而言，又有个量的积聚，即不断强化"引"的效果，促使其达到"喷薄欲出"的程度。那样，领导者的"因势利导"也就水到渠成了。其次，要引导得好。领导者要做到"引而不发"。简单地说，就是不要不分时间、地点、场合地处处出头露面，打头阵，而应该让理解和领会领导意图的骨干去充分发挥作用。最后，在引导过程中领导者要随时注意可能出现的新的干扰性因素对所引导的群体的影响，要有所预见、准备，以免措手不及，影响"利导"。

掌握运势制胜的法宝

在现代领导实践中，凡是卓有成就的领导者无不深得运势制胜的要领。领导者往往抓住全局解决局部，抓住一般解决个别，站在更高的层次上，以居高临下的态势制定整体战略、策略和决策，以取得全局性的胜利；求取大势，造成势不可当的态势，把力量集中于主要方面，形成破竹之势，使工作立见成效；使处在大势中的人们顺势而动，焕发生机；面对严峻形势，造成警醒、奋进之势，动员群体力量，形成合力，转逆为顺。因此，领导者重视谋势，工于造势，巧妙乘势，善于导势，是他们取得成功的法宝。

那么，领导者在实际工作当中如何运势制胜呢？

首先，要重视谋势。领导者为了推动工作，实现目标，需要谋求某种氛围、某种趋势或借助某种外力的作用。谋势，就要有大局观点，站得高，看得远，高

屋建瓴,善于从全党、全国的大局以至全世界的大局看问题,而不是只从一个地区、一个部门、一个单位的局部利益看问题。谋势,就要有全面观点,既看事物的正面,也看事物的反面,既看事物的现象,更看事物的本质,而不是只看自己愿意看的东西,只听自己愿意听的东西。谋势,就要有发展观点,既看事物的现在,也看事物的过去和未来,不因一时的胜利而骄傲,也不因一时的挫折而气馁,善于在胜利时看到隐患,在受挫时坚定信心。

其次,要工于造势。领导者为了创造性地开展工作,把握工作的主动权,需要根据自己的工作目标营造有利自己的势。因此,领导者必须学会造势。要造就有利于工作顺利推进之势、有利于长远发展之势以及有利于创造性开展工作之势。领导者要最大限度地发挥自己的主观能动性,根据工作需要,在特定时间,选准特定事件,借题发挥造势,形成独特的工作格局,抢占工作的制高点,掌握工作的主动权。

再次,要巧妙乘势。乘势,是领导者借助上级指示的精神和上级对某项工作的要求顺势去推动。在领导工作中,领导者对有些工作如果能借助上级指示的精神和要求就能事半功倍,如果领导者单干或错过时势,则事倍功半。因此,领导者在实际工作中一定要抓住机遇,乘势而上,牢牢掌握工作的主动权。

最后,要善于导势。导势,是领导者将上级抓工作的力度和由此形成的氛围所造成的势,结合本地区、本单位的工作实际和需要适时引导,并在具体工作中充分利用。

巧“借东风”

在中国悠久的历史中,有作为的领导者善于把“借”字巧妙地镶嵌进领导艺术中,使领导艺术达到了出神入化的极高境界。例如,借水行舟、借题发挥、借花献佛、借古讽今、借地生根、借鸡生蛋等。借他人之口、之手、之力而为己谋,使人又不易察觉,或者即使察觉了也无济于事,谓之巧“借”。领导者们必须善“借”。因为要做好一个地方、一个单位的工作,仅靠个人的力量是远远不够的,必须借助各方面的力量,调动各方面的积极性,利用各方面的有利条件。

三国时期,诸葛亮出使东吴,巧借东风大破曹操大军的故事被世人传为佳话,“借东风”也作为一种行之有效的工作方法被后人尤其是当今的领导者广泛应用。适时恰当地运用这种方法,会对工作产生事半功倍的推动作用。

《荀子·劝学》讲:“假舆马者,非利足也,而致千里;假舟楫者,非能水也,而绝江河。君子生非异也,善假于物也。”领导“善假于物”的艺术,不仅包括善于借助政策、外部权威、人才、资金、智慧,也包括善于利用一些时机、场合、重要活动和人物,推动自己的工作。

一是巧借政策。党和国家重要会议的召开、重要政策的出台、重大活动的开展,必将给全国各地的改革和发展以恰好的机遇。巧借政策之风,容易在大环境下,形成小气候,容易达成共识,往往有事半功倍之效。

二是巧借权力。借助于上级组织和领导的支持是做好工作的有利条件。争取领导对所在部门工作的重视与指导是应该能够办到的,这也是很有力的"东风"。向上级借权的技巧很多,比如请领导来单位做指示;请上级机关转发本单位的工作经验;同上级合作开展调研活动;争取上级机关在本单位召开现场会;在党报党刊上发表调研文章等。

三是巧借群策群力。有时"东风"并不都从上级"借"来,群众中蕴藏着大量的智慧,集中群众意愿是做好工作的基础条件。借助群众的力量,依靠群众,群策群力,任何困难都会攻无不克。向群众借力的技巧有开鼓励性、动员性、表彰性大会;进行民主协商座谈,让群众明白你的想法;对于有消极情绪的个别人,应让他知晓领导的难处和苦衷,争取他的理解;多同群众聊天,以增进相互理解,增加向心力。与群众共同开展试点工作,让他们创造成功的经验,然后转变成自己的思想,在面上推开。

四是巧借部属智慧。这种方法如同过去常讲的"借船下海""借鸡生蛋"一样,就是要充分发挥部属之长,让部属有施展才华的舞台。任何一个高明的领导者都不可能是一个全才,但是能够听取方方面面的意见,充分发挥部属的作用,集中有思想、有经验、有能力、有性格的部属的智慧,就能从容应对各种事务,解决各种矛盾。能够借他们之长,更是领导者领导才能、领导水平的体现。

五是巧借舆论。用正确的舆论导向人,这是一种常用的工作方法,借助新闻媒介的宣传报道,让好的、正确的响起来、亮起来,让差的也曝光于众,正气压倒邪气,形成一种正义的、正直的、正确的舆论氛围,犹如工作中的润滑剂,能迅速、高效地开展工作。实践证明,通过舆论的力量来推动工作,是一个越来越有效的领导方法。

六是巧借机遇。"机不可失,时不再来。"机会、机遇是个偶发因素,稍纵即逝,极容易擦肩而过。因此,作为领导干部,要善于捕捉机遇、发现机遇和抓住机遇。顺机遇之势而上,做到"为官一任,造福一方"。

七是巧借外脑。有些地区或单位,由于经济落后,资金匮乏,往往导致无钱搞科技、教育,无钱搞调查、研究和考察,结果是继续贫穷落后。这些客观存在的现象,单靠自己去改变不太现实。因此,领导要善于巧借外脑,请有关专家、学者前来考察、论证,为地区或单位解困献计献策,为发展地方特色经济或单位发展愿景进行谋划。

5 赢得上级赏识的艺术

一个人是否能够事业有成,上级起着至关重要的作用。上级既可以助你一臂之力,成为你的"梯子"或"助推器";也可以成为你最大的"拦路虎"或"绊脚石"。上级赏识是一种精神动力,可以激发下属的工作热情。被上级赏识既是下属发挥个人潜能、施展抱负的迫切需要,也是下属事业有成、走向成功的重要前提。所以,每一位下属都渴望得到上级的赏识,希望在上级的心中占一定的位置。但上司却不会无缘无故地赏识某个下属。在众多的竞争者中,要让上司赏识你而不是别人,关键在于你是否具有值得上司赏识你的"本钱"及理由。那么,究竟怎样做才能赢得上级的赏识呢?

维护上司的尊严

时时处处都要注意维护上司的尊严,这是使上司心情舒畅并与之处好关系的第一要领。

俗话说:"人活一张脸,树活一张皮。"人都爱面子,视尊严为珍宝,上司更是概莫能外。位居领导岗位的人尤其爱面子,很在乎下属的态度,往往以此作为考验下属对自己尊重不尊重的一个重要"标尺"。

得罪上司的后果与得罪同事、下属相比,是大不一样的,因为许多领导者的权力通常都是来自上司的。一些人因为有意无意使上司丢面子,损害上司的尊严,刺伤上司的自尊心,而经常被"穿小鞋"、受冷落、遭整治。所以,在与上司相处时一定要慎言谨行,学会时时处处维护上司的尊严。

如果下属损害了上司的面子,冒犯了上司的尊严,就可能导致自己的不幸,影响自己的进步和发展。因此,为了自己的前程考虑,无论如何都要时时处处维护上司的尊严,而不可轻易损害冒犯之。

从现实来看,下属注意维护上司的尊严其实既非谄媚,也非低人一等。因为组织中存在着事实上的等级关系,每个人都应当知道上下有序,而且维护上司的尊严就等于维护上司的权威,这样既利于领导群体有效开展工作,也有利于提高自己在上司眼中的地位。

大智若愚是明人,锋芒外露惹祸根。如果你还有一点头脑的话,千万记住,上司面前莫逞能,因为没有几个上司喜欢自己的属下超过他,哪怕是一些不值一提的小事。否则就像拿破仑对他的部下说的那样:"我有能力将这个差别削平!"

维护上司的尊严包括很多方面,一般应着重注意以下几点:

第一,上司理亏时,一定要给他留个台阶下。常言道:退一步海阔天空。对上司更应如此。上司当然并不总是正确的,尽管他们总是希望自己时时事事都正确。因此,不要凡事非要与上司论个孰是孰非,而应"得让人处且让人",给上司一个体面的台阶下,维护上司的尊严。

第二,当上司有错时,也不要当众纠正。如果是不明显的错误,而其他人也没有发现,你不妨"装聋作哑"。如果上司的错误比较明显,而且影响颇大,确有纠正的必要,那你也最好寻找一种能使上司本人意识到而不让其他人发现的方式予以纠正。

第三,不要冲撞上司的喜好和忌讳。喜好和忌讳是人们多年养成的心理和习惯,如不加以尊重,被上司认为受到了轻视,感到自己的尊严被冒犯了,那么,作为下属,也就没有什么好"果子"吃了。

第四,关键时刻给上司争回面子,赢得尊严。会取悦上司的下属,在一些关键时候、露脸时刻很善于给上司面子,为上司锦上添花,从而取得赏识。

第五,永远不要显得目无领导,忽视领导的存在。有些人往往自恃才高,或者贡献大,所以和上司在一起时常言语随便,行为放肆;在公众场合,有些人有意无意地抢上司的镜头使得上司成为配角,而忽视领导的存在。这些做法都是非常不妥当的,必将激起上司的不满和怨恨。如果这样的话,作为下属将永远不会得到重用。

当然,我们讲,公开场合提意见要注意上司的面子,维护上司的尊严,并不是鼓励部属"见风使舵",做"老好人",而是在于提醒提意见要注意场合、分寸,要讲究方式、方法。只有这样,才能赢得上司的赏识。

善于为领导解围

通常,人们希望做领导的能帮下属解围,这是人之常情。其实,对于领导和下属来说,工作上的支持是相互的和对等的,处于工作矛盾焦点的领导,同样也期盼下属在关键时候能帮助其解围,只是领导的这种心理需求不便轻易暴露而

已。作为下属，如果能善于为领导解围，不但可以获得领导的赏识和信赖，而且可以提高自己的工作能力。那么，怎样为领导解围呢？

1. 领导公务繁忙时帮帮忙

现实生活中，领导者常常成了公务的"集散地"，一方面忙着把上级的指示精神领回来，把群众的愿望要求带上去，另一方面，又要把这些指标和要求化做各项工作任务落实下去。大小决策要拍板，大小会议要到场，大小责任要承担。因此，一年到头有开不完的会，签不尽的文件，了不断的麻烦事。在这种情况下，真心体贴领导、有事业心责任感的下属除完成好领导交办的各项任务外，不应袖手旁观，而要努力做到"该出手时就出手"，及时帮助领导解围。当然，解围也要讲究一些方式方法。

第一，要了解领导的工作动态，这是为领导解围的前提。下属对领导近期的工作任务心中要有数，观察领导什么时候最忙不过来，有哪些事情急着要办而领导料理不过来，有哪些工作或工作中的哪个环节自己可以帮忙解决。

第二，要主动请缨。有些事情，可以由领导自己办理，也可以由下属代办，但如果领导不了解你的想法，没有掌握你有办好某事的专长，或者认为你也比较忙，不忍再给你增加工作负担，他可能自己再忙，也不会向你开口。在这种情况下，如果下属主动谈出自己的心思，向领导坦言什么时候、有哪些事自己可以帮其代办，领导会有一种如释重负的感觉，把一些能放手的工作放心大胆地交给你去完成。

第三，可以悄无声息地帮领导做一些力所能及的外围工作，为领导决策或处理问题营造一个良好的环境。如，帮领导搞调查研究，搜集掌握一些重要的信息和情况；帮领导搞协调，一些重要情况需要向上级汇报的，一些有关情况需要向各部门征求意见或通气的，帮其联络联络，等等。

2. 领导被人误解时说说话

作为领导，常常处在矛盾的浪尖，许多时候由于工作未及时跟上，说话做事容易被人误解。而且有时处理问题站的角度不同，可能触动局部或个人的利益，领导由于种种原因不便作过细的解释；有时领导即使自己说上一百句，也比不上别人帮他说几句。此时，作为知情的下属，应把事情的真相或者领导的意图、上级的有关政策精神向他人解释清楚，使其消除误解。帮领导说话，要注意以下几点：

第一，要选择适当的场合。帮领导说话主要在两种场合，一是在领导不在场的情况下帮领导说话，主要帮助其阐释清楚有关事情的真相、领导的意图或上级的有关政策精神。二是领导在场的场合。此时帮助其说的话主要是那些根据事情性质和领导本人的身份不便于具体解释的情况。

第二，要注意掌握事情的真相，介绍有关情况时要尽量做到客观准确。如果对事情的真相一知半解，帮领导说话不但不能起到好的作用，反而可能会招来种种嫌疑。

第三，要注意自己的身份。一般说来，领导身边的工作人员或事情的参与者说的话，别人的信任度相对要高一些。在帮领导说话时要注意自己的语气和口吻，说话时语气要谦和，态度要诚恳。如果给人以盛气凌人、高高在上或者阿谀奉承领导的感觉，可能不但不会达到为领导解围的效果，反而会引起他人对你的反感。

3. 领导陷入纠缠时挺挺身

接待群众来访，为其排忧解难，是领导的重要职责之一，但来访的干部群众反映的问题，有时不是某一个领导能解决得了的，或者不是一下子就能解决得了的。然而，有少数素质不高的干部群众，为局部利益或一己私利提出一些不合理的要求，常常强求领导当场解决，如果领导没有立马解决问题，便软磨硬泡。这种纠缠，不但影响了领导的正常工作，而且给单位带来了不少麻烦。在这种情况下，下属应挺身而出，帮领导解围。

在征得领导同意的情况下，可以单独或与领导一起接待来访，帮领导出主意想办法。对于一些干部群众提出的不合理要求，要敢于扮"黑脸"，利用有关政策向来访者表明不能解决的理由，为领导回绝做好铺垫；对一些需要放一段时间才能解决的问题，要当着来访者的面，接受领导安排的任务，若来访者再次来时，自己就成为理所当然的接待者。另外，当领导被来访者反复纠缠时，可采用"脱身术"，告诉来访者领导另有要事，待领导离开后，再替领导认真做来访者的工作。

4. 领导疏忽大意时提提醒

正所谓"智者千虑，必有一失"、"当局者迷，旁观者清"，再精明再谨慎的领导也有疏忽大意的时候。一个小小的疏忽，有可能给领导者的工作带来许多被动，甚至使工作蒙受不必要的损失，受到上级的批评。作为下属，应努力留心领导在工作中出现的纰漏，并帮助其查漏补缺。在提醒领导时，一是建议要中肯。要尽量做到具体实在，不能泛泛而论，否则会让领导一头雾水。二是理由要充分。领导在设计一个方案时通常是经过深思熟虑的，如果你想完善或改进方案，一定要有充足的依据和理由。三是方法要讲究。方法得当不但让领导更容

易接受你的建议,而且会使领导明白你为之解围的良苦用心。

风头让上司去出

如何与上级把关系相处得融洽,其中很重要的一点是要推功,学会将风头让上司去出。我们知道,学会推功,其实就是通过后退一步或牺牲自己的局部利益,来换取上司的信赖,建立上下级之间的密切关系,从而为开展工作乃至以后的个人发展奠定良好的基础。这既是一种策略,更是一种品德。

作为下属,在实际工作中有所成绩,才华有机会展现,这离不开本人的辛勤工作,但功劳再大也不能忽视领导,试想如果没有上司的大力支持、协调帮助,我们很容易被束缚住手脚,有能力而无法发挥。从公心而论,下属把成绩归功于上司的帮助是有一定道理的。

推功,表明你目中有人、尊重上司,承认上司的权威,也显示了你对他的支持,并且可以避免锋芒过露,功高盖主,将自己陷于危险的境地,不至于使上司感到一种可能产生权力挑战的威胁,从而心理失衡,影响今后的工作。你应明白,上司总需要一些忠心耿耿的追随者和支持者在自己的身边,一旦他把你当自己人看待,那就等于为你以后的发展打下了铺垫。

老子说过:"大巧若拙,大辩若讷。"意思是聪明的人,平时却像个呆子,虽然能言善辩,却好像不会说一样,言外之意就是说人要匿壮显弱,大智若愚。作为上司,他们要保持自己在集体中的权威地位,对功高盖主的下属自然会有一种敌意和警惕,这也是从维护自身利益出发所要求的一种安全感。

退一步想想:作为下级领导,你的任务主要是协助上司,在单位最高层人物的眼中,你部下做出的成绩,自然也是部门主管领导下的成果。尽力完成上司指派的工作是分内之事,假如你硬要出来争取风光,只会让人觉得你不自量力、不懂大体。另一方面,如果你锋芒过露,表现出争功的态势,领导会从心理上感到压抑、烦躁,在感情上会很反感。你自己就会变成上司的心腹大患,即使不会陷害你,你以后也别想有更大的发展了。

也许你会说:"我自己立下的汗马功劳,何必让给上司呢?"大家都不愿意把功劳让给别人,但是,这却是很重要的事。受到你礼让的上司,心中会对你产生好感,并会产生"我欠了此人一份人情债"的感觉,无法释怀。总有一天,上司会设法还你这笔人情债,同时也会给你再次建功的机会,这对你来说,绝不吃亏。

你不可表现得比你的上司更聪明,你要永远让位居你上位的人舒服地感觉到他比你优越。但是在你渴望取悦他们、令他们印象深刻的同时,可不要太过火地展现你的才华,否则你可能达到反效果——激起他的畏惧和不安。如果你能让你的上司看起来比实质上聪慧,你就可以掌握最高的权力。

6 与同级相处的艺术

同级之间既是天然的合作者,又是潜在的竞争者。由于各人分管的工作不相同,彼此间生活经历、个性习惯、工作方式方法差异较大,因而在一些问题上难免产生分歧和矛盾。如果处理不当,就易产生隔阂,造成内耗。因此,同级之间必须讲究和谐相处的艺术。

分工不分家

现代管理模式中,对于组织内部的分工已经非常明晰了,同级领导或同事之间各司其职,互不相关。有些人认为既然已经分工了,你做好你的事情,我做好我的事情,井水不犯河水。但经过几十年的发展,工作团队已经成为组织的主要运作方式,也是现代管理的一个发展方向。一个组织如何形成和谐、统一的共同体,这就是团队合作问题。古今中外的经验教训证明:合作是一切组织成长繁荣的根本。一个组织只有形成和谐统一的共同体,才能使组织具有凝聚力、向心力,也才能使一个组织赢得市场,且具有竞争力。因此,如何做到分工不分家,这也是一个团队组织成员需要解决的观念问题。

一般来说,应该分工明确,只有分工明确,才能责任明确。作为同级领导或同事,要分清职责,掌握分寸。既要齐心协力积极做好本职工作,又要做到不越权擅权,插手别人分管的工作。属于别人职权之内的事,决不干预;属于自己的责任,也决不推卸。本应由自己分管的工作,绝不请别人点头画圈,本来不应由自己处理的事情,也绝不争着要管。要严格遵守不干涉对方事务的原则,其中包括不评论对方工作的好坏,不评论对方的优缺点,不挖对方的墙角,不向上级告对方的状,不做不利于双方团结的事。

但并不是说分工了,就分家了,就老死不相往来。同级领导或同事各有分工,固然应当各司其职、各负其责;但是,既然同在一个组织中,也应做到分工而不分家,做到相互支持、竞争而不拆台,创造一种同舟共济的积极关系。以分工为理由相互疏远甚至相互拆台,就得不到对方的尊重和信任。长此以往,隔阂不断加大,误解不断加深,矛盾不断激化,摩擦不断出现,冲突必会发生。其实,

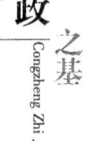

分工的前提首先是真诚合作。如果囿于分工而不善合作、不愿合作，就必然会使自己逐步从组织群体中孤立出来，最终成为孤家寡人，一事无成。

班子成员之间固然有一定的分工，但分工与协作往往是很难分开的。没有分工，就谈不上协作；反之，没有协作，分工也很难落到实处。因此，当同事在工作中遇到了困难或是遭受了挫折时，决不能认为与己无关，进而袖手旁观，置之不理，看其笑话。其实，支持别人的工作，也就等于帮助了自己；不愿帮助别人的人，也就不会得到别人的支持。

班子成员或同事之间，其实更应该建立一种团队协作精神。团队合作是一种为达到既定目标所显现出来的自愿合作和协同努力的精神。它可以调动团队成员的所有资源和才智，并且会自动地驱除所有不和谐和不公正现象，会产生一股强大而且持久的力量。

那么，同级领导或同事之间如何做好分工不分家、成功地协作共事呢？关键要注意以下的原则和方法：

一是以大局为重。邓小平多次强调领导干部"要从大局出发，照顾大局"。虽然分管的工作不同，但这些工作都是党的工作，都是人民的工作，都是为了建设社会主义现代化的国家。因此，应该从这个大局出发，以大局为重，求大同存小异，同其他同事搞好团结，同心同德地为达成组织的目标而奋斗。

二是相互尊重。相互尊重是同事之间协作共事的基础。如何才能获得他人的尊重？"敬人者人恒敬之。"你只有尊重别人，别人才会尊重你。如果你对别人颐指气使，别人怎么会尊重你呢？同事之间不能互相尊重，协作共事又从何说起呢？因此，同事之间必须相互尊重。尊重他人的人格，尊重他人的工作，不随意贬损别人，不随意支使别人，不嫉妒别人的工作成绩。

三是相互支持。同事之间相互支持和帮助，是协作共事，达成组织目标的前提条件。当同事工作遇到困难时，你要能帮助他排忧解难，给他出主意，帮他想办法；你要能鼎力相助，在条件允许的情况下，给他以人力、物力等方面的帮助。当同事工作出现失误时，你要能勇于为他"补台"。当同事工作受到挫折时，你要能诚恳地安慰他，热情地激励他，帮助他从挫折中奋起。千万不能袖手旁观，置之不理，更不能以邻为壑，落井下石。

四是相互沟通。同事之间要想协作共事，离不开相互沟通这一途径。沟通可以消除误会，加强了解，增进感情；沟通可以互补智能，启发思路，创新思想，从而使同事间形成强大的合力。

补台不拆台

领导班子成员之间、同事之间的团结协作，是干好各项工作的基础条件之一。而要达到真正的团结，相互之间的"补台"是十分重要的。有句俗话说得好："相互补台，好戏连台；相互拆台，大家垮台。"此话喻义深刻，耐人回味。

班子成员之间、同志之间，紧密团结，真诚合作，互相"补台"而不"拆台"，是做好各项工作的重要基础。古人云"天时不如地利，地利不如人和"，"人心齐，泰山移"，说的也是这个道理。

唯物辩证法告诉我们，世界的一切事物及其存在和发展，无不充满矛盾。矛盾即对立统一。对立性的形态多种多样，如排斥、否定、斗争等等；统一性的形态亦千差万别，如依存、渗透、吸引、亲和、联合、妥协等等。对立性和统一性是矛盾不可或缺的两种属性。矛盾的两方面是相互渗透、相互作用的，由此推动矛盾运动。

矛盾的解决方式也有多种，一是消灭对方，即通过斗争，引起矛盾双方力量的消长，一方战胜另一方。二是消除双方，如企业无法正常生产，将其破产或兼并。三是实现矛盾诸方面的协调。协调并非只适用于对抗性矛盾，即使对抗性矛盾，一时不具备根本解决问题的条件，也可以采取协调的方法解决，如"搁置争议，共同开发"等策略和举措就是如此。这虽然不像前两种方式那样解决问题相对"彻底"，但可避免因矛盾冲突造成对双方的伤害，实现共存和双赢。

干工作，每个人都难免有疏漏、出差错。彼此之间相互"补台"，就能够及时弥补疏漏、减少差错，保证各项工作落到实处。

在现实生活中，有的人总爱把别人的差错当笑料，不是积极地帮着"补台"，而是隔岸观火，幸灾乐祸，用这样的态度对待工作和同志，必将对我们的事业造成危害和损失，必须严肃对待，坚决杜绝。

要做好相互"补台"的工作，就要有对工作、对事业高度负责的精神，考虑问题应该从改革、发展、稳定的大局出发，重事业，淡名利；工作中要密切协同，积极配合，不管是谁出现差错和疏漏，大家都主动去纠正，及时去弥补，惟有如此，才能减少事业的损失，促进工作，增进友谊，密切感情。

如果说"补台"是指工作上互相支持，能力上取长补短的话，这无疑是对的。对那些工作上互不配合、闹不团结的"拆台"行为理应严肃批评。但"补台"绝不是毫无主见地盲从，当发现班子决策不完善或同事工作存在失误时，则要大胆提出自己的意见，使决策得到及时修正，使工作不断得到完善；"补台"也不是毫无原则地迁就,对涉及个人利益的小事要讲风格,至于事关大局的原则性问题,就要开展积极的思想斗争,这样的"小拆"是为了更好地"补台"。

要真正做到互相"补台"而不"拆台",首先要有共赢意识。生活中的很多事物并不是非此即彼、你死我活、不可调和的,要善于将矛盾的两个方面统一到一起,以实现双赢的效果。

其次要心胸开阔。古人说:"君子以厚德载物。"领导干部应做到胸怀全局,大公无私。善于在不同主体、不同观念的碰撞和交流中吸纳、融合丰富认识,提升境界,互补共生。对自己要自知、自励、自律,对他人要理解、尊重、支持。不管谁在工作上出了差错和漏洞,都不要互相责怪,而要以事业为重,共同予以弥补。这样,才有利于减少工作中的失误,才有利于增进团结,推进事业的发展。

再次要承认差异。面对丰富多彩和不断变化的世界,由于人的生存背景的多样性和利益的不一致性,对同一事物的认识是不一致的,所以须持宽容的态度。

求大同存小异

在领导班子成员或同事相处之间,有时由于意见分歧而会产生一些矛盾冲突。在这种情况下,可以采取求同存异方法去解决,即求大同、存小异,使矛盾冲突得以顺利解决。

求同存异,就是在矛盾中找出共同点,保留不同点。讲的是不因个别分歧而影响主要方面的求得一致。有时"求同存异"也说成"求大同,存小异"。它是处理人与人之间、民族与民族之间、国家与国家之间关系的基本准则,也是领导者协调关系、处理矛盾、通权达变领导艺术的重要形式。

求同存异,是在相互之间,暂时避开某些分歧点,求得某种共同点,以达到矛盾冲突的逐步解除。心理学研究表明:人和人之间求得某种"认同",就会相互之间在心理上产生"自己人"效应,在"自己人"效应下,人和人之间的矛盾冲突就较容易得到解除。

孔子在《论语·子路》篇中说"君子和而不同,小人同而不和"。孔子的"和而不同"思想可以理解为:既不盲目地附和他人的意见,有自己的独立见解,又能兼容不同的意见,不要求他人与自己简单地同一;"同而不和"可以理解为:既盲目地迎合与附和他人的意见,只发表相同的意见,不提不同的意见,又只把自己一个人的意见看做为正确的意见,排斥和打击不同的意见和持不同意见的人。孔子所倡导的"和"是承认矛盾对立统一的和,是坚持原则的和,而他所反对的"同"是否认矛盾对立面差异的同,是无原则的苟同。孔子"和而不同"的思想包含"求同存异"的含义。

"求同存异"是周恩来总理在长期工作中形成并成功运用的一种独特的思维方法,周恩来运用"求同存异"思维方法在中国乃至世界历史上发挥了重大作用。在1955年"亚非会议"上,周恩来总理所倡导的"和平共处五项原则",就是"求同存异"思想的体现。其实,周恩来总理是把求同存异贯彻终身的。他最著名的话是"相忍为党",这就是"求同存异"。在周恩来看来,只要是为了革命的胜利,为了人民的利益,为了维护党的团结,大目标上是相同的,他就可以容忍,而其他的方面,包括不同意见,可以互相保留,其中最可贵的是他毫不计较个人的得失和荣辱,为了人民和党,他可以忍受一切。

"求同存异"不但是处理国与国之间关系的重要原则,同样也适用于处理领导与同事、与下属之间的关系。领导者在与同事和下属之间的工作交往中也需要贯彻求同存异原则,因为他们之间经常出现分歧是很正常的事。因此,为了团结,为了整体的利益,领导者在这方面也要具有求同存异的胸怀。在领导班子中,由于班子成员年龄、阅历、知识结构、思想修养、工作方法、领导才干和领导风格等各方面的不同,对某项工作或某些问题的看法和处理方法自然不尽相同。这就需要机构成员充分认识和理解彼此之间的这种差异性,并能够在面对具体事务的时候,本着"求同存异"的原则,在充分发表个人意见的基础上,努力寻找解决问题的"共同点",以"共同点"来统一思想,统一行动。只要大家目标一致、一心为公、言直身正,就不难找到"共同点"。原则性问题达成一致了,其他的"繁枝小叶"也就不难处理。

当然,"求同存异",并不是要求每位成员无原则地去苟同,放弃原则去求共识,而是要求大家要理性多于感性,切忌把自己的意志强加于人;要敢于坚持原则、坚持党性、坚持党的集体领导制度,真正使党的民主集中制落到实处。

求同存异在实践中主要有三种形式:一是求大同存小异。这是在具有共同利益或根本利益一致的前提下,处理内部矛盾的一种形式。处理这种"同"和"异"的矛盾,必须求大同存小异,对不妨碍"同"的个性,不能采取限制和取消的办法。只有这样,才能搞好团结,调动广大群众的积极性。二是扬同抑异。这是指在统一体内有统一的方面而不一致的矛盾差别较大、不易一致时,为了达到群体目标,要首先弘扬共同点,暂时抑制或搁置不同点,把看起来完全对立的东西融为一体,在对立中寻找共同点,推动事物的前进。三是存异待同。这是指矛盾还不到彻底解决的时候,矛盾双方各自保留不同点,等待时机,在等待

中求得统一。

在同级相处过程中,具体的"求同存异"方法有以下几点:

一是寻求过去交往中的共同点。即使同级领导在工作中发生了某些矛盾冲突,但在以往的交往中总会存在着一些共同点,如共同的兴趣,共同的爱好,共同的观点,甚至友谊感情等等。当同级之间产生某种冲突时,善于回忆或寻找以往相互交往中的共同点,可以增强彼此的亲切感,从而淡化相互之间现存的矛盾冲突,以利于现有矛盾的解决。

二是寻找现实交往中的共同点。如现存的共同利益,共同责任,共同目标等。当领导者寻找到这些共同点之后,就会自然产生一种"顾全大局"的共同愿望,也就会有一种求同存异的宽容态度。在这种心理和态度的作用下,同级领导之间就会淡化冲突意识,使冲突逐渐消除。

三是寻找未来交往中的共同点。在同级交往中,寻找未来交往中的共同点,如未来的共同命运、共同的前途、共同的合作关系等,也会使同级领导之间的矛盾冲突减弱,缓解以至解决。

领导者要把握好"求同存异"的原则,首先要大度。要有大将风度,面对现实敢"存异",放下架子能"存异"。其次需要包容。包容就是正视现实,承认现实。对与己不同的"异",要允许存在,要容得下,只要在总的目标一致的前提下,一些小异,哪怕某些"大异"也能包容。三是需要等待。等待也是面对现实,因为差异不可能一下子消除。只有善于在"异"中求"同",在"同"中存"异",才能实现共赢,也才能实现领导团队的和谐共荣。

学会推功揽过

为官从政者,经常面临这样一个问题:当功劳和荣誉到来时,该怎样去对待呢? 当矛盾和问题不断出现,又该怎样去处理呢? 有的人表现出来的行为是积极地抢功,然后不停地把错误与问题推给别人;有的人面对以上两种情况,则表现出来的行为是推功揽过,将功劳让给别人,将过失让自己承担。表面上看,前一种人"有功无过",仿佛是一件好事;后一种人"有过无功",仿佛是无功之人。但从长远的角度来看,前一种人肯定招人嫌弃或被革职;后一种人由于谦虚而受人欢迎,终受重用。聪明的领导者应该学会推功揽过。

同级领导或同事之间发生矛盾的一个重要诱因是对待功过问题的态度。有的人自我要求不严;喜欢推过揽功,其他成员当然会对他有意见。因此,同级领导或同事之间要发扬风格,在工作面前抢着干,在荣誉面前相互谦让,要有推功揽过的精神,相互支持,相互合作,相互谅解,这样才能同舟共济,同心同德,共同驶向成功的彼岸,取得事业的辉煌。

共享利益,不贪功,这是领导者应有的品格。一切成绩的取得,都是大家共同努力的成果,都是集体智慧的结晶。虽然其中每个人的贡献大小各有区别,但成绩、荣誉、利益应当由大家共同享受,领导者不能因为自己作出的贡献大,别人作的贡献小,就把功劳和成绩统统算到自己的账上,而把别人完全排斥在外。更不能贪天之功,把别人的功劳和成绩据为己有。作为新时代的领导者,应以高尚的姿态来对待工作和成绩。把困难留给自己,迎难而上,把方便留给别人;对成绩和荣誉,多想到别人,少考虑自己。

在对待功劳的问题上,不同的人有不同的态度。老一辈无产阶级革命家用他们的宽广胸怀、高尚人格和无私境界,为我们做出了怎样正确对待功劳的表率。党中央长征胜利到达陕北吴起镇的第二天,彭德怀率领部队埋伏险要,大败马家军骑兵,一举斩断安图跟进陕北根据地的尾巴。为此毛泽东特写下"山高路远坑深,大军纵横驰奔,谁敢横刀立马,惟我彭大将军"的著名诗句。彭德怀看到后,当即把第四句改成"惟我英雄红军",把功劳归功于广大官兵。1955年,许光达在得知自己将被授予大将军衔的消息时,感到不安,立即给中央写了一封《降衔申请》,请求中央只授予他上将军衔,另授功勋卓著者以大将。许将军在功劳荣誉面前选择"让",其精神难能可贵,值得后人学习。

三国时期的蜀主刘备,能与曹操、孙权三分天下,自然不是一个简单人物。刘备最精明过人之处就在于把功劳推给别人。刘备三顾茅庐后,就把重任托付给了诸葛亮。无论大战小战,治国安民,只要是获得了胜利,有了功劳,他都要虔诚地说上一句:"皆丞相之功也。"

直至其临死之前,白帝城托孤之时,他还说:"我自从得到丞相,才终于幸运地当上了皇帝,如今知识浅陋,不听你的话,自至兵败而归……"短短数语,道出了刘备为官之谋略。其实,成就帝业,完全应该是自己的功劳,如果是自己无能,又怎会坐稳江山呢?其子刘禅不就是最好的例子吗?但他却将自己的"功劳"完全推到诸葛亮身上,有责任时,又完全揽到自己头上,又怎能不让孔明明知阿斗扶不起来却还要拼命去扶呢?

"推功揽过"说到底其实也在于笼络人心。这其实是为官之道中最能令下属信服而死命效忠的手段。但很多为官者却总是顾忌多多。他们的理由是,自己不把功劳归到自己头上,谁又能把功劳归到自己头上呢?自己又拿什么向上级交代和获宠呢?而一个劲地把责任往自己身上推,别到最后反而落个身败名

裂的下场。抱这种思想的人,其实是不谙熟"推功揽过"的要义:

首先,功即是功,过就是过,不论自己的上级还是下级,心里都会有一杆秤的。不会因为自己说了功劳是谁谁的,过错是谁谁的,就把功劳真送给人了,就把责任真揽过来了。所谓"推功揽过"其实只是口头和表面的东西,而事实上功劳和过错该是谁的就是谁的。

其次,所谓"推功揽过"并不是没有原则,没有限度地乱揽乱推。"推功揽过"从来都是在自己的职责范围之内和承受度之内的。

"推功揽过"之所以能笼络人心,首先是因为这是集大度、宽容、谦虚、诚恳等诸多高尚品德于一身的行为表现。这种方式总能获取人心,获得支持。当你把功劳都推给别人了,把错误和责任都揽到自己身上,别说下属愿意为你尽犬马之劳,即便是同僚也会非常愿意与你协作共事的。

相反,有些人喜欢争功诿过,就意味着把本来应当属于别人的利益和荣誉据为己有,因而实际上是一种窃取他人劳动成果,侵犯他人合法利益的不良行为。这种人自私自利,很难得到别人的支持与效忠。

7 统御下级的艺术

所谓统御,是指领导者不凭借特权,也不凭借组织给予的权力,更不凭借外在的势力,而能说服并指导下属行动的能力,或者说是能够集聚人们的能力和愿望,以实现共同目标的能力。

现代心理学研究表明:工资、奖金、报酬、组织措施、生活压力等等因素,发挥到极致充分,也只能调动个人工作能力的60%,另外40%则有赖于领导者的特殊才能来调动。这里的特殊才能指的就是统御能力。在改革开放的新形势下,我国的政治生活已发生了巨大的变化,广大干部和群众的民主、法制、时效等观念大大增强了。人们对现存的官僚主义、效率低下等弊端,深恶痛绝。那种依仗组织赋予的权力行事,搞家长制作风的领导,其市场逐渐缩小。在这样的形势下,如何提高领导者的统御能力及艺术,具有重要的意义。

恩威需并施

恩威并施出自陈寿《三国志·吴书·周鲂传》:"赏善罚恶,恩威并施。"指的是领导者对待部属要恩赐和惩罚两种手段一起使用。恩威并施是一种有效的领导控制方法,这是一种高超的平衡艺术,对部属只施恩、不施威难免会纵容部属,使其难以驾驭。然而只对部属施以高压的淫威,只会引起其心理和行动上的对抗,难以取得有效的管理效果。

中国传统认为好的领导者应该是恩威并济。唐代韩愈所谓"威行如秋,仁行如春"(《与凤翔邢尚书书》),苏东坡所谓"威与信并行,德与法相济"(《张世矩再任镇戎军制》),明代冯梦龙指出"德而不威,其国外削;威而不德,其民内溃"(《东周列国志》),都是恩威并施之意。

恩威并施,是古来将帅、君王所重视的统御谋略之一。孙武认为,统御部卒,必须用恩威并施之谋。他在《孙子兵法·地形篇》云:"爱而不能令,厚而不能使,乱而不能治,譬如骄子,不可用也。""视士卒如爱子,故可与之俱死。"《百战奇法·爱战》云:"凡与敌战,士卒宁进死,而不肯退生者,皆将恩惠使然也。"三国时诸葛亮南下讨伐孟获,制定"攻心为上,攻城为下,心战为上,兵战为下"的战略原则,对孟获"欲擒故纵",七擒七纵,以智服之,使其心悦诚服地归顺蜀汉,永不反叛,终于收服南夷。

现代领导艺术中的恩威并施,就是将恩和威两个方面有机地结合起来,同时并用。"恩",就是恩德,柔顺,仁慈;"威",就是刑威,刚毅,严厉。在领导活动中,这两个方面都需要,缺一不可。假如只有"威"而没有"恩",那么,部属的物质需要和精神需要就会得不到满足,就会产生抱怨和离心离德情绪,部属只会表面忠实而内里不服,因而领导者就难以服众,致使领导活动难以开展。假如只有"恩"而没有"威",那么部属就会产生骄躁之气,因而恣意妄为,不把规章制度或管理秩序放在眼里,这样领导者也就失掉权威,致使整个管理陷入混乱之中,则受恩者对他失却尊敬之心,导致有令不行紊乱统制,这与无恩招怨同样有害。所以只有将两者有机地结合起来恩威并行,才能既使领导者孚众,使部属心悦诚服,又使领导者拥有较高的权威,使管理活动有序进行。

恩威并施是治政之道。古人说,恩治者衰、威治者亡,恩威并治者兴。领导者要正确把握好恩与威的关系,恩和威,是辩证的统一,恩是威的基础,威是恩的手段。用现代术语来说,恩属德治的范畴,而威则属法治的范畴,两者不可偏废。有恩无威,人不畏惧,权力的行使也就大打折扣;有威无恩,人人离心,失去凝聚力,权力将形同虚设。恩和威就像是车的两个轮子,鸟的两个翅膀,都是缺一不可的。

现代领导者要掌握好恩威并施的艺术,需要把握好以下几个原则:

首先要善用激励之法,鼓舞士气。领导者应善于发挥部属的作用,要利用各种激励手段,调动部属的积极性和创造性。对部属常用的激励手段有精神手段和物质手段,其中精神手段又是更重要的激励方式,可以激发部属对更高目标的追求。"士为知己者死"反映出了被领导者对领导者的追随关系。如果一个领导者不懂得运用激励之法,则很难使部属与自己团结一心、步调一致。上下同心同德则无往而不胜,上下离心离德则一盘散沙,不攻自破。因而领导者要善于采用各种激励方法,以促使上下同心同德。

其次是要善用惩罚之法,掌握火候。一般人的本性,是喜欢奖赏,害怕处罚。奖赏是正面强化手段,即对某种行为给予肯定,使之得到巩固和保持。而惩罚则属于反面强化,即对某种行为给予否定,使之逐渐减退。善用惩罚之法,也是领导者驾驭部属不可或缺的手段。当部属犯错时,要依法行事、纪律严明,不容部属有侥幸的心理。必要时,有如诸葛亮般地"挥泪斩马谡",来不得半点仁慈和宽厚。这是树立领导者权威的必要手段。西方管理学家将这种惩罚原则称之为"热炉法则",十分形象地道出了它的内涵。"热炉法则"认为,当部属在工作中违反了规章制度,就像去碰触一个烧红的火炉,一定要让他受到"烫"的处罚。其实惩罚是一种比较严厉的处罚方法,当部属所犯错误不严重时,还有一些比较温和的"立威"方法,如适时适度发火、善意批评等。当然,尽管发火施威有缘由,毕竟发火能伤人,甚至能坏事,对此,领导者还是要谨慎对待,潜心研究和掌握其中的限度和火候。

再次是要奖赏有度、刚柔相济。"赏不可不平,罚不可不均。"赏罚的关键是:严明、公正、适度。无论是激励或是惩罚,都必须有一个"度"的问题,否则,物极必反。奖赏有度,可以达到鼓励先进,鞭策后进,提高绩效的目的。激励的适度就是要使激励的强度与人才的业绩、贡献相当,不足量的激励不能起到应有的作用,过量的激励会产生不良的影响。惩罚的目的也是为"教导"而惩罚,要重视"惩微"以"杜渐",尽量少下"猛药",否则过犹不及。

领导者只有做到恩威并施,才得以"犯三军之众,若使一人",得心应手地运筹帷幄,取得管理实效。

宽严并施,才能驾驭好下属,发挥他们的才能。对于部下,应用慈母的手紧握钟馗的利剑。平日里关怀备至,错误时严加惩戒,宽严并施,如此才能成功统御。

刚柔相济,不可偏废。古人曰:刚柔之道在于刚可压柔、柔可克刚。若太柔即靡,太刚则折。所以得天地之道,宜刚柔相济,不可偏废。

一个人如果懂得刚柔之道,则处事、为官就会恰到好处,事半功倍。

爱护不袒护

作为领导者,爱护属下干部是应尽之责。爱护表达宽容,爱护显示激励,爱护创造和谐。每一人都有其个性、特点,也都有其短板和不足。爱护下属,要求领导者懂得知人善用,懂得宽容包涵。对于下属的短板不求全责备,对下属的个性不强求一律,善于通过引导、激励和有效沟通,创造并引领干部自我醒悟、自我成长、自我管理和自我激励的有效机制,

但是,正如一个硬币有正反两面,对下属的管理也同样要求领导者从容有度,宽严相济。真理往前一小步,很有可能就变成了谬误。不当的爱护有可能蜕化成袒护。

袒护会纵容错误,酿成后患。常言道:"思想决定行为,行为决定习惯,习惯决定性格,性格决定命运。"正如好的习惯可以累积并不断产生递增嬗变效应一样,恶习、缺点和错误也同样具有自我累积、自我生长并不断放大的效应。袒护只会让缺点越来越大,让恶习越走越远,让错误越犯越重。

然而,怎样爱护下属?由于方式方法不同,其结果也大不相同。在这个问题上,一些领导者还存在着片面乃至错误的认识和做法。

一是重任用,轻管理。往往只重视任用,不注意管理,用、管脱节。二是重表扬,轻批评。有的领导干部对下属只习惯于说表扬的、好听的话,从来不说批评、刺耳的话。对那些印象好的下属,一俊遮百丑,更是有问题也不指出,看到缺点也不提醒,甚至发现思想滑坡也不及时拉一把。三是重照顾,轻约束。有些照顾远远超出正常的原则范围。不管是否违反政策规定,都有求必应,不加约束,只要使部下满意就行,慷的是国家之慨,损的是人民利益。四是重保护,轻惩处。对自己责任范围内的下属,平时疏于教育管理,而当这些人东窗事发、违纪违法时,却以关心爱护下属的面目出现,以种种理由百般说情,加以保护,试图大事化小、小事化了。五是重感情,轻原则。有些人把正常的上下级关系变成庸俗的私人关系,把正常的上下级之间的感情异化为哥儿们义气。对自己的心腹备加爱护,甚至放弃原则,硬要把缺点变成优点,错误变成成绩,作风武断被说成工作有魄力,盲目蛮干被说成有开拓精神,因循守旧被说成办事稳妥,搞不团结被说成不怕得罪人,等等。更有甚者,受共同利益的驱使结为至交,抱成一团,共同违纪违法。

这种爱护下属的方法,其实是误了下属。一个干部在其成长过程中,既有成绩,也有可能出现这样或那样的问题。对其光栽花不挑刺,只表扬不批评,对

一些原来思想政治素质不是很过硬的干部只能起负作用,使他们产生"干什么都对"、"干什么领导都支持"的错觉,甚至滑向错误的深渊。

爱护下属正确的做法就是爱护不袒护。

一是爱护下属就应当加强对下属的教育。教育是拒腐防变的第一道防线,那些出问题的干部往往是那些不接受教育的干部。教育可以帮助干部提高免疫力,可以使他们自觉抵制消极腐败现象的腐蚀,少犯或不犯错误。

二是爱护下属就应当加强管理。严管是爱护,放任是耽误。对下属出现的问题不管不问,则是对其不负责任的表现。不仅要管理好日常工作和生活,对其思想、学习也要关心。

三是爱护下属还应监督好下属。要使之认识到组织的监督是对他的关心和爱护,是对他的信任与帮助。从而使其乐于接受监督,乐于听取不同意见,尤其是接受对自己的批评意见。

四是爱护下属还要敢于批评下属,对其出现的小毛病,该批评的要批评,不能听之任之。俗话说:"千里之堤,溃于蚁穴。"对干部严格批评,可以使其更好地发现自身存在的不足,更有利于其健康发展。

五是爱护下属还应严格处理犯错误的下属。一旦一个干部出现了违纪问题,就应当严格按照党章和纪律处分条例等规定,进行纪律处分或组织处理,这样不仅可以使其认识到党纪法规的严肃性,及时引以为戒,防止犯同样的错误,还可以对其他的干部进行警示教育,达到保护更多的干部的效果。

信任而不放任

领导者与下属是一个密不可分的整体,因此,在工作中应该互相信任。从某种方面讲,信任是领导对下属品质、能力的充分肯定,让他按照制定的原则自己行事;但信任不是放任,信任能把事情做好,放任能把事情毁坏。作为领导者一定要明白这一点。否则,你只能失去领导者的形象而把下属带坏,愧对组织,出了问题更是难辞其咎。

领导者对于下属充分信任,既是科学发展、和谐发展的现实需要,也是激励下属迅速成长的重要保障。因为信任产生力量,信任激发潜能,信任促进团结。信任就要求领导者,对有能力敢承担的下属敢于给位子、善于压担子、巧于搭台子。让信任助推下属敢闯敢创,实现其人生价值,实现其个人成长与组织发展的协同。

但是这绝不意味着让那些不具备良好品质和突出能力的下属任意所为,以至于破坏组织形象。正如一个硬币有正反两面，下属的管理也同样要求从容有度，宽严相济。过度的信任有可能演变成放任。因此，信任是一种理解和依赖，放任则是一种散漫和纵容，作为企业领导应当记住这一点，切忌混淆了两者的关系。

放任会产生惰性，降低效率。许多的领导者常常会将信任与放任混为一谈。放任下属的后果是：不但把放权的成绩冲得一干二净，还会殃及整个组织，身为领导者不可不防。克劳斯·郎弗雷德先生是圣路易斯华盛顿大学组织行为学教授，经过对 71 个 MBA 学生自我管理团队的广泛的调查和全面的评估，他得出一个很有震撼性的结论：充分信任就意味着高度自治，这会造成团队成员间缺乏监督、缺乏竞争、缺乏沟通，从而不利于信息的共享、流程的衔接、协调的有效，最后导致影响个人的工作业绩，也无疑影响团队的成长和公司的发展。

因此，如何做到"信任而不放任"就成为一个不可回避的重要命题。

要做到"信任而不放任"，制度要充分发挥效应。在制度面前，人人平等；维护制度公平，人人有责。绝不允许"刑不上大夫"的现象滋生蔓延。按照制度进行授权，严格按照制度进行检验，严格按照制度进行监督，严格按照制度修正错误，严格按照制度惩罚违纪。

要做到"信任而不放任"，领导者必须把握好宽严之度。既充分信任又适当授权，既充分爱护也随时监督，既宽容失败又随时指出错误，既容忍个性又有效沟通。对成绩及时鼓励，对失误宽容帮助，对错误严厉批评，对犯罪决不手软。

要做到"信任而不放任"，防止疏漏工作环节。要做到这一点必须严格执行对工作的指示，例如工作的截止日期、领导者所要求报告的形式与次数等，要具细无遗地指示部属完成工作的重点与应注意的事项。即使相信他会遵守领导者的指示，但如果指示本身不明确或有疏漏，被信赖的部属出于好意勉强执行，结果却未必会与领导者的想法百分之百吻合。因此，希望部属能遵守的指示必须要明确。只要指示能明确地表达就可以相信对方能执行指示。

要做到"信任而不放任"，切忌不管不问。指导部属工作的方针是防止这一点的关键。要部属执行内容能信赖的工作，其基本方针是指导。由于有时会墨守成规或惰性习惯，所以要经常留意部属工作的状态，反复给以必要的指导。就像风筝一样，可以让其在空中任意飞翔，但是不能断开那根与领导联系的线。有时领导者甚至不要静以待之，应当掌握先机，先行与关系部门协调，采取支持等必要措施，及时解决出现的问题，不要坐等待报。

8 表扬的艺术

表扬是领导者在领导工作中常用的一种激励手段。它对激发人们的工作动力具有举足轻重的作用。领导者只要恰到好处地施用表扬,就能有效地发挥其激励作用,在组织内扶持正气,压制歪风,鼓励先进,鞭策后进,造就一种整体积极向上的氛围。正确、及时地给下属表扬,是领导者掌握的工作艺术。

表扬要真诚

表扬要真诚,不能敷衍了事。表扬的效果,不仅取决于有无正确的方法,而且与领导者的态度有直接关系。表扬时态度冷漠,应付差事地说上几句,是没有什么效果的。表扬下属时,一定要从内心里赞赏他的优点,并真心实意地希望他发扬优点,做出更大的成绩。这样的表扬才能与对方进行感情上的交流,碰撞出思想和心灵的火花,从内心深处感动对方,使其发挥更大的积极性和创造性。

态度要诚恳。表扬是对人所持态度的一种反映。只有真诚的表扬,才能唤起部属的真挚感、亲切感、温暖感、信任感,从而愉快地接受表扬。相反,如果领导者表扬的态度不真诚,给部属留下敷衍了事、言不由衷的感觉,就会使部属感到被冷落以致产生疑虑、不安等消极情绪,不仅不能发挥表扬的激励功能,甚至还会起到反作用。

语言要真挚。领导者表扬下属不能使用空洞的语言,必须做到情真意切。现实的工作和学习中下属希望得到表扬,是想通过领导及周围人员的看法评判自身的价值。只有发自内心的表扬才能打动被表扬的对象,公式化的表扬如同一杯淡水,缺少情味。真挚的表扬凝结出真挚的感情,真挚的感情架起领导与下属、同事、朋友之间沟通和友谊的桥梁。

赞赏要真诚。领导赞赏下属时要真诚,卡耐基说:"在你每天的生活之旅中,别忘了为人间留下一点赞美的温馨,这友谊小火花会燃烧友谊的火焰。"要在理性上认识到已成与未然的内在联系,该肯定的成绩必须及时肯定,不能过河拆桥;要在感情上推己及人,把下属的成功看成自己的成功,情真意切地为下属高兴。

每个人都希望得到他人真诚地赞赏。然而最需要赞美、最需要鼓励、最需要表扬的是那些压力大、自卑感强、工作不顺利的人,这种人一旦被领导者当众真诚地赞美,就有可能信心倍增,精神面貌焕然一新。表扬是激励下属有效而且不可思议的推动力量。领导者要学会和运用表扬这个有力武器,用以调动下属的工作热情和干劲,促进工作目标的实现。

表扬要具体有针对性

喜欢听别人赞美和表扬是人的天性,是出于人的自尊的需要,是一种正常的心理需求。赞美是欣赏,是感谢,是肯定,给人的喜悦是无可比拟的。可以说,领导者给下级恰到好处的赞美和表扬胜过金钱。

领导者对下属的表扬,对于调动他们的积极性和工作热情具有神奇的力量,在某种程度上甚至比金钱更管用。尤其是当下属的工作不适应、不顺利,甚至连续遭受失败,思想压力特别大,对干好工作失去信心,怀疑自己的能力时,最需要领导者的鼓励和表扬。

法国著名的政治家和军事家拿破仑,具有高超的领导艺术。他主张对军队"不用皮鞭而用荣誉来进行管理",认为一个在伙伴面前受了体罚的人是不能对荣誉有所感受的。为激发和培养官兵的荣誉感,拿破仑对立了战功的官兵,在加官晋爵、授予勋章时,总要在全军进行广泛通报,激发所有官兵为荣誉而勇敢战斗。

领导者一副冷漠的面孔和一张缺乏热情的嘴巴是最使人失望的。给有成绩的下属以真诚的赞美,体现了对人的尊重、期望与信任,有助于增进彼此的了解和友谊,是协调人际关系、有效调动积极性的好方法。许多领导不会忘记批评下属的错误,但是,优秀的领导者却不会忘记寻找赞美下级的机会。

表扬要具体。譬如,具体指出受表扬者在工作中运用了哪些值得大家学习的工作方法,或者处理事情采取了哪些得当的方式,也可以陈述受表扬者在哪些关键时刻起了多大作用或者付出了多少辛勤劳动,等等。总之,尽量不统而论之。这样,既可以使被表扬者感到领导是了解我的,从而引为知己,也可以使大家学其所长,起到"带动一大片"的作用。

一般地说,表扬用语越具体,越有针对性,效果会越好,下级会因此认为你对他很了解,对他的优点和成绩很肯定、很重视,而打内心里会感激你。不假思索地说一句"你真得不简单"、"你的确很不错"、"你工作很认真",这样的话,对被赞美者来说,起不到任何鼓舞作用。即使说这类话的领导是真心实意,人们也会把它看成是一种人际关系上的礼仪客套。"你的文章写得不错"这句话让人听了确实有点像敷衍。"你的文章立意很高,逻辑性强,语言优美,给人以知识和美的享受"效果会大不一样。赞美别人时用"久闻大名,如雷贯耳",不如具体讲,上次你主持的某活动生动活泼,气氛热烈紧凑有序,令人难忘。内容明确、有针对性的赞美,比一般性的赞美更重要,与其空泛、笼统地赞美下级聪明能干,不如具体地赞美他办成的几件事。

俗话说:"尺有所短,寸有所长。"人人都有可赞美之处,只不过优点和成绩有大小、多少、隐显之分。领导者只要细心观察,都能找到值得赞美的优点,即使缺点较多或长期处于消极状态的人,只要稍有改正缺点、要求上进的可喜苗头,就应及时给予肯定和表扬。

同样是表扬,方式、方法不同,其效果大不一样。如何使表扬收到最佳效果,领导者应讲究技巧和策略。

首先,表扬要有正确的动机。表扬与批评不同。表扬是"对人不对事",而批评则强调"对事不对人"。领导者表扬下属时,表扬所指向的不应是工作本身,而应当直接指向有关的当事人。如果表扬的是工作,受到表扬的人并不会因此感到自豪;如果表扬的是做好了工作的人,那么被表扬者就会因此受到鼓舞,信心倍增,以更大的激情投入到工作之中去。因此,领导者运用表扬的动机应是真正爱护下属。

其次,表扬要事出有因。表扬含有领导者对下属取得的成绩和进步的认可、肯定和褒奖之意,其目的在于提倡下属的某种行为倾向。领导者通过表扬传递出他对下属持肯定态度的信息,从而激发他们的成就感和满足感。与此相对照,表扬又悄无声息地批评了那些平庸者。因此,领导者施用表扬,一定要事出有因,并有明确的目的性,不应是为表扬而表扬。其实,表扬的真正意义在于调动下属的积极性,领导者施用表扬必须坚持这一方向。

第三,表扬要简洁、具体,有针对性。表扬下属,话要简洁明了,忌婆婆妈妈式的唠叨;表扬要具体,泛泛而谈等于白讲;表扬要有实指性,忌空泛;表扬要有针对性,要因人而异,因时而异。表扬作为一种鼓励手段,必须从实际出发,针对性一定要强。

最后,表扬要适度,不要随意拔高。恰如其分的表扬会使人心情舒畅,精神振奋,干劲倍增。反之,如果表扬失真,不仅起不到激励作用,反而会引起各方面的意见,使人感到难堪甚至反感,也降低领导者的威信。因此,领导者在表扬下属时,首先要搞清事实,把要表扬的人和事搞得一清二楚,必须从内容、方式和强度等方面把握好"度"。不要言过其实,应在实事求是的基础上表示你的赞赏,尽量多提及一些具体的细节,用一些具体实在的语言表述,少用过分溢美之词。

表扬要适时

表扬要适时，不要错过时机。每个人在完成工作任务后总希望尽快了解自己的工作结果、效率、质量和社会反应等。这就要求领导者善于运用表扬，通过表扬对下属的工作、能力、才干及其他积极因素进行及时确认，使部属了解自己的行为结果。在了解自我行为结果的基础上自觉调整自我行为，巩固和发扬好的一面，克服、避免不足的一面。所以领导实施表扬要坚持经常化，发现下属有出色的业绩就要及时表扬，不能等工作总结或任务完成之后再给予时过境迁的表扬。不要认为下属有觉悟，就舍不得那几句肯定的话。

人的行为具有波动性，同一个人在不同的时间里可能表现不一。领导者如果在部属表现好的时候及时表扬，就会给部属以明确的导向。尤其是那些后进的部属，当他们出现积极行为时，非常渴望得到承认。此时，及时表扬，则能够使该行为稳定下来；若对其表示漠视，则可能使其灰心失望，以至于故态复萌。

表扬的范围很广，一个好的思路、好的点子，漂亮地完成了一项工作任务，发表了一篇有见地的文章，说了一句精彩的话，妥善处理了一次突发性事件等，都可以表扬。其实一个眼神、一句赞赏的话，在文件上批几个字，在下属发表的文章或材料上写几句话肯定，拍一下肩膀，吃饭时敬一杯酒等都可以充当表扬的道具，那种不会表扬人的领导者不是一个全面的领导者。正如培根所说："欣赏者的心中充满朝霞、露珠和常年盛开的花朵，漠视者冰结心城，四海枯竭，丛山荒芜。"表扬是一种给予，一种馨香，一种鼓舞，被表扬者必能因此产生自尊之心、感念之心、奋进之心。学会表扬应成为领导者的美德，成为领导艺术的组成部分。

另外，表扬及时与否，也反映了领导者对部属的态度。表扬及时，部属会认为领导者对自己是关心的、抱有期望的；反之，若迟迟得不到表扬，部属就会觉得领导者对自己的表扬可能仅仅是应付而已，以致对被表扬产生无所谓的心理。

当然，强调及时表扬，并不意味着每当部属有进步时都必须表扬。在积极的思想和行为形成初期，连续进行几次表扬是必要的。但当某种行为已经较为稳定地出现之后，领导者应有意降低表扬频率。这样，部属就会逐渐养成在较少或没有表扬的情况下，仍然能够稳定地表现出积极行为的习惯。

因此，作为领导，在表扬下属时，要注意以下几点：

宜及时表扬。对下属优良的行为及时表扬,会使被表扬者心情舒畅,再接再厉,工作更加努力,对其他人也能起到鞭策和促进作用。一个人,一件事,如果大家的印象已经模糊,再进行表扬,作用就会大大降低。在日常工作中,能不失时机地表扬下属,其效果可能是事半功倍,而失掉有利时机,其效果可能是事倍功半。

宜在工作开头或结尾时表扬。一般地说,下属开始办某件有意义的事情时,就应该在开头给予表扬,这是一种鼓励。当下属的工作取得一定成绩时,下属也想得到领导的表扬,因为这时的表扬意味着对他能力的赞美。

宜当众表扬。当众表扬,被表扬者渴求荣誉的心理就得到满足,就能激发出更高的工作热情,同时,还能教育和激励他人。

宜会上表扬。在日常工作的例会上,可以对一些随时发现的良好行为提出表扬;在总结工作的会议上,可以结合实际情况对一个时期内表现突出的下属或先进事迹进行表扬;在一些专门工作的会议上,可以对一些好的做法进行表扬。

9 批评的艺术

批评是抑制和纠正不良思想行为的基本手段。批评的目的是使被批评者认识缺点,改正错误。而被批评者认识缺点的过程就是自我批评的过程,只有当外界的批评内化为自我批评时,才能达到批评目的。因此,批评下属是一件不太轻松也不容易的事情,有时会令那些缺乏管理知识和经验的领导者感到无所适从。但是,谁都会犯错误,批评也是一种艺术。如果管理者不懂得如何批评下属,就有可能降低部门的工作效率,甚至影响整个团队的工作情绪。

一般来说,无论是批评者还是被批评者,都对批评心存戒备。"良药苦口利于病,忠言逆耳利于行。"批评的话确实不中听,往往"逆耳"、"伤耳"、"刺耳"。尽管批评者批评别人是发自内心的,也确实是出于"爱护、关心、保护"的目的,但因话逆耳,往往使被批评者产生抵触情绪,甚至反戈一击。因此,领导者开展批评要讲究艺术。

批评要尊重人格

批评人,应尊重他的人格,不能因为他犯了错误,就随便侮辱之,这样很容易适得其反,引起受批评者的反感,达不到批评的目的和效果。因此,对于有这样或那样缺点、错误的人,更应尊重他们。这里举出两个实例,可以从对比中明白尊重人格的重要性。

在第二次世界大战后不久的南朝鲜,有一天,一位高级部长到军营里去巡视时,发现该营对士兵的管理及训练都不理想,就命令营长当场趴在地上,叫人将其痛打一顿。这位营长的自尊心受到极大伤害,想到今后在官兵面前难以做人,盛怒之下打死了部长,然后也结束了自己的生命。

上级批评下级是为了工作,但应讲究场合和方式方法,以对方能够承受为原则,特别要顾及对方的自尊心。伤害别人人格的"严格要求",有时会造成意想不到的严重后果。

明代韩雍在南方为官时,某郡太守为讨好他,将一个歌妓装进箱子,连同置办的酒席所用的果品一同抬进了韩雍府第。韩雍传令郡太守,叫人当面打开箱子,然后不动声色地叫歌妓侍宴,席散之后,又让那歌妓回到箱中,令太守亲自带走。聪明的韩雍气未动、情未萌,既保全了自己的官德和品性,又不伤太守的面子。似曾介入,实则退出,这正表现了韩雍严而有"格"的处世艺术。如果他厉声斥责,那岂不让郡太守在众人面前丢尽面子?俗话说脸面值千金,这"脸面"指的是人格,一定要悉心爱护。

领导者对下级批评要做到严而有"格",爱而有"度",既不可捧杀,又不能矫枉过正。正如《菜根谭》所言:"攻人之恶毋太严,要思其堪受;教人之善毋过高,当使其可以。"意思是说,责人不可过分,教育人期望值不可过高,应顾及对方的人格和德才程度。坚持原则性和灵活性的统一,是每一个领导者都应努力掌握的领导艺术。

责人先责己

领导者要主动承担领导责任,进行自责,然后再点出下属的错误,和下属一同分析原因,查找不足,制定整改措施。

戴尔·卡耐基曾讲过:"批评是无益的,因为它把一个人置于守势,并且往往为了证明自己是对的而奋起反抗;批评是危险的,因为它会伤害一个人可贵的自尊心,伤害他的重要感,引起他的怨恨。"因此,对表现不佳的部属进行批评,常使不少领导者大伤脑筋。

得罪人的批评有时并不在于批评本身,而在于批评的原则与方法是否得当。关键不在于你说什么,而在于你怎么说。批评就好比在别人身上动手术,

稍一疏忽,就会伤人,影响治疗效果。因此,领导者要遵循下面的这些原则:

首先,实事求是是批评人的前提。在对下属批评之前,首先要看事实准确与否,有无出入,该不该某人负责。如果事先调查不够,事实真相与你得到的情况有差异,被批评者就难以接受;如果有人打"小报告",提供了假情况,领导者据此大加批评,更难以服人。批评和否定下级,必须以事实为依据,不能随心所欲,更不能以感情代替原则。

当下属的某项工作完成不好或出现差错时,作为具体干这项工作的人员,固然有错误,应负主要责任。与此同时,处于指挥、管理和监督岗位的领导者,也有不可推卸的间接责任。

其次,领导者要首先承担领导责任,先作自我批评。千万不能好像与自己没有任何关系一样,而是一味地对下属进行批评甚至训斥。这样下属便有自己在领导目中一无是处的感觉,虽然表面上不好反驳,但内心也不服,就会耿耿于怀,很容易成为领导者的工作对立面,在以后工作中就会消极应付,甚至消沉下去。

如果领导者主动承担领导责任,进行自责,然后再点出下属的错误,和下属一同分析原因,查找不足,制定整改措施。如此一来,下属就有一种领导者和他共同承担责任的感觉,就会产生内疚之情,也会从内心深处承认错误,接受批评,努力克服。

第三,责人应先责己,这是一个领导者应有的品格和态度。责人先责己,首先要做到待人宽,责己严。遇到问题时,要设身处地替下属着想,善意地对待下属的缺点和错误,多些宽容和沟通,少些责备和抱怨,这样有利于化解矛盾,搞好与下属之间的团结合作,促进工作的顺利开展。其次,要勇于责己,不计较个人得失,善纳良言,不护己短,认真看待和查找自身存在的问题,这样才能在下属遇到困难和挫折时,及时找出问题的症结所在,从而总结教训,扬长避短,增强团队的战斗力,提高团队的工作效率和服务水平。

先对事后对人

下属在工作中产生矛盾或发生冲突的时候,作为领导者首先要做的事情不应该是大发一通脾气,没完没了地追究责任,而是要把解决当前的问题放在第一位。

我们经常喜欢说在批评别人的时候要"对事不对人"。什么是对事,什么是对人呢? 只是片面强调"对事不对人"并不正确。首先一个明显的原因是所有的事情都是人做的。事情做错了，就一定有人为的因素在其中。要么是因为某人工作不负责任，要么是因为不同人员或部门之间配合不好，要么是管理制度的问题，要么是人员的素质和能力的问题。总而言之，只要有人为错误承担责任，就一定要有人为此受到批评和警告。

但是，领导者批评的只能是下属的错误言行，而不能借此对下属进行人身攻击。大家知道，批评的一个目的是为了使下属认识和改正错误，另一个目的则是为了帮助下属改进工作，提高能力和素质。因此，领导者批评下属时不仅要准确指出下属到底错在哪里，而且还要让下属知道如何去改正。领导者批评下属的错误，一定要从实际出发，多替下属着想，不能只想着自己的面子与得失。下属言行中有了失误，有时会让领导者感到难堪，领导者在批评他时，不能单纯地发泄自己的不满情绪，不能把下属批得一无是处。批评下属要做到一分为二，既不能因为下属有了错误和过失就否定他以往的成绩和功劳，也不能因为他以往有成绩和功劳就忽略他现在的错误和过失。

更为合理的做法应该是既对事又对人。按照"先对事后对人"的程序进行处理。也就是说，首先应该把问题的来龙去脉搞清楚，提出并实施解决问题的方案。然后需要对事情本身作深入的分析，并由此找出发生问题的更深层次的原因。

列宁实施批评的艺术可谓高明。俄国十月革命胜利以后，成千上万的农民拥到了莫斯科，他们出于对沙皇的刻骨仇恨，坚决要求烧掉沙皇住过的冬宫。其间，许多新政府干部出来做群众的工作，效果都不好，农民仍然坚持要烧掉冬宫。最后，列宁亲自出来做工作，只说了四句话，问题就迎刃而解了。

列宁的第一句话是："烧房子可以，在烧房子之前，我说几句话行不行？"农民回答说："可以。"列宁的第二句话是："沙皇的宫殿是谁造的？"农民回答："我们造的。"列宁的第三句话是："我们自己造的房子，不让沙皇住，让我们自己的代表住好不好？"农民回答说："好！"列宁的第四句话是："那要不要烧房子啊？"农民异口同声地回答："不烧了！"列宁成功运用了"先对事后对人"的批评艺术进行处理，引导群众把问题的来龙去脉搞清楚，并让群众自己提出解决问题的答案。

必须防止那种只是"就事论事"的做法。这种做法可能的确把眼前的事情解决了，但是，因为没有更深入地追究问题发生的根本原因并解决"人"的问题，就难免重蹈覆辙，"按下葫芦浮起瓢"。但是，这种情形最容易发生，主要是因为领导者常常忙于日常的事务，在一件事情解决了以后，就马上把精力移到另外一件事上,没有时间做更深入的工作。岂不知,越是这样,麻烦就越多。"对事不对人"的结果是"伤了人",因此,对事的同时还要对人,让人明白错在何处。

先对事后对人,是说作为领导者既要敢于批评,又要善于批评。对动辄发火的人进行合适的批评,是难度更大的工作。成功的批评包含三层意思:第一,你能干得更好。事实上,有些工作,你已经干得很好了。我只是希望你能将其余的工作干得同样出色。第二,对你的同事也是以同样的标准来衡量的。最后一条,对我本人,也希望你和其他人以这些标准来要求。

领导者对下属需要表扬,但是也同样需要批评,有时候需要严厉的批评。但一定要达到这样的目的:要让被批评的人明白,他的工作做得没有别人卖力,工作成绩不如其他同事是一种耻辱也是一种危险,如果不提高自己、激励自己就可能造成很坏的后果。

只有把握了成功的批评方式,才能"惩前毖后、治病救人",达到既批评了下属,又教育了下属的目的。

先表扬后批评

表扬是教育人的一种重要手段,当下属犯了错误之后,聪明的领导不会抓住他的小辫子不放,而是把批评与表扬"有机"地结合起来。高明的领导者,总是在批评前先肯定成绩,然后再真诚地提出存在的不足。

任何一个人都不会只有短处、缺点、错误而没有长处、优点、成绩。当领导的恐怕没有不批评下级的。批评是因为下属犯了错误,至少是认为其犯了错误。批评的目的当然是让他改正,以后不再犯同样或类似的错误。

无论什么人,受激励而改过,是很容易的,受责骂而改过,是不大容易的。

因此,批评只有为对方接受方能有效。对于批评拒绝接受的最主要的心理障碍,是担心批评者会伤害自己,损害自己的利益。为此,在批评之前要帮助他打消这个顾虑,最好的办法就是在批评之前先对他的优点和成绩进行表扬和肯定,在肯定他的成绩的基础上再对他提出适当的批评,指出他的缺点和错误。这时被批评者就会觉得批评者是善意的。

唐代开明君主李世民,虽然能善用人才,广开言路,却也有听不进别人意见的时候。有一天,李世民早朝回到家中,满脸怒气,狠狠地说:"有机会非杀掉这个乡下佬不可!"长孙皇后听后顿生疑虑,连忙问他要杀掉谁,李世民说:"魏征,他常常当着那么多大臣的面批评我,不留一点情面,使我下不了台!"长孙皇后听后很高兴,连忙穿上参加大典时才穿的礼服,站在屋子中央,向皇上道喜。李世民见状,十分惊讶,于是问道:"你这是干什么?"长孙皇后微笑作答:"我听人说,君主英明,臣就正直。现在魏征如此正直,正是说明陛下英明啊。我岂敢不祝贺呢。"李世民听后恍然大悟,转怒为喜。在这则故事中,长孙皇后巧妙地运用了"先扬后激"的批评技巧。

人都有脆弱的自尊心,都希望受到表扬而不希望受到批评。因此,领导者要多运用"先表扬,后批评,再表扬"的方式。这就是说,无论批评什么事情,必须找点值得表扬的事情留在批评前和批评后说,决不可只批评不表扬,这是批评应该严格遵循的一个原则。批评应对事不对人。在批评前,先设法表扬一番,在批评后,再设法表扬一番,力争用一种友好的气氛结束谈话。如果你能用这种方式处理问题,那你就不会把对方臭骂一顿,就不会把对方激怒。

首先,要肯定他在工作中的成绩,表扬他的一些优点,使他认识到领导并没有看低了他,从而缓和双方之间的紧张关系。在表扬的前提下,话锋再转到他所犯的错误上来,帮助他分析错误的原因,指出造成的不良后果,提出解决问题的办法,这样可以减轻其对领导的抵触情绪,说出心里话,接受批评。这要比单纯批评的效果好得多。

一般情况下,下属在一些场合出现失误或过错,如果不用公开批评就能提醒他终止过失,那么,最好不要当场揭穿,装作不知道,以保全下属的脸面,过后找适当机会,心平气和地提出批评,效果会更好。这样下属会体验到领导者对他的爱护和体贴。

反之,下属会觉得领导者是故意和他过不去,是有意在大庭广众面前给他难堪,影响他在公众面前的形象和威信,势必让下属产生抵触情绪,甚至增加心理负担,影响工作积极性。

人都有自尊心,领导者要尽量不在公开场合当众批评下属,更不要当众让犯错误者下不了台,以免产生对抗心理。当然,不是要领导者掩盖下属的过错不究,而是说批评下属要注意场合,把握时机。

有些时候,领导者在批评下级时,有些问题不便直说,可以采用间接婉转的办法。最好的方法应该像理发师给顾客刮胡子一样,只有先抹上肥皂泡,软化它一下再刮,就比较容易。批评人也是这个道理。批评只有被下属内心接受,口服心服,方才有效。

10 说话的艺术

古人云:"一言可兴邦,一言可误国。"又有"一人之辩重于九鼎之宝,三寸之舌强于百万之师"之说。一个领导者,经常面对上级、同事及下属,其中一项重要的经常性的工作就是谈话。谈话对于上下级之间沟通思想、交换意见、交流信息、解决矛盾、融洽感情、增强信赖有着非常重要的作用。工作实践表明,有的领导者谈话收效甚微,就像春日里不着边际的风,下级听了入耳不入心;而有的领导者谈话则效果显著,就像一把金钥匙,一下子就能打开下级心头的锁,能使下级如坐春风、如沐春雨。原因何在? 谈话是一门学问,更是一种艺术。

培养卓越的口才

口才是领导者的必备之才,口才的好坏,不仅直接影响领导者的形象和威信,而且在一定程度上还会影响领导者的工作质量和工作效果。

一个人带给别人的印象好坏,除了外表的仪态之外,最重要的就是谈吐说话的表现。一个会说话的人,不管走到哪里,总是成为众人瞩目的焦点。当然,这也使得他们在人群中容易快速成为意见领袖。理由很简单,由于他们在表达时的反应敏捷,思想与意志主宰了全场,加上他们的斡旋能力更是超群,所以能解决别人不容易解决的问题。"说话浮躁的,如刀刺人,智慧人的舌头却为医人的良药。"的确,语言的威力何其大。同样从嘴巴说出的一句话,可能化解一场致命的危机,也可能导致更大的伤害。

在现实生活中,由于同样一件事情,不同的表达,会产生截然不同的效果。如果话说得不好,很可能把事情搞糟。领导干部是一个群体的宣传者、组织者,话说得不好,有失水准,影响自然就更大了。现代领导者经常要在大庭广众中抛头露面,并往往成为各种场合的焦点和中心,这种时候,高超的讲话水平对提升领导形象就显得尤为重要。

中国古代曾有一种说法,叫做"一言兴邦、一言丧国"。这当然有些夸张的意味,但它却道出了一个不争的事实:作为掌管国家、社会、群体的权力者,在某些关键的时刻,说什么话,怎样说话,能起决定性作用。因此,中国自古推崇讲话的力量,尤其是身居权位者的讲话。

而后来西方人的观点,似乎与东方人不谋而合。二次大战的时候,西方人认为：人类之间的生存与竞争，靠三大武器——原子、金钱、演说。而到了20世纪60年代后，"说学"开始盛行。西方人这样认为：人们之间竞争的三大武器是：舌头、美元、电脑。口才的作用一下子被提到了首位。美国人甚至提出："要想竞选总统，先要练好舌头。"

现代社会是一个人与人之间空前重视交流与沟通的信息社会。具有卓越的口才及超一流的说服力，是一个人迅速成功的关键之一。

今天，一名合格的、具备执政能力与领导素质的领导者，必须是能干、能写、还要能说。这个能说，不仅是要求说得准确、得体，而且还要说得有艺术感染力。如此，才能使领导者的形象和思想被外界了解和接受，才能迅速获得广大群众的广泛认同，才能富有成效地实施领导。最终，也才能充分展示一名领导者的智慧、能力、性格风采，并且增强个人魅力和公众影响力。

那么，领导者如何才能培养卓越的口才呢？笔者认为，以下四法可供参考：

一是博学多识，以文采助口才。孔子曰："言之不文，行而不远。"领导者的讲话也同样如此。如果领导者过分相信自己的权力影响力。认为讲得好不好都有人听，久而久之，就会失去听众，降低自己在群众中的地位和影响。如果在讲话中适当增添一些文采，则可使讲话适时迸发出一丝闪光的火花，使讲话妙趣横生，从而吸引听众，增强领导者的非权力影响力。然而，语言的文采是建立在讲话者的见识、阅历和知识的积累上，不可设想，一个见识短浅、知识贫乏的人能够作出一场文采横溢的讲话。因此，领导者必须博览群书，善于从实践中总结提高，使自己"胸藏锦绣，口吐华章"。

二是增添笑料，以幽默助口才。幽默，是提高领导者口才的重要手段之一。领导者在讲话中，若能适当增添一点笑料，把严肃的道理用幽默的语言表达出来，不仅可以活跃气氛，消除听众的疲劳，而且可以深化主题，使一些事理表达得更形象、更生动，让人们在轻松愉快的笑声中受到教育和启迪。在成功地运用幽默，必须做到"三要三忌"：一是要注意幽默的高雅性，忌哗众取宠。二是要注意幽默的灵活性，忌生搬硬套。三是要注意幽默的启发性，忌平淡无味。只有使趣味性和启发性并存，才能真正让人在轻松愉快的笑声中接受教育、领悟道理，达到"其言也沁人心脾，其论也豁人耳目"的深远效果。

三是语为情动，以声情助口才。常言道："语为情动，言为心声。"以情感人，也是增强领导者讲话魅力的一个重要因素。领导者讲话不但要以理服人，告诉人们要做什么，应该怎么做，还要以情动人，激发人们工作的激情和战胜困难的信心。讲话中只有使用抑扬顿挫的声调、清晰明快的速度来表现不同的感情，

才能增强讲话的魅力,与广大听众的心灵交融在一起,引起强烈的共鸣。

四是要姿势得体,以风度助口才。领导者在讲话中,还可以适当运用一些恰当的体态语言,达到以风度助口才的目的。因为领导干部的讲话,传递给听众的不仅是语言,还有领导者的决心、信心、情绪等。所有这些都需要领导者以相应的面部的表情、身体的姿态、恰当的手势来表达。深刻而富有感染力的话语,如果配上灵活得体的仪态语言,不但能给听众以思想上的启发,而且能给人以审美的享受。

值得一提的是,领导者讲话在讲究风度时须注意"四忌":一忌摸后脑勺。这样往往给人理屈词穷的感觉。二忌双手背着。这样往往给人以做作之感。三忌脚腿抖动。这样往往给人以浮躁之感。四忌挖鼻孔揉耳朵。这样让人觉得缺少修养和风度。只有克服这些不良习惯,恰当地运用各种得体的姿势,才能在听众中建立起良好形象,增添讲话的魅力。

掌握谈话的技巧

谈话是人类用来表达情感,交流思想的一条最方便快捷的途径。既然是途径,自然人人得而行之,可不同的却是,有的人用得好,有的人用得不好。

和下属谈话是领导干部开展工作非常有效的手段,也是很多领导者乐于使用的工作方法。相对于在公众场合阐明观点、表明态度或发布指示而言,谈话有三个特点:它是私下的朋友式的感情交流,显得亲近;它不受环境、时间的约束,随意自然;它直面对方,有的放矢,针对性强。这三大特点也是三大优势使其成为领导者做思想政治工作、处理好单位内部关系的重要法宝。不过,谈话看似简单,却并不是张嘴就能解决问题。真可谓是"一语褒贬,天上人间","一句话说得人笑,一句话说得人跳"。领导者在进行谈话时要讲究语言艺术,善于运用妥帖、生动,富有感情色彩的语言进行谈话,不仅能造成"听君一席话,胜读十年书"的效果,而且使被谈话者获得一种艺术上的享受。

领导者必须研究和掌握谈话中的规律和技巧。

第一,谈话语言要妥帖。谈话语言的妥帖,包括语言的真实性,准确性和鲜明性。真实性要符合事理,以客观事实为基础,不可杜撰、虚构,不夸大,不缩小;准确性既要讲究逻辑、概念、判断和推理,又要遵从规定原则;鲜明性即对什么是错,什么是对,提倡什么,反对什么等等要表示明确的态度。

第二,谈话语言要生动。生动,就是具有活力,能感动人。语言生硬、呆板、只能使被谈话者觉得如同嚼蜡,自然不会有兴趣聆听你的开导,这样也就收不到应有的效果。而干巴巴的套话官腔，只能拒人以千里之外，不但收不到好的效果，甚至连开展谈话也很困难。善于调动各种手段，把思想内容用生动活泼、有血有肉、有声有色的语言活灵活现地表达出来，这是使言教产生理想效果的重要因素。

第三，谈话语言要有情。领导者面对的是被称为万物之灵的活生生的人。列宁认为："没有人的感情，就从来没有也不可能有人对于真理的追求。"人总是受一定情感支配的，人的任何行为都是在感情的推动下实现的。领导者的语言就是要充满强烈的感情色彩，使被谈话者的心一下就被你的充满感情的语言所打动。

第四，谈话语言要耐嚼。谈话语言要耐嚼是指语言要富有启发性要使人回味无穷，久久不忘。领导者要使自己的谈话工作犹如春风化雨，达到"随风潜入夜，润物细无声"的地步。循循善诱，引而不发，才能使之举一反三，触类旁通。特别是对年轻干部，因其一般自尊心和自信心都比较强，因此有些话应适可而止，点到即行，不必把话说透说死，把人逼到墙角。当然，在特殊情况下，或者时机成熟时，用一针见血的语言，也可以起到振聋发聩的作用，但一般情况下，还是以启发诱导为主，语言要含蓄，要相信下属有能力修正自己的思想，端正自己的认识。

谈话要兼顾多方面

谈话是领导与部属用来表达情感、交流思想、沟通信息的一条最方便快捷的途径。既然是途径，自然人人得而行之，可不同的却是，有的人用得好，有的人用得不好。同样是一张嘴，有人可以赢得满堂喝彩，有人却可以失尽人心。有时领导谈话是双方面的，甚至是多方面的。因此，谈话要注意兼顾多方面。

一是要注意谈话的时候可千万不要个人中心主义。谈话时，你的思想不能只顺着一条线发展，不停地讲自己方面的意见，而是要至少顺着两条线发展，一条线是你自己的，一条线是对方的。

作为领导者，要作一次好的谈话，不光只是讲，还要善于听；不只要把自己的话讲好，还要善于听别人的话，而自己所要说的话，也不能像演讲一样，可以事先完全准备妥当，照讲无误，而是要有很多随机应变的才能。当你面对一个人的时候，如果你只一大套一大套地把自己想好的话讲出来，而不了解对方的看法和兴趣，不能观察对方对你的话有什么反应，有什么疑问，不能及时地解除对方心理的症结，那就不能起到谈话应起的作用。如果你动不动就滔滔不绝地谈自己,光想自己的事,不给对方以应答的机会,这样的谈话,对方出于礼貌或许会听下去,但是内心的不快却是不言而喻的。

有些人在谈话中好炫耀自己,这是最忌讳的,因为这么一来,给人的感觉似乎是你压根儿不是在与他谈话,而是在向他卖弄或是向他说教。要知道,人们的自尊心都是十分敏感的,没有什么人会喜欢别人在自己面前自吹自擂,谁都会对那些像教导下属一般的指手画脚的人产生反感。即使是一个很谦卑的人,也会为别人的目中无人而感到厌恶。一旦产生诸如厌恶、反感这样情绪的时候,两人之间的心理距离要再想拉近就难了。

因此,谈话时应该尽量寻找能够引起对方兴趣的话题以便拉近与对方的距离,使两人有共同的谈话思路。一个人有自信是好事,但表现自信决不能够喋喋不休地自我吹嘘和贬抑他人。

二是要随时注意对方的反应。交谈是一个双向交流的过程,因此在谈话时要注意对方的反应,观察一下对方是否在热心地倾听。说话的时候,两眼要看着对方,并且要时时征询对方的意见,使对方有表示自己看法的机会。如果对方连这样的机会都被你剥夺了的话,那自然就不会再有什么兴趣去继续这场谈话了。如果你一旦发现对方对自己的话题不感兴趣,那就应该立即知趣地打住或者是转移一下话题,及时地调整一下谈的内容和谈话的方式,使对方积极加入进来。

三是要注意交谈必须是平等的交谈。在交谈中要平等相待,不打官腔。这样做说明谈话时你是把对方作为一个平等的交流对象的,是尊重其人格的。这是对人以礼相待的一个前提。在和人交谈时拖腔拿调,哼哼哈哈,或是以势压人都是不礼貌的,更忌讳的是那种压对方的言辞,诸如,"这一领域的权威就和我持同一观点""我说的绝对错不了",言外之意是别人只能以你说的话为标准。有的人喜欢以自己的职务、年龄、资历作为轻视对方的理由,这也是很不可取的,因为一旦别人感觉到了你这种倚老卖老,那么他原本对你怀有的那种尊重之情就会变成反感了。因此,交流时应该把自己和对方摆在平等的地位上,用商讨的口吻和语气,用温和的语调,用易于为对方接受的言辞与之交谈。

四是要注意谈话时要兼顾全局,不要冷落每一个人。谈话现场超过三个人的时候,就应该不时地与在场的其他人攀谈,或是以目光进行交流,不能只是一味地和其中一两个人说话而不理会其他的在场者。由这个原则出发,就不能只谈个别几个人之间知道的事情而冷落旁人。如果所谈论的问题不便让别人知道,就应该另找场合。有时在谈话中途有第三者加入,这时应该以握手、点头、微笑等来表示欢迎的姿态,或者就直接用一句"欢迎""您有何高见"等来迎接其到来。

一旦发现谈话的场合中有某个人长时间地沉默不语,就应该注意及时使其融入谈话的气氛中去,或者适当地提示他发表看法。

在现实谈话过程中,有些人总是喜欢抢先说话,好像自己先说了,便可以压倒对方,或者使对方感到自己是一个不平凡的人物。而有些人一开口说话,便滔滔不绝,自以为是一个长于口才者,这实在不像是在谈话了,完全是你说人听。须知对于这两类人其实已经是失败者,因为下属对你已经有了一个恶劣的印象。

所以说,一个高明的领导者,就懂得在谈话的过程中,如何兼顾多方面,从而实现双赢或多赢。

讲好应酬话

领导者公务往来需要讲礼貌、懂礼节,更需要掌握较高的语言表达技巧。从某种意义上说,应酬话的优劣是应酬成败的关键性因素,万万疏忽不得,所以,领导者应该学会讲好应酬话。

领导者应酬话的基本要求是:措辞要得当,话语要文明,方式要讲究,语气要谦和。说话时要处处显示出尊重对方的诚意,做到"三不说"、"三不用":容易挫伤对方感情的话不说,对方不爱听的话不说,对方一时难以接受的话不说;不使用反诘句,不使用冷淡和傲慢的语调,不使用带有讽刺意味的语言。这样,才能在应酬中显示出领导者较高的文化素养和层次品位。一般来说,领导者在应酬话的运用上,应当把握好如下原则:

一是客气而不俗气。人际交往应酬中的第一印象极为重要。很多善于应酬的人都知道,能不能给对方一个良好的第一印象,关键在于是否善于使用适宜、得体的应酬语言。现实生活中应酬语言的使用往往呈现两种极端:一种是语言生硬,缺乏热情。另一种是过分热情,俗不可耐。以上两种极端皆不可取。在领导者的接待应酬中,对于同级、下级来访者,往往容易犯语言生硬的毛病,而对于上级和外地来客,又常常容易犯过分热情的毛病,这些都需要有针对性地加以克服。适宜、得体的应酬语应当是柔和、亲切,不虚假、不俗气,要让人感到你是在真诚地欢迎他,而不是冷落或者刻意地应付他。

二是恭维而不虚伪。一般人总喜欢别人恭维自己,有时即使明明知道别人是在说一些言过其实的奉承话,心里也还是乐滋滋的,感到舒服。有些会应酬的人抓住一般人的这种心理特点,说一些得体的奉承话,常常会博得对方的好感,从而达到让对方帮助自己的目的。可见,在应酬中适当地说一些恭维话、奉承语、赞美词是必要的,领导者不能简单地将此视为客套、虚伪,不能认为是不严肃、丢身份。至于你的应酬话是否虚伪,关键不在于是否说了几句好听的话,而要看你是怎样说的。另外,要注意恭维、奉承也必须有度。在奉承别人之前,要考虑对方的身份和层次,看其究竟需要何种赞美,究竟赞美到何种程度为宜。要使对方从应酬话中感到你善解人意,会说话,而不能让人一听就感到浑身肉麻,认为你是专靠吹吹拍拍混日子的虚伪之人。

三是委婉而不唐突。领导者在应酬中需要一点拐弯抹角的委婉艺术,需要一些寒暄的语言,不宜直来直去。比如,你是一位领导班子成员,分管某一方面的工作,因解决某个问题需要别的领导所分管的部门领导来汇报,而眼下与那位分管领导联系又来不及,那你对这位部门领导就可以在电话里这样说:"上级需要某方面的情况,我又来不及找××领导协商,请你亲自来谈谈情况好吗?"对方肯定会热情地按你说的去办。但如果换成直来直去的命令式语言,说:"你马上来给我汇报一下你们的工作!"对方就可能不买你的账,回答说:"我有点急事要出去,让××去跟你谈吧。"给你一个软钉子。可见,应酬中的委婉、商洽是十分必要的。对待同级领导和比自己年长的尤其要注意使用商洽的口吻说话,否则就容易造成某种误会和不愉快。当然,委婉也要有度。对于说话喜欢直来直去的领导或同事,就不宜老是委婉迂回,以免别人认为你是在斗心眼、打官腔、不交心。如果你不分场合,不看对象和时间,一味在那里兜圈子、绕弯弯,就会让对方感到心里发毛、腻歪。

四是热情而不失态。交往应酬中必须热情待人,不能态度冷淡,不能像召开重要会议那样一脸正经,让人误以为你对人不欢迎。应酬的热情不仅表现在语言中,而且表现在行动中。在应酬时,坐要有坐相,站要有站相,走要讲走姿,什么时候该握手、该点头,什么时候该摆手、该起身,都应恰到好处。要有意识地控制自己,做到既不失礼又不失态。比如,交谈中适当做手势,可以显示自己的热情,给人以亲切感,但动作不宜过大,不要手舞足蹈,让人感到不稳重,更不能拉拉扯扯、拍拍打打,显得不尊重对方。

学会与新闻媒体打交道

新闻媒体对于领导干部来说,既有几分可爱,也有一点无奈。它可以给领导干部带来很多的高兴,却也会带来麻烦,甚至是"灾难"。所以一段时间以来,不少领导官员面对媒体多数都采取"不求有福,但求无祸"的态度,有意与媒体保持一定的距离。随着时代的发展,如果领导干部对待媒体仍持这种态度,那么就很难和媒体处理好关系,就会在资讯发达的今天处于被动的位置。

当今时代,整个世界几乎就被报纸、刊物、广播、电视、互联网等种种媒体笼罩着,也因为这种种媒体而连为一体。在这种新的格局之中,谁都面临着一个如何"接触媒体"、"解读媒体"和"利用媒体"的课题。然而,对于领导干部,"媒体素养"更是一门需要补课的新的学问,不仅因为较之于普通民众,他们与媒体有更多的接触,他们比谁都需要接受"媒体素养"的教育,更需要提高面对媒体、利用媒体和领导媒体的素质与修养。

有的领导者在其执政理念中有一个严重的错误,就是没有正确估计新形势下各种社会监督,特别是新闻媒体监督的作用。新闻媒体曝光后,不仅没有深刻反思,而且还形成了错误的"三不怕",即不怕新闻曝光、不怕少数人闹事、不怕有人上访,置舆论批评不顾,勇往直前,大干快上。结果,由于引起上级领导的关注,而最终引咎辞职、自酿苦果的大有人在。领导干部在执政一方的过程中,任何时候都必须坚持倾听不同意见,接受社会各种监督,不断改进和推动工作。在媒体发达的今天,忽视媒体就等于自我否定,学会和媒体打交道是每一个领导干部在新时期必须面对的新课题。

舆论监督的加强要求领导干部必须学会与各类媒体打交道。舆论监督是党和政府赋予媒体的一个重要职责。新闻舆论监督和党内监督、法律监督、群众监督等都是加强群众监督、民主监督的重要形式。舆论监督对于被监督单位来说就是负面报道。目前,有相当一部分领导干部,应对媒体作正面报道时,好像得心应手;一听说做负面报道,就紧张、恐惧,就不知所措。所以,如何接受媒体的舆论监督,是我们与媒体打交道的一个重要内容。

领导干部学会与新闻媒体打交道,需要注意做到以下几点:

1. 坦然面对媒体

在明确了各种媒体已经不只是宣传工具,同时也是传播工具这样一个简单的事实之后,就应当意识到,不管是哪一级的领导干部,当他面对各种媒体之时,就被"聚焦"了,置身于众目睽睽之下,他的每一句话,每一个动作,每一种表情,都在受着千百双眼睛的检测。在这种情况下,最好的境界与素养,都莫过于两个字:坦然。坦是坦荡,也就是光明磊落。坦是坦诚,也就是以诚相见。坦是坦朴,也就是平易质朴。做到了这三个"坦"字,也就能够达到坦然自若的境界,不会给人以"演戏"和"作秀"的感觉。

2. 合理利用媒体

人较之于普通民众，领导干部需要获取的信息更多。比如说，在某一领域的工作，较之于外县外市外省以至于外国，他所领导的部门或地区，大致处于什么位置；比如说，碰到同类的难题，外县外市外省以至于外国是怎么处理的，有什么教训应当吸取，有什么经验可以借鉴；再比如说，某一项工作布置下去之后进展如何，民众之中有些什么反映，如此等等，都可以通过各种媒体获取有关信息。这些信息有利于打开工作思路，登上新的台阶，创造新的业绩，也有利于及时发现工作中出现的新问题，并在尚未酿成大的危害之时予以解决。互联网的出现，为领导干部利用信息提供了更为便捷的路径。网上的信息，其发布与传播比其他任何媒体都快，这对于各级领导不失时机地指导工作具有重要意义；网上的信息，可谓原汁原味，网民有话直说，不加任何掩饰，未经任何删削，这也有利于各级领导真实了解民情民意。

利用媒体，当然要以"解读媒体，即批判地接受媒体信息"这个环节作为前提。并非所有信息都真实可靠，并非所有信息都具有价值。互联网上有其片面的偏激的或捕风捉影的东西，对此，领导干部应当客观分析，不要因为逆耳刺眼而暴跳如雷。在土地革命时期，根据地的红军指战员还能从国民党的报纸中得到自己所需要的信息呢。

领导干部当然也会"通过媒体发出自己的声音"，这是工作的需要，无可厚非。在这个问题上，需要把握的是"度"。至于"利用媒体"为自己歌功颂德，为自己文过饰非，以此显示自己的绝对权威，则更是等而下之作为。

3. 正确引导媒体

党和国家的各种媒体，仍然兼具着宣传工具与传播工具的二重属性，因此，领导干部也往往扮演着双重角色，他们既是舆论宣传的领导，又是信息传播的受众。作为舆论宣传的领导，他得守土有责，把握导向，让主流意识得到顺畅的传播，让核心价值观念得到有效的张扬。然而，"正确领导媒体"的意义还远远不止于此，在这个前提之下，他们还应当充分发挥各种媒体的特长，使有效信息得到及时传播，使先进经验得到及时交流，也使民众的声音得到及时表达。如果把"领导"等同于"控制"，因为"守土有责"而严格控制其辖下的各种媒体，使之变成一个腔调，变得死气沉沉，既抹杀了媒体作为信息传播工具的属性，也使媒体作为舆论宣传工具的功能不能得到有效的发挥。

4. 掌握一定的应对媒体方法

与媒体打交道并没有一定之规，一条基本的原则就是和媒体保持友好的关系,要善待记者,忌讳"平时不烧香,临时抱佛脚"。

但是,面对突发公共危机事件,把"主动地说、及时地说、智慧地说"贯穿于突发事件处理的全过程,是遇到突发事件应对媒体最有效的办法。遇到突发事件,不主动地说,而采取沉默的态度,就像大家在一起开会,别人都发言了,而自己什么都不说,那就等于默认了别人的说法。如果领导干部能够把这"三说"贯穿于突发事件的始终,那么一切谣言也就会不攻自破了。因为,领导干部代表政府主动说话,就是把握了话语权,更是把握了权威的话语权。

后 记

　　《从政之基》一书,经过一年多时间的酝酿、精心撰写,几易其稿,终于与读者见面了。

　　本书在撰写过程中,借鉴、参照了学界不少同仁的研究成果或观点,未能一一列出,在此一并表示衷心的感谢!

　　由于水平有限,不妥之处在所难免,恳请广大读者批评指正。

编者

二○○八年六月

图书在版编目(CIP)数据

从政之基/李小三主编. ——南昌:江西人民出版社,
2008.10

ISBN 978 - 7 - 210 - 03914 - 3

Ⅰ.从… Ⅱ.李… Ⅲ.领导学 Ⅳ.C933

中国版本图书馆 CIP 数据核字(2008)第 142572 号

从政之基

李小三主编

江西出版集团 出版发行
江西人民出版社

南昌市红星印刷有限公司印刷 新华书店经销

2008 年 10 月第 1 版 2008 年 10 月第 1 次印刷

开本:787 毫米×1092 毫米 1/16 印张:19

字数:310 千 印数:1 - 5000 册

ISBN 978 - 7 - 210 - 03914 - 3 定价:32.80 元

————————————————————

江西人民出版社 地址:南昌市三经路 47 号附 1 号

邮政编码:330006 传真:6898827 电话:6898893(发行部)

E - mail:jxpph@ tom. com web@ jxpph. com

(赣人版图书凡属印刷、装订错误,请随时向承印厂调换)